Títulos de Nobreza e Hierarquias

Um guia sobre a linguagem das graduações sociais na história

Antonio Luiz M. C. Costa

1ª edição

Editora Draco

São Paulo
2016

ANTONIO LUIZ M. C. COSTA

Formou-se em engenharia de produção e filosofia, fez pós-graduação em economia e foi analista de investimentos e assessor econômico-financeiro antes de reencontrar sua vocação na escrita, no jornalismo e na ficção especulativa. Além de escrever sobre a realidade na revista CartaCapital, é autor do romance *Crônicas de Atlântida: o tabuleiro dos deuses*, *Crônicas de Atlântida: O olho de Agarta* e de dezenas de contos e novelas.

© 2016 by Antonio Luiz M. C. Costa

Todos os direitos reservados à Editora Draco

Publisher: Erick Santos Cardoso
Edição: Antonio Luiz M. C. Costa
Produção editorial: Janaina Chervezan
Capa: Ericksama (sobre ilustrações de H. G. Ströhl em *Heraldischer Atlas*)

Dados Internacionais de Catalogação na Publicação (CIP)
Ana Lúcia Merege 4667/CRB7

C 837

Costa, Antonio Luiz M. C.

Títulos de Nobreza e Hierarquias: um guia sobre a linguagem das graduações sociais na história / Antonio M. C. Costa. – São Paulo : Draco, 2016.

ISBN 978-85-8243-070-5

1. Títulos honoríficos e de nobreza I. Título

CDD-929

Índices para catálogo sistemático:
1.Títulos honoríficos e de nobreza 929

1ª edição, 2016

Editora Draco
R. César Beccaria, 27 - casa 1
Jd. da Glória – São Paulo – SP
CEP 01547-060
editoradraco@gmail.com
www.editoradraco.com
www.facebook.com/editoradraco
Twitter e Instagram: @editoradraco

Sumário

Introdução 8
Erros comuns 10
Títulos na Alta Idade Média ... 14
Quadro-resumo 15
Contexto social e político 16
O título como expressão do domínio feudal 17
Formas de sucessão 19
Imperador 20
Reis 22
Príncipes 23
Duques 23
Doges 24
Marqueses 25
Conde palatino 25
Condes 26
Ricos-homens 28
Viscondes 28
Senhores 29
Fidalgos 29
A Corte 30
Cavalaria 36
Plebeus 37
Nomes e sobrenomes 37
Títulos de nobreza na Baixa Idade Média 38
Contexto social e político 39
Reis 40
Príncipes 41
Pares do reino 43
Duques 44
Marqueses 45
Condes 45
Barões 47
Cavalaria 47
Ordens seculares de cavalaria 50
Plebeus 52
Nomes e sobrenomes 52
Veneza 53
Títulos de nobreza na Idade Moderna 56
Quadro-resumo 57
Contexto social e político 59
A evolução dos títulos e aristocracia 59
Pequena nobreza: nobres e fidalgos 64
Imperadores 68
Reis 69
Pares do Reino e Grandes do Reino 70
Príncipes 71
Arquiduques 77
Grão-duques 77
Duques e outros nobres titulados 78
Lordes e Ladies 78
Tratamentos de cortesia 80
Dom e Dona 81
Títulos hereditários da peq. nobreza 83
Cavaleiros não hereditários 86
Equivalência aproximada de títulos 88
Títulos celtas 90
Títulos napoleônicos 96
Títulos no Brasil imperial ... 100
Títulos eclesiásticos 104
Prelados e clero secular 105
Clero regular 106
Contexto histórico 108

Papa ou Sumo Pontífice 108
Cardeais 113
Patriarcas, "católicos" e
arcebispos maiores 116
Patriarcas e arcebispos maiores
nas igrejas cristãs tradicionais 123
Arcebispos primazes ou exarcas 125
Arcebispos metropolitas 126
Arcebispos 127
Bispos 128
Prelados territoriais 132
Monsenhores 133
Corepíscopos, arcediagos e vigários 134
Cônegos 137
Baixo clero 139
Ministros e auxiliares leigos 144
Ordens monásticas 144
Ordens regrantes ou canônicas 152
Ordens mendicantes 152
As cinco principais mendicantes 154
Ordens de clérigos regulares 156
Congregações 158

ORDENS MILITARES RELIGIOSAS. 160
Templários 162
Ordem de Calatrava 165
Ordem de Alcântara 165
Ordem de Avis 166
Ordem de Cristo 166
Ordem de Montesa 167
Hospitalários ou Cavaleiros de Malta 167
Cavaleiros Teutônicos 173
Ordem de Santiago
(Santiaguistas ou Espatários) 175
Cavaleiros Sepulcristas 176
Cavaleiros de São Lázaro 177

CORPORAÇÕES 178
Corporações mercantis 180
Corporações de ofício 182
Universidades 184
Sociedades secretas 189

GRADUAÇÕES E POSTOS
MILITARES E NAVAIS 200
Tratamentos 202
Exército 203
Quadro-resumo 203
Idade Média 206
Idade Moderna 207
Idade Contemporânea 211
Cadeia de comando atual 218
Marinha 222
Quadro-resumo 222
Idade Média 224
Era dos descobrimentos 224
Era da Vela 226
Era do vapor 229
Era nuclear 236
Forças aéreas 243
Quadro-resumo 243
Histórico 245
Organização 253

RÚSSIA E EUROPA ORIENTAL 256
Idade Média 257
Idade Moderna 259
Tabela de graus da nobreza russa 263

ISLÃ 266
Governantes e títulos honoríficos 268
Descendentes de Maomé e Ali 276
Clero e eruditos religiosos 277
Títulos específicos do Islã xiita 280
Títulos específicos do Islã sufi 281

ÁFRICA NEGRA 284
Etiópia ou Abissínia 285
África Ocidental 288
Ghana ou Wagadu 288
Mali 289
Songhai 289
Iorubás 290
Outros povos nigerianos 291
Daomé 291
Ashanti 291

Reinos Sereres 292
África banta 292
Índia 296
　Castas 297
　Ascetas 231
　Índia antiga e medieval 304
　Império do Grão-Mogol 306
　Domínio britânico 309
Mongóis 312
China 316
　Das origens à dinastia Shang 318
　Dinastia Zhou 318
　Dinastia Qin 320
　Dinastia Han 321
　Do período dos três reinos
　ao das dinastias do norte e do sul 322
　Dinastias Sui e Tang 323
　Dinastia Song 326
　Dinastia Yuan (mongol) 326
　Dinastia Ming 326
　Dinastia Qing ou Manchu 327
Japão 332
　Período clássico 334
　Períodos Kamakura e Muromachi ... 338
　Período Tokugawa 341
　Restauração Meiji 344
Tailândia 346
　Realeza 347
　Outros descendentes do rei 350
　Títulos de príncipes 350
　Títulos da nobreza semifeudal 350
Budismo 352
　Tailândia 356
　Tibete 358
　Zen-budismo 365
Polinésia 368
　Malásia 370
América Pré-Colombiana 372
　México e América Central 373

Andes 378
Antiguidade Oriental 386
　Mesopotâmia 387
　Hebreus 388
　Egito 392
　Império Persa 395
Antiguidade Ocidental 398
　Grécia Micênica 399
　Grécia Arcaica 400
　Atenas 401
　Esparta 405
　Tebas 408
　Macedônia 409
　Reino de Roma 412
　Monarquia latina 412
　República Romana 419
　Litores e *fasces* 421
　Império Romano 445
Império Bizantino 472
　Títulos do imperador, família
　imperial e assimilados 473
　Títulos honoríficos 475
　Cargos palacianos 477
　Cargos militares 478
　Cargos navais 480
　Cargos administrativos 480
Apêndice: Insígnias,
Regalias e Heráldica 482
　Coroas 483
　Cetros 484
　Orbes 485
　Tronos 485
　Mantos 486
　Outros símbolos físicos da
　realeza e aristocracia 487
　Insígnias papais e clericais 488
　Brasões 489
Bibliografia 496

Introdução

Este manual sobre o uso de títulos e conceitos de nobreza e hierarquia foi escrito a pedido da Editora Draco para ajudar a orientar escritores. Quase todos os autores iniciantes de contos e romances de fantasia ambientam suas tramas na Idade Média europeia ou num mundo imaginário nela baseado, e, para a maioria, a referência única ou principal é o mundo dos lordes e cavaleiros da Inglaterra medieval, pois se inspiram em autores britânicos ou estadunidenses de alta fantasia ou fantasia histórica.

Mas em quase todos os casos é comum que cometam erros óbvios aos olhos de qualquer inglês, ou mesmo de qualquer um que conheça história ou literatura clássica. Provavelmente porque o Brasil não teve uma nobreza tradicional, salvo pela transplantada família imperial. Os títulos eram distribuídos pelo Imperador como se fossem condecorações e não eram hereditários.

Em relação ao trabalho original, publicado no blog da Draco, este foi muito ampliado. Além da expansão e revisão das hierarquias feudais e nobiliárias, esta obra inclui também as hierarquias eclesiásticas, cuja importância na Europa medieval e moderna foi tão importante quanto as da aristocracia, com ênfase nas ordens religiosas e em especial nas ordens de cavalaria.

Incluímos também uma explicação das hierarquias militares e de sua história desde o fim da Idade Média, visto que forças militares de terra, mar e ar, mesmo modernas, são temas recorrentes na fantasia e ficção científica e pode ser difícil para um autor de formação totalmente civil entender o significado de suas hierarquias.

É importante lembrar, além disso, que houve muitas outras civilizações interessantes além da Europa medieval, que podem servir de inspiração para fantasias históricas e mundos de alta fantasia. Seria impossível ser exaustivo, mas procuramos incluir exemplos de todos os continentes e das culturas mais conhecidas, enfatizando as diferenças em relação ao Ocidente em termos de organização e sucessão. Dedicamos uma atenção especialmente minuciosa a Roma, visto que essa sociedade passou por grandes transformações ao longo de sua existência e tramas ambientadas nesse cenário supõem um maior grau de exatidão histórica do que fantasias medievais genéricas.

Sugere-se ler em primeiro lugar esta lista dos erros mais comuns a serem evitados e utilizar o restante do texto como referência para maior minúcia e exatidão.

Erros comuns

Dirigir-se a um rei como "sua majestade": esse tratamento só se usa quando alguém menciona o soberano a terceiros – o correto é "Vossa Majestade", ou no vocativo, apenas "Majestade". Se um cavaleiro pergunta a seu rei se quer o seu cavalo, dirá *"Vossa Majestade deseja cavalgar?"* e se quiser, por exemplo, indicar-lhe o caminho, dirá *"Venha[1], Majestade, por esta trilha"*. Se falar do rei a um terceiro – seu escudeiro, digamos – aí sim usará a terceira pessoa: *"Sua Majestade pediu nossa ajuda"*. O mesmo vale para os tratamentos de "Vossa Alteza" e "Vossa Excelência".

Idem para "Vossa Graça", "Vossa Mercê" e "Vossa Senhoria", com a ressalva de que nesses casos o vocativo apropriado é "Senhor", "Meu senhor" ("Meu lorde", no contexto britânico), "Senhor Duque" (Marquês, Conde etc.) ou, no endereçamento, "excelentíssimo senhor" ou "ilustríssimo senhor".

Chamar filhos ou netos de um duque vivo de duques ou duquesas, como se "duque" fosse uma classe e não um título. Idem para os demais títulos. Os filhos de um senhor titulado que esteja vivo são nobres, mas o filho de um duque é apenas mais um fidalgo. Em certas épocas e países, os herdeiros de um titular (e mais raramente outros filhos) podem usar um título próprio por cortesia,

---

[1] Também seria aceitável, apesar de não gramatical, dizer "Vinde, Majestade".

mas sempre de grau inferior ao pai: o herdeiro de um duque será, no máximo, um marquês. Os únicos a usar o mesmo título do senhor vivo, por cortesia, são a esposa e (se estiver viva) a mãe viúva.

Chamar um nobre de "Lorde John" ou sua esposa de "Lady Glaucia". Desde que existem sobrenomes, não se usam Lord e Lady com o primeiro nome, mas com o nome completo ou com o sobrenome (exceção: princesas britânicas, como Lady Diana). Idem com o uso formal de "Senhor" ou "Senhora" em português.

Chamar um cavaleiro de Sir Smith ou de Dom Ferreira: esses títulos, pelo contrário, só se usam com o primeiro nome ou com o nome completo.

Usar Lorde para uma mulher: estas sempre são "Lady", salvo casos raríssimos.

Usar Lorde para um rei: todos os titulados britânicos (exceto baronetes) são "lordes", mas é impróprio usar esse título com reis, príncipes e duques (salvo como "lorde duque"). Pode ser usado com marqueses, condes e viscondes no discurso escrito ou oral, mas no endereçamento formal é usado apenas com barões.

Não levar em conta a importância das distinções mais altas e, digamos, fazer um impostor fazer-se passar por "duque" com facilidade. Seria como tentar fazer-se passar por governador ou general no Brasil moderno. Mesmo os maiores reinos nunca tiveram mais do que umas poucas dezenas de duques.

Confundir "nobre" com "portador de título de nobreza": a maioria dos nobres jamais teve títulos. A confusão só se justifica em inglês, visto que por *nobles* e *nobility* se entendem apenas os membros da Câmara dos Lordes, todos com títulos de barão a duque, enquanto a baixa nobreza é conhecida por *gentlemen* e *gentry*. Em português e na maioria das outras línguas, "nobreza" inclui as duas categorias e sua camada inferior inclui cavaleiros, escudeiros e senhores sem títulos específicos – e na Alta Idade Média, até mesmo nobres dos mais poderosos não tinham título algum em muitos países.

Chamar um rei pelo nome e sobrenome: isso não foi costume em nenhuma época. Filhos de príncipes, reis e imperadores costumam usar apenas nomes de batismo, mesmo se suas famílias e dinastias têm nomes conhecidos (Carolíngios, Bourbon, Bragança, Windsor etc). A partir da Baixa Idade Média começaram a adotar "nomes de reinado" numerados, que não são necessariamente os nomes de batismo.

Pensar na hierarquia de barões, viscondes, condes, marqueses e duques como etapas de uma carreira, como se as "promoções" fossem comuns. Eram raríssimas, não só na vida de um indivíduo, como na saga de uma linhagem ao longo das gerações.

Usar erradamente postos e unidades militares. Embora haja certa flexibilidade e ocasionais exceções, não se pode usar aleatoriamente nomes de unidades. Um batalhão, por exemplo, é uma unidade militar de certo tamanho (300 a 1.200 soldados), comandada por um oficial com posto de coronel ou tenente-coronel. Fazer um "batalhão" ser levado por um ônibus ou entrar num corredor é um erro, assim como fazê-lo ser comandado por um tenente ou um sargento. Deve-se considerar qual é o número de homens em jogo e qual a unidade e comando apropriados.

***

Muitas regras podem ter exceções, mas estas têm sua razão de ser e, quando acontecem, merecem uma explicação. Em mundos de alta fantasia, outras regras e títulos poderiam existir – mas, neste caso, é preciso ser coerente e deixar claro como funciona o sistema. Deve-se evitar o uso de títulos realmente existentes com convenções de uso bem estabelecidas, como os de "lorde", "sir" ou "marquês".

Títulos na Alta Idade Média

Quadro-resumo

Eis um resumo bem simplificado do uso dos títulos na Alta Idade Média, seguido de uma explicação detalhada:

Posição	Saudação	Position	Salutation
Imperador/ Imperatriz	Vossa Majestade, Dom X	Emperor/Empress	Your Majesty
Rei/Rainha	Vossa Mercê, Dom X	King/Queen	Your Highness
Príncipe/ Princesa (1)	Vossa Mercê, Dom X	Prince/Princess	Your Highness
Infante/Infanta (filho de rei)	Vossa Mercê, Dom X	Altheling	Sir
Duque/ Duquesa	Vossa Mercê, Senhor Duque de Z, Dom Z	Duke/Duchess	Your Grace Duke / Duchess
Marquês/ Marquesa	Vossa Senhoria, Senhor Marquês de Z Dom Z	Marquess/ Marchioness	Your Lordship/ Ladyship My Lord/ Lady
Conde/ Condessa	Vossa Senhoria, Senhor Marquês de Z Dom Z	Earl/Countess	Your Lordship/ Ladyship My Lord/ Lady
Rico-homem	Vossa Senhoria, Dom Z	Magnate	Your Lordship/ Ladyship My Lord/ Lady
Senhor/ Senhora	Vossa Senhoria, Senhor de Z	Lord/Lady	Your Lordship/ Ladyship My Lord/ Lady
Infanção/ Infançona	Vós	Gentleman	Master

(1) Na Alta Idade Média, um príncipe não era herdeiro ou filho de um rei (este era o infante) e sim o soberano de um pequeno Estado.

Contexto social e político

Abaixo dos soberanos e suas famílias – imperadores, reis e príncipes –, o sistema de feudos generalizado no Ocidente tem cinco graus: duque, marquês, conde, visconde e barão. O quinto, como veremos depois, é criação da Baixa Idade Média, mas os quatro primeiros se caracterizaram no Império Carolíngio (século IX), dois deles a partir de cargos que haviam existido nos últimos séculos do Império Romano com sentidos, em tese, semelhantes: o duque (*dux exercituum*, "chefe do Exército") era o governador ou comandante militar de uma ou mais províncias e o conde (*comes*, "companheiro"), um ministro, cortesão ou emissário do imperador.

A grande diferença era que, no Império Romano, esses eram cargos pessoais, podiam ser revogados pelo imperador a qualquer momento e seus portadores eram remunerados em dinheiro, por meio dos impostos arrecadados pela burocracia imperial. Mas no Império Carolíngio eram vitalícios de direito, hereditários de fato e inseparáveis da propriedade feudal de um território, maior ou menor, embora ainda guardassem uma relação lógica com as necessidades administrativas.

Numa comparação informal com o Brasil do século XX, o ducado carolíngio seria como um "estado", um marquesado um "território", um condado um "município" (os condados palatinos, por assim dizer, o "distrito federal") e a castelania um "distrito" rural, enquanto as "senhorias" seriam comparáveis a fazendas de "coronéis".

Na Alta Idade Média, esses cargos não eram propriamente títulos, pois eram inseparáveis das verdadeiras funções administrativas feudais: não havia, como houve depois, nobres puramente titulares, sem feudos reais. Fora do âmbito do antigo Império Carolíngio, esses termos só se generalizaram para a alta nobreza na Baixa Idade Média ou na Idade Moderna, quando começaram de fato a se transformar em meros "títulos".

Com os mercados, as cidades e a circulação de dinheiro praticamente fora de questão, a forma de recompensar e remunerar um servidor era por meio de um feudo, de cuja terra e habitantes deveria tirar sua riqueza. Quem recebia o feudo tornava-se um vassalo (não confundir com súdito, que é qualquer um que esteja sujeito ao poder de um soberano) do superior, seu suserano.

A propriedade absoluta como a conhecemos hoje, que não traz quaisquer obrigações além de obedecer às leis, é chamada

propriedade alodial e na Idade Média era uma rara exceção, na maioria das vezes reservada à Igreja.

A **propriedade feudal**, principalmente nas origens, se parecia mais à noção moderna de concessão (como a de uma linha de ônibus ou uma frequência de rádio ou tevê), que não pode ser cassada a não ser em caso de violação grave dos termos da outorga, mas obriga a concessionária a prestar determinados serviços e a proíbe de vender sua concessão a terceiros sem autorização.

Da mesma forma, o vassalo feudal não podia vender ou partilhar o feudo (que geralmente era territorial, mas também podia consistir em cargos, direitos de caça e pesca, monopólios comerciais e direito a arrecadar pedágios e impostos), mas também não podia perdê-lo enquanto não cometesse crimes graves e cumprisse suas obrigações, que incluíam fazer valer as leis civis e religiosas e prestar certos serviços ao suserano, principalmente militares (tipicamente quarenta dias de serviço militar por ano, do vassalo e de seus homens). Podia, em geral, conceder partes dele como feudos a vassalos menores, em troca de seus serviços. Em relação a seu suserano, estes seriam chamados vavassalos (vassalos de vassalos) e podiam igualmente ser convocados a servir o suserano.

O poder militar de um senhor feudal, inclusive do próprio rei ou imperador, dependia de quantos vassalos fiéis podia mobilizar para a guerra, e sua riqueza dependia de quanta terra mantinha sob seu controle direto. Um rei ou grande senhor podia, em princípio, convocar todos os seus vassalos grandes e pequenos e, por meio deles, seus vavassalos, mas, ante situações de rebeldia, só podia contar realmente com os pequenos senhores sob sua suserania direta.

A partir do século X, a lei passou a reconhecer a hereditariedade de direito dos feudos, há muito praticada de fato. Mesmo assim, quando falecia um vassalo feudal, seu sucessor – normalmente, seu filho homem mais velho – devia ir prestar homenagem ao suserano e jurar-lhe fidelidade para ser formalmente investido.

O título como expressão do domínio feudal

Inseparáveis na Alta Idade Média, o feudo e o título correspondente eram funções, privilégios e encargos *pessoais*, não uma qualidade ou estado da família. Um fidalgo nascia como tal e transmitia automaticamente esse status a seus descendentes legítimos, mas não nascia duque, marquês ou conde, mesmo que fosse filho legítimo do detentor desse título, a menos que fosse o mais velho e nascesse logo após a morte do pai. Mais tarde, com o desaparecimento das propriedades feudais, os títulos se tornaram independentes da posse efetiva de feudos e se converteram em meros símbolos de hierarquia, embora sempre continuassem ligados ao nome de alguma propriedade. Mas a lógica do seu uso e transmissão continuou subordinada à lógica feudal, como se fossem feudos fictícios.

O filho de um duque, mesmo que seja o herdeiro (normalmente o filho mais velho vivo), não é duque enquanto o pai viver. Muito menos os filhos cadetes (não herdeiros) ou as filhas. Na Alta Idade Média estes não tinham títulos (embora fossem fidalgos) e pela lei britânica sempre foram considerados "comuns" (ou seja, nunca tiveram os privilégios legais dos lordes). Nem mesmo o herdeiro do rei tinha um título especial: esse costume, veremos depois, surgiu no século XIV.

A esposa (digamos) de um duque tem o título de duquesa, mas isso não significa mais que supervisionar o serviço do castelo (chefiado pelo "veador") e receber os hóspedes. Ela continua a deter o título como "duquesa viúva" (em inglês, *dowager duchess*) ou "duquesa-mãe" e só o perde se voltar a se casar (e, em tempos modernos, ao se divorciar). A viuvez era, na Idade Média, quase a única situação que possibilitava a uma grande dama exercer poder, ao menos enquanto o herdeiro fosse menor.

Portanto, pode haver mais de uma mulher com o mesmo título, mas nunca mais que um detentor masculino. Em 1952, quando morreu o rei George VI, o Reino Unido teve por algum tempo três rainhas vivas: a rainha propriamente dita, Elizabeth II, herdeira reinante por direito próprio; a mãe Elizabeth, viúva de George VI e a avó Mary, viúva de George V.

Era muito raro que alguém ascendesse de título sem ser por herança. Embora o rei pudesse em tese elevar plebeus à nobreza, criar novos ducados ou condados ou converter um condado em ducado, raramente o fazia. Se chegava a acontecer, era um evento histórico de certa importância e mais frequentemente o reconhecimento de uma situação de fato criada por uma rebelião ou conflito interno.

Ainda que não tivesse título especial, um fidalgo fazia jus a tratamento diferenciado na linguagem. No mínimo, o uso do "vós" plural, em vez do plebeu "tu" por parte de pessoas que não fossem íntimas (e mesmo entre estas, em ocasiões públicas e cerimoniais). O sentido implícito é que, quando um estranho se dirige a um nobre – amigo ou inimigo, inferior ou superior –, não trata apenas com um indivíduo, mas com uma família e uma linhagem a ser coletivamente honrada ou ofendida.

O uso do "nós" por soberanos, o chamado "plural majestático", ainda não tinha se firmado na Alta Idade Média, embora tivesse sido comum entre funcionários romanos (ao falar em nome do Estado) e fosse usado pelo Papa (ao falar em nome da Igreja).

Na Idade Média, o tratamento de "Vossa Majestade" só era usado pelo imperador. Os reis e príncipes eram "Vossa Alteza" e às vezes "Vossa Mercê", como também os duques – até que esse tratamento se popularizou e generalizou tanto que foi reduzido a vosmecê, depois a você. Senhores menores eram "Vossa Senhoria" e "Senhor" Fulano.

Formas de sucessão

A forma mais comum de sucessão, chamada "**primogenitura cognática**", veio a ser a herança pelo filho mais velho vivo e, não havendo filho homem, para a filha mais velha, como acontecia na Inglaterra e na maior parte da França, Itália e Península Ibérica medievais. Embora ela tivesse o título por direito próprio, o título, direitos e obrigações passavam ao marido se ela se casasse. Em Portugal, o esposo da soberana só poderia usar o título real quando tivesse um herdeiro, regra também adotada no Brasil imperial (embora nesse caso o imperador consorte não tivesse poderes políticos).

Já na Alemanha, partes da Itália do Norte e Europa Oriental, a regra era a "**primogenitura agnática**": mulheres nunca herdavam. Na falta de filho varão, o título e o feudo passavam ao irmão mais novo, ou, se este estivesse morto, ao sobrinho. Se o senhor morto não tivesse filhos, irmãos ou sobrinhos, mas tivesse uma filha casada, então o título passava diretamente ao neto. Se não tivesse filha, mas sim uma irmã, então passaria ao filho desta, seu sobrinho. A regra ainda hoje vigora no Liechtenstein.

Na França, a partir da Baixa Idade Média, foi praticada uma forma ainda mais radical de exclusão das mulheres, chamada "**lei sálica**" por ser alegadamente baseada nas leis dos francos sálicos da Antiguidade: reino, feudo e títulos não podiam ser herdados por mulheres, nem por linha feminina indireta. Usada como pretexto para impedir os reis ingleses de herdar o trono francês, foi imposta a ferro e fogo na Guerra dos Cem Anos.

Mais tarde, a lei sálica foi adotada por monarquias de origem francesa, inclusive a casa italiana de Savóia, os Bourbon espanhóis e as dinastias impostas por Napoleão, ou influenciadas pela França, como as monarquias balcânicas, mais frequentemente na forma atenuada conhecida como "**semissálica**", que permite a sucessão feminina no caso excepcional de extinção de todos os descendentes masculinos da linha masculina. Além de restringir as pretensões de famílias reais estrangeiras, a "lei sálica" também facilitava a centralização dos feudos nas mãos da monarquia: na falta de filho homem, o feudo revertia ao suserano.

No Reino de Navarra (que incluía o atual País Basco), houve a "**primogenitura integral**": a herança ia para o filho ou filha mais velha, independentemente do sexo, regra que a partir de 1980 veio a ser adotada também por monarquias europeias modernas. Hoje está em vigor em todas as monarquias nórdicas e do Benelux, mas ainda não na Espanha e Reino Unido.

Houve outras formas regionais mais raras de sucessão. Existiu o que se chamou "**sucessão agnática**", na qual o feudo era herdado pelo homem mais velho da família, rara na Europa, mas comum no Oriente. Na Rússia medieval, existiu a sucessão agnática em "escada": o título ia para o irmão, mesmo havendo filho vivo, e com a morte do último irmão passava para a geração seguinte, a começar pelos filhos do primeiro irmão.

Nos feudos fundados pelos lombardos, permitia-se a divisão ou compartilhamento pelos irmãos. E, no caso dos reinos carolíngios e do Sacro Império Romano-Germânico, o soberano era escolhido por eleição entre todos ou os principais vassalos, embora isso normalmente fosse apenas uma confirmação da sucessão hereditária.

Imperador

Na Idade Média ocidental, o termo **Imperador** (em alemão *Kaiser*, literalmente "César", feminino *Kaiserin*) se referia quase sempre ao soberano do Império Carolíngio e de seu sucessor, o Sacro

Império Romano-Germânico, embora no Mediterrâneo Oriental ainda existisse o Império Romano do Oriente, hoje conhecido dos historiadores como Império Bizantino.

O título latino de *Imperator* (literalmente, "Comandante") surgiu na República Romana para honrar chefes militares que conquistavam grandes vitórias e ganhavam o direito de celebrar um triunfo (desfile triunfal) na capital. A partir de Augusto, passou a ser o titulo permanente do chefe do Estado (embora este continuasse a ser teoricamente republicano) na qualidade de comandante dos Exércitos, também chamado *Princeps* ("Príncipe") na qualidade de chefe do Senado e do poder civil e *Pontifex Maximus* ("Sumo Pontífice") como chefe do culto pagão cívico (ler adiante).

Na Idade Média, o título de "imperador" implicava na pretensão de suceder aos antigos imperadores romanos e de deter a supremacia em relação aos demais reis e príncipes, mas isso só teve alguma realidade no século IX. Quando o Império Carolíngio foi dividido entre os filhos de Carlos Magno, a cada geração, um deles – a começar por Lotário, que reinava sobre a Itália e Lotaríngia – herdou o título imperial e os outros, "meros" reis, deveriam ser seus vassalos. Mas, em 888, o imperador Carlos III foi deposto na França e substituído por um rei eleito em outra família, dividindo irreversivelmente o império.

No século seguinte, os carolíngios foram definitivamente afastados do poder, sucedidos pela dinastia dos otonianos na Alemanha e Itália e, na França, pela dinastia dos capetos.

O imperador continuou a pretender a primazia sobre os outros reis cristãos, mas teve sua autoridade enfraquecida por não ser hereditário. O candidato, ainda que fosse normalmente filho ou irmão do imperador morto, precisava ser eleito Rei da Alemanha para depois ser confirmado como Imperador dos Romanos por meio da unção e coroação pelo Papa, conferidas em Roma.

A França permaneceu como vassala teórica do imperador até 1202, quando o Papa passou a reconhecer o rei como "imperador em seu próprio reino", isto é, como soberano submetido apenas ao poder espiritual do papado. O imperador teve outros reinos vassalos – Itália, Alta e Baixa Burgúndia e Boêmia –, mas suas coroas vieram a ser absorvidas pelo próprio Império. Os demais reis europeus também nunca deixaram de ser independentes na prática e a única prerrogativa importante reconhecida ao Imperador na Baixa Idade Média foi a de comandar os exércitos cristãos nas Cruzadas.

Outro uso do termo "imperador" foi feito pelos reis de León, que, informalmente a partir de 910 e formalmente de Alfonso VI a Alfonso VII, de 1065 a 1157, reivindicaram o título de "Imperador de toda a Espanha" (*Imperator totius Hispaniae*) para afirmar sua soberania ante o Sacro Império e por pretender unificar os reinos cristãos e muçulmanos da Península Ibérica sob a sua suserania. Após a morte de Alfonso VII, seu reino se dividiu em León e Castela e o título não voltou a ser reivindicado.

Reis

Rei (em inglês *king*, feminino *queen*; francês *roi*, feminino *reine*; alemão *König*, feminino *Königin*) era o monarca de um Estado médio ou grande. No início da Idade Média, era na maioria dos casos (incluindo a Espanha dos visigodos, o reino das Astúrias, a Inglaterra anglo-saxônica, a França, a Alemanha e a Polônia) um cargo vitalício, mas ao menos teoricamente eletivo. O soberano era um chefe militar e administrativo, não um monarca sagrado.

No princípio, todos os homens livres (os fidalgos do sexo masculino) podiam participar, em teoria, da eleição, contanto que se deslocassem até o local de sua realização. Na Polônia, essa prática perdurou até o final do século XVIII e mobilizava 10 mil a 50 mil eleitores a cada vez, de uma nobreza com cerca de um milhão de membros (dos quais, uns 300 mil homens adultos) numa população total de dez milhões. Em outros casos, a assembleia de eleitores foi gradualmente reduzida a um punhado de senhores mais poderosos.

Na prática, o rei era quase sempre eleito dentro da dinastia reinante ou entre algumas das famílias mais poderosas, e a escolha era acertada entre estas antes de ser ratificada pela aclamação do restante da nobreza, mas tinha consequências políticas. O candidato precisava assumir compromissos formais (às vezes um programa de governo explícito) e fazer concessões aos grandes senhores, favorecendo sua autonomia.

Entre a morte do rei e a coroação do sucessor, dava-se um **interregno**. Na Polônia, durante esse período, a chefia do Estado cabia ao primaz, arcebispo de Gniezno, que assumia o cargo de *interrex* ou regente. Da eleição à coroação (o que podia levar meses), o soberano não era *"rex"* (rei) e sim *"dominus"* ("dom", em inglês *lord*).

A França, com o fim da dinastia carolíngia e o início da dinastia dos Capetos, começou a romper com essa tradição. Imediatamente após sua coroação em julho de 987, Hugo Capeto pressionou para que seu filho Robert também fosse eleito rei, para que o reino não ficasse sem governo caso ele morresse em batalha, e assim foi feito em dezembro do mesmo ano. A eleição do herdeiro passou a acontecer em vida do rei, para que este controlasse o processo e o reduzisse a mera formalidade e o sucessor assumisse imediatamente o trono com plenos poderes.

Os filhos do rei, mesmo onde a sucessão se tornou hereditária, não eram considerados senhores ou príncipes, mas meros **infantes**, feminino **infantas** (em inglês, *æthelings* ou *athelings*, em francês *enfants*).

Príncipes

Príncipe (do latim *princeps*, literalmente "primeiro a pegar") foi na Roma republicana o título do chefe do Senado romano, função depois assumida pelo imperador romano como seu principal título civil (o de "imperador" era militar e o de "sumo pontífice", religioso). Na Idade Média, com o sentido de "primeiro, sem ninguém acima de si", era o título em geral de um monarca que se considerava soberano de direito ou de fato (e nesse sentido é usado por Maquiavel em *O Príncipe*), incluindo senhores de pequenos Estados que não eram capazes de reivindicar o título de "rei".

O primeiro a usá-lo nesse sentido específico foi o duque de Benevento, no sul da Itália, ao se declarar independente dos reis da Lombardia, no século VIII (embora depois tivesse que reconhecer a suserania dos imperadores carolíngios). Também foi adotado pelos pequenos soberanos bretões de Gales no século XII, quando se integraram ao sistema feudal como vassalos nominais do rei da Inglaterra.

Duques

Um **duque**, geralmente pertencente à elite dos conquistadores francos, era o governador de uma grande província, tipicamente do tamanho de uma grande região de um país moderno (como a Bretanha, a Baviera, a Borgonha) ou um pequeno país (como a Holanda) que nos primeiros tempos normalmente correspondia a uma arquidiocese, tipicamente com duzentos mil a trezentos mil habitantes. O termo alemão é *Herzog*, que originalmente se referia ao líder supremo de uma grande tribo germânica. O inglês é *duke*, feminino *duchess*. Durante parte do século X, o duque da Lotaríngia, que antes tinha sido um reino, foi intitulado **arquiduque**, como uma distinção especial.

Um duque medieval podia ser tão rico e poderoso quanto um rei, ou ainda mais. O próprio rei dependia, para recrutar suas tropas e arrecadar seu tesouro, das terras que detinha como duque. O rei da França, por exemplo, retirava sua renda e os cavaleiros mais fiéis de seu Ducado de Paris, mas outros ducados seus vassalos podiam ser mais ricos e prósperos. Seus duques só eram obrigados a servi-lo por tempo limitado e, caso se rebelassem e unissem suas forças, podiam reunir um exército muito maior que o seu.

Em termos de caracterização, um duque da Alta Idade Média (até o ano 1000), como também os mais importantes da Baixa (de 1000 a 1453) e do início da Idade Moderna, são senhores com um castelo, uma corte, um tesouro e um exército tão imponentes quanto os do soberano. Sua dinastia e sua ligação com seus súditos talvez remonte a tempos anteriores à própria fundação do reino e seus vassalos provavelmente o seguirão caso decida se rebelar. Muitos duques conspiraram para se tornar independentes ou tomar o trono, ou teceram estratégias de casamentos entre sua família e a do soberano de maneira a garantir que seus descendentes herdassem o trono. Se você é fã da *Guerra dos Tronos* e se lembrou de Tywin Lannister, pensou bem: ele foi inspirado nos duques de Lancaster da história real.

Será *spoiler* lembrar que a rainha Elizabeth II é também, ainda hoje, a Duquesa de Lancaster e tira do arrendamento dessas terras toda a sua pompa e circunstância? Só o George R. R. Martin sabe.

Doges

À parte os duques carolíngios, um outro tipo de duque teve importância desde a Alta Idade Média: os doges, chefes eleitos da cidade-estado de Veneza, cujo título também tinha caráter ducal e o tratamento de "Vossa Serenidade", ou "Sereníssimo Príncipe". No século VII, o doge de Veneza era um *dux* nomeado pelo imperador bizantino. Em 742, passou a ser eleito vitaliciamente pela *Concio* ou

Ashlar, um conselho formado pelos homens livres (cidadãos e patrícios) da cidade. Nos primeiros séculos, os doges procuraram tornar seu poder hereditário, nomeando co-regentes ou *co-dux* da própria família, que deveriam ser simplesmente confirmados pela *Concio* quando ele falecesse. Entretanto, poucas vezes o plano funcionou: dos 28 doges até 1032, quatorze acabaram violentamente depostos ou abdicaram e só seis foram realmente sucedidos pelos herdeiros designados.

Marqueses

Um **marquês** era o governador de uma marca (fronteira), estrategicamente importante por estar na linha de frente da defesa do império, sujeita a invasões. No Império Carolíngio, por exemplo, havia, entre outras, a Marca de Espanha (atual Catalunha, na fronteira do califado de Córdoba) e, a Ostmark ou Marca da Áustria (na fronteira com os húngaros). O marquês prestava vassalagem diretamente ao soberano e, militarmente, tinha uma importância equivalente à de um duque, apesar de deter territórios geralmente menores, menos ricos ou menos povoados. Na Alemanha, se usa o nome de **margrave** (*Markgraf*, literalmente "governador da fronteira"), feminino margravina. Em inglês é *marquess*, feminino *marchioness*.

Quem quiser um marquês medieval como personagem deve pensar nele como um senhor feudal mais rude e menos acostumado ao luxo que um rei ou duque. Provavelmente suas terras são mais pobres e inóspitas, mas é mais aguerrido. Está acostumado com perigos, dificuldades e a ameaça de invasores estrangeiros e tem a seu dispor centenas de vassalos bem preparados para pegar em armas. Em caso de guerra, é capaz de enfrentar um duque de igual para igual. Se você conhece a *Guerra dos Tronos*, pensou, com razão, em Ned Stark.

Conde palatino

Um **conde palatino** ("do palácio") era um ministro importante, principalmente o administrador de castelos e terras sob o domínio direto do soberano. Na Alemanha, se diz *Pfalzgraf* ("conde do palácio"). Na Alta Idade Média, não havia "capitais". O soberano viajava entre seus vários castelos e propriedades espalhados pelo reino e dependia deles para sustentar suas despesas, sua corte e seus exércitos próprios (além dos que podia convocar por meio dos vassalos). Cada um desses castelos e seu território era chamado um "palatinado".

Além de aconselhar o soberano e comandar suas tropas, os condes palatinos eram os homens mais importantes para fazer valer o poder do soberano frente aos duques e marqueses, dos quais o monarca não podia depender nem confiar totalmente. Seu título deu origem à palavra **paladino**, inicialmente sinônima: era o defensor do rei ou imperador por excelência. Na Hungria, o palatino (*nádor*) administrava a corte e as propriedades reais e na Baixa Idade Média tornou-se também representante do rei em assuntos judiciais.

Condes

Um **conde** era o governador de uma região menor, subdivisão de um ducado e na origem geralmente correspondente a uma diocese da Igreja, depois frequentemente menor que isso. Tipicamente tinha de algumas centenas a alguns milhares de quilômetros quadrados e talvez uns cinco mil a vinte mil habitantes. No Império Carolíngio, em geral, não era franco e sim membro da elite dos galorromanos conquistados.

Em alguns casos, a administração de um condado foi confiada ao arcebispo ou bispo da diocese, o que originou uma tradição de arcebispos-condes (mais tarde, também arcebispos-duques) e bispos--condes. Havia exemplos já na época de Carlos Magno, mas isso se tornou mais comum no século X, quando também surgiram abades--condes. A princípio, esses prelados deviam ser celibatários e seus sucessores eleitos ou nomeados de acordo com as normas da Igreja, mas o caráter ambíguo de seu estatuto levou-os muitas vezes a se transformar em senhores feudais semelhantes a seus pares leigos e fez com que sua nomeação dependesse da compra do título ao rei por uma família nobre. Em outros casos se tornou, na prática, hereditária.

Na Alemanha, o título genérico é ***Graf*** ("conde", feminino ***Gräfin***), mas em compostos pode denotar graus diferentes de importância e hierarquia. Como se viu acima, um *Markgraf* é um marquês e um *Pfalzgraf*, um conde palatino. O conde propriamente dito é ***Gaugraf*** ("conde de comarca"), seu imediato um *Vizegraf* ("visconde") e o administrador de um castelo ou divisão do condado *Burggraf* ("castelão" ou "burgrave").

Vassalo de um duque ou do soberano, um conde tem um ou vários castelos, provavelmente pequenos – pouco mais que uma torre de menagem – e mora num deles, junto com sua família e os nobres que lhe servem permanentemente de guarda-costas, camareiros (valetes ou pajens), escudeiros e administradores do castelo e do feudo, dos quais o mais importante é o intendente ou vice-conde (depois, **visconde**). Estes têm às suas ordens muitos serviçais plebeus que, recrutados entre os servos, fazem o serviço pesado sob suas ordens e dormem no chão. Junto do castelo ou à sua vista, provavelmente há uma vila murada onde vivem e trabalham ferreiros e outros artesãos. Para além, há dezenas de pequenos feudos de vassalos que, em caso de necessidade do conde (ou de seu suserano), este pode convocar para servi-lo como cavaleiros ou capitães. Um grande condado, com vários castelos, podia ser dividido em **castelanias**, cada uma governada por um **castelão** designado pelo conde.

Nas línguas germânicas, castelo é *burg* ou burgo, palavra que mais tarde veio a significar também "cidade", porque a maioria das cidades da Europa do Norte e Central surgiu das vilas amuralhadas de artesãos e comerciantes que se formaram à sombra da proteção dos castelos. Nas línguas latinas, a palavra "vila" também significava, originalmente, tanto a *villa* ou residência do senhor feudal quanto o povoado formado à sua volta, mas se manteve distinta de "cidade", entendida na Idade Média como um povoado amuralhado que servia de sede a uma diocese ou bispado e geralmente era de origem romana, anterior ao feudalismo. O bispo, cuja jurisdição frequentemente coincidia com a do conde, tinha prestígio equivalente e podia ser tanto um aliado quanto um contrapeso a seu poder.

Pode-se pensar num conde como o senhor feudal arquetípico dos filmes e romances e também como uma interpretação realista desses pequenos "reis" de contos de fadas, tão numerosos e prontos a oferecer a mão da "princesa" a um jovem hábil e corajoso, sempre um filho caçula de uma família modesta. Este, de forma igualmente "realista", deve ser interpretado como um filho cadete (quer dizer, não primogênito) de um pequeno senhor feudal, que não tinha direito à herança e se punha a serviço permanente de um senhor feudal (não necessariamente o suserano do pai). Se conseguisse agradar muito ao conde e este só tivesse filhas mulheres, a possibilidade de se casar com a mais velha e herdar o condado para si e seus descendentes de fato existia.

Ricos-homens

Em Portugal e na Espanha, onde os títulos originários do Império Carolíngio, como os de conde, visconde e barão, só começaram a ser concedidos a partir do século XIII, os senhores feudais da Alta Idade Média não tinham títulos específicos. Os senhores mais importantes eram, porém, chamados **ricos-homens** (em castelhano **magnates** ou **ricohombres**) e podiam equivaler a um conde em outros países. Para serem assim designados, deviam ser capazes de sustentar uma força de combate de pelo menos vinte homens. Eram também chamados "**senhores de pendão e caldeira**", pois tinham um pendão (comando) próprio e uma caldeira (para alimentar sua tropa) e "**senhores de baraço e cutelo**" (açoite e espada), pois tinham o poder de julgar e impor penas de açoite ou de morte dentro de seus domínios. Eram chamados pelo título de "**Dom**" (**Dona** para as mulheres), participavam da cúria (assembleia do reino) e eram encarregados da administração das terras do reino.

Viscondes

Um **visconde** (literalmente, vice-conde, *vicomte* em francês e alemão, *viscount* em inglês) era o lugar-tenente de um conde, seu segundo no comando e às vezes administrador, quando um conde estava ausente ou possuía mais de um condado. Em alguns outros países, como a Inglaterra, o visconde surgiu do xerife (*sheriff*), chefe escolhido pelos plebeus para representá-los junto ao conde, que gradualmente se tornou um posto hereditário e aristocrático. Na França também existiu o título equivalente de **vidame**, que era um senhor laico encarregado de administrar as terras e a defesa de um senhor eclesiástico (bispo, arcebispo ou abadia).

Um **castelão** (em francês, *châtelain*) era o administrador e comandante de uma castelania, uma subdivisão de um condado sediada num pequeno castelo. Na Alemanha, se chama **burgrave** (*Burggraf*, "governador do castelo"). Esses títulos chegaram a se tornar também hereditários, mas acabaram confundidos com o de visconde. Alguns sobreviveram na França até a Idade Moderna, sendo caracterizados pelo uso do título de *sire* ("sirerias").

Senhores

Um **senhor** (em francês, *seigneur*, alemão *Herr*, inglês *lord of the manor*) não titulado geralmente tinha um pequeno feudo de base ou "senhoria", de algumas centenas ou milhares de hectares (o tamanho de uma típica fazenda brasileira). Em geral não tinha castelo nem vassalos, mas sim um "solar" ou casa senhorial, na qual viviam sua família, escudeiro e serviçais. Tinham também poder sobre algumas dezenas de famílias de servos obrigados a cultivar suas terras e lhe prestar outros serviços, bem como jurisdição, como representante da lei, sobre os homens livres que vivessem em seu feudo, uns e outros geralmente reunidos numa aldeia ou vila. Como vassalo, devia servir a seu suserano, geralmente como cavaleiro. Mas "cavaleiro" era na Alta Idade Média uma função militar efetiva, não um título hereditário, nem uma mera honraria.

Fidalgos

Um **infanção** em português medieval (feminino **infançona**), **cavalheiro**, **gentil-homem** ou **fidalgo** em português moderno (francês *gentilhomme*, inglês *gentleman*, alemão *junker*, originalmente *junger Herr*, "jovem senhor") são os filhos e filhas do senhor, bem como todos os nobres de nascença que não detinham um feudo – a grande massa da pequena nobreza, chamada *gentry* em inglês (em contraste com a *nobility*, dos nobres titulados). Um jovem fidalgo solteiro, em português antigo, era chamado **donzel**; e uma solteira de qualquer idade, uma **donzela**, que, ao se casar, se tornava uma **dama**.

O filho mais velho normalmente herdaria o feudo do pai, mas os demais, chamados cadetes, teriam de se arranjar de outra maneira. Uma era entrar para o clero. Outra era servir militarmente a um grande senhor ou ao próprio rei como escudeiro, cavaleiro, porta-bandeira (alferes) ou capitão. A terceira era o serviço do castelo e da corte ou administração do feudo, que tinha várias funções reservadas à nobreza.

A Corte

As funções da corte variaram muito. Sua importância relativa e suas atribuições exatas dependeram não só do país e da época, mas também das personalidades envolvidas e do grau de confiança que inspiravam no rei. A lista abaixo é apenas aproximativa.

Administração geral

Mordomo-mor, prefeito do paço ou **governador** (*steward* ou *majordomo*, na Escócia *seneschal*), o intendente é o chefe dos servidores de um rei ou grande senhor, cargo frequentemente hereditário. Com um rei fraco ou indolente, o mordomo pode se tornar o verdadeiro poder e mesmo usurpar o trono, como fez o *major domus* Pepino, o Breve, ao depor Childerico III com aprovação do papa, em 751. Na França, chamado *Maître d'hôtel*, depois *Grand Maître*.

Cancelário, chanceleiro-mor ou chanceler (*chancellor*), guarda-selos e chefe de tabeliães e escrivães (geralmente clérigos), depois chefe da justiça ou da diplomacia e secretário de Estado. Na origem, era normalmente um clérigo, pois o clero dominava a leitura e a escrita, enquanto a maior parte da nobreza era analfabeta. O chanceler era frequentemente promovido a bispo depois de servir ao rei. Por isso, esse cargo em geral não era hereditário.

Porteiro-mor (*gentleman usher*, *doorkeeper*, na Escócia *doorward*), responsável por abrir e fechar portas no palácio e controlar o acesso à sala onde se encontrava o rei. A ele estavam subordinados os **porteiros da maça**, que precediam os cortejos a pé, e os **porteiros da cana**, que precediam o cortejo real a cavalo. Foi também chefe dos serviçais menores (um "mordomo" no sentido moderno) e administrador das receitas e despesas do palácio, antes de essa tarefa ser confiada a cortesãos mais especializados.

Conselheiro (*councillor*), um dos que tinham acesso ao rei, compartilhavam suas confidências e formavam seu conselho privado.

Notário ou **escrivão** (*registrar, notary*), redator de documentos e secretário.

Livradores do desembargo, responsáveis pela preparação dos assuntos a serem decididos.

Mordomo-mor da Rainha, administrador da Casa da Rainha, na medida em que esta passou a ter autonomia, na Baixa Idade Média, dispondo também de **escrivão da rainha** (secretário), **reposteiro-mor da rainha** (chefe do serviço pessoal) e **vedor da casa da rainha** (administrador financeiro).

Governador da casa do Príncipe, administrador ou mordomo-mor da casa do herdeiro, também um desenvolvimento da Baixa Idade Média, com seu próprio camareiro, vedor e capitão da guarda.

Câmara real

Reposteiro-mor no Portugal medieval, **camerlengo** no Vaticano, **camareiro-mor** (*chamberlain*) em outros países e no Portugal moderno, era o responsável pelas habitações privadas ao pé do leito real e chefe dos reposteiros (responsáveis por correr cortinas e dispor e alcançar almofadas e cadeiras), moços e gentis-homens da câmara (responsáveis por vestir o rei e por seu guarda-roupa), e moços da capela e do guarda-roupa. Atribuição aparentemente humilde, mas de poder significativo, por ser o camareiro íntimo do rei e controlar o acesso à sua pessoa. Na França, houve até 1545 uma distinção entre *Grand Chambellan* (responsável pela câmara e guarda-roupa) e *Grand Chambrier* (administrador do tesouro e documentos pessoais do rei).

Pajem-mor, chefe dos **valetes**, **pajens** ou **moços de câmara** (*valets* e *pages*), encarregados do serviço pessoal do senhor e sua família.

Cuvilheira ou **camareira-mor** (*mistress of the robes*), cuidava da limpeza e conservação das vestes e roupa de cama. Geralmente era uma dama idosa e viúva.

Damas e donzelas de companhia (*ladies-in-waiting*), assistentes pessoais e confidentes da rainha, das infantas e de outras mulheres da alta nobreza.

Aios e **aias**, (*governors* e *governesses*) encarregados de cuidar e educar os filhos e filhas do senhor

Capelão-mor (*chief chaplain, dean of the Chapel Royal*), clérigo responsável pelo serviço religioso na capela real e conselheiro espiritual do rei.

Sumilher (*chaplain of honour*), clérigo que corria a cortina da tribuna da Capela Real e a cortina da cama dos reis.

Escrivão da câmara, escrivão da puridade ("puridade", neste caso, significa segredo ou confidência) ou **secretário d'el-Rei**, mais tarde Secretário de Estado.

Físico-mor, médico do rei.

Cirurgião-mor, cirurgião do rei.

Forças militares e guarda real

Alferes-mor, depois **condestável-mor** (*high constable*), principal comandante militar do rei e em especial das guarnições dos castelos. Tinha como subordinados o **marechal** (*marshal*), imediato, comandante dos acampamentos militares e responsável logístico; o **alferes-menor** (*ensign*), que levava a bandeira; o **adail-mor** (*scoutmaster*), comandante da cavalaria; o **anadel-mor**, comandante dos besteiros; o **vedor-mor** de artilharia, comandante da artilharia; os **condestáveis** (*constables*), comandantes das guarnições de castelos e os **fronteiros-mores**, comandantes das guarnições de fronteira.

Almirante (*admiral*), comandante das galés da marinha costeira.

Capitão-mor do mar, em Portugal, comandante das naus e caravelas da marinha oceânica.

Guarda-mor (*chief guard*), responsável pela segurança imediata do rei, que dormia à porta do seu quarto. Chefiava o **capitão da guarda** (*captain of the guard*) e os cerca de 20 cavaleiros da Guarda da Câmara, que dormiam junto ao quarto do rei; o **capitão dos ginetes**, comandante da Guarda de Ginetes, cerca de 200 cavaleiros que acompanhavam o rei nas suas deslocações; e os **capitães de lanceiros**, infantaria que guardava o palácio.

Fazenda, finanças e propriedades do rei

Vedor da fazenda ou **tesoureiro-mor** (*treasurer*), administrador da fazenda do reino.

Vedor da casa (*keeper of the wardrobe*, depois *keeper of the privy seal*), administrador financeiro da Casa Real, quando começou a se distinguir da fazenda do reino, na Baixa Idade Média.

Contador-mor, chefe da arrecadação subordinado ao tesoureiro-mor. *Chancellor of the exchequer* em inglês (de *échiquier*, "tabuleiro de xadrez" em francês), devido à grande mesa das contas coberta por um pano xadrez onde se organizavam moedas e marcadores de vários tipos que representavam os valores arrecadados.

Esmoler-mor (*almoner*), distribui esmolas em nome do rei.

Paceiro-mor, provedor das obras ou **vedor das obras** (*chief of the works*), superintendente das obras nos palácios reais.

Provedor-mor dos cativos, chefe dos escravos.

Alfaqueque, encarregado de negociar o resgate de cativos do inimigo.

Almoxarife, administrador das receitas do rei em uma região de Portugal, correspondente ao xerife (*sheriff*) na Inglaterra, bailio (*bailli*) no norte da França e senescal (*sénéchal*) no sul da França, estes supervisionando os prebostes (*prevôts*).

Avençal ou **ovençal** (*gabeler, farmer, exciseman, revenuer*) responsável pela arrecadação e pelos pagamentos da fazenda real.

Justiça

Meirinho-mor (*justiciar, justicar, chief justice*), chefe da justiça e fiscal da mustiça dos senhores, que por ordem do rei podia prender membros da nobreza. Na Inglaterra substituía o rei na sua ausência. Na Espanha, *adelantado mayor*.

Corregedores (*royal high judges*), magistrados superiores na justiça das terras do rei.

Ouvidores ou **sobrejuízes** (*high judges*) magistrados superiores na justiça das terras de vassalos do rei.

Cozinha e refeições

Escanção, depois **copeiro-mor** (*butler*, em francês *échanson* ou *bouteillier*), encarregado de servir as bebidas. A palavra inglesa depois tomou o significado de "mordomo".

Uchão ou **despenseiro** (*larderer*, na Escócia *spencer*), responsável pela despensa ou ucharia e por levar as carnes ao trinchante.

Trinchante (*carver*), que trinchava as carnes nos banquetes.

Servidor da toalha, colocava os pratos na mesa.

Mantieiro, retirava os pratos depois de o rei comer.

Saquiteiro (*pantler*), encarregado do pão.

Regueifeira, padeira de pães e bolos elaborados.

Almotacé-mor (*chief caterer, cellarer*), responsável por prover a Corte de alimentos.

Prestes da cozinha, criados de segundo nível que traziam os pratos da cozinha para a sala (moços de câmara eram os de primeiro nível).

Caça, estrebaria e viagens

Monteiro-mor (*huntmaster, master of the game;* em francês *grand veneur*), responsável pela organização das caçadas e chefe dos **monteiros de cavalo** (guardas a cavalo das coutadas), **monteiros de pé** (guardas a pé) e **moços do monte**, criados e ajudantes.

Caçador-mor (*chief fowler*) ou **falcoeiro-mor** (*chief falconer*), chefe da caça a aves, dos **falcoeiros** (*falconers*), responsáveis pelos falcões amestrados e dos **açoreiros** (*austringers*), responsáveis por açores e gaviões amestrados.

Estribeiro-mor (*master of the horse*), encarregado dos cavalos pessoais e carruagens do rei ou senhor, chefe dos **moços da estribeira**.

Coudel-mor (*equerry, gentleman of the horse*), governador das coudelarias reais e da procriação e o aperfeiçoamento das raças de cavalos.

Aposentador-mor ou **pousadeiro** (*chief harbinger*) responsável pelo alojamento do rei e pessoas da corte, quando em viagem.

Cevadeiro-mor (*baggage master*), provisionador de grãos e cevada para as cavalariças.

Heráldica, proclamações e cerimonial

Armeiro-mor, depois **rei d'armas** (*king of arms*), encarregado de brasões e seu registro e dos torneios.

Arauto (*herald*), encarregado de proclamações.

Passavante (*pursuivant*), mensageiro.

Escrivão da nobreza, subscrevia as cartas de armas.

Mestre-sala (*master of cerimonies*), chefe de cerimônias.

Todos esses eram cargos honrosos e reservados à nobreza, em contraste com os serviçais plebeus ou "lacaios" que serviam sob suas ordens, e, quando estavam às ordens de um rei ou grande senhor, podiam ser mais poderosos que seus suseranos. Os principais ministérios e alguns comandos militares das monarquias tradicionais evoluíram a partir desses cargos, que às vezes eram transmitidos hereditariamente.

Cavalaria

A cavalaria medieval, tal como se instituiu a partir do império de Carlos Magno, era formada fundamentalmente pelos homens da pequena nobreza, que podiam herdar uma propriedade como vassalos de um senhor feudal ou ser fidalgos sem terra que se punham diretamente a seu serviço, podendo ou não receber em troca uma propriedade. Salvo exceções, o filho de um cavaleiro não tinha automaticamente esse mesmo título: precisava fazer jus a ele depois de servir como **donzel**, **moço da câmara** ou **pajem** (em inglês e francês *page* ou *valet*) a um cavaleiro ou senhor, depois como **escudeiro**, podendo então ser armado cavaleiro por um rei ou senhor feudal.

Idealmente, o candidato a cavaleiro iniciava seu treinamento servindo como pajem aos sete anos, aos quatorze anos tornava-se escudeiro e passava a acompanhar o cavaleiro em batalha e torneios, cuidando de suas armas e cavalos, e aos 21 anos era armado cavaleiro. Mas há casos de cavaleiros armados aos dez ou onze anos de idade, ou depois dos 21, e muitos escudeiros que jamais se tornaram cavaleiros, porque assumiram funções não militares e suas famílias preferiram evitar as despesas da cerimônia.

Os cavaleiros formavam a espinha dorsal dos exércitos medievais e detinham privilégios especiais. Na Inglaterra, questões legais envolvendo propriedade de terras tinham de ser decididas por um júri formado de cavaleiros e alguns deles eram comissionados para manter a "paz do rei", julgando e punindo quem a ameaçasse. De início, era uma instituição bastante brutal — foi só na Baixa Idade Média que o ideal do "cavalheirismo" começou a se difundir.

Plebeus

A nobreza representava, tipicamente, cerca de 5% da população; os servos, 90% ou mais. Entre uns e outros, podia haver uma camada de homens livres – artesãos, pequenos comerciantes, camponeses livres – que em grande parte da França e Alemanha eram quase que só os habitantes dos burgos, os burgueses. Em algumas regiões eram mais comuns os camponeses livres, pequenos proprietários de terras próprias ou arrendadas (tipicamente 12 a 50 hectares – seriam "sitiantes" em termos de Brasil moderno) que frequentemente tinham um papel militar importante, como arqueiros, sargentos e mesmo cavaleiros (na Inglaterra, eram os *yeomen* ou *franklins*). Além disso, podia haver escravos: era permitido escravizar os não-cristãos capturados na guerra, tanto os eslavos pagãos (dos quais vem a palavra "escravo"), quanto os muçulmanos do mundo árabe.

Nomes e sobrenomes

Não se usavam sobrenomes: na Alta Idade Média e ainda mais tarde, dependendo do país, as pessoas eram conhecidas pelo primeiro nome ou nome de batismo, acompanhado pelo nome do pai quando era necessário distinguir homônimos – o chamado patronímico. Por exemplo: em português, Afonso Henriques (Afonso, filho de Henrique); em inglês, William Johnson (William, filho de John); em russo, Dmitri Ivanovich (Dmitri, filho de Ivan) ou Anna Ivanovna (Anna, filha de Ivan); em francês, Charles fils de Gerald ou Charles Fitzgerald; em gaélico, Fergus mac Echdach (Fergus, filho de Echdach).

A exceção foram os irlandeses: já na Alta Idade Média, a partícula O', que originalmente significava "neto de", tomou o sentido de "descendente de" e sobrenomes formados com ela passaram a ser usados como nome de clã e herdados como os sobrenomes modernos.

Apelidos e cognomes também eram frequentemente usados para distinguir indivíduos, como "Carlos, o Calvo" (rei da França) ou "Henrique, o Passarinheiro" (caçador de passarinhos e soberano do Sacro Império), bem como nomes relativos à origem ou lugar de nascimento, como "Pepino de Heristal", ou ao nome do feudo ou senhorio, como "Leopoldo de Baviera".

Títulos de nobreza na Baixa Idade Média

Contexto social e político

A estrutura da hierarquia feudal carolíngia da Alta Idade Média era relativamente simples e lógica, mas, na Baixa Idade Média, começou a ficar mais confusa. As nações da periferia europeia – Hungria, Polônia, Inglaterra (a partir da invasão normanda), Escócia e os reinos ibéricos, balcânicos e nórdicos – começaram a copiar o sistema carolíngio, mas às vezes mudaram ou reinterpretaram seus conceitos. Além disso, as crises de sucessão e o enfraquecimento da autoridade dos reis e imperadores tornaram-se ocasião para senhores feudais lutarem entre si, fundindo, subdividindo e alterando os limites dos feudos originais, enquanto outros eram pacificamente reunidos ou partilhados em virtude de estratégias matrimoniais, doações ou acordos de sucessão segundo leis locais. As antigas "marcas" foram plenamente incorporadas à civilização, perderam seu caráter militar e fronteiriço e se tornaram indistinguíveis de ducados;

Tornou-se comum que um grande senhor possuísse ao mesmo tempo vários feudos. Em alguns casos, passavam a ter mais de um suserano, o que gerava conflitos de lealdade. E o título deixou de ser um indicador seguro do poder e da riqueza de um senhor feudal: perdas territoriais e subdivisões significavam que alguns ducados tinham a extensão do que outrora tinha sido um mero condado (como, por exemplo, o ducado de Brabante, na atuais Bélgica e Holanda), enquanto alguns condes assumiam o controle de vários condados e ducados e se tornavam tão poderosos quanto os antigos duques, como foi o caso dos condes de Anjou e Toulouse, na França. Além disso, os nomes de feudos começaram a ser concedidos a certos nobres sem serem acompanhados de verdadeiras funções feudais, com o que começam a surgir os *títulos* propriamente ditos.

Outra mudança importante foi a consolidação gradual de um novo modelo de comportamento para a nobreza, o cavalheirismo. O nobre da Alta Idade Média tinha sido quase sempre analfabeto, grosseiro e com pouca consideração a sentimentos delicados, mas a Baixa Idade Média procurou cultivar as boas maneiras, a poesia, o amor cortês e o respeito pelas damas. Mas a maior mudança foi a do papel do rei.

Reis

O conceito e o título de "Rei" sofreram uma profunda modificação a partir da França de Filipe II ou Filipe Augusto, início do século XIII. A partir de 1202, com apoio do Papa, a realeza se tornou formalmente hereditária e independente do Imperador, apesar de teoricamente vassala do papado. O título deixou de ser "rei dos francos" (chefe eleito de um povo) para ser "rei da França" (soberano hereditário de um país). Só então o herdeiro passou a se tornar automaticamente rei com a morte do antecessor e passou a valer de direito a frase "rei morto, rei posto". A coroação deixou de ser uma investidura formal de poder por parte dos súditos para ter apenas um papel simbólico.

A consagração e unção do rei (antes reservadas ao imperador) pela Igreja passou a ter um sentido religioso. A cerimônia equiparava o rei a um sacerdote e o tornava "sagrado", inclusive dando-lhe, ao menos aos olhos do povo francês, a capacidade milagrosa de curar com seu toque as escrófulas (gânglios inchados por tuberculose linfática). Sagrado, mas vale notar, não por "direito divino" e sim pela consagração da Igreja: aos olhos desta, a única autoridade por direito divino era a do Papa e as demais dependiam de seu reconhecimento e ratificação.

A sacralização foi reforçada pela adoção de algumas práticas antes exclusivas dos papas. Os reis começaram a ser numerados para se distinguir de antecessores com o mesmo nome e passaram a adotar um "nome de reinado", que tanto podia ser um nome de batismo quanto um nome escolhido pelo próprio soberano ao subir ao trono (talvez para homenagear um soberano anterior). Também passaram a usar o "plural majestático", ou seja, a referirem-se a si mesmos por "nós" (às vezes racionalizado como "Deus e eu"). Tais inovações contribuíram para dar à realeza uma aura mística e um prestígio que a colocaram muito acima dos senhores feudais, facilitando ao rei enquadrá-los e pouco a pouco impor sua autoridade sobre a maior parte do reino ou a todo ele. Essa foi a origem de alguns novos títulos e noções de nobiliarquia.

Príncipes

O título de "príncipe" continuou a ser usado por soberanos de pequenos Estados, mas deste significado derivou-se um novo: o de herdeiro de um rei.

Os príncipes do Império

No Sacro Império Romano-Germânico, a partir de 1180, o título de "príncipe" (*Fürst*, feminino *Fürstin*) antes associado apenas a alguns pequenos Estados soberanos ou vassalos além das fronteiras imperiais, passou a ser concedido aos principais vassalos diretos do Imperador – que se tornavam "príncipes do Império" (*Reichsfürst*) se também tinham assento com voto individual na Dieta Imperial (*Reichstag*) e contribuíam de fato com tropas e fundos para o Exército imperial –, e aos "príncipes da Igreja" (*Kürchenfürst*), prelados que possuíam territórios e eram vassalos diretos do imperador: príncipes-arcebispos (*Fürsterzbischof*) de arquidioceses, príncipes-bispos (*Fürstbischof*) de dioceses, príncipes-abades (*Fürstabt*) de abadias, príncipes-prebostes (*Fürstpropst*) de mosteiros e príncipes-grão-mestres (*Fürsthochmeister*) de ordens religiosas de cavalaria (os Cavaleiros Teutônicos).

Dentre os príncipes, tinham precedência os príncipes-eleitores (*Kurfürst*), que escolhiam o sucessor do imperador: os arcebispos de Maiença, Tréveris e Colônia, o rei da Boêmia, o duque da Saxônia, o margrave de Brandemburgo e o conde palatino do Reno. Em 1190 havia 22 príncipes seculares, a saber: o rei da Boêmia, todos os quinze duques, os margraves de Brandemburgo e Meissen, o conde palatino do Reno, o landegrave da Turíngia, os condes de Anhalt e Namur e mais 92 príncipes da Igreja. Abaixo deles, vinha uma série de condes e prelados (arcebispos, bispos, abades e priores) a eles equiparados, que tinham apenas voto coletivo na Dieta por não serem vassalos diretos do Imperador.

A importância dos principados e condados eclesiásticos os tornou um foco de atrito entre o Imperador e o Papa. Desde a Alta Idade Média, muitos dos prelados que os governavam se portavam como senhores feudais para todos os efeitos, e a Igreja chegou a possuir um terço das terras da Europa. Em muitos casos, o Imperador interferia na sucessão e vendia o cargo à família que fizesse a melhor oferta, em outros a sucessão se tornava, na prática, hereditária. A tentativa do papa de recuperar o controle da sucessão episcopal originou um longo conflito, a Questão das Investiduras, cujas consequências serão tratadas com mais detalhes na seção de **Títulos Eclesiásticos**.

Os príncipes herdeiros

Em 1301, o rei Eduardo I da Inglaterra, que conquistara o principado independente de Gales no final do século anterior, conferiu o título de "Príncipe de Gales" ao próprio herdeiro para distingui-lo e combater as pretensões de nobres galeses. Daí em diante, esse título passou a ser concedido a todos os herdeiros imediatos do trono inglês.

Na França, viu-se uma evolução análoga por razões um tanto diferentes. O rei comprou em 1349 o antigo condado de Viennois, situado no Sacro Império, também chamado "o Delfinado" porque seu senhor era conhecido, desde o século XIII, como "o Delfim", por ter esse animal no brasão. O acordo com o imperador exigiu, porém, que o novo território continuasse vassalo do Império e legalmente separado da França, sendo sempre posse do herdeiro e não do próprio rei. O herdeiro da coroa francesa passou a ter o título de **Delfim** do **Viennois** (e sua esposa de **Delfina**), ainda que em 1461 a região tenha sido definitivamente anexada à França.

Seguindo o mesmo modelo, ao longo do século XIV, o rei de Castela passou a dar a seu herdeiro o título de Príncipe das Astúrias. No século XIV, o herdeiro de Navarra passou a ser Príncipe de Viana, e o de Aragão, Príncipe de Girona.

Pares do reino

Os conceitos de **par do reino** e **pariato** surgiram da centralização monárquica francesa. Dentre o número multiplicado de condes, marqueses e duques, o rei começou a qualificar os mais importantes e poderosos entre seus aliados como "pares", o que os colocava em posição teoricamente igual entre si, imediatamente inferior à família real e superior a todos os demais senhores, fossem quais fossem seus títulos. Isso também lhes trazia o direito a participar dos conselhos superiores do reino e de ser julgados por um tribunal formado por outros pares, além da precedência na corte. Foi uma emulação dos príncipes-eleitores do Império (*Kurfürsten*) alemães, apesar de os pares franceses não elegerem o rei e apenas terem um papel simbólico em sua coroação, cada um sendo responsável por um dos itens da regalia (coroa, cetro, manto, espada etc.)

O sistema parece ter sido criado por Luís VII (1137-1180). Em 1216, havia nove pares, aumentados entre essa data e 1228 para doze, para emular os doze paladinos de Carlos Magno nas canções de gesta. O primeiro entre os pares era o arcebispo-duque de Reims, seguindo-se os bispos-duques de Langres e Laon, os bispos-condes de Beauvais, Châlons e Noyon, os duques da Burgúndia (primeiro dos pares leigos), Normandia e Aquitânia e os condes de Champanhe, Flandres e Tolosa (Toulouse). O sistema foi gradualmente modificado à medida que algumas das casas se extinguiam e tinham seus feudos absorvidos pela casa real, ao passo que outras eram admitidas. A partir de 1297, o número de pares começou a aumentar pouco a pouco, admitindo principalmente membros da casa real. Os pares de França eram distinguidos pelos títulos de *Monseigneur* (Monsenhor), *Votre Grandeur* (Vossa Grandeza) e, pelo rei, de *mon cousin* (meu primo). Os feudos com essa distinção eram chamados ducados-pariatos e condados-pariatos.

Duques

Continuaram a existir duques e ducados tradicionais, alguns dos quais se tornaram ainda mais poderosos do que na Alta Idade Média ao agregar cada vez mais feudos (como o ducado da Borgonha, com dependências na França quanto no Sacro Império) enquanto outros se enfraqueceram. Mas também surgiu um novo tipo de "duque", originário da casa real.

No início do século XI, firmou-se na França a tradição de conceder um feudo aos filhos cadetes do rei: o chamado *apanágio*, um feudo (ducado ou condado) que não podia ser vendido ou dado em dote e retornaria à coroa se a linhagem se extinguisse. Era uma forma de compensá-los pelo privilégio do primogênito, que ainda não era visto como natural – na época dos carolíngios, o costume era dividir o reino entre os filhos vivos. O primeiro rei francês a criar um apanágio foi Henrique I, que subiu ao trono em 1031 e no ano seguinte deu a seu irmão menor, Roberto I, o ducado da Borgonha.

Além disso, o rei Eduardo III da Inglaterra deu títulos de "duques" a outros filhos seus entre 1337 e 1362, de modo a lhes dar precedência sobre os demais aristocratas ingleses que eram no máximo condes, pois não havia, na Inglaterra, marquesados ou ducados tradicionais. Toda a família real, não só o rei, passava a um patamar superior, prática também gradualmente imitada por outros reinos, inclusive Aragão (desde 1387), Portugal (1415) e Castela (1427).

Reinos que não souberam inventar um título de príncipe historicamente convincente satisfizeram-se com distinguir os herdeiros do trono real com um título ducal: em Aragão, o herdeiro era Duque de Girona e na Escócia, Duque de Rothesay. Mais tarde, já na Idade Moderna, o herdeiro da Bélgica foi denominado Duque de Brabante e o da Suécia, Duque de Escânia.

Desta forma, na maioria dos reinos que não pertenceram originalmente ao Império Carolíngio, o título de "duque" é reservado à família real e a seus ramos colaterais, quando não ao herdeiro. Uma exceção é a Espanha, que a partir de 1445 concedeu o título de duque também a condes de destaque. Alguns destes preferiram intitular-se **conde-duque**, para assinalar sua origem independente da casa real.

Marqueses

Na Baixa Idade Média, o título de marquês também começou a ser concedido em alguns países fora do antigo Império Carolíngio, ainda que mais tardiamente e mais raramente que os de duque e conde. Foi concedido a condes de maior importância, geralmente os que serviram em altos cargos na Corte. Em Portugal, foi concedido pela primeira vez (Valença) em 1451, na Espanha (Villena) em 1445. Na Inglaterra, foi concedido por duas vezes no século XIV, mas revogado logo em seguida e retomado em 1443.

Enquanto isso, na França e Itália, o título de marquês foi um tanto depreciado, devido à fragmentação dos grandes marquesados originais e a tendência de médios senhores feudais a se apossar arbitrariamente do título.

Condes

O título de conde começou a ser concedido em países fora do Império Carolíngio. Nos países nórdicos, existia o título de *jarl* ("chefe") dado a chefes do exército e outros diretamente subordinados ao rei. Canuto o usou para os governadores das regiões em que dividiu seus domínios, inclusive a Inglaterra, onde se tornou *earl*.

Em 1066, quando os normandos vindos da França invadiram e conquistaram a Inglaterra, implantaram uma hierarquia semelhante à que tinham conhecido no continente, mas mantiveram o nome de *earls* para os senhores dos *shires,* ou condados, que instituíram no país, embora continuassem a usar *count* para seus equivalentes no continente e o feminino seja sempre *countess.* Há quem diga que os normandos preferiram manter o termo anglo-saxão para evitar trocadilhos com *cunt.*

Em Castela, o título de conde foi concedido pela primeira vez no reinado de Alfonso X (1252-1284). Em Portugal, o primeiro título de conde (Barcelos) foi concedido em 1298 a um bastardo do rei, e nos anos 1370 também aos mais destacados entre os grandes senhores antes chamados ricos-homens.

No Sacro Império, o enfraquecimento gradual da autoridade central e a fragmentação dos antigos feudos gerou uma variedade de títulos derivados do primitivo *Graf* (conde):

Markgraf (margrave, feminino margravina) – "conde da marca" ou marquês

Landgraf (landegrave, feminino landegravina) – "conde provincial", que prestava vassalagem diretamente ao soberano do Sacro Império. Foi concedido a partir do século XII com o objetivo de enfraquecer o poder dos duques.

Pfalzgraf – "conde palatino", transformado, na prática, em grande senhor independente.

Gefürsteter Graf – "conde principesco" – elevado a principado semi-independente.

Reichsgraf – "conde do império", conde do Sacro Império, com direito a participar das assembleias formalizadas na Idade Moderna como Dieta Imperial ou *Reichstag*.

Gaugraf – "conde do distrito", o conde propriamente dito, vassalo de um duque.

Rheingraf – "conde do Reno", do condado de Rheingau, na margem desse rio.

Altgraf – "conde antigo", usado pelo ramo mais antigo da Casa de Salm para se distinguir dos mais jovens.

Wildgraf – "conde da floresta", da parte florestada do condado de Nahegau, dividido em 1113.

Raugraf – "conde rústico", da parte montanhosa do mesmo condado.

Vizegraf – "visconde".

Burggraf – "castelão" ou "burgrave".

Barões

Consolidou-se na Baixa Idade Média mais um título hereditário, o de **barão**, feminino **baronesa**. Na França referia-se a pequenos vassalos que serviam diretamente aos reis (ou aos duques mais poderosos), destacando-se assim da massa dos vavassalos sem contato direto com o palácio. Entre eles se destacaram os barões de Montmorency, cujo título data do século XII e que reivindicaram o título de "primeiro barão da França" por supostamente descenderem do primeiro guerreiro franco convertido ao catolicismo.

A palavra era originalmente uma variante de "varão", palavra de origem germânica com o sentido de guerreiro ou homem livre no sentido de "homem do rei", e só se consolidou como título hereditário no século XIV. Na Alemanha, o título dos pequenos vassalos do Imperador era *Freiherr* (feminino *Freifrau*), literalmente "senhor livre".

Na Inglaterra, o título de *baron* era tomado originalmente como sinônimo de "senhor", mas distinguindo-se "barões maiores", que possuíam várias senhorias e eram convocados pessoalmente pelo rei aos conselhos reais, de "barões menores", que possuíam apenas uma e eram convocados pelos *sheriffs* (governadores ou bailios). Só os "barões maiores" vieram a se tornar hereditários e membros permanentes da Câmara dos Lordes, também no século XIV, enquanto os menores se diluíram na pequena nobreza.

Vale notar que, no uso moderno, alguém ser conhecido em inglês como "Lorde Fulano de Tal" significa que é um barão (o grau menor dos lordes britânicos), pois ele usaria um título mais alto, se o tivesse. Na Idade Média, a tradução apropriada seria "Senhor".

Cavalaria

Apesar do que frequentemente se pensa e pode ser lido na Wikipédia, o cavaleiro não é a "casta mais baixa da nobreza". Em geral não era um título hereditário, nem sempre pertencia à camada inferior da nobreza. Mesmo onde se tornou título hereditário, não é o menos importante deles. Embora a ideologia medieval se baseasse na divisão da sociedade entre *laboratores* (plebeus trabalhadores), *bellatores* (nobres guerreiros) e *oratores* (clero) e os cavaleiros fossem os guerreiros medievais por excelência, houve também cavaleiros plebeus e clericais. Por outro lado, alguns cavaleiros eram filhos da alta nobreza que, por serem cadetes (não primogênitos), não herdavam terras ou títulos.

Na Baixa Idade Média surgiram os frades ou monges guerreiros de **ordens militares religiosas** (leia adiante, entre **Títulos Eclesiásticos**). Estes eram sempre de origem ao menos parcialmente fidalga, geralmente não tinham formação religiosa especial e nem mesmo sabiam ler ou escrever, mas se tornavam membros do clero ao fazer votos de castidade, pobreza e obediência para lutar em nome da Cristandade contra os muçulmanos na Palestina (como os Templários e os Cavaleiros de Malta) ou na Península Ibérica (como a Ordem de Avis), ou contra os pagãos da Europa Oriental (como os Cavaleiros Teutônicos). Tinham às suas ordens sargentos plebeus e outros servidores que cuidavam de seus hospitais, registros e burocracia. Subordinadas apenas ao Papa, financeira e militarmente poderosas e às vezes controlando territórios importantes, as ordens chegaram a ser mais ricas e poderosas que muitos reinos.

Comendador (em inglês *Commander*, em francês *Commandeur*) era originalmente o cavaleiro de uma ordem religiosa que detinha uma comenda ou comanderia, uma guarnição de cavaleiros e as propriedades rurais que a sustentavam. Atualmente essa é uma condecoração de valor superior à de simples cavaleiro, concedida em vários países.

Grã-cruz (em inglês *Grand cross*, em francês *Grand-Croix*) era de início conferida ao cavaleiro de uma ordem religiosa como a de Malta, que conquistava o direito de usar uma cruz de maior tamanho ao ganhar um assento no capítulo (conselho) de sua ordem. Isso geralmente acompanhava a nomeação para o comando de um priorado ou bailiado. Atualmente é uma condecoração de grau mais alto que a de comendador.

Grão-colar (em inglês *Grand collar*, em francês *Grand collier*) foi inicialmente a distinção particularmente vistosa concedida aos cavaleiros da Ordem da Jarreteira, a mais prestigiosa das ordens de cavalaria inglesas. Outros soberanos europeus criaram colares para distinguir ordens de cavalaria altamente exclusivas e, na Idade Moderna, "grão-colar" se tornou o grau mais elevado de algumas condecorações. No Brasil, o grão-colar é uma condecoração concedida apenas a Chefes de Estado.

Cavaleiro-vilão: ainda na Baixa Idade Média, surgiram os cavaleiros plebeus, geralmente recrutados da burguesia urbana. Eram chamados em Portugal (de maneira estranha a ouvidos modernos) "**cavaleiros-vilãos**" e na Espanha de "**cavaleiros pardos**" porque não tinham o direito a usar as roupas coloridas reservadas à nobreza. Eram, porém, de categoria superior ao simples **homem d'armas**, guerreiro plebeu que podia ter um cavalo e uma cota de malha, mas não o equipamento completo de um cavaleiro (incluindo elmo, armadura de placas, cavalo de reserva, escudeiro etc.).

Com a multiplicação e crescimento de vilas e cidades, algumas das quais se tornaram potências econômicas e militares praticamente independentes, estas tiveram a necessidade de se defender e a obrigação de prover tropas a seus suseranos – principalmente peões (lanceiros a pé), mas também alguns cavaleiros, mercadores ou "**homens bons**" (proprietários) com recursos suficientes para possuir um cavalo e o resto do equipamento[2]. Recebiam, assim, parte dos privilégios da nobreza, mantidos na aposentadoria, aos 60 anos. Mais raramente, soldados mercenários de origem camponesa também acabavam por reunir meios suficientes para lutar como cavaleiros.

Cavaleiro da espora dourada é uma expressão espanhola para o cavaleiro fidalgo (nascido em berço nobre), que tinha o direito a essa distinção em relação àqueles que se tornavam nobres apenas ao serem armados cavaleiros.

Cavaleiro-abandeirado (*Knight banneret,* ou *Banneret*, em inglês) era um cavaleiro "sênior" com cavaleiros-bacharéis sob seu comando, distinguido por uma bandeirola retangular (os subordinados usavam um pendão triangular). Em alguns países, tornou-se uma honraria superior à de cavaleiro, às vezes hereditária.

---

[2] A terra necessária para equipar e manter um cavaleiro borgonhês em 1180 era cerca de 300 hectares; em meados do século XIII, com a evolução das armas e armaduras, passou a 1.500 hectares.

Cavaleiro-bacharel (*Knight bachelor*, em inglês) era originalmente o jovem cavaleiro que combatia sob as ordens de um *banneret*, um cavaleiro de patente superior.

Cavaleiro novel era um cavaleiro que ainda não tinha conquistado sua primeira vitória e por isso, segundo o costume da Baixa Idade Média, ainda não tinha direito a pintar um brasão em seu escudo.

Ordens seculares de cavalaria

A partir do século XIV, confrarias seculares foram criadas de acordo com o modelo das ordens religiosas de cavalaria. Essas ordens geralmente tinham um rei ou grande senhor feudal como grão-mestre e um santo padroeiro, implicavam um voto de servir ao chefe e à Igreja e eram reconhecidas por esta, que lhe garantia certos favores, como oratórios privados, dispensa de jejuns etc. Listamos aqui apenas as mais antigas:

Ordem da Jarreteira (1348): pode possuir apenas 25 cavaleiros ou damas (além da família real e de soberanos estrangeiros) e emula a lenda dos Cavaleiros da Távola Redonda. Dedicada a São Jorge, serviu de modelo para as demais ordens seculares e existe ainda hoje.

Ordem da Estrela (1352): criada pelo rei da França em imitação da ordem inglesa e dedicada a Nossa Senhora. Deviam jurar não virar as costas para o inimigo nem recuar mais de quatro passos. A disposição custou a vida de 90 membros da ordem nas batalhas de Mauron e Poitiers. O número de cavaleiros não era limitado e no reinado de Carlos V (1364-1380) a ordem foi distribuída com tanta sem-cerimônia que perdeu o seu valor.

Ordem da Anunciada (1362): criada pelo conde de Savoia como Ordem do Colar e dedicada a Nossa Senhora da Anunciação. Tinha originalmente 15 cavaleiros, aumentados para 20 em 1434, e adotou seu atual nome em 1518. Ainda existe, sob a chefia do herdeiro da coroa italiana.

Ordem do Tosão de Ouro (1430): criada pelo ducado da Borgonha para comemorar seu casamento com Isabel de Portugal e dedicada a Santo André, tinha originalmente 24 cavaleiros, aumentados para 30 em 1433 e 50 em 1516. A ordem foi absorvida pelo Império Habsburgo juntamente com a Borgonha e dividida em dois ramos, um espanhol, chefiado pelo rei da Espanha, e outro austríaco, hoje chefiado pelo herdeiro dos últimos imperadores.

Ordem de São Miguel (1469): francesa, criada para competir com a Ordem do Tosão de Ouro, era dedicada ao arcanjo Miguel e tinha originalmente 31 cavaleiros, depois 36. Durante as guerras religiosas (1562–98) foi, porém, distribuída amplamente para tentar comprar a lealdade da nobreza e da alta burguesia, chegando a ter centenas de membros. Foi abolida com a queda definitiva dos Bourbon, em 1830.

Ordem do Espírito Santo (1570): francesa, foi criada por Henrique III e dedicada ao Espírito Santo para ser uma ordem mais exclusiva que a de São Miguel, que começava então a se desvalorizar. Podia ter até 100 cavaleiros, mais 4 oficiais e 8 clérigos. Extinta legalmente em 1830, continuou a ser distribuída pelos pretendentes ao trono da França. Como a cruz da ordem era pendurada num cordão azul, isso deu origem à expressão *"cordon bleu"* como marca de distinção (inclusive de restaurantes etc.).

Ordem do Sangue de Cristo (1608): criada por Vicenzo I Gonzaga, Duque de Mântua, limitada a 20 membros além do duque.

Ordem do Cardo (1687): escocesa, criada pelo rei Jaime VII (que unificou Escócia e Inglaterra, onde reinou como Jaime II) para honrar escoceses com uma ordem de importância equivalente à da Ordem da Jarreteira, consiste de 16 cavaleiros, mais o rei e alguns membros da família real e monarcas estrangeiros. Ainda existe e seu padroeiro é Santo André.

Plebeus

Enquanto muitas cidades eram vassalas de um rei ou nobre poderoso, outras se tornaram realmente independentes, principalmente as da Alemanha e do norte da Itália. Nos vales alpinos, também houve comunidades de camponeses livres que se rebelaram contra seus senhores feudais e se organizaram como pequenas repúblicas independentes, cuja aliança deu origem à Suíça. Plebeus livres se tornaram mais comuns e gradualmente forças de peões mercenários formadas a partir do seu recrutamento por reis e príncipes se tornaram mais eficientes do que a cavalaria feudal tradicional, marcando o início do declínio da ordem feudal e sua transformação gradual no absolutismo.

Nomes e sobrenomes

Também na Baixa Idade Média começou o uso sistemático de sobrenomes hereditários, inicialmente na nobreza, depois aos plebeus, até se tornarem obrigatórios na Idade Moderna (inclusive para os judeus, que de início resistiram a seu uso). Quando os Estados tomaram proporções maiores que as de um pequeno feudo e as cidades ganharam maiores proporções, as pessoas começaram a ser nomeadas sistematicamente nos documentos não só pelo nome de batismo, como também pelo apelido ou alcunha pelo qual fossem conhecidos (John, the Smith / João, o Ferreiro), para distingui-los de homônimos, e esses apelidos acabaram por se transformar em sobrenomes de família (John Smith / João Ferreira).

No caso de plebeus, os nomes de família podiam ter diferentes significados originais: ocupações como "Ferreira" e "Monteiro"; patronímicos, como "Álvares" ou "Peres"; alcunhas por características físicas ou de temperamento como "Moreno" ou "Bravo", às vezes representadas como animais como "Lobo" ou "Cordeiro"; dedicação religiosa como "dos Anjos" e "da Conceição" (comum em órfãos criados em conventos, depois também em escravos); origem geográfica como "Braga", "Lisboa" ou "da Costa"; ou ainda nome de propriedades rurais ou de sua produção mais conhecida, como "Oliveira" ou "Pereira".

No caso dos nobres, os nomes de família podem derivar do

"solar", o nome da casa senhorial ou castelo de onde se originaram. Em Portugal, isso não era uma regra, mas em outros países era uma prática mais sistemática. Na França, as famílias originárias da nobreza quase sempre têm um "de" no nome, mas muitos plebeus também o têm (nesse caso, geralmente para indicar origem geográfica, como em português). Em alemão, porém, o uso de "zu" ou "von" é indicador quase certo de origem nobre.

Mas os reis e outros soberanos – e, na França e Alemanha, também os condes, marqueses, duques e príncipes semi-independentes – continuaram a não usar sobrenomes. Mesmo em tempos modernos, em regra recebem apenas nomes de batismo. Por exemplo, D. Pedro II foi batizado "Pedro de Alcântara João Carlos Leopoldo Salvador Bibiano Francisco Xavier de Paula Leocádio Miguel Gabriel Rafael Gonzaga", uma série de homenagens a santos sem nenhuma alusão à Casa de Bragança.

O nome completo da atual rainha britânica, Elizabeth II, é "Elizabeth Alexandra Mary", sem alusão à dinastia de Windsor (antiga Saxe-Coburgo e Gotha).

Praticamente a única situação em que reis têm sobrenomes é a de reis depostos aos quais o sobrenome é imposto para igualá-los a outros cidadãos – como quando Luís XVI, por batismo Louis Auguste, se tornou "cidadão Capeto" ou Luís Capeto pouco antes de ser decapitado.

Veneza

Na Baixa Idade Média, Veneza, que antes tinha sido governada por um doge autocrático em conflito periódico com a assembleia popular chamada *Concio*, foi gradualmente dominada por sua aristocracia, que reduziu os poderes do doge e esvaziou os da plebe, apropriando-se da cidade e transformando-a na sua "república sereníssima".

Em 1032, o *Concio* acabou com a prática proibindo o doge de nomear parentes como corregentes e elegendo dois conselheiros para fiscalizá-lo. E em 1143, delegou poderes a um corpo chamado Conselho dos Sábios (*Consilium Sapientis*). Este, em 1172, foi transformado em Conselho Maior (*Maggior Consiglio*), inicialmente de 35 membros, depois 100, e foi criado um Conselho Menor (*Minor Consiglio*) de seis membros, conselheiros diretos do doge. Quando da morte ou destituição do doge, o mais velho dos conselheiros exercia o governo como vice-doge até a eleição do sucessor.

A *Concio*, depois chamada *Arengo*, passou a escolher um certo número de eleitores, inicialmente nove, que por sua vez escolhiam quarenta membros para o Conselho dos Quarenta (*Quarantia*), que elegeria o doge, serviria de tribunal supremo e legislaria por delegação do Conselho Maior. Em 1207, também a nomeação de membros do Conselho Maior foi delegada a uma comissão de três, depois sete pessoas. O doge, os seis membros do Conselho Menor e os três líderes dos Quarenta formaram a Sereníssima Senhoria (*Serenissima Signoria*), que formavam o governo central, enquanto o Conselho Maior gradualmente crescia para chegar a cerca de 2 mil membros e comportar toda a classe aristocrática de Veneza, incluídos os membros dos órgãos superiores.

Em 1229, foi criado um Conselho dos Rogados – *Consiglio dei Pregadi*, no sentido de que lhes era rogado aconselhar o doge, chamado Senado a partir da Renascença – de 60 membros, 120 depois de 1506, para assumir as principais tarefas legislativas.

Em 1268, foi imposto um novo e complicado processo de escolha do doge, que visava filtrar a influência das grandes famílias. Trinta membros do Grande Conselho, escolhidos por sorteio, eram reduzidos por um segundo sorteio a nove. Então os nove escolhiam quarenta, dos quais se sorteavam 12, que elegiam 25. Dos 25 se sorteavam nove, que elegiam 45. Dos 45 se sorteavam 11, que por fim escolhiam os 41 que de fato elegiam o doge. Nesses processos se exigia para eleger qualquer um uma maioria de no mínimo 25 pessoas no conselho de 41, nove nos de 11 ou 12 e sete nos de nove pessoas.

Em 1297, deu-se o "fechamento" do Conselho Maior, pelo qual este passou a ser constituído apenas dos membros já existentes e mais 40, sorteados a cada ano entre seus descendentes, o que, combinado com a redução dos poderes do doge, transformou Veneza em república puramente aristocrática.

Em 1310 foi formado um Conselho dos Dez para dirigir a guerra, a diplomacia e a polícia. Mais tarde (1539) três deles serviriam como inquisidores do Estado, encarregados de investigar e julgar casos de traição. Em 1423, o *Concio* popular, havia muito destituído de quaisquer poderes, foi formalmente abolido.

Títulos de nobreza na Idade Moderna

Quadro-resumo

Abaixo, um quadro-resumo simplificado de títulos e tratamentos na Idade Moderna, seguido adiante por explicação detalhada. No quadro, X representa um nome de batismo ou nome de reinado; Y um sobrenome ou nome de família e Z o nome de um senhorio.

Posição	Endereçamento	Saudação
Imperador/Imperatriz	Sua Majestade Imperial, Dom X	Vossa Majestade Imperial
Rei/Rainha	Sua Majestade, Dom X	Vossa Majestade
Príncipe/Princesa (herdeiro)	Sua Alteza Real, Dom X	Vossa Alteza Real
Infante/Infanta (família real)	Sua Alteza Real, Dom X	Vossa Alteza Real
Príncipe/Princesa (soberano)	Sua Alteza Sereníssima, Dom X	Vossa Alteza Sereníssima
Príncipe/Princesa (honorário)	Sua Alteza Ilustríssima, Dom X	Vossa Alteza Ilustríssima
Grão-duque	Sua Alteza Sereníssima, Dom X	Vossa Alteza Sereníssima
Duque real	Sua Alteza, Sereníssimo Duque de Z	Vossa Alteza Real
Grande do Reino	Sua Excelência, Duque de Z	Vossa Excelência
Duque/Duquesa	Excelentíssimo senhor Duque de Z	Vossa Excelência (1)
Marquês/Marquesa	Ilustríssimo senhor Marquês de Z	Vossa Senhoria/ Senhor Marquês
Conde/Condessa	Ilustríssimo senhor Conde de Z	Vossa Senhoria/ Senhor Conde
Visconde/Viscondessa	Ilustríssimo senhor Visconde de Z	Vossa Senhoria/ Senhor Visconde
Barão/Baronesa	Ilustríssimo senhor Barão de Z	Vossa Senhoria/ Senhor Barão

Senhor/Senhora	Ilustríssimo senhor de Z	Vossa Senhoria
Baronete/Baronetesa	Ilustríssimo Senhor/ Senhora (X) Y	Senhor/Senhora (X) Y
Cavaleiro/Dama	Ilustríssimo Senhor/ Senhora (X) Y	Senhor/Senhora (X) Y
Escudeiro	Ilustríssimo Senhor/ Senhora (X) Y	Senhor/Senhora (X) Y
Nobre	Ilustríssimo Senhor/ Senhora (X) Y	Senhor/Senhora (X) Y

Em Inglês

Position	Adressing	Salutation
Emperor/Empress	HIM The Emperor	Your Imperial Majesty
King/Queen	HM The King/Queen	Your Majesty
Crown Prince/Princess	HRH The Prince of Z	Your Royal Highness
Prince/Princess(of blood)	HRH The Prince X	Your Royal Highness
Prince/Princess (sovereign)	HSH The Prince of Z	Your Serene Highness
Grand-Duke	HRH The Grand Duke of X	Your Royal Highness
Duke/Duchess	His Grace The Duke of Z	Your Grace
Marquess/ Marchioness	The Most Hon The Marquess of Z	Your Lordship/ Ladyship, My Lord/ Lady
Earl/Countess	The Rt Hon The Earl of Z	Your Lordship/ Ladyship, My Lord/ Lady
Viscount/Viscountess	The Rt Hon The Viscount Y	Your Lordship/ Ladyship, My Lord/ Lady
Baron/Baroness	The Rt Hon The Lord Y	Your Lordship/ Ladyship, My Lord/ Lady

Lord/Lady	The Lord Y	Your Lordship/ Ladyship, My Lord/ Lady
Baronet/Baronetess	Sir/Dame X(Y)	Sir/Madam
Knight/Dame	Sir/Dame X(Y)	Sir/Madam
Esquire/Esquiress	X, esquire	Mister/Mistress
Gentleman, Gentlewoman	X, gentleman	Mister/Mistress

(1) Em Portugal, de 1597 ao século XVII, o Duque de Bragança era Vossa Excelência e Excelentíssimo, mas os demais duques eram Vossa Senhoria e Ilustríssimo. Mais recentemente veio-se a usar em português também "Vossa Graça" em fez de Excelência, por influência do inglês.

Contexto social e político

Na Idade Moderna, o feudalismo pouco a pouco foi abolido, exceto nas áreas mais atrasadas. Região por região, gradualmente ou de forma brusca, os servos foram transformados em camponeses livres e as propriedades feudais se tornaram propriedades alodiais, quer dizer, propriedades imobiliárias no sentido moderno, livres de obrigações e passíveis de serem compradas e vendidas, às vezes também partilhadas entre herdeiros.

Isso resultou em dois tipos divergentes de evolução. No Sacro Império, com o enfraquecimento da autoridade do Imperador, os feudos vassalos se tornaram, pouco a pouco, pequenos estados semi-independentes que após a Paz de Westfália (1648) se tornaram independentes para quase todos os efeitos, assim permanecendo até a reunificação alemã de 1870. Os antigos senhores tornaram-se, na prática, governantes soberanos, mesmo que se desfizessem de suas propriedades imobiliárias.

Nos outros países, os feudos foram, pelo contrário, submetidos aos reis e gradualmente se tornaram meras propriedades imobiliárias. Às vezes, essas propriedades acabaram sendo vendidas na maior parte ou inteiramente, incluindo o "solar" (a sede originária da família feudal). No caso das grandes casas tradicionais, restaram mesmo nesse caso os títulos (um ou muitos) como uma espécie de feudo imaterial ou "virtual", apenas titular, que continuou por muito tempo a proporcionar honrarias, privilégios legais (como, na Inglaterra, o assento na Câmara dos Lordes) e acesso preferenciais ao rei, à corte e aos cargos públicos. Vale notar que a compra das terras, solar ou castelo de um senhorio com título não confere um título ao comprador. O plebeu que comprasse as terras e o solar de um baronato não se tornava barão de X (embora pudesse ser chamado "o senhor do baronato de X"). Ainda assim, a maioria dos plebeus nobilitados procurava comprar terras, pois sua propriedade continuava a ser fortemente associada à aristocracia e era um símbolo de ascensão social, mais que o dinheiro.

A evolução dos títulos e da aristocracia

A herança do título se tornou mais problemática. A herança de sogro a genro ou de irmão a irmão, antes automática na ausência de filhos, deixou de existir: na ausência de filhos homens, o título voltava às mãos do rei, que podia extingui-lo ou concedê-lo a outra pessoa à sua vontade (na Inglaterra, a herança de pai para filha se aceitava nas casas mais antigas e tradicionais, desde que fosse filha única, mas não para o genro). Também voltaram a existir títulos vitalícios, não hereditários. Na França foram comuns já no Antigo Regime. Na Inglaterra, eram raros até meados do século XIX, mas então começaram a ser concedidos sistematicamente (quase sempre como "barão") a políticos não aristocratas, para serem admitidos na Câmara dos Lordes. No Brasil, foi o único tipo de título que chegou a existir.

Já no caso dos soberanos, cresceu a preocupação com não deixar extinguir a linha de sucessão e ter de entregar o trono a um monarca estrangeiro. Naqueles que seguiam a lei sálica, aumentou a tendência de identificar e privilegiar os parentes colaterais que poderiam herdar o trono se o rei não tivesse filhos. Em outros, surgiram precauções especiais para garantir a continuidade da independência no caso de o reino ser herdado por uma mulher. Nesse caso, ela seria rainha ou imperatriz e exerceria de fato a monarquia. No caso do Reino Unido, seu marido sequer teria o título de rei, mas apenas de príncipe consorte. Em Portugal e no Brasil, teria o título de Rei ou Imperador apenas depois de ter gerado um herdeiro e de forma honorífica – os poderes monárquicos continuariam a ser apenas da esposa.

Nobreza espanhola no século XVIII

- 100 Grandes do reino
- 500 nobres titulados
- 400 mil cavaleiros e fidalgos

A população girava em torno de 10 milhões, incluindo 170 mil clérigos, 25 mil comerciantes, 110 mil funcionários civis e militares, 310 mil fabricantes e artesãos, 280 mil criados e 1,8 milhão de camponeses (dos quais 364 mil pequenos proprietários rurais)

Fonte: Atlas Histórico Mundial

Nobreza francesa no século XVIII

25.000 famílias nobres (incluindo 5.500 recém-enobrecidas por seus cargos e 1.000 por cartas-patentes) com 120.000 indivíduos (alguns estimam 350 mil)

A população era de 28 milhões, incluindo 120 mil clérigos

Fonte: Nobility and Titles in France

Na maioria dos casos, os nobres titulados continuaram a ser grandes proprietários de terras e, a grosso modo, um duque continou a ser, *em média*, mais rico e influente que um marquês e assim por diante. Em 1575, na França, um edito ainda dispunha tamanhos mínimos de extensão de terra e renda para a concessão de cada um desses títulos. Mas essas restrições caíram em desuso ante os caprichos dos reis absolutistas. A elevação de títulos e a distribuição de títulos elevados a plebeus (inclusive amantes dos reis) tornaram-se comuns e os monarcas passaram a criar também títulos não hereditários, regulando seu uso como forma de manipulação política e social. As chaves da influência dos nobres titulados deixaram de ser (salvo na Alemanha) o nome do título ou o poder militar que poderiam tirar de suas terras, pois o uso da força foi monopolizado pelo rei. Na França, eram sumarizadas em quatro:

l'ancienneté – a antiguidade da nobreza, pois a velha nobreza medieval (nobreza de espada) tinha mais prestígio que os recém-enobrecidos (nobreza de toga).

les alliances – com que famílias o detentor do título se ligava pelo casamento.

les dignités – cargos e posições na Corte, Exército, Marinha e governo.

les illustrations – seus feitos, na medida em que impressionavam o rei.

Por exemplo, qualquer nobre francês (mesmo não titulado) cuja nobreza fosse anterior a 1410 devia ser chamado *haut et puissant seigneur* (alto e potente senhor) e, se estivesse ligado à família real pelo casamento, *très haut et très puissant seigneur* (altíssimo e potentíssimo senhor). A arte da adulação atingia seu apogeu no Ocidente, exigindo fórmulas elaboradas e precisas para se dirigir a cada indivíduo de distinção, conforme a situação: o conhecimento exato das regras e exceções era vital. Na corte inglesa do século XVII, um duque devia ser tratado por escrito como "*Most High, Potent, and Noble Prince*" (Altíssimo, potente e nobre Príncipe), mas se fosse de sangue real, seria "*Most High, most Mighty, and Illustrious Prince*" (Altíssimo, potentíssimo e Ilustre Príncipe) e um marquês,"*most Noble, most Honourable, and Potent Prince*" (Nobilíssimo, Ilustríssimo e Poderoso Príncipe).

A nobreza se distanciou das atividades práticas e passou a se pretender distinguir da burguesia pela cultura, pelo refinamento de suas maneiras e pelo bom gosto, que o ócio proporcionado pela renda da terra e pelas sinecuras lhes permitia cultivar. Os burgueses eram vistos como demasiado grosseiros, mesquinhos e individualistas para se dedicarem ao serviço público ou militar. Até o século XIX, e em muitos países até o início do século XX, os aristocratas tinham grande influência política e um papel destacado no governo e nas forças armadas, papel para os quais se supunha que eram hereditariamente qualificados.

Esses privilégios legais desapareceram à medida que caíam as monarquias, mas até em certos países republicanos continuaram a gozar de distinção social e ter reconhecido o título como uma propriedade imaterial, protegida pela lei do uso indevido por terceiros. Nos países que continuaram a ser monarquias, os privilégios diminuíram pouco a pouco, mas alguns ainda restavam no final do século XX e mesmo hoje.

A nobreza no século XIX

A propriedade da terra – atributo mais tradicional da nobreza de origem feudal – ainda era a principal forma de riqueza e renda das classes dirigentes até 1914.

No início do século XX, 7 mil pessoas monopolizavam 80% das terras na Inglaterra. Os 525 pares do reino (lordes) possuíam mais de 6 milhões de hectares: 28 duques tinham 1,6 milhão; 33 marqueses, 650 mil; 194 condes, 2,4 milhões; 270 viscondes e barões, 1,5 milhão. Mil grandes fidalgos detinham 1,2 mil a 4 mil hectares e cerca de 2 mil pequenos nobres, 400 a 1.200 hectares. Metade dos homens mais ricos da Inglaterra eram proprietários rurais. As propriedades londrinas do duque de Westminster eram estimadas em 14 milhões de libras e pelo menos outros sete membros da Câmara dos Lordes eram quase tão ricos quanto ele. Em comparação, de 1800 a 1914, apenas um industrial de algodão de Manchester possuía mais de um milhão; dois outros, de perto de 500 mil. Além de uma riqueza material superior à da burguesia urbana, tais propriedades traziam consigo o voto de cabresto de 2,2 milhões de trabalhadores rurais masculinos.

Na Alemanha, o maior proprietário rural era o imperador Guilherme, com 100 mil hectares. Abaixo vinham três príncipes, um duque e um conde, todos com 30 mil a 50 mil hectares. Na Rússia, a nobreza detinha 70% das propriedades acima de mais de 110 hectares. O quadro era semelhante em todos os países europeus, exceto a França.

Como a maior parte da população ainda era rural e a agricultura (exceto na Inglaterra) ainda respondia pela maior parte do PIB, isso representava um enorme poder político e econômico. As câmaras altas - equivalentes aos senados modernos - eram praticamente monopolizadas pela aristocracia, que representava 90% da Câmara dos Lordes e três quartos da *Herrenhaus* prussiana.

Pequena nobreza: nobres e fidalgos

Para a pequena nobreza, as coisas ficaram mais difíceis. O próprio conceito de **nobre** (do latim *nobilis*, célebre, ilustre), antes sinônimo de "infanção" ou "fidalgo", passou por uma mudança: à medida que expandiam o aparato estatal, os soberanos passaram a recrutar grande parte de seus funcionários entre plebeus livres, em geral mais preparados e leais. Para recompensá-los e dar-lhes condições de se impor legalmente e socialmente numa sociedade de estamentos hereditários, os mais importantes eram premiados com a concessão de foros de nobreza (não necessariamente títulos).

Os descendentes dos senhores medievais resistiram procurando distinguir-se por sua origem antiga e guerreira, surgindo então a distinção social entre "fidalgos" (filhos d'algo, quer dizer, com uma longa linhagem de antepassados ilustres), ou "nobreza de espada" (por serem supostamente descendentes de cavaleiros) e os meros "nobres", plebeus nobilitados a partir da Idade Moderna e seus descendentes, dos quais a parte mais importante era a "nobreza de toga", do aparato judiciário e administrativo real, os prepostos (ou "prebostes") e juízes.

A condição de "nobre", embora continuasse privilegiada, foi precarizada ao longo da Idade Moderna. Eram isentos de impostos e trabalhos forçados, de penas infamantes (como o açoite, as galés, a tortura e o enforcamento) e de recrutamento como soldados de quartel. Tinham tratamento diferenciado nos tribunais e escolas e acesso preferencial ou exclusivo a posições militares, eclesiásticas, universitárias e de serviço ao rei, ou uma pensão se nada mais conseguissem. Mas à medida que isso começou a se tornar pesado e oneroso, o rei começava a exigir a comprovação da alegada nobreza – o que era frequentemente impossível, dada a falta de documentação escrita na Idade Média.

Na época de D. João VI, os portugueses eram assim classificados:

Nobreza principal

1. Pessoas reais
2. Parentes da Casa Real
3. Grandes do reino
4. Membros do Conselho
5. Fidalgos de solar
6. Fidalgos do conselho
7. Fidalgos cavaleiros
8. Fidalgos escudeiros
9. Fidalgos capelães
10. Moços fidalgos
11. Pessoas que têm tratamento distinto (títulos)
12. Cavaleiros das ordens militares que têm alguma das dignidades delas
13. Fidalgos de linhagem, que descendem legitimamente ou por legitimação de pessoa que teve o foro de moço fidalgo e daí para cima.

Nobreza distinta

1. Nobres de linhagem cujos quatro avós tivessem sido nobres
2. Cavaleiros fidalgos
3. Os do Desembargo d'El Rei
4. Cavaleiros das ordens militares
5. Fidalgos de cota de armas
6. As pessoas que se podem chamar de Dom.

Nobreza ordinária

1. Homens Bons (proprietários)
2. Escudeiros de linhagem (descendentes de cavaleiros, escudeiros e fidalgos)
3. Cavaleiros simples
4. Letrados, Bacharéis, Licenciados e Doutores,
5. Atacadistas de Lisboa e do Porto (desde meados do séc. XVIII)

Plebeus

1. Peões (camponeses)
2. Assalariados
3. Mercadores (pequenos comerciantes)
4. Oficiais mecânicos (artesãos)

Além disso, a nobreza passou a ser perdida caso o portador se dedicasse a atividades plebeias como o trabalho manual e o comércio. Foi então que termos como "vilão" e "ignóbil", que inicialmente tinham apenas o sentido de "não nobre", se tornaram fortemente pejorativos.

Embora todo filho legítimo de nobre fosse também nobre, havia também uma distinção entre eles pelo número de "**costados**" (*quartering*, em inglês), ou seja, de avós nobres. Um fidalgo de quatro costados é aquele cujos quatro avós foram nobres. Muitos cargos ou honrarias (incluindo, por exemplo, o direito de pertencer a certas ordens de cavalaria) exigiam que um fidalgo tivesse pelo menos dois, três ou quatro costados.

Em Portugal, na Idade Moderna, fazia-se uma distinção entre a carreira da nobreza inferior, de segundo grau – **Moço da câmara, Escudeiro Fidalgo** e **Cavaleiro Fidalgo** – e a de primeiro grau – **Moço fidalgo, Fidalgo escudeiro** e **Fidalgo cavaleiro**.

Mesmo sem poder político, a pequena nobreza permaneceu como uma classe distinta, associada à propriedade da terra e com acesso preferencial a certos cargos, notadamente o oficialato militar – daí a generalização do uso do termo "cadete", originalmente sinônimo de filho não primogênito, para os aspirantes a oficial militar. Isso durou na França até a Revolução, na Inglaterra, até o início do século XIX (na era vitoriana, já se podia chamar de *gentleman* a qualquer homem decente) e na maior parte da Europa Continental, até a I Guerra Mundial.

Sangue azul

A expressão "sangue azul" surgiu na Espanha do início da Idade Moderna, junto com o conceito de racismo. Durante a Idade Média, o conceito de "raça" não existia: o que contava era a religião e não se distinguia o judeu ou muçulmano convertido do cristão.

Após a conquista e a conversão forçada dos judeus e mouros da Espanha, porém, começou-se a distinguir os *cristãos-velhos*, de famílias nobres ou plebeias supostamente originárias do norte da Península Ibérica e cristãs desde o início da Reconquista, dos *cristãos-novos*, na maioria convertidos à força a partir do século XIV, vistos como inferiores e suspeitos de manterem ocultamente sua religião original. É nessa época que surge a palavra "raça", registrada em português a partir de 1473.

Para a nobreza, a suposição de ter sangue cristão-velho era um requisito absoluto. Ter um ancestral judeu ou mouro conhecido tornava impossível ser admitido na corte, no clero, em universidades ou em corporações de ofício. Uma mulher tinha de provar "limpeza de sangue" para se casar com um cavaleiro. Praticamente todas as famílias os tinham, mas falsificavam suas genealogias para ocultá-los. Nesse cenário de ambiguidade, ter uma pele clara, na qual sobressaíam veias "azuis", era considerado um indício de se ter puro sangue cristão-velho e de se descender dos visigodos que dominaram a Península antes da invasão árabe. Daí a expressão "sangue azul", que passou do espanhol a outras línguas no século XIX.

A distinção legal entre cristãos-velhos e cristãos-novos só foi abolida em Portugal em 1773. Na Espanha, durou até 1865 no Exército e 1870 no serviço público e universidades.

Imperadores

Até a Revolução Francesa, o título de imperador continuou a se aplicar no Ocidente apenas ao soberano do Sacro Império. Em 1508, seu título deixou de precisar de ratificação papal, mas sua supremacia sobre os príncipes do Império se tornou pouco mais que nominal depois da Paz de Vestfália de 1648. No Oriente, foi adotado pelo Tsar da Rússia a partir de 1721. Embora seu título anterior já significasse "César", não era reconhecido como imperial pelos outros soberanos europeus.

Em 1804, Napoleão se coroou imperador da França e dissolveu o Sacro Império, mas os soberanos da Áustria, que tinham sido os imperadores nominais dessa entidade por gerações, foram compensados pelo direito de se chamarem imperadores da Áustria. O título foi também adotado pelos soberanos do Brasil, ao se separarem de Portugal e (temporariamente) pelas monarquias revolucionárias do México e do Haiti.

Na França e nas monarquias americanas, o termo "imperador" ganhou a conotação de monarquia moderna, constitucional e liberal segundo o modelo de Napoleão. No Brasil, o título provavelmente também aludia ao antigo mito do "Quinto Império" português que um dia sucederia aos dos Assírios, Persas, Gregos e Romanos. Mas em outras partes do mundo, o título não perdeu completamente a pretensão de superioridade em relação a outros reis, embora não necessariamente a todos.

Assim, o Império da Áustria tratava o reino da Hungria como uma dependência até 1867. Ao unificar os reinos e principados alemães sob seu governo, o rei da Prússia passou a se intitular "Imperador (*Kaiser*) da Alemanha" e, ao unificar os rajás e marajás indianos (equiparados a príncipes e reis) sob seu domínio, a rainha Vitória passou a intitular-se "Imperatriz da Índia", título herdado por seus descendentes até a independência da Índia e Paquistão.

Reis

No início da Idade Moderna, a soberania dos reis atingiu o auge. Como símbolo dessa prerrogativa, veio a exigência do uso do título de "Vossa Majestade" pelos reis europeus, com autorização e apoio do Papa, para sublinharem sua igualdade com o imperador Carlos V, que insistia particularmente nesse título. Em Portugal, o tratamento para o rei era Vossa Mercê até 1460, Vossa Alteza de 1468 a 1597 (é assim que se usa na carta de Pero Vaz de Caminha) e Vossa Majestade dessa data em diante.

Isso levou nos casos mais extremos à doutrina do "direito divino", segundo a qual o rei governa por delegação direta de Deus, independente de confirmação da Igreja, da nobreza ou do povo. Ao contrário de uma crença muito difundida, essa noção não é medieval e não surgiu da Igreja Católica. Ela foi concebida na Idade Moderna entre os teóricos do absolutismo – primeiro na Inglaterra protestante, depois na França católica e em outros países – e, embora tenha sido defendida por clérigos partidários dos reis franceses, jamais foi oficialmente aceita pelo Vaticano, embora tivesse sido aceita pela Igreja Ortodoxa, principalmente em relação ao imperador bizantino.

Um segundo sentido, marginal, de "rei" surgiu em 1508, quando, por analogia com os reis que intitulavam seus herdeiros de "príncipes", os Imperadores do Sacro Império Romano passaram a intitular seus herdeiros de "Rei dos Romanos", um passo abaixo do título de Imperador. O Imperador Napoleão I deu o mesmo título a seu herdeiro, enquanto esteve no poder.

Um **vice-rei** (inglês *viceroy*, castelhano *virrey*, russo *namestnik*) era originalmente um funcionário que um soberano que reinava sobre mais de um reino nomeava para governar aqueles onde não podia estar presente, a começar pelos que governaram os reinos da Sardenha e Sicília em nome dos reis de Aragão, no início do século XV. Mais tarde, também foram os governadores dos maiores domínios coloniais, como a Nova Espanha (México) e Peru para a Espanha, Brasil e Índia para Portugal e Nova França (Québec) para a França. O Império Britânico usou o título para os governadores da Índia e da Irlanda e a Rússia para os da Polônia e Transcaucásia. Esses cargos nunca se tornaram hereditários e não eram necessariamente ocupados por nobres.

Pares do Reino e Grandes do Reino

O número de pares do reino franceses aumentou gradualmente desde o século XIII. Às vésperas da Revolução, havia 49 pares: cinco príncipes de sangue, um príncipe legitimado, sete membros do alto clero (aos seis originais, acrescentou-se o arcebispo-duque de Paris em 1674) e 36 duques (havia ainda 15 duques hereditários que não eram pares e 16 duques não hereditários), uma vez que todos os condes com títulos de pares acabaram por serem elevados a duques.

Na Espanha, o rei Carlos V criou em 1520 a qualificação análoga de **grande do reino** com privilégios análogos, incluindo o de usar o título de "Vossa Excelência" (e não o simples "Vossa Senhoria"), sentar-se em presença do soberano, dançar com as princesas e ser chamado pelo rei de "primo". Foi uma consequência da rebelião da orgulhosa alta nobreza espanhola, acostumada a mais intimidade com a família real, ante a tentativa do rei de origem flamenga de impor o protocolo rígido herdado da Corte da Borgonha, que exigia que até a alta nobreza se descobrisse na presença do rei. Como solução de compromisso, o rei conferiu esse e outros privilégios a uma minoria de grandes nobres, originalmente 25 (15 duques, dois marqueses e oito condes), aumentados para 50 até o fim desse reinado (33 espanhóis e 17 de outros domínios de Carlos V).

No século XVIII, havia 100 "grandes" entre os 500 nobres titulados da Espanha. Hoje, são 404 entre 2.778 títulos: todos os ducados (153) têm "grandeza", mas só uma minoria dos marquesados (141 entre 1370) e condados (106 entre 946) e pouquíssimos viscondados (2 de 140) e baronatos (2 de 169) recebem essa distinção, que manteve alguns privilégios legais até o final do século XX.

Em Portugal, o título passou a ser usado com a União Ibérica. Durante a monarquia constitucional (1826-1910), existiu uma Câmara dos Pares do Reino que inicialmente teve 91 membros, os 72 "grandes do reino" (todos os duques, e marqueses, quase todos os condes e dois viscondes) e os 19 bispos e arcebispos. Ser Par do Reino daria direito às honras de conde, mesmo que se fosse visconde ou barão. Entretanto, a maioria dos "grandes" aderiu aos reacionários miguelistas, foram derrotados por D. Pedro IV (o D. Pedro I do Brasil) e perderam seus assentos, que a partir de 1834 foram cada vez mais preenchidos pela alta burguesia.

Príncipes

Na Idade Moderna, vários reis da Europa que ainda não o tinham feito passaram a intitular seus herdeiros de "príncipes". Em alguns, o título de príncipe passou a ser concedido também a outros membros da família real. Além disso, o título continuou a ser usado pelos soberanos de pequenos Estados e concedido honorariamente. Conforme o país e o contexto, pôde significar um título altíssimo – o herdeiro de um grande reino ou império – ou um título medíocre para nobres de menor importância ou parentes distantes do soberano.

O alemão, ao contrário do inglês e das línguas latinas, passou no século XVIII a distinguir com termos distintos esses significados da palavra: o soberano de um principado independente ou quase independente continuou a ser chamado *Fürst* (feminino *Fürstin*) enquanto o filho de um soberano (inclusive um "Fürst") passou a ser chamado de *Prinz* (feminino *Prinzessin*) e o herdeiro, de *Erbprinz* ("príncipe herdeiro"), de modo a distinguir entre o portador efetivo do título e seus descendentes. Além disso, os parentes e descendentes mais distantes, que em alguns países são chamados de "príncipes de sangue", em alemão são *Prinzen von Geblüt*.

Príncipes do Império (Landesfürsten)

As guerras multiplicaram o número de príncipes seculares no Sacro Império e aumentaram sua independência. O número de príncipes eclesiásticos foi, porém, reduzido pelas guerras religiosas, pois as terras da Igreja foram secularizadas nos territórios que se tornaram protestantes e vários bispados e arcebispados foram perdidos para países vizinhos. Como surgiram também muitos príncipes honorários (leia adiante), aqueles que efetivamente detinham um território soberano eram distinguidos com o nome de **Landesfürst** ("príncipe territorial"), das seguintes categorias:

Kurfürst – "príncipe eleitor", príncipes que continuaram a usar o título mesmo depois que a coroa imperial se tornou, na prática, hereditária.

Reichsfürst – "príncipe do império", cada um dos príncipes quase-soberanos com voto na Dieta Imperial ou *Reichstag*. Muitos eram condes, marqueses ou duques e estes últimos sempre continuaram a preferir ser chamados pelo título tradicional, mais prestigioso que o de "príncipe", dos quais havia 61 seculares no final do século XVIII. Os conhecidos apenas como "*Fürst*" eram só aqueles cujos títulos originais eram menos prestigiosos, os **Burggraf** (burgraves) e os **Freiherr** (feminino **Freifrau**), barões livres.

Kirchenfürst – "príncipe da Igreja", reduzidos a 33 no final do século XVIII, incluindo os arcebispos de Salzburgo e Besançon e 22 bispos.

Quando Napoleão dissolveu o Sacro Império, "mediatizou" muitos dos pequenos principados, submetendo-os a Estados de maior porte – o que, numa época em que as instituições feudais já tinham desaparecido, significou reduzir seus príncipes do Império a meros proprietários de terras e príncipes honorários. Os 36 estados alemães restantes (incluindo três cidades livres) foram reunidos por ele em uma Confederação do Reno, cujo presidente tinha o título de **Fürstprimas** (príncipe-primaz). Após a derrota de Napoleão, os principados remanescentes foram integrados à Confederação Germânica e mais tarde ao Império Alemão.

Na França, existiram uns poucos principados de categoria semelhante. Alguns deles eram partes do Sacro Império que foram anexadas à França sem que sua autonomia e o título deixassem de existir, como era o caso dos principados de Orange, Dombes, Arches-Charleville, Château-Renaud e Sedan. Outros eram de fato pequenos Estados soberanos dentro do território francês original: Boisbelle, Luxe e Yvetot.

Príncipes titulares ou honorários (titular Fürsten)

Além dos príncipes territoriais, o Sacro Império conferiu honorariamente o título de *Fürst* aos chefes de outras famílias importantes, mas não detentoras de territórios diretamente vassalos do Imperador. Incluíam:

Governantes de vassalos de príncipes do Império, sem voto individual na Dieta Imperial, mas que votavam dentro dos quatro conselhos comitais (de condes) por região, que por sua vez tinham voto na Dieta. No século XVIII, o Sacro Império chegou a ser dividido em 300 territórios, 200 dos quais com príncipes efetivos ou titulares.

Nobres autorizados pelo Imperador a ostentar o título de *Fürst* como uma cortesia que, embora hereditária, podia ser revogada e que não dava direito a voto.

Certos súditos plebeus, principalmente esposas morganáticas[3] de príncipes do Império, para que pudessem compartilhar o título do marido.

Soberanos de fora do Império, como a Ordem Soberana e Militar de Malta e o Príncipe de Piombino.

Estrangeiros homenageados pelo Imperador, como os Príncipes de Belmonte espanhóis, os chefes das casas principescas italianas Chigi e Orsini, das russas Orloff, Potemkin, Lubomirski , a lituana de Radziwill e os Duques de Marlborough ingleses.

O título também foi conferido pelo Papa a famílias aristocráticas que apoiavam o Vaticano e, na França, a algumas famílias nobres de média importância. Neste sentido, "príncipe" é um título inferior em prestígio ao de "duque".
Títulos equivalentes foram conferidos pelos reis da França e Espanha a certos nobres de categoria intermediária, como o Barão de Badolato e Belmonte, agraciado pelo rei da Espanha, em 1619, com o título de príncipe de Belmonte e os príncipes de Château-Porcien, Guémené, Joinville, Mantigues e Tingry, criados para pequenos feudos por reis da França, nos séculos XVI e XVII.

Príncipes herdeiros (Prinzen)

Em Portugal o herdeiro passou a chamar-se simplesmente "Príncipe Herdeiro" até 1645, quando passou a ser "Príncipe do Brasil", enquanto a princesa mais velha era "Princesa da Beira". Em 1734, o herdeiro passou a ser Príncipe ou Princesa do Brasil e seu herdeiro, Príncipe ou Princesa da Beira. Com a elevação do Brasil à categoria de Reino, o título do herdeiro imediato passou a ser Príncipe (ou Princesa) Real, permanecendo o seu herdeiro como Príncipe ou Princesa da Beira.
No Brasil, após a Independência, o herdeiro do

---

3 Casamento morganático era um "casamento de segunda classe" pelo qual se permitia a um nobre se casar com uma mulher de condição inferior (raramente vice-versa), mas não transmitir seus títulos e privilégios à esposa e aos filhos do casal. Estes passariam aos parentes masculinos mais próximos, a menos que o marido tivesse filhos de um casamento anterior.

Imperador chamou-se "Príncipe Imperial" e seu próprio herdeiro, "Príncipe do Grão-Pará".

A Holanda adotou o título de Príncipe de Orange para seus herdeiros, a Itália, de Príncipe de Nápoles e Piemonte.

Na Alemanha, *Prinz* (feminino *Prinzessin*) era o filho tanto de um rei quanto de um príncipe soberano ou imperial (isto é, de um *Fürst*), enquanto seu herdeiro era *Erbprinz* ("príncipe herdeiro"). No caso dos príncipes titulares, só o herdeiro era chamado *Prinz*. No caso do herdeiro de um dos príncipes-eleitores (*Kurfürst*) seculares, era chamado *Kurprinz*. Quando se formou o Império Alemão, o herdeiro da coroa imperial era chamado *Kronprinz* ("príncipe da coroa").

No século XVIII, por influência do rei de origem alemã George I, o título de "príncipe" e "princesa" foi adotado na Grã-Bretanha para todos os filhos e filhas do rei e dos príncipes homens (embora só o herdeiro fosse "Príncipe de Gales"), mas a prática não se estendeu a outros países.

Príncipes consortes

Príncipe consorte (*Prinzgemahl*, em alemão) é o marido de uma rainha reinante que não adquire o título de rei. Originalmente foi uma precaução para evitar o poder de um rei estrangeiro na política nacional, visto que rainhas tradicionalmente se casavam com membros de outras famílias reais. O primeiro a usar esse título foi Albert, marido da rainha Vitória, em 1857. Na família real portuguesa e na família imperial brasileira, o título de Rei consorte podia ser usado uma vez que houvesse um herdeiro, mas o detentor igualmente não teria qualquer autoridade no país.

Príncipes regentes

Príncipe regente (*Prinzregent*, em alemão) é um príncipe que exerce a regência (governo temporário) devido a minoridade, doença ou incapacidade do rei ou rainha reinante do qual é filho, irmão ou tio. Foi o caso de D. João VI, que governou como Príncipe Regente de 1799 à morte de sua mãe, D. Maria I, mentalmente incapacitada, em 1816.

Príncipes de sangue (Prinzen von Geblüt)

Na Península Ibérica, os demais filhos dos reis e do príncipe continuaram a ser infantes e infantas, assim como na França eram **enfants** (*fils* ou *filles*) *de France* os filhos do rei e do delfim (herdeiro). Na França, surgiu também, no século XVII, o título de **pequeno infante** (*petit-enfant*) para os filhos e filhas de infantes que não o delfim.

Mas no século XVI, todos os descendentes de reis franceses por linha masculina (e que, portanto, podiam teoricamente se tornar herdeiros ou ancestrais de herdeiros) que não fossem filhos do Rei ou do Delfim foram equiparados aos pares do reino e chamados "príncipes de sangue" (*princes du sang*), embora geralmente também fossem duques ou tivessem outros títulos. Os filhos bastardos do rei que fossem reconhecidos eram "príncipes legitimados". Nesse contexto, o título de "príncipe" é inferior ao de "infante" e "pequeno infante" (ao contrário do que se dava em Portugal), mas superior aos demais nobres titulados.

Havia dois títulos específicos e hereditários entre eles: o Príncipe de Condé, chefe do ramo da casa Bourbon descendente dos condes e duques de Vendôme, e o Príncipe de Conti, usado pelo chefe de um ramo cadete (mais jovem) dos Bourbon-Condé. Luís de Bourbon (1530-1569), primeiro Príncipe de Condé, era tio por via paterna do rei Henrique IV de França. O filho mais velho do Príncipe de Condé usava o título de Duque de Enghien. Até 1709, o Príncipe de Condé era também *Premier Prince du Sang Royal* (primeiro príncipe de sangue real), título que nessa data passou a outro ramo dos Bourbon, o do duque de Orléans.

Arquiduques

Arquiduque foi um título adotado pelos duques austríacos em 1406, após controlarem vários ducados, crescerem em poder dentro do Sacro Império e passarem a disputar o direito a figurar entre os dos príncipes eleitores. O título só foi reconhecido, porém, quando os próprios duques da Áustria se tornaram imperadores.

No Império Austríaco, depois de 1804, de forma análoga ao uso de "príncipe" na França, o título de "arquiduque" e "arquiduquesa" passou a ser usado por todos os membros da casa imperial, mas só o herdeiro era "Arquiduque da Áustria".

Grão-duques

Grão-duque foi um título inicialmente reivindicado (sem ser reconhecido) pelo duque de Borgonha, que era o mais poderoso da Europa Ocidental na Baixa Idade Média, controlava vários ducados e aspirava a se tornar um rei soberano. Para reforçar sua pretensão, criou todo um complexo sistema de protocolo, títulos e honrarias que acabaram sendo imitadas pelas cortes reais europeias, mas o ducado foi extinto antes que conseguisse realizar seu projeto.

O título de grão-duque foi usado para traduzir o título dos soberanos da Lituânia do século XIV a 1795, mas o título lituano (*Didysis Kunigaikštis*, idêntico ao *velikiy knyaz* russo) seria mais acuradamente traduzido como grão-príncipe – o que seria apropriado, pois esse Estado era mais vasto do que a maioria dos reinos da Europa Ocidental.

Já na Idade Moderna (1569) o duque de Florença Cosimo I de Médici conseguiu ser elevado oficialmente pelo papa a grão-duque da Toscana. Embora esta ainda fosse teoricamente vassala do Imperador, havia se tornado, de fato, um grande principado, mais rico e independente do que a maioria dos ducados alemães.

Não houve outros títulos de grão-duque até que Napoleão I dissolveu o Sacro Império e conferiu o título a alguns dos antigos duques do Império. Alguns desses títulos foram confirmados e outros criados no Congresso de Viena ou algum tempo depois, resultando em uma dezena de grãos-ducados dos quais hoje só resta um, o Luxemburgo. Eram ducados de médio porte, intermediários entre os maiores ducados, que se tornaram "reinos", e os menores, que permaneceram meros "ducados".

Duques e outros nobres titulados

Com a multiplicação da concessão de títulos de nobreza durante o absolutismo, a hierarquia tradicional de títulos perdeu boa parte do seu significado original.

O título de marquês, originalmente o segundo mais elevado, foi desvalorizado na França e Espanha pela prodigalidade dos reis em distribuí-los. Luís XIV e Luís XV, por exemplo, tinham o hábito de enobrecer suas amantes com o título de marquesa, que ficou particularmente identificado com as cortesãs de Versalhes (as famosas marquesas de Pompadour, Montespan e Maintenon entre elas). Outro sinal da desvalorização do título é que o Marquês de Sade usou esse título de cortesia como herdeiro do verdadeiro detentor do feudo: seu pai, o *Conde* de Sade. Ou seja, "marquês" era na prática equivalente ou pouco superior a visconde e inferior a conde, título que o autor de *120 dias de Sodoma* ocasionalmente usou após a morte do pai.

Na corte francesa, nos séculos XVII e XVIII, os príncipes de sangue e duques estavam acima do restante da nobreza titulada, mas não se fazia distinção hierárquica entre os títulos de príncipe (que não os de sangue), marquês, conde, visconde e barão: eram considerados todos equivalentes (abaixo dos duques e acima dos nobres não-titulados) e o protocolo os ordenava conforme seus cargos no governo e a antiguidade do título.

Na época de Napoleão, o título de marquês estava tão desvalorizado que ele não o usou quando instaurou seu próprio sistema de títulos. Entretanto, com a restauração da monarquia Bourbon após a sua queda, voltou a ter prestígio como prova de vinculação ao Antigo Regime e de nobreza relativamente antiga, e Luís XVIII voltou a instituir no país a hierarquia tradicional entre os títulos.

Lordes e Ladies

Na Inglaterra, a condição de **par do reino** (pertencer à *peerage*) foi atribuída automaticamente a todos os portadores de títulos de barão a duque. Até 1999 isso conferia direito automático a assento hereditário na Câmara dos Lordes, com funções de Senado e (até 2009) de Supremo Tribunal. Portanto, no Reino Unido, as noções de "par do reino", "membro da alta nobreza" (*nobility*), "lorde" e "portador de título de nobreza" coincidiam, o que em geral não acontecia em outras monarquias. Os termos ingleses *noble* e *nobleman* são "falsos amigos", pois não correspondem ao sentido mais geral de "nobre" em línguas latinas como o português. O que em outros países se chama pequena nobreza é chamada, em inglês, de *gentry*, e, assim como os filhos dos pares, essas pessoas são legalmente *commoners* ou "comuns", tanto quanto os plebeus.

Ser um Lorde significa, portanto, ser um portador de um título de nobreza hereditário do Reino Unido, ou ser a ele equiparado, como é o caso dos "lordes espirituais" (bispos e arcebispos) e a partir de 1876, os "pares vitalícios", plebeus ou membros da pequena nobreza que recebem um título não hereditário (quase sempre de barão). Com as reformas recentes, os pares não hereditários se tornaram a maioria dos integrantes da Câmara dos Lordes e, com o fim da transmissão hereditária dos antigos aristocratas, passarão a ser gradualmente a totalidade.

Por cortesia, são também chamados de "Lordes" e "Ladies", na Inglaterra, os filhos de duques e marqueses e os primogênitos de condes, mas sem direito a assento na Câmara nem ao estatuto de *nobility*.

Por exemplo, Lord Randolph Churchill, pai de Winston Churchill, era assim chamado por ser o terceiro filho de um duque. Filhas de condes também são chamadas Ladies – era o caso, por exemplo de Lady Diana Spencer, antes de se casar (era filha de um Conde Spencer). O mesmo se aplica aos detentores de certos altos cargos, principalmente os chefes dos ministérios mais tradicionais e os prefeitos das grandes cidades (Lord Mayor). Este último caso é um dos raríssimos casos em que o título é aplicado a mulheres – outro é o título tradicional de Lord of Mann (Senhor da ilha de Mann).

Em qualquer outra situação, uma mulher que detenha a posição de um Lorde é **Lady**, assim como a esposa de um Lorde (mesmo que de origem plebeia). No uso moderno, também as esposas de baronetes e cavaleiros são chamadas *Ladies*, mas no passado (e ainda no presente, em certos usos formais), eram *Dames*.

É importante notar que *o título de Lorde é usado com o sobrenome ou com o nome completo, mas nunca só com o prenome*. Assim, o poeta George Byron, que era um barão, podia ser chamado de Lorde Byron ou Lorde George Byron ou, no tratamento mais formal, "George Gordon Byron, 6º Barão Byron", mas jamais "Lorde George" (quem ouvir essa expressão de um britânico pode ter certeza de que George, nesse caso, é um sobrenome).

O uso de Lady é similar, mas com três ressalvas: 1) com princesas e mulheres da família real, pode ser usado só com o prenome (por exemplo, "Lady Diana"); 2) com esposas de cavaleiros e baronetes, só é usado com o sobrenome (por exemplo, "Lady Smith") e 3) quando é usado por damas das ordens da Jarreteira e do Cardo que a detêm por direito próprio e não pelo marido, só é usado com o nome completo ("Lady Marion Fraser, LT", quer dizer, *Lady of the Thistle*).

Embora haja tratamentos mais cerimoniosos, pode-se usar "My Lord" e "My Lady" ou "Your Lordship" e "Your Ladyship" ("Vossa Senhoria") e, na terceira pessoa, "His Lordship" e "Her Ladyship" ("Sua Senhoria") ao se dirigir a barões, viscondes, condes e marqueses, mas não duques e duquesas: estes, só admitem "Your Grace" ("Vossa Graça", correspondente ao português "Vossa Mercê"). É ainda mais descortês, naturalmente, usar "My Lord" para um príncipe ou rei, ou "My Lady" para uma princesa ou rainha. É preciso usar "Vossa Alteza Real" ou "Vossa Majestade".

No uso formal (documentos e endereçamento de cartas, por exemplo), só se usa "O Lorde Fulano" para barões. Se for visconde, "O Visconde Fulano". Ou, para ser mais formal, "The Right Honourable, The Lord/Viscount Fulano" (em tradução livre, "O Ilustríssimo Senhor/Visconde Fulano").

Se for conde, "O Conde de X" (não o sobrenome, mas o nome do condado) ou, melhor ainda, "The Right Honourable Earl of X". Se for marquês, "O Marquês de X" ou "The Most Honourable Marquess of X". Se for duque, "O Duque de X" ou "Sua Graça, o Duque de X".

Tudo isto, naturalmente, só se aplica ao Império Britânico ou a cenários de fantasia baseados na Inglaterra, como é o caso, naturalmente, da maioria dos mundos de Alta Fantasia criados por autores de língua inglesa. Mas o uso de termos como Lorde, Lady e Sir pressupõe que esse é o caso – e então essas regras devem ser levadas em conta.

Tratamentos de cortesia

No uso inglês, por se imitar o rei ou rainha ao conceder o título de "Príncipe de Gales", é comum que um conde, marquês ou duque conceda a seu herdeiro aparente (e até ao herdeiro aparente deste) o uso social de um título inferior que também possua – e frequentemente possui, pois a maioria das grandes linhagens, a partir da Idade Moderna, concentrou vários antigos feudos na mesma herança.

Por exemplo, o Duque de Norfolk é também Conde de Arundel e Barão Maltravers. Então, reserva o uso social de "Duque de Norfolk" para si mesmo, cede o uso do título de "Conde de Arundel" para o herdeiro e o de "Barão Maltravers" para o herdeiro deste, seu neto. Entretanto, só o próprio Duque é legalmente um lorde e tem assento na Câmara dos Lordes.

Não é o uso para viscondes e barões que, aliás, não costumam ter títulos "sobrando", mas seus herdeiros têm direito legal ao prefixo de cortesia "The Honourable", mais ou menos correspondente ao português "Ilustre Senhor", enquanto os viscondes e barões propriamente ditos são "The Most Honourable", "Ilustríssimo Senhor". Outrora se usava também o título de "Sir" para o filho de um baronete, mas essa prática foi abandonada.

Isso não se aplica necessariamente a outros países, mas na França, a partir da Restauração (1817), determinou-se que qualquer filho de um nobre titular que fosse Par do Reino (inclusive os cadetes) podia usar um título um grau inferior ao do pai (e o filho de um barão, o título de cavaleiro). A lei caiu com o fim do pariato hereditário em 1831, mas a prática continuou e se generalizou na aristocracia francesa na era republicana.

Na Escócia, o herdeiro de um título feudal é "Mestre" ("Master" ou "Mistress") do senhorio do detentor atual: por exemplo, o herdeiro do Marquês de Tweeddale é Mestre de Tweeddale.

Na Itália, **nobiluomo** (aproximadamente Gentil-homem) ou **nobile** é o título dos filhos de um nobre titulado desde 1870 (antes, eram chamados *cavalieri*, cavaleiros). Os filhos do Conde de Segni, por exemplo, são os "nobres do Conde de Segni". Além disso, os filhos de príncipes usam os títulos de *don* ou *donna*.

Na Dinamarca, a partir de 1671, o título de conde foi dividido entre o título de **lensgreve**, "conde do feudo", herdeiro efetivo, e **greve** ("conde") título puramente honorário usado por filhos e netos de lensgreves (não depois da segunda geração).

Dom e Dona

No Brasil e em Portugal, não houve títulos específicos para os filhos de um nobre titulado, mas se o pai herdou o título de Dom, seus filhos também podem usá-lo. E se for o pai o primeiro da linhagem a usar o "Dom", só o filho mais velho pode usá-lo.

Dom e Dona são, no contexto latino, tratamentos comparáveis a Lord e Lady (vêm de *Dominus*, equivalente a *Lord*), mas não são exatamente equivalentes. Em Portugal, esses tratamentos foram originalmente destinados apenas à família real (dos próprios soberanos a seus descendentes mais distantes) e a outros membros da alta nobreza que o rei quisesse distinguir (a começar pelos ricos-homens), tivessem ou não outros títulos.

Ao contrário do Lord/Lady inglês, os títulos de Dom/Dona são usados com o primeiro nome ou com o nome completo: Dom Vasco ou Dom Vasco da Gama, mas não Dom da Gama.

Nos antigos romances em línguas ibéricas, os cavaleiros da Távola Redonda são chamados "Dom Lançarote" (Sir Lancelot), "Dom Galvão" (Sir Gawain) e assim por diante. Em inglês não são chamados Lordes, pois não se supunha que fossem grandes senhores titulados, nem que fossem conhecidos por seus feudos. Mas serem "Dons" era adequado em Portugal, onde esse tratamento podia ser dado ao rei a seus servidores notáveis independentemente de outros títulos (por exemplo, Vasco da Gama ganhou o direito a se chamar Dom Vasco antes de ser agraciado com o título de Conde da Vidigueira). Mas a maioria dos cavaleiros ibéricos era apenas "Senhor Fulano", ou "Senhor Cavaleiro". Quando o senhor Alonso Quijano, um pequeno fidalgo rural, se intitulou "Dom Quixote", usurpava um título a que não tinha direito para imitar os grandes heróis romances de cavalaria.

A partir das Ordenações Filipinas de 1611, o uso foi generalizado em Portugal, como se fazia na Espanha, a todos os condes, marqueses e duques, aos barões e viscondes "com grandeza", aos grão-mestres das ordens de cavalaria, aos membros do alto clero (bispos, arcebispos e cardeais, que ainda hoje o usam) e aos generais e almirantes.

Em português, o título de "Dom" continua a ser raro – no Brasil, é hoje usado apenas para os príncipes da família imperial, bispos, abades e monges de certas ordens, mas "dona" se aplica a qualquer mulher respeitável (como, aliás, também *lady* em inglês). Em algumas línguas latinas, como o castelhano, "*don*" acabou também por ser usado para qualquer homem de respeito. Nesse caso, a distinção entre o uso popular e o tradicional é marcada pela inicial minúscula ou maiúscula.

Vale notar que muitos autores de fantasia tendem intuitivamente a usar os títulos de "Lord" e "Lady" de acordo mais com o uso português de Dom e Dona do que com o uso britânico correto. Destaquemos, então, as diferenças:

O título de Dom ou Dona (como os títulos britânicos de *Sir* e *Dame*) se usa com o primeiro nome ou nome completo; os de Lorde e Lady, com o sobrenome, nome completo ou (no caso de condes, marqueses e duques) nome da senhoria.

O título de Dom ou Dona se aplica a soberanos e herdeiros (Dom Pedro II, Dona Isabel); o título de Lorde ou Lady nunca (não se diz Lady Elizabeth II, nem Lord Charles).

O título de Dom ou Dona pode ser usado por pessoas que não têm títulos de nobreza, desde que tenham parentesco com a família real ou sejam especialmente honradas (Dom Vasco, Dom Galvão); o título de Lorde ou Lady só é usado por nobres titulados.

Títulos hereditários da pequena nobreza

Baronete (em inglês, *baronet*), feminino **Baronetesa** (*baronetess*) é um título hereditário que só existe no Reino Unido, criado no século XVII para ser vendido como forma de arrecadar fundos da pequena nobreza. É chamado *Sir* ou *Dame* com as mesmas regras que se aplicam aos cavaleiros (e pode acrescentar, na correspondência, a abreviação "Bt." – por exemplo, Sir Mark Thatcher, Bt.). Em termos de protocolo, um baronete está logo abaixo dos filhos cadetes dos barões e tem precedência sobre a maioria dos cavaleiros – exceto os das Ordens da Jarreteira (inglesa) e do Cardo (escocesa), as mais prestigiosas do Reino Unido. Embora o título seja hereditário, seu portador não é considerado um lorde ou par do reino e não tem assento na Câmara dos Lordes. Outrora, o filho mais velho de um baronete tinha direito automático ao título de cavaleiro, mas esse privilégio foi abolido em 1827.

Paladino (em inglês *palatine*, alemão *Paladin*) era no século XIX um título honorário para um homem a serviço do imperador da Alemanha, um cavaleiro com honras adicionais e poderes delegados pelo soberano.

Cavaleiro hereditário é o fidalgo com direito hereditário ao título de cavaleiro. No Reino Unido, há apenas duas linhagens vivas de cavaleiros hereditários, mas na Alemanha o título de *Ritter* é hereditário, como o equivalente *Ridder* na Holanda e *Cavalieri* na Itália, como um título superior ao de *Edler* ou *Nobile* mas inferior ao de *Freiherr* ou *Signore*. Vale notar que, em geral, não são descendentes de verdadeiros cavaleiros medievais e sim de filhos cadetes de nobres titulados ou de pequenos senhores agraciados com títulos hereditários de cavaleiro. Se estes são herdados por uma mulher, ela pode ser chamada "cavaleira", como também as esposas de cavaleiros.

Cavaleiro imperial ou **Cavaleiro livre** (em alemão, *Reichsritter*) é um título paradoxal que surgiu da caótica desintegração do Sacro Império Romano-Germânico: cavaleiros que detinham pequenos feudos, com algumas centenas de súditos, mas não respondiam a nenhum suserano além do próprio Imperador – o que os tornava senhores de miniestados quase independentes, embora sem representação na Dieta (parlamento).

Senhor é um fidalgo senhor de uma propriedade (geralmente rural) significativa, com um solar ou casa senhorial, que não tivesse um título mais alto, como os Senhores de Pombeiro, em Portugal. Faziam jus, como os nobres titulados, a serem chamados "Vossa Senhoria". Títulos equivalentes são o de *Señor* na Espanha e *Signore* na Itália.

Edler (feminino *Edle*) significa, ao pé da letra, "mais nobre" e é o equivalente alemão de "Senhor" – Viktor Weber Edler von Webenau, por exemplo, poderia ser traduzido como Viktor Weber, Senhor de Webenau. É tratado como *Herr Edler*.

Laird (feminino *Lady*) é um fidalgo escocês que é herdeiro de uma propriedade de caráter feudal, passada de pai para filho primogênito. Um *laird* chamado Richard Lauder, cuja propriedade se chame Haltoun, será tratado como "The Much Honoured Richard Lauder of Houlton" ou "The Much Honoured The Laird of Houlton" or "The Much Honoured Richard Lauder, Laird of Houlton" ("O Ilustríssimo Richard Lauder, Senhor de Houlton"). Caso venda a propriedade, o título a acompanhará.

Morgado era o detentor de uma propriedade alodial (absoluta, não feudal) instituída pelo rei a pedido de uma família, chamada *morgadio* (*majorat* em francês, inglês e alemão; *mayorazgo* em castelhano, *ordynacja* em polonês) que não podia ser vendida ou dividida sem autorização do rei (embora pudesse ser ampliada) e tinha de ser legada na íntegra ao primogênito. Surgiu com a decadência e abolição do feudalismo, como forma de evitar a fragmentação das propriedades e proteger o status de linhagens tradicionais. A instituição surgiu na Espanha, onde durou de 1505 a 1820. Em Portugal, surgiu em 1521 e durou até 1863, exceto pelo morgadio da própria casa real de Bragança, que permaneceu até a proclamação da República, em 1910 (no Brasil, onde chegou a ser aplicado às propriedades de senhores de engenho, foi abolido na década de 1820). Na Polônia, foi instituída no século XVI e durou até a reforma agrária comunista após a II Guerra Mundial. Na França, foi criada por Napoleão em 1808 e abolida com a revolução de 1848.

Cossenhor: embora a regra geral, quanto às propriedades feudais e senhoriais, fosse a herança na íntegra de pai para filho primogênito, havia regiões (sul da França e parte da Itália) em que o costume admitia ou exigia que os irmãos herdassem o feudo em conjunto, sem dividi-lo. Nesse caso, cada um deles se tornava um cossenhor.

Patrício foi, principalmente no norte da Itália (mas com equivalentes na Holanda e Alemanha), o integrante de uma forma de nobreza urbana, característica de cidades-estado. Como na Roma antiga, eram geralmente integrantes de famílias antigas e poderosas dentre as quais eram escolhidos os principais cargos públicos, como o Doge de Veneza. Na Itália, foram considerados inferiores aos *Signori*, mas superiores à simples fidalguia ou "nobreza cívica", mesmo que não tivessem outros títulos. Além disso, na Idade Média e Moderna, "patrício romano" tornou-se um título distribuído pelo Papa a todas as famílias que desejasse distinguir.

Na Alemanha, eram inicialmente chamados *Geschlechter* em alemão (*Erbmänner* na cidade e bispado de Münster), mas *patricii* nos documentos em latim. E entre os séculos XVI e XVIII o título latino germanizado *Patrizier* acabou por se impor. Eram considerados equivalentes aos *Edler* da pequena nobreza rural.

Alguém que é patrício é chamado pelo nome da cidade e não de uma família ou residência específica: "Fulano de Tal, Patrício de Veneza", por exemplo. Para uma mulher, usa-se "Fulana, dos Patrícios de Tal".

Escudeiro hereditário (em inglês *esquire*, em francês *écuyer*) – era automaticamente, em alguns países, qualquer fidalgo que não tivesse outro título. Na Inglaterra, era outrora passado apenas de pai para filho primogênito, a partir do filho primogênito de um cavaleiro ou do cadete de um lorde, ou de um escudeiro instituído como tal por um rei ou grande senhor, e constituía a camada superior da fidalguia. Atualmente, porém, o título de *esquire* pode ser usado por qualquer um no Reino Unido, assinando-se *Fulano de Tal, Esq.* (nos EUA, é reservado a advogados e advogadas). Vale notar que a grafia em inglês é diferente de *squire*, o escudeiro no sentido original, militar, da palavra.

Armígero (em inglês *armigerous*) – qualquer um que tem o direito a usar um brasão, por tê-lo recebido do rei ou por tê-lo herdado pela primogenitura – não é suficiente pertencer à mesma família da nobreza.

Cavaleiros não hereditários

Na Idade Moderna, a cavalaria feudal tradicional perdeu importância militar. Os reis passaram a monopolizar o privilégio de armar cavaleiros e começaram a criar ordens seculares de cavalaria com uma organização, hierarquia e símbolos análogos ao das ordens religiosas, mas com fins puramente simbólicos. Salvo pela Ordem Teutônica, que se converteu ao luteranismo e tornou-se o Ducado (depois Reino) da Prússia, as ordens religiosas de cavalaria foram aniquiladas (como os Templários), desmilitarizadas e tornadas puramente caritativas (como os Cavaleiros de Malta), ou passaram ao controle dos reis (como a ordem de Avis) e acabaram por ser secularizadas, tornando-se também simbólicas e honoríficas.

Na maioria dos casos, o título de cavaleiro passou a ser uma honraria não-hereditária concedida a quem prestasse serviços destacados à coroa ou ao país, civis ou militares. Seu valor real depende tanto da ordem ao qual é ligado (há ordens mais ou menos prestigiosas, vinculadas a diferentes tipos de realizações e serviços) quanto ao grau conferido dentro da ordem. Embora algumas ordens fossem reservadas, ao menos em certas épocas, a fidalgos, outras foram abertas a plebeus. Eventualmente, continuaram a existir (ou foram criadas) em regimes republicanos, embora tenham perdido qualquer vínculo com a noção de nobreza hereditária.

No Reino Unido, o título de "cavaleiro" (*knight*, feminino *lady* ou *dame*, conforme o caso), tem hoje um grande prestígio, equivalente às mais altas condecorações de outros países. As mais elevadas ordens britânicas têm apenas um grau, *Knight* (cavaleiro) ou *Lady* (grande dama). As de média importância têm graus: *Knight/Dame grand cross* (Cavaleiro/Dama da grã-cruz), *Knight/Dame commander* (Cavaleiro/dama comendador) e *Companion* (literalmente "companheiro"). As ordens mais numerosas e menos importantes têm cinco graus: *Knight grand cross*, *Knight commander*, *Commander*, *Officer* e *Member*. Todo cavaleiro que pertence a uma ordem é no mínimo *knight commander*.

Na Inglaterra, um cavaleiro é chamado *Sir* se for homem e *Dame*, se for mulher (*Lady* nas ordens mais importantes – a da Jarreteira e do Cardo), equivalentes a "senhor" e "senhora" na maioria dos casos e a "dom" e "dona" nas ordens mais importantes. É importante notar que um *Fulano de Tal* armado cavaleiro britânico é chamado *Sir Fulano* ou *Sir Fulano de Tal*, jamais *Sir de Tal*. Assim, o famoso corsário podia ser chamado Sir Francis ou Sir Francis Drake, mas nunca Sir Drake.

Ao se apresentar em carta, documento ou cartão de visita, um cavaleiro britânico sempre acrescenta a abreviação do exato título e nome de suas ordens, pois isso define sua verdadeira importância – por exemplo, Sir Eric Anderson, KT (*Knight of the Order of the Thistle* – Cavaleiro da Ordem do Cardo) tem um título muito mais prestigioso que Sir Reginald Bacon, KCB (*Knight Commander of the Order of the Bath* – Cavaleiro Comandante da Ordem do Banho) e ambos são bem mais importantes que um mero Cavaleiro Comandante da popular Ordem do Império Britânico (KBE).

Cavaleiro-abandeirado (*knight banneret*) foi originalmente um cavaleiro experiente que tinha outros sob seu comando. Segundo o costume inglês, era uma honraria que tinha de ser merecida no campo de batalha. Foi conferido pela última vez em 1743.

Cavaleiro-bacharel (*knight bachelor*) foi originalmente um cavaleiro jovem, sob as ordens de um *banneret* (abandeirado) mais experiente. Atualmente, é no Reino Unido alguém que é armado cavaleiro sem pertencer a uma ordem de cavalaria, o que o coloca em grau inferior a todos os demais cavaleiros. Essa honraria é conferida automaticamente aos detentores de certos cargos públicos, inclusive, por exemplo, juízes de tribunais superiores e o chefe da polícia de Londres, a Scotland Yard (o que lhes garante serem tratados como

Sir) e a figuras do esporte e do *show business*. No lugar da abreviatura do nome da ordem, usa apenas Kt. (*Knight*), a menos que tenha também mais outra honraria, mesmo que não seja em grau de cavaleiro – por exemplo, Sir Paul McCartney, MBE (*Member of the Order of the British Empire*, ou seja, simples membro da Ordem do Império Britânico, a mais numerosa e menos prestigiosa do Reino Unido).

No passado, o título britânico de "cavaleiro" foi visto como a porta de entrada para a *gentry* ou pequena nobreza e mesmo não sendo hereditário, permitia a seus descendentes primogênitos usarem o título de "escudeiro" ou *esquire*. Esses costumes tornaram-se obsoletos ao longo da era vitoriana.

Companheiro (*Companion*, em inglês) é um título britânico de pessoas que pertencem a ordens de cavalaria tradicionais, mas apenas como "companheiros" dos cavaleiros e damas propriamente ditos. Equivale a um "comendador" brasileiro ou português, no uso moderno da palavra. Pode usar a abreviatura da ordem depois do nome, mas não tem direito a se fazer chamar de *Sir* ou *Dame*.

No Brasil e Portugal, como em muitos outros países, a maioria das ordens honoríficas tem cinco graus: *Grã-cruz, Grande Oficial, Comendador, Oficial* e *Cavaleiro*, seguindo o modelo da Legião de Honra francesa: *Grand Croix, Grand Officier, Commandeur, Officier* e *Chevalier*. Neste modelo, ser "cavaleiro" significa apenas ter recebido uma comenda no grau mais baixo. Ainda assim, Silvio Berlusconi costuma ser chamado pelos admiradores e por sua imprensa *Il Cavaliere*, por uma condecoração da *Ordine al Merito del Lavoro*, equivalente à nossa obscura Ordem do Mérito do Trabalho.

Equivalência aproximada dos títulos:

Ordens religiosas	Ordens britânicas	Ordens francesas e similares
cavaleiro da grã-cruz	cavaleiro da grã-cruz	grã-cruz
comendador	cavaleiro comendador	grande oficial
cavaleiro	companheiro	comendador
donatos militares ou sargentos	oficial	oficial
donatos ou irmãos	membro	cavaleiro

Títulos celtas

A Britânia da retirada romana de 410 até algum tempo depois da invasão anglo-saxã de cerca de 540, assim como a Irlanda antes da invasão anglo-normanda de 1171, esteve dividida em pequenos reinos celtas.

Segundo as lendas, entre os reis da Britânia havia um **sumo rei** (*high king*) que chefiava a todos os bretões, ao menos quando era preciso enfrentar um inimigo comum, como os invasores saxões. Os sumos reis citados pelas crônicas incluem os semi-históricos Vortigern e Ambrosius Aurelianus e os provavelmente lendários Uther Pendragon e Arthur. Foram reivindicados por antecessores pelos reis de Gwynedd, no norte de Gales, que em 1216 foram reconhecidos pelos reis da Inglaterra como Príncipes de Gales, até a anexação do país em 1283.

Na Irlanda, as crônicas descrevem a ilha originalmente dividida em cinco "quintos" (irlandês antigo *cóiceda*, irlandês moderno *cúige*): Ulaid (atual Ulster), Cóiced Ol nEchmacht (Connacht), Mumha or Mhumhain (Munster), Laighin (Leinster) e Míde (atuais condados de Meath e Westmeath). O rei do último, como sua corte em Tara, seria o sumo rei da Irlanda (*ard rí na hÉireann*), enquanto os outros quatro eram **ri cóicidi** ("rei de quinto") ou **rí ruirech** ("rei de rei de reis"). Na prática, o número de reinos na ilha parece ter variado de três a seis. O sumo rei tinha apenas um papel cerimonial fora de seu próprio reino, e essa posição foi obtida sucessivamente por Míde, Tulaid e Mumha.

Abaixo deles, estavam os **ri buiden** ("rei de bandos"), **ri tuath** ("rei de tribos") ou **ruiri** ("rei de reis"), dos quais havia cerca de vinte. Subordinados a estes, havia ainda 100 a 150 **rí benn** ("rei de picos") ou **ri tuaithe** ("rei de tribo"). O território de um *rí* ou chefe era chamado *túath* (plural *túatha*). Em crônicas bem posteriores ao fim da independência irlandesa (como nos *Anais dos Quatro Mestre*s, compilados entre 1632 e 1636), época em que soava impróprio atribuir títulos reais para tais pequenos chefes locais, os *ri tuaithe* foram chamados retroativamente de **tiarna** ("senhor", *tigerna* em irlandês antigo) e os *ruiri* de **ard tiarna** ("sumo senhor").

A sociedade irlandesa era dividida nas seguintes camadas:

Nobreza (*nemed*), que incluía reis (*ríg*) príncipes (*flatha*), senhores (*tiarnâi*) e chefes de clã (*toísigh*).

Pequena nobreza (*dóernemed*, "nobres de base"), sob a proteção e patrocínio da nobreza, incluindo poetas e menestréis da elite (*fili*), juízes (*brithem*), mestres de ofício (*ollam*), médicos etc., que formavam linhagens hereditárias. Antes da cristianização, também estavam nessa categoria os druidas (*drui*), que eram sacerdotes, os vates (*faithe*), adivinhos ou videntes e os bardos (*bard*), poetas itinerantes que cantavam as tradições dos clãs e do país.

Homens livres, donos de terras e gado (*bóaire*).

Servos (*bothach*).

Escravos (*mug*), geralmente criminosos ou prisioneiros de guerra.

Bandos guerreiros (*fianna*), à margem da sociedade. Um bando (*fian*) era composto de jovens que ainda não haviam herdado terras, que durante o inverno eram alojados e alimentados pela nobreza e a ajudavam a manter a ordem, mas no verão viviam da caça e da venda de sua carne e couro. Um membro de um fian era chamado *fénnid* e seu líder, *rígfénnid*.

O clã celta (*clann* ou *fine* em irlandês) era formado por uma poderosa família extensa, mais seus agregados ao longo de eras, tanto pessoas adotadas individualmente e criadas no clã quanto grupos que a ele se aliavam em busca de proteção e para somar recursos. Unido por um suposto ancestral comum e um chefe, o clã dividia-se em ramos chamados *sept*.

Ao subir ao comando, o rei ou chefe de clã (**cennfine** ou **toísech** em irlandês antigo, **taoiseach** em irlandês moderno, hoje título do primeiro-ministro da Irlanda) tinha um imediato e sucessor (inglês **tanist**, irlandês **tánaiste**, hoje título do vice-primeiro-ministro), eleito numa assembleia chamada *tocomra* pelos membros do *derbfine*, os descendentes por linha masculina do mesmo trisavô ou bisavô do *toísech*, que eram chamados *flaith* (plural *flatha*), feminino *banflaith*.

O *tanist* podia ser filho do novo chefe, mas era mais frequentemente filho de um ramo rival da dinastia, de modo a promover a rotação do poder entre os ramos da casa reinante.

Após a conquista normanda, a ilha foi dividida em 32 condados, que geralmente mantiveram as fronteiras tribais. O costume da eleição dos *taoiseach* e *tánaiste* continuou após o fim da independência irlandesa até meados do século XVI, quando os ingleses começaram a converter os chefes de clã eleitos em pequenos senhores hereditários, que transmitiam por primogenitura o título de *captain of his nation* ("capitão de sua nação") e eram responsabilizados pelo bom comportamento do clã. Esses chefes usavam apenas o nome do clã – por exemplo, o chefe dos Mac Aonghusa, se assinava apenas Mac Aonghusa ou Mac Aonghusa Mór ("grande Mac Aonghusa) em irlandês e em inglês "The Magennis" ou "The McGuiness".

Quando a Irlanda recuperou a independência e se tornou uma república, o governo reconhecia oficialmente os herdeiros dos antigos chefes de clã, agora conhecidos com o título de *chief of the name*. A tradição foi abandonada, porém, em 2003, ao se descobrir que um certo Terence MacCarthy, genealogista e historiador que usava o título de MacCarthy Mór, havia falsificado os documentos que demonstravam sua descendência da antiga nobreza de Munster.

A Escócia, habitada desde os tempos pré-romanos pelos pictos, teve sociedade e instituições análogas às dos bretões e irlandeses e se tornou ainda mais semelhante a estes últimos com a expansão dos gaélicos irlandeses ou "escotos" por seu território a partir do século V. A partir de 900, os pictos foram totalmente dominados pelos escotos, formando-se assim o reino de Alba, mais tarde conhecido como Escócia. Com maior contato com a Inglaterra e o continente, esse reino adquiriu gradualmente as estruturas feudais dominantes na Europa. Até cerca de 1286, a estrutura social era semelhante à da Irlanda, mas com uma monarquia mais centralizada e uma corte de estilo europeu.

A maior parte das terras ao norte do rio Forth estava sob o domínio de senhores (em número de 12 até o século XII) com o título de **mormaer**, traduzido em latim como *comes*, "conde", que tinham suas próprias cortes e exércitos e pagavam tributo ao rei de Alba (*Rí Alban*). Quando os *mormaer* se tornaram hereditários, a partir de meados do século XII, os chefes de clãs, chamados **ceann** (irlandês antigo *cenn*, latim *capitalis*, "chefe") passaram a ser eleitos de forma independente para agirem como imediatos do *mormaer*, representantes do clã e seus chefes militares nas guerras.

Os vassalos dos *mormaer*, do domínio real e de domínios eclesiásticos eram os *toísech*, que eram os equivalentes de chefes de clã da Irlanda inseridos numa hierarquia feudal formal. Seu título era traduzido em latim como **thanus** e em inglês como **thane**: MacBeth, por exemplo, era "thane de Glamis" antes de usurpar o trono do rei Duncan I. Havia 71 thanages escoceses na Idade Média, 69 no leste da Escócia propriamente dita (ao norte do Forth) e dois na região de Lothian, nas terras baixas.

Os pequenos proprietários livres, equivalentes aos *bóaire* da Irlanda, eram chamados *ócthigern* ("senhorzinhos") e os servos de *scoloc*.

Títulos Napoleônicos

Depois da coroação do general Napoleão Bonaparte como Imperador Napoleão I da França, em 1804, este reintroduziu no país os títulos que haviam sido abolidos pela Revolução de 1789. Mas os títulos de Napoleão, tais como regulamentados pelo decreto de 1º de março de 1808, não eram em princípio de nobreza e sim "decorativos", ou seja, concedidos a título pessoal por mérito, como uma condecoração. Podiam, porém, tornar-se hereditários por meio de autorização e constituição de um *morgado* (em francês, *majorat*), um bem inalienável ligado ao título e transmissível para o primogênito masculino, o que se deu com cerca de 15% desses títulos.

Títulos de função eram concedidos automaticamente aos que detinham certos cargos no governo imperial ou na Igreja.
Príncipes: grandes dignitários, cujos primogênitos se tornavam duques após a constituição de um morgado.
Condes: ministros, senadores, conselheiros de Estado vitalícios, presidentes do legislativo e arcebispos.
Barões: presidentes de tribunais de departamentos, procuradores gerais, bispos, prefeitos (*maires*) das 37 maiores cidades, conselheiros de Estado e governadores (*préfets*) de departamentos.
Cavaleiros: cavaleiros da Legião de Honra, títulos que se tornavam hereditários depois de concedidos a três gerações seguidas.

Títulos acordados eram concedidos a quem o imperador quisesse distinguir. Havia uma escala de renda mínima para a concessão de títulos: 200 mil francos anuais para um duque, 30 mil para um conde, 15 mil para um barão e 3 mil para um cavaleiro. Desses títulos, 59% foram concedidos a pessoas de origem plebeia. Destes, foram sete de príncipes, 33 de duques, 251 de condes, 1.516 de barões e 385 de cavaleiros (o título de marquês, desvalorizado à época, não foi usado no sistema napoleônico). Foram ainda concedidos sete títulos de príncipes, três correspondentes a pequenos principados criados por Napoleão para seus marechais (Neuchatel, Benevento e Ponte Corvo) e quatro titulares, em recompensa por vitórias militares, três deles acompanhados de um castelo erigido em "principado" do nome do título de vitória. Dez dos ducados foram também concedidos por vitórias militares.

Títulos no Brasil
IMPERIAL

No Brasil imperial, seguindo o modelo napoleônico mais que o tradicional, os títulos eram concedidos em caráter não hereditário, como recompensa por mérito real ou suposto. Não implicavam fidalguia no sentido europeu do termo. A "grandeza" era concedida automaticamente a portadores de títulos de conde, marquês ou duque, mas só a alguns barões e viscondes, que podiam ser "com grandeza" ou "sem grandeza". O tratamento para o portador de um título "com grandeza" (que não fosse da família imperial) era de Vossa Excelência ao se dirigir diretamente ao agraciado ("Farei como Vossa Excelência quiser") e Sua Excelência quando referido a terceiros ("Leva este documento a Sua Excelência"). Para um título "sem grandeza", era de Vossa Senhoria e Sua Senhoria.

Esses tratamentos eram proibidos aos não titulados sob pena de multa, e só foram aplicados a cidadãos respeitáveis em geral a partir da Proclamação da República. Hoje, "Vossa Excelência" se aplica a presidente, ministros, parlamentares, governadores, secretários de Estado, prefeitos, generais, juízes, embaixadores, cônsules, mestres e doutores; e "Vossa Senhoria" a qualquer oficial militar ou funcionário público graduado, professor ou particular respeitável (em cartas comerciais tradicionais, por exemplo). No endereçamento, os tratamentos correspondentes são "Excelentíssimo senhor" e "Ilustríssimo senhor" (exceto juízes, que são "Meritíssimo senhor"). No uso moderno, admite-se em português "Vossa Graça" (imitação do inglês) ou "Vossa Excelência" para qualquer nobre titulado.

Embora fosse necessário pagar uma taxa substancial pela "carta de mercê" para os títulos e brasões, eles não eram realmente "comprados" – o Imperador os concedia por critérios políticos e nem todos os chefes de famílias ricas ou politicamente influentes os conseguiam, ainda que os implorassem. Foram distribuídos (principalmente o título de barão) mais generosamente nos últimos anos do Império, para buscar apoio dos latifundiários e compensá-los pela perda dos escravos.

Tudo isso só é obrigatório ao se dirigir a essas pessoas pela primeira vez: na continuação de uma conversa, pode-se usar "sir" ou "ma'am" (correspondentes a "o senhor" ou "a senhora"). Em português, pode-se usar "a senhora duquesa" ou "minha senhora", "o senhor conde" ou "meu senhor"e assim por diante.

É correto, porém, usar pronomes retos, possessivos e oblíquos ao se falar com um rei ou príncipe – não é preciso usar sempre "a vossa majestade" ou "de sua majestade". Vale notar que, do ponto de vista estritamente gramatical, tratamentos como "Vossa Majestade" e "Vossa Mercê" são femininos e em terceira pessoa, mas na prática, costumavam ser usados (pela figura chamada silepse) de acordo com o gênero natural do sujeito e na segunda pessoa.

Assim, ao se dirigir a um imperador, seria gramaticalmente mais correto dizer:

> "Acompanhou esta Câmara o discurso que o Ministério acaba de proferir pelos augustos lábios de Vossa Majestade; e, escutando-**a** com a reverência devida à **sua** posição…"

Mas no uso efetivo, se diria o seguinte:

> "Acompanhou esta Câmara o discurso que o Ministério acaba de proferir pelos augustos lábios de Vossa Majestade; e, escutando-**o** com a reverência devida à **vossa** posição…" (como de fato discursou Rui Barbosa para D. Pedro II, em 4 de maio de 1889).

Títulos eclesiásticos

No quadro, X representa um nome de batismo ou nome de reinado; Y um sobrenome ou nome de família e Z uma sede patriarcal ou episcopal. (Y) significa que esse elemento é opcional

Prelados e clero secular

Posição	Endereçamento	Saudação
Papa católico	Sua Santidade X, Santíssimo Padre	Vossa Santidade
Papa copta	Sua Santidade X, Papa de Alexandria e Patriarca da Sede de São Marcos	Vossa Santidade
Patriarca ecumênico	Sua Santidade X, Patriarca ecumênico	Vossa Santidade
Patriarca (1)	Sua Santidade X, Patriarca de Z	Vossa Santidade
Patriarca (2)	Sua Beatitude X, Patriarca de Z	Vossa Beatitude
Cardeal	Eminentíssimo Dom X Cardeal Y	Vossa Eminência
Arcebispo ortodoxo (3)	Sua Beatitude X, Arcebispo de Z	Vossa Beatitude
Arcebispo ortodoxo (4)	Sua Eminência X, Arcebispo de Z	Vossa Eminência
Arcebispo católico	Excelentíssimo e Reverendíssimo Dom X (Y), arcebispo de Z	Vossa Excelência Reverendíssima (5)
Bispo	Excelentíssimo e Reverendíssimo Dom X (Y), bispo de Z	Vossa Excelência Reverendíssima (5)
Monsenhor	Reverendíssimo monsenhor X (Y)	Vossa Reverendíssima
Cônego	Reverendíssimo (senhor) cônego X (Y)	Vossa Reverendíssima
Padre	Reverendo (senhor) padre X (Y)	Vossa Reverência, Vossa Senhoria

Pastor	Reverendo (senhor) pastor X (Y)	Vossa Reverência, Vossa Senhoria
Diácono	Reverendo (senhor) diácono	Vossa Reverência, Vossa Senhoria

(1) Patriarca de Moscou, Patriarca siríaco de Antioquia, Patriarca da Armênia, Patriarca da Cilícia e Patriarca do Oriente
(2) Demais patriarcas grego-ortodoxos e patriarcas católicos
(3) Chefe de igreja autocéfala
(4) Outros arcebispos ortodoxos
(5) Até o século XVI, arcebispos e bispos eram tratados (assim como os nobres titulados que não eram de sangue real) por Vossa Senhoria, exceto o arcebispo primaz, que era Vossa Senhoria Reverendíssima

Clero regular

V representa nome de ordem, W a abreviação. Note-se que um membro do clero regular usa um nome adotado ao entrar na ordem e não o nome de batismo

Posição	Endereçamento	Saudação
Grão-mestre de Malta	Sua Alteza Eminentíssima Dom X	Vossa Alteza Eminentíssima
Abade-geral	Reverendíssimo Dom X, abade-geral de V	Vossa Paternidade Reverendíssima
Abadessa-geral	Reverendíssima Madre X, abadessa-geral de V	Vossa Maternidade Reverendíssima
Prior-geral	Reverendíssimo Senhor Padre/Frade/Irmão X, Superior-geral de V	Vossa Paternidade Reverendíssima
Priora-geral	Reverendíssima Senhora Madre X, Superiora-geral de V	Vossa Caridade Reverendíssima
Abade	Reverendíssimo Dom X, abade de Z, W	Vossa Paternidade Reverendíssima

Abadessa	Reverendíssima Madre X, abadessa de Z, W	Vossa Maternidade Reverendíssima
Prior, superior	Muito reverendo Padre/Frade/Irmão X, prior de Z, W	Vossa Paternidade
Priora, superiora	Muito reverenda Madre, priora de Z, W	Vossa Caridade
Frade, monge	Reverendo frei X, W	Vossa Reverência, Vossa Senhoria
Freira, monja	Reverenda sóror X, W	Vossa Reverência, Vossa Senhoria
Irmão leigo	Reverendo irmão X, W	Vossa Senhoria
Irmã leiga	Reverenda irmã X, W	Vossa Senhoria

Contexto histórico

Além de ter a prerrogativa de legitimar ou não os poderes seculares, a Igreja Católica Apostólica Romana teve na Idade Média e no início da Idade Moderna um vasto poder político e econômico próprio. Embora desde o século XI não pudesse legar seus cargos a descendentes legítimos, o alto clero equivalia à alta nobreza em status e era uma opção atraente para os filhos não primogênitos da aristocracia, excluídos da herança do feudo.

A hierarquia dos principais títulos eclesiásticos foi mais estável que a dos títulos feudais e aristocráticos e passou por poucas mudanças do Império Romano aos dias de hoje. Os mais importantes são os seguintes:

Papa ou Sumo Pontífice

Houve bispos de Roma desde o primeiro século da era cristã, mas nos primeiros tempos eles não detinham autoridade formal fora de sua própria diocese, embora a qualidade de bispos da capital do Império lhes desse maior influência e uma posição de "primeiros entre iguais" em relação aos demais bispos cristãos. Começaram a intervir em assuntos de outras dioceses no final do século II.

Segundo a tradição, o primeiro bispo de Roma foi Simão Pedro, que apontou seu sucessor e assim por diante nos primeiros séculos, mas é provável que os primeiros chefes da igreja em Roma tenham sido eleitos pelos fiéis leigos e clérigos da cidade, como comprovadamente se fez do século III ao V, embora sob crescente pressão e interferência do imperador.

O concílio de Niceia, em 325, reconheceu a autoridade especial do bispo de Roma, junto com a dos bispos de Alexandria e Antioquia em suas regiões, aos quais se juntou o de Constantinopla após a fundação da nova capital romana, em 330.

Em 382, o imperador Graciano, senhor do Ocidente, aboliu o culto cívico pagão de Roma, inclusive os antiquíssimos colégios das vestais e dos pontífices. Quando os senadores pagãos protestaram, lembrando que desde os tempos de Augusto os imperadores detinham o título de Sumo Pontífice (ou seja, sumo sacerdote de Roma) que implicava o dever de proteger o culto pagão, Graciano renunciou a esse título, mais tarde apropriado pelo bispo de Roma. Em Constantinopla, o imperador continuou a usar o título de Sumo Pontífice, que nessa cidade ainda jovem não se identificava com o paganismo e simbolizava o papel de patrono e protetor da Igreja.

Damaso, bispo de Roma, persuadiu Graciano a lhe dar o título de "bispo dos bispos", contestado pelos bispos orientais. Para resolver esse conflito de autoridade, o Primeiro Concílio de Constantinopla, em 381, concedeu a "primazia de honra" do bispo de Roma em relação a todos os demais (deixando o bispo de Constantinopla em segundo lugar), sem lhe dar a autoridade absoluta que pretendia.

Inocêncio I (402-417) pode ter sido o primeiro bispo de Roma a adotar o título de **Sumo Pontífice**. Nesse período, já detinha a autoridade de fato sobre os bispos da metade ocidental do Império Romano, cuja decadência foi evidenciada pelo saque da própria Roma pelo rei visigodo Alarico, em 410.

Leão I, que foi Sumo Pontífice de 440 a 461 e, portanto, presenciou a queda final do Império Romano do Ocidente, formalizou a tese já sugerida por Inocêncio segundo a qual o bispo de Roma detinha autoridade sobre todos os demais como sucessor de Simão Pedro, "príncipe dos apóstolos", e rejeitou a decisão do Concílio de Calcedônia de 451 que lhe conferiu apenas uma primazia de honra (histórica) sobre os demais. Essa doutrina, jamais aceita pelo clero oriental, favoreceu a manutenção da unidade da Igreja Ocidental durante a desintegração do poder romano. Ainda nesse período, os leigos foram excluídos da eleição papal. O papa foi, por algum tempo, indicado por seu antecessor e depois pelo clero romano, em eleições acirradas e marcadas por subornos.

Um dos papas desse período inaugurou a tradição depois imitada pelos reis de adotar um nome de reinado: Mercúrio, eleito em 533, julgou impróprio usar como papa um nome de batismo de origem pagã e decretou que seria conhecido como João II. A numeração de papas do mesmo nome, também depois adotada pelos reis, começara no século III.

Com a reconquista de Roma pelo imperador Justiniano, em 536, a proteção de um imperador disposto a reconhecer a primazia simbólica de Roma, tornou menos urgente a busca de autoridade, independência e soberania pela Igreja ocidental. As eleições papais (das quais os nobres laicos voltaram a participar) passaram a simplesmente ratificar uma nomeação pelo imperador, ou pelo menos depender de sua confirmação.

É nessa época que o Sumo Pontífice começa a monopolizar no Ocidente o título de **Papa** (do grego *pappas*, "pai"). O título era usado desde o século III para todo o alto clero e mesmo para um simples padre quando se desejava expressar respeito especial, mas o bispo de Roma, como interlocutor formal do imperador de Constantinopla para todos os assuntos referentes ao clero e à Igreja no Ocidente, era especialmente chamado assim pela chancelaria imperial.

Os patriarcas orientais continuaram, porém, como chefes espirituais supremos de suas jurisdições. O de Constantinopla se tornou "Patriarca Ecumênico" e teria na prática jurisdição superior ao do papa romano (incluindo poderes sobre as missões em terras não cristãs e de apelação em julgamentos de outros patriarcas com base na lei canônica), embora reconhecesse a primazia histórica do bispo da antiga capital.

O caminho para a independência do papado foi retomado em 751, quando os lombardos expulsaram os bizantinos da Itália. No ano seguinte, o papa Zacarias apoiou o golpe de estado de Pepino, o Breve, contra Childerico III, último rei merovíngio dos francos, aliando-se à nova dinastia dos carolíngios. Zacarias morreu pouco depois, mas seu sucessor Estêvão II foi a Paris consagrar o rei golpista e lhe pedir ajuda contra os lombardos. Pepino invadiu a Itália, expulsou os lombardos da região de Roma e a entregou a Estêvão II e seus sucessores, sob sua proteção. Esse papa tentou também firmar o processo de eleição dos novos papas pelos párocos e diáconos de Roma, chamados a partir de então "cardeais", mas a nobreza laica romana exigiu e conseguiu participar do processo.

Com isso, surgem os **Estados Pontifícios** (do qual o Vaticano é um remanescente), sob a soberania do Sumo Pontífice. Para legitimar seu novo duplo poder, espiritual e temporal (representado pela tiara, originalmente uma coroa de ouro sobre uma mitra de bispo), a Igreja (possivelmente com a cumplicidade de Pepino ou de algum de seus sucessores) forja entre 750 e 850 a "Doação de Constantino", um documento com o qual o Imperador Constantino teria conferido aos bispos de Roma a supremacia sobre toda a Igreja, a soberania sobre a Itália e o Ocidente e o direito à tiara. No século XV, filólogos humanistas provaram que esse documento era uma falsificação, o que acabou por ser admitido pela Igreja no século seguinte.

Pode-se dizer que isso marca o surgimento da civilização

ocidental, pois a Igreja se torna independente do poder imperial romano-bizantino e cria uma relação peculiar com o poder político que durará até a Idade Moderna. A autoridade do Papa é reforçada em 800 ao coroar Carlos Magno como Imperador, abrindo o precedente de que, no Ocidente, nenhum imperador poderia ser coroado sem sua aprovação.

Isso também aprofunda o conflito com a Igreja do Oriente, que culminaria com o cisma formal e a excomunhão mútua que em 1054 separa a Igreja Católica da Ortodoxa. Em 1059, Nicolau II conseguiu assegurar que as eleições papais dependessem inteiramente do colégio dos cardeais, excluindo definitivamente a nobreza romana do processo[4] (não, porém, a influência de imperadores e reis, que em muitas ocasiões interferiram em eleições, vetaram e mesmo derrubaram e impuseram papas).

Gregório VII (1073-1085) reservou formalmente para si e seus sucessores o título de "papa", que nem por isso deixou de ser usado também pelo clero ortodoxo e pelo chefe da Igreja Copta em Alexandria. Gradualmente os papas concentraram mais autoridade em suas mãos. Pouco a pouco, as autoridades intermediárias entre eles e os bispos (primazes e arcebispos) tiveram seu papel reduzido.

A cada vez que o papado se sentiu politicamente enfraquecido, voltou a promover a si mesmo com honras simbólicas ou novos atributos espirituais. Ironicamente, foi depois de 1309, quando o papa Clemente V foi forçado pelo rei Filipe IV da França a residir em Avinhão como protegido e virtual refém, que a tiara papal se transformou na tríplice coroa que supostamente o representa como o "pai dos príncipes e dos reis, regente do mundo e vigário de Cristo". O papado permaneceu nessa cidade até 1377, quando Gregório XI retornou a Roma. Seu sucessor Urbano VI se desentendeu, porém, com os cardeais franceses, que em 1378 elegeram outro papa, Clemente VII. Este se instalou em Avinhão com apoio do rei francês Carlos V. A Igreja Católica ficou dividida no que ficou conhecido como Grande Cisma do Ocidente. O papa de Avinhão era reconhecido na França, Borgonha, Savoia, península Ibérica, Nápoles, Escócia e Chipre e o de Roma na Inglaterra, Irlanda, Alemanha, Flandres, norte da Itália, Hungria e Polônia.

---

[4] A prática do conclave, ou seja, a concentração e isolamento dos cardeais durante a eleição, foi adotada em 1276, para impedir que o processo de escolha se prolongasse indefinidamente.

Em 1409, a primeira tentativa de reconciliar as duas igrejas acabou, em vez disso, por eleger um terceiro papa em Pisa e dividir a Igreja Católica em três. O papa de Pisa tinha o apoio da França, Inglaterra, Portugal, Prússia e da maior parte do Sacro Império, enquanto o de Avinhão continuava reconhecido em Aragão, Castela, Sicília e Escócia e o de Roma em Nápoles, Milão, Polônia e partes da Alemanha. Em 1413, um Concílio se reuniu em Constança e decidiu depor os três papas. Os de Roma e Pisa acataram o concílio e renunciaram, permitindo a eleição de Martinho V em 1417 como papa de quase toda a Igreja. O papa de Avinhão, que se recusou a acatar o Concílio, foi excomungado e fugiu para Aragão, que ainda o apoiava. Nomeou três cardeais, que elegeram um sucessor, mas em 1429 este foi forçado pelo rei de Aragão a renunciar e reconhecer Martinho V.

Foi em 1869-70, com Roma prestes a ser conquistada pelo jovem reino da Itália, que o Concílio Vaticano proclamou a infalibilidade papal. Bento XVI, ao enfrentar a secularização acelerada das sociedades europeias, procurou revitalizar o uso de trajes papais tradicionais e o status único do papado, deixando de usar o título menor de "patriarca" e substituindo o pálio antes idêntico ao dos metropolitas por uma peça mais larga e com cruzes vermelhas em vez de pretas.

Ao longo dos séculos, o papado acabou por acumular os seguintes títulos:

Bispo de Roma, título original, usado desde o século I.

Arcebispo e metropolita da província romana, formalizado, junto com outros arcebispados e províncias eclesiásticas pelo Concílio de Niceia, em 325.

Primaz da Itália e ilhas adjacentes, a partir da criação de mais um degrau hierárquico, formalizado no Concílio de Calcedônia de 425.

Patriarca do Ocidente, a partir do reconhecimento por Justiniano como líder da Igreja no Ocidente e membro de uma "pentarquia" de cinco patriarcas, sendo os demais de Constantinopla, Alexandria, Antioquia e Jerusalém. O título foi usado por papas desde o século VII, mas só foi formalizado em 1863. Foi abandonado por Bento XVI em 2005, o que foi visto como uma reafirmação de sua superioridade em relação aos patriarcas.

Sumo Pontífice, usado no paganismo desde as origens de Roma, adotado por seus bispos a partir do século IV ou V e formalizado como "Sumo Pontífice da Igreja Universal" por Gregório I, papa em 590-604. Em Constantinopla, continuou a ser usado pelos imperadores.

Sucessor do Príncipe dos Apóstolos, desde Leão I, 440-461.

Papa, usado desde o século III, mas que começa a ganhar o sentido de chefe supremo da Igreja ocidental no VI e é formalizado no XI.

Servo dos Servos de Deus, adotado por Gregório I

Pároco da Basílica de Latrão, que é catedral de Roma e sé formal do papa na qualidade de bispo desde sua dedicação em 324. Foi só no final do século XI, porém, que a cidade foi formalmente dividida em paróquias.

Vigário de Cristo, usado desde o século V pelos bispos e alguns soberanos (no sentido de se considerarem governantes por direito divino, não de chefes espirituais), mas reservado no Ocidente para o Papa no século XII. No Oriente, um título equivalente foi usado pelos imperadores bizantinos a partir de Justiniano.

Cardeais

Cardeal (do latim *cardinalis*, derivado de *cardo*, gonzo ou pivô) foi originalmente um título aplicado a qualquer clérigo "incardinado", ou seja, designado para servir a uma determinada diocese, principalmente como chefe de templos importantes. A partir do século IX começou a ser reservado para os que tinham essa posição em Roma e obedeciam diretamente ao papa.

O título foi usado pela primeira vez nesse último sentido pelo papa Estêvão II (752-57) para os párocos e diáconos de Roma que ele tinha como auxiliares e conselheiros diretos e pretendia que fossem os únicos responsáveis pela eleição dos novos papas, mas isso só foi posto de fato em prática em 1059, com Nicolau II. A partir do século XII, o título e a posição de eleitor começaram a ser conferidos também a clérigos de fora de Roma e sua posição no protocolo foi equiparada à alta nobreza. Mais precisamente, aos infantes ou príncipes de sangue, ou seja, descendentes do rei que não o príncipe herdeiro.

Do século XI ao XIX, principalmente nos séculos XVI e XVII, foi comum parentes dos papas – mais frequentemente sobrinhos ou filhos bastardos apresentados formalmente como tais – serem nomeados cardeais. Como "sobrinho", em latim, é *nepos*, essa prática deu origem à expressão "nepotismo". Além disso, do século XV ao XIX foram comuns os "cardeais da coroa", ratificados pelo papa depois de serem nomeados por reis católicos com a missão de representarem seus interesses na Cúria Papal e no Conclave, que em umas ocasiões exerceram na prática um poder de veto na eleição de novos papas. Um dos mais famosos foi o cardeal, bispo e duque Armand Jean de Richelieu, primeiro-ministro da França de 1624 a 1642 na história real e antagonista dos mosqueteiros nos romances de Alexandre Dumas. Seu sucessor como primeiro-ministro, o jesuíta Jules Mazarin, foi igualmente um "cardeal da coroa".

Na época de Alexandre IV (1254-61) havia apenas sete cardeais. O Concílio de Constança (1414-18) redefiniu o seu número em 24. O papa Sisto V (1585-90) definiu o número de cardeais como 70: seis bispos das dioceses subordinadas ao papa como Arcebispo da Província Romana, 50 presbíteros (párocos nominais das igrejas de Roma) e 14 diáconos. Esse número permaneceu fixo até João XXIII (1958-63), que o aumentou sem fixar um limite formal. Em 1971, Paulo VI retirou o direito de voto dos cardeais maiores de 80 anos e hoje há mais de 200 cardeais, mas pouco menos de 120 – número hoje visto como limite, mas não formalizado – votam no conclave.

Os **cardeais bispos** são os de categoria mais elevada. Originalmente eram responsáveis pelas seis dioceses suburbicárias (dos subúrbios de Roma), mas desde 1962 detêm os mais altos cargos da Cúria papal (equivalentes aos principais ministérios laicos) e delegam a gestão de suas dioceses teóricas a bispos auxiliares. O mais importante é o **Deão do colégio dos cardeais** (do latim *decanus*, "chefe de dez"), geralmente o mais antigo no posto, que tem o título de Bispo de Óstia. É o presidente do Colégio dos Cardeais e, se não tiver ultrapassado a idade regulamentar, também do Conclave.

Outro particularmente importante é o **Camerlengo** (do germânico *kamerling*, "camareiro"), encarregado da administração das propriedades e receitas da Santa Sé (outrora, dos Estados Pontifícios) e pela chefia interina do Vaticano nos períodos de *sede vacante*.

Logo abaixo deles, vêm os **cardeais patriarcas**, criados em 1965. São nomeados entre os chefes ativos ou aposentados ("eméritos") dos ritos católicos orientais de Antioquia (maronitas), Babilônia (caldeus) e Alexandria (coptas católicos).

Vêm em seguida os **cardeais presbíteros**, que constituem a grande maioria do Colégio. Originalmente eram os responsáveis pelas principais paróquias de Roma, considerados conselheiros e auxiliares diretos do papa. Hoje são bispos e arcebispos de todo o mundo e normalmente não residem em Roma. Desde Paulo VI não têm mais nenhum direito ou dever especial em relação às paróquias romanas das quais são teoricamente titulares, embora seus nomes e brasões sejam lá postos em lugar de honra e se espere que as visitem e nelas celebrem missas quando passam por Roma. O mais antigo no posto tem o título de **protopresbítero** e conduz as orações por ocasião da entronização de um novo papa e dos funerais de um papa falecido.

Por último, vêm os **cardeais diáconos**, originalmente sete clérigos que serviam diretamente à casa pontifícia e sete que supervisionavam seu governo e as obras da Igreja na cidade de Roma. Atualmente, são nomeados entre os altos funcionários da Cúria papal, responsáveis pela a burocracia vaticana. Outrora, podiam ser nomeados tendo recebido apenas as chamadas "ordens menores" (acólito etc.) e mesmo que fossem casados. Em 1917, a lei canônica passou a exigir que fossem pelo menos presbíteros e com João XXIII, passaram a ser imediatamente consagrados bispos, se já não o fossem ao serem nomeados cardeais. Cada um deles é hoje titular de alguma igreja de Roma. Após dez anos, podem obter a promoção a cardeais presbíteros. O mais antigo no posto tem o título de **protodiácono** ("primeiro diácono") e o privilégio de anunciar a eleição de um novo papa e lhe conferir o pálio e, outrora, a tiara papal. Quatro deles são também **cardeais-arciprestes**: são os párocos titulares das quatro basílicas maiores de Roma: Latrão, São Pedro, São Paulo Extramuros e Santa Maria Maior.

Independentemente de sua categoria, todos os cardeais são "príncipes da Igreja" tratados (desde 1630) por "Vossa Eminência", votam no Conclave (desde que ainda não tenham atingido os 80 anos, segundo norma de 1971) e são candidatos em potencial ao papado. O Colégio de Cardeais pode teoricamente eleger qualquer católico solteiro do sexo masculino (que seria automaticamente consagrado bispo, se ainda não o fosse), mas o último não cardeal eleito papa foi Urbano VI, em 1378, que era arcebispo de Bari, por pressão do povo romano, que exigia um papa italiano. O papado acabava de se reinstalar em Roma, a maioria dos cardeais eram franceses e os romanos temiam que um francês quisesse retornar a Avinhão. Mas o resultado foi que os franceses depois declararam a eleição inválida por ter sido feita sob coação e elegeram um segundo papa em Avinhão, iniciando um cisma que durou décadas.

> **Por que "Eminência Parda"?**
>
> As "eminências" são normalmente vermelhas, a cor das vestes dos cardeais. Entretanto, Frei François Leclerc du Tremblay, um frade capuchinho (portanto, de hábito marrom), era respeitosamente chamado de "Vossa Eminência" pelos que a ele se dirigiam por ser a mão direita do Cardeal Richelieu (a eminência propriamente dita) e ter muita influência sobre ele.
>
> Daí surgiu a expressão eminência parda (em francês, *éminence gris*) para designar alguém que detém poder considerável "por trás do trono" sem ter um cargo oficial.

Patriarcas, "católicos" e arcebispos maiores

Patriarcas ("chefes dos pais", ou seja, chefes de bispos) distinguem-se historicamente entre **patriarcas maiores** e **patriarcas menores**.

Os **patriarcados maiores** foram originalmente os cinco nos quais o Concílio de Calcedônia de 425 dividiu o Império Romano, que mais tarde se subdividiram devido a controvérsias teológicas, reivindicando as mesmas jurisdições. Nas igrejas orientais são as mais altas autoridades eclesiásticas de suas respectivas igrejas e consideram o papa de Roma, quando muito, o primeiro dentre eles.

Na Igreja Católica, têm um pouco menos de autonomia: com

exceção do patriarca latino de Jerusalém, que segue o rito latino (romano), são os chefes das igrejas uniatas, grupos de cristãos orientais que se submeteram ao Vaticano e seus dogmas mantendo seus próprios ritos, costumes e hierarquia e que igualmente reivindicam serem os sucessores dos patriarcados originais. Seus patriarcas são eleitos por suas próprias congregações, precisando apenas notificar o papa e jurar permanecer em comunhão plena com Roma, ou seja, acatar os dogmas romanos.

Os **patriarcados menores** foram criados mais tarde, exceto pelo da Armênia, anterior ao próprio Constantino. Nas igrejas orientais, os patriarcas menores sugiram para chefiar igrejas tornadas autocéfalas (independentes), principalmente em novos Estados surgidos fora do Império Romano. Outras igrejas ortodoxas obtiveram autocefalia sem ter um chefe com o título de patriarca. São dirigidos por um arcebispo (às vezes chamado exarca) ou um sínodo de arcebispos, presidido por um deles.

Já na Igreja Católica, os títulos de patriarcados menores foram dados a determinados arcebispados por sua importância política para a Igreja na época da elevação, notadamente Goa, Veneza e Lisboa. Não têm jurisdição especial, mas os de Veneza e Lisboa são elevados automaticamente a cardeais.

Nas igrejas orientais, os **catolicados**, chefiados por arcebispos chamados "católicos" ("universais", por terem jurisdição universal sobre os bispos de sua região) têm um estatuto intermediário entre as igrejas autocéfalas e as províncias eclesiásticas ou arquidioceses: seus chefes podem nomear bispos em suas jurisdições, mas sua nomeação ainda depende dos patriarcas, a quem devem obediência. Alguns deles se tornaram, mais tarde, patriarcados. Na Igreja Armênia, que criou vários patriarcados para a diáspora armênia na Turquia e Oriente Médio, o mais antigo, com sede na Armênia propriamente dita, é chamado **patriarca-cat**ólico para assinalar sua primazia sobre os demais. O mesmo título é usado pelo chefe da Igreja Assíria, embora não haja outros patriarcas em sua igreja.

Não havia um equivalente exato dos catolicados orientais na Igreja Católica até 1963, quando esta começou a criar **arquidioceses maiores** para abranger igrejas uniatas, às quais, por sua dimensão ou por razões históricas ou políticas, não se julgou adequado dar o estatuto de patriarcados. Seus arcebispos maiores são eleitos pelos sínodos de suas igrejas, mas precisam ser confirmados pelo papa.

Os primeiros patriarcados romanos – Roma, Alexandria e Antioquia

– surgiram a partir da definição das jurisdições dos três arcebispos mais importantes no Concílio de Niceia de 325 como cabeças da Igreja nas partes europeia, africana e asiática, respectivamente. Pouco depois, em 330, foi fundado um quarto patriarcado em Constantinopla, nova capital do Império, com jurisdição sobre a região agora central e em 425 o Concílio de Calcedônia criou um quinto, em Jerusalém. No século VI, ao tentar reconstruir o Império Romano, Justiniano procurou instituir como órgão máximo da Igreja uma "pentarquia" de cinco patriarcas:

Roma, com jurisdição sobre as províncias ocidentais e uma mera primazia de honra sobre os demais.

Constantinopla, com jurisdição sobre a Trácia e Ásia Menor e as missões em terras eslavas e o título de **Patriarca Ecumênico**, que implicava poder julgar apelações contra decisões de outros patriarcas e arbitrar disputas fora de sua jurisdição.

Alexandria, com jurisdição sobre o Egito e "toda a África".

Antioquia, com jurisdição sobre a Síria, Cilícia, Mesopotâmia e "todo o Oriente"

Jerusalém, com jurisdição sobre a Palestina, Fenícia e "toda a Arábia".

Todos os patriarcas eram também "papas", visto que o título era usado pelos bizantinos para todo o alto clero, mas o título veio a ser usado de maneira mais formal pelos patriarcas de Alexandria e de Roma.

O projeto de Justiniano foi perturbado não só pela insistência de Roma em ter poder de fato sobre os demais patriarcas e bispos, como pela própria imperatriz Teodora, que, no conflito interno que dividia a Igreja desde o século V, apoiava a facção dos monofisitas (teólogos e clérigos segundo os quais Cristo tinha uma só natureza, divina e humana ao mesmo tempo) contra os duofisitas calcedonianos favorecidos pelo imperador (para os quais Cristo tinha duas naturezas, unidas misticamente numa só pessoa). Tanto em Alexandria quanto em Antioquia, a Igreja Cristã se dividiu em duas facções: a calcedoniana ou ortodoxa grega (nesse tempo ainda unida à católica latina) e a monofisita, ou ortodoxa oriental, cada uma com seu próprio patriarca. Entre os anos 620 e 640, o Imperador Heráclio tentou reunificar as duas correntes apoiando a tese chamada monotelita do Patriarca de Constantinopla (Cristo teria duas naturezas, mas uma só vontade, divina). A proposta fracassou inicialmente pela resistência do papa de Roma e depois pela invasão muçulmana da Síria e Egito, pois seus patriarcas e igrejas ficaram fora do alcance do imperador e os califas não tinham interesse na unidade dos cristãos. Em 681, o monotelismo foi abandonado e condenado na própria Constantinopla, mas um grupo de cristãos sírios não aceitou a decisão e assim formou uma terceira facção, com seu próprio Patriarca de Antioquia.

Com o fim do controle bizantino sobre a Itália central e a reivindicação pelo papa da soberania absoluta sobre toda a Igreja, as relações entre Roma e Constantinopla se deterioraram até a ruptura formal de 1054, quando os respectivos patriarcas reciprocamente se acusaram de heresia e se excomungaram.

Esquematizando, estas são as doutrinas que dividiram a Igreja Cristã até o fim da Alta Idade Média e que ainda estão vivas:

Duofisitismo – Jesus Cristo tem duas naturezas, divina e humana

Nestorianos – as duas naturezas correspondem a duas pessoas no mesmo corpo. Doutrina da Igreja do Oriente originalmente sediada na capital do Império Persa e que chegou a se espalhar pela Arábia, Índia, Ásia Central e Mongólia durante a Idade Média, mas quase desapareceu ante as invasões de Tamerlão e ficou reduzida a minorias no norte da Mesopotâmia.

Calcedonianos – as duas naturezas são misticamente unidas numa só pessoa, humana e divina, inclusive em sua vontade

> **Ortodoxos gregos** – o Espírito Santo procede do Pai. Igreja Bizantina, chefiada pelo Patriarca Ecumênico de Constantinopla, compreendendo hoje 15 patriarcados e igrejas autocéfalas. No Oriente Médio, esta igreja foi chamada também de **melquita**, "imperial" (*malkaya*, em aramaico) por acatar o imperador bizantino.

> **Católicos romanos**– o Espírito Santo procede do Pai e do Filho. Igreja Romana ou Ocidental, chefiada pelo Papa de Roma.

Monotelitas – as duas naturezas são unidas numa só pessoa, cuja vontade é totalmente divina. Foi a doutrina original da igreja síria denominada **maronita** por ter sido fundada por João Maron, que mais tarde aderiu ao catolicismo.

Monofisitismo – Jesus Cristo tem uma só natureza

Miafisitismo – essa natureza tem caráter tanto humano quanto divino. Igreja Ortodoxa Oriental, chefiada pelo Papa de Alexandria e que compreende hoje nove patriarcados e igrejas autocéfalas.

Eutiquianismo – essa natureza é inteiramente divina. Sem seguidores atuais.

Embora a separação tenha se iniciado por sutis distinções teológicas, a separação logo se consolidou em bases políticas e étnicas: compreendessem ou não os laicos a discussão teológica, declarar heréticas e inválidas as posições de uma autoridade religiosa, num tempo em que estas eram a base de toda legitimidade, convertia a contestação política de blasfêmia em dever. Com isso, as igrejas foram se diferenciando também quanto a costumes, trajes, organização hierárquica e ritual, inclusive as línguas litúrgicas.

A Igreja Católica, baseada em Roma, usa o rito latino, que teve o latim como língua litúrgica até o Concílio Vaticano II (1962-65) passar a incentivar as missas em vernáculo. A Igreja Ortodoxa Grega teve originalmente o grego como língua litúrgica e ainda o usa na Grécia e Constantinopla, mas veio a usar o eslavônico nas igrejas eslavas, o árabe no Egito e Síria, o georgiano na Geórgia etc.

A Igreja Ortodoxa Oriental adotou as línguas das etnias locais que a apoiaram contra a hegemonia dos gregos bizantinos e hoje o nome dessas línguas, tornadas litúrgicas: identificam seus principais ramos: **copta**, derivado do antigo egípcio, em Alexandria; **siríaco**, derivado do aramaico, em Antioquia; e **armênio**, na Armênia original e sua diáspora. A Etiópia usa como língua litúrgica o ge'ez, mas só se emancipou recentemente da Igreja Copta. A igreja nestoriana, depois de confinada ao norte da Mesopotâmia, usando um dialeto oriental do siríaco, ficou conhecida como igreja **assíria** ou **caldeia**. A igreja indiana era originalmente nestoriana, mas a partir do século XVI se subdividiu e só uma minoria ainda adere a essa corrente.

Quando das Cruzadas, o papado tirou proveito das conquistas dos cruzados católicos no Oriente para impor sua autoridade sobre as comunidades cristãs da Síria e Palestina. Os patriarcas ortodoxos gregos foram expulsos de suas sedes e fugiram para Constantinopla. Surgiram assim, em 1098, os chamados "patriarcados latinos do Oriente" em Jerusalém e Antioquia. Em 1204, com a tomada à traição de Constantinopla pelos cruzados, foi imposto também um "patriarca latino de Constantinopla" e os patriarcas ortodoxos fugiram para Niceia.

Os patriarcas latinos permaneceram em suas sedes até os cruzados serem expulsos de Jerusalém e Antioquia pelos árabes (em 1187 e 1276, respectivamente) e de Constantinopla pelos gregos de Niceia que restauraram o Império Bizantino em 1261. Os patriarcas ortodoxos retornaram e os títulos de "patriarca latino de Jerusalém", "patriarca latino de Antioquia" e "patriarca latino de Constantinopla" passaram a ser concedidos pelos papas a altos dignitários do Vaticano em caráter honorífico. Em 1847 o patriarca latino de Jerusalém voltou à sua cidade titular para liderar os católicos de rito latino da Palestina e Chipre. Os patriarcados de Antioquia e Constantinopla permaneceram como títulos honoríficos até 1964, quando foram extintos.

Em 1453, a própria Constantinopla caiu nas mãos dos turcos, mas estes mantiveram o Patriarca Ecumênico como chefe da igreja ortodoxa bizantina e "etnarca" (chefe de etnia) responsável pelos gregos bizantinos dentro do Império Otomano, conferindo posição semelhante aos demais patriarcas dispostos a colaborar com o Califa. A Igreja Ortodoxa da Rússia, recusando acatar um patriarca submetido aos muçulmanos, criou seu próprio patriarcado, seguindo um modelo que já fora estabelecido desde a Antiguidade por outros reinos cristãos independentes do Império (Armênia, Bulgária e Geórgia) e criando um exemplo que foi seguido por outros Estados ortodoxos à medida que se declaravam independentes. Outros países ortodoxos organizaram também igrejas autocéfalas, mas lideradas por um arcebispo ou metropolita.

Além disso, o papado voltou a procurar atrair para a Igreja de Roma comunidades cristãs orientais "heréticas" dispostas a aderir ao dogma católico, embora mantivessem seus trajes, rituais, formação e hierarquia tradicionais, comunidades que vieram a ser chamadas "uniatas". As mais importantes vieram a ser chefiadas por patriarcas eleitos por seus bispos e designados pelo Vaticano como "patriarcas maiores" quando suas sedes nominais eram as dos patriarcados mais antigos, em conflito com os detentores ortodoxos, monofisitas ou nestorianos desses títulos.

O primeiro a seguir esse caminho foi o rito maronita, cujos seguidores se dizem sucessores dos primeiros patriarcas de Antioquia e fiéis a Roma desde a origem, mas historicamente se originam da heresia monotelita e só se submeteram ao catolicismo a partir do patriarca Jeremias II, em 1216. Seus sucessores perderam contato com Roma após a expulsão dos cruzados, mas o reataram no século XVI, quando a Igreja Católica procurou também atrair, em termos semelhantes, outras igrejas orientais. Também com a igreja ortodoxa europeia na Ucrânia e Romênia, quando estas foram parcialmente dominadas por Estados católicos, Polônia e Áustria-Hungria. Foi parcialmente bem sucedida, criando novos patriarcados paralelos e arquidioceses maiores.

Alguns dos patriarcados tradicionais deixaram suas sedes tradicionais devido a invasões, perseguições e mudanças políticas. A corrente principal da Igreja Assíria, cuja sede original foi Selêucia-Ctesifonte, capital do Império Sassânida (embora o Patriarca seja também chamado Patriarca do Oriente ou de Babilônia), mudou-se para Bagdá após a conquista árabe, refugiou-se em mosteiros do norte da Mesopotâmia após a invasão de Tamerlão e no século XX estabeleceu-se perto de Chicago, nos EUA, enquanto os patriarcas da corrente que aderiu ao catolicismo e da dissidência tradicionalista que fundou a Igreja Antiga do Oriente retornaram a Bagdá.

Desde o século XIV, o patriarcado grego (melquita) de Antioquia trocou essa cidade (onde hoje há poucos cristãos) por Damasco, hoje também sede do patriarca siríaco, enquanto o católico melquita vive em Beirute. O patriarca católico do rito maronita, cuja sede teórica também é Antioquia, reside em Bkerké, vila do Monte Líbano.

O patriarca armênio da Cilícia, originalmente sediado em Tarso e depois em Sis (capital do reino medieval da Nova Armênia) vive agora em Antelias, perto de Beirute, e o patriarca católico do rito armênio em Bzomar, também perto da capital libanesa. O patriarca católico do rito copta reside no Cairo, embora os patriarcas copta e bizantino de Alexandria de fato continuem nessa cidade.

Patriarcas e arcebispos maiores nas igrejas cristãs tradicionais

(não inclui as igrejas semiautônomas subordinadas aos patriarcados ortodoxos)

	Nestorianos	Católicos	Bizantinos	**Miafisitas**
Roma		**Papado católico romano**		
Constantinopla		*Patriarcado latino*	**Patriarcado Ecumênico**	Patriarcado armênio
Alexandria		Patriarcado melquita (2)	Patriarcado ortodoxo	**Papado copta**
Antioquia		*Patriarcado latino* Patriarcado melquita (2) Patriarcado maronita (3)	Patriarcado ortodoxo	Patriarcado siríaco
Jerusalém		Patriarcado latino Patriarcado melquita (2)	Patriarcado ortodoxo	Patriarcado armênio
Armênia				Patriarcado-catolicado armênio
Cilícia		Patriarcado armênio		Patriarcado armênio
Selêucia-Ctesifonte ou Babilônia	**Patriarcado-catolicado assírio (1)**	Patriarcado caldeu		*Catolicado siríaco*
Índia		Arquidiocese maior malabar (3) Arquidiocese maior malancar		Catolicado jacobita Catolicado malancar (6)
Geórgia			Patriarcado ortodoxo	
Abcázia			Patriarcado ortodoxo	
Bulgária			Patriarcado ortodoxo	
Sérvia			Patriarcado ortodoxo	

Moscou			Patriarcado ortodoxo	
Romênia		Arquidiocese maior grega	Patriarcado ortodoxo	
Ucrânia		Arquidiocese maior grega	Patriarcado ortodoxo (5)	
Etiópia				Patriarcado copta
Eritreia				Patriarcado copta
Aquileia		Patriarcado menor latino		
Grado		Patriarcado menor latino		
Veneza		Patriarcado menor latino		
Índias Ocidentais		Patriarcado menor latino		
Índias Orientais		Patriarcado menor latino		
Lisboa		Patriarcado menor latino		

Negrito: títulos que detêm a autoridade suprema em sua religião

Itálico: títulos extintos

(1) Título hoje disputado entre Igreja Assíria do Oriente e Igreja Antiga do Oriente

(2) O patriarca católico melquita de Antioquia é também patriarca católico melquita titular de Jerusalém e Alexandria

(3) A igreja maronita, originalmente monotelita, aderiu ao catolicismo no século XIII. Seu patriarca tem também o título de **Boutros** ("Pedro", em árabe), em homenagem a Simão Pedro, que teria fundado o Patriarcado de Antioquia.

(4) A igreja malabar é formada de cristãos indianos que aderiram ao catolicismo mantendo o rito "caldeu" da igreja nestoriana. A malancar vem do grupo dos nestorianos que aderiu inicialmente à igreja siríaca para depois se aproximar do catolicismo

(5) Além de um arcebispado autônomo dependente do Patriarca de Moscou, há três igrejas ortodoxas ucranianas não reconhecidas pelo restante da comunidade ortodoxa, duas das quais chefiadas por patriarcas

(6) Há uma igreja subordinada a Antioquia (jacobita) e outra rival, independente (malancar) cada uma com seu "católico". O jacobita tem também o título de **Mafriano** ("frutífero"), por ordenar outros bispos, herdado do antigo catolicado siríaco do Oriente, e o malancar o de **Marthoma** ("Dom Tomé"), em alusão a Mar Thoma I, que a fundou em 1665. Ambas se originam da aproximação da igreja cristã nestoriana indiana, da igreja siríaca, para se legitimar contra o catolicismo em que a igreja assíria estava demasiado reduzida e dividida para oferecer apoio.

Arcebispos primazes ou exarcas

O título de arcebispo primaz (no Ocidente) ou exarca (no Oriente) surgiu da reorganização da Igreja pelo Concílio de Calcedônia de 425, que criou um nível de autoridade abaixo dos patriarcas, mas que tinha sob a sua supervisão várias províncias ou arcebispados, reproduzindo a organização administrativa do próprio Império, que reunia várias províncias sob uma administração regional chamada "diocese".

No Ocidente, os primazes ("primeiros") viram aumentar seu poder e responsabilidade quando o império do Ocidente caiu e foi sucedido por vários reinos cristãos independentes. O primaz, sendo normalmente a mais alta autoridade católica de um reino, tornou-se o principal interlocutor do soberano para as questões rotineiras da Igreja em seu país, uma vez que as comunicações com Roma eram lentas e frequentemente difíceis.

Essa autoridade foi, porém, gradualmente reduzida pelo papa que, ao longo da Baixa Idade Média e da Idade Moderna, procurou afirmar sua autoridade direta sobre os bispos. Atualmente, o título de primaz é normalmente conferido ao titular da diocese ou arquidiocese mais antiga de um país ou região e tem apenas uma primazia honorífica sobre os demais bispos e arcebispos. Hoje, a Igreja Católica tem 18 primazes, incluindo o Primaz do Brasil (Salvador), das Gálias (Lyon), da Germânia (Salzburgo), da América (Santo Domingo, República Dominicana) e das Espanhas (Braga, Portugal).

O único primaz com real autoridade sobre os bispos de seu país é o arcebispo anglicano de Canterbury (Cantuária, segundo o termo aportuguesado), que com a separação da Igreja Anglicana passou a ser a suprema autoridade eclesiástica do país, subordinada apenas ao soberano, que é o chefe nominal da Igreja na Inglaterra. Nessa Igreja, são chamados primazes os chefes das 38 igrejas nacionais (embora alguns deles sejam chamados por outros títulos, como o de "bispo presidente" ou "moderador" de sua igreja) e os segundos arcebispos mais importantes da Inglaterra (York) e Irlanda (Dublin, sendo o primeiro o de Armagh).

No oriente, o título equivalente é o de exarca ("chefe"), originalmente dado ao principal arcebispo de uma "diocese" no sentido civil romano, o de uma região administrativa que compreendia várias províncias. Nesse sentido, os exarcas desapareceram com a centralização da igreja em Constantinopla.

Mais tarde, passou-se a dar esse título aos arcebispos que chefiam igrejas ortodoxas autocéfalas ou autônomas que não têm o título de patriarca, como as de Chipre e do Monte Sinai. Atualmente, esse uso foi abandonado e se chama exarca, nas igrejas ortodoxas, aos representantes dos patriarcas que chefiam em seu nome uma igreja fora de sua jurisdição, geralmente parte da diáspora da etnia de origem.

Arcebispos metropolitas

Os arcebispos metropolitas ou metropolitanos, bispos-chefes das metrópoles (capitais provinciais) romanas, distinguiram-se a partir do Concílio de Niceia de 325 como as autoridades supremas da Igreja em suas províncias, tal como eram definidas pela administração civil romana, e supervisores dos demais bispos (seus **sufragâneos**) em sua jurisdição. Seu papel foi importante na Idade Média, pois tinham jurisdição sobre um território que podia corresponder a um ducado ou muitos feudos menores e se envolviam nas disputas feudais. Alguns deles tinham seus próprios feudos, que podiam ser de grande importância política.

Como a autoridade dos primazes, também a dos arcebispos metropolitas ocidentais foi reduzida a partir da Baixa Idade Média, em favor de mais controle direto do papa sobre os bispos, mas ainda confere o poder de supervisionar os sufragâneos, notificar o papa sobre seus eventuais desvios, servir como tribunal superior para as causas canônicas e presidir as reuniões dos bispos da província. Além disso, como bispos das cidades e dioceses mais importantes, têm maior proeminência pública. São distinguidos pelo uso do pálio, faixa de lã usadas em torno do pescoço que são privativas deles e do papa e representam sua autoridade sobre os demais bispos.

Das igrejas protestantes, apenas a Anglicana tem arcebispos, mas suas jurisdições nem sempre são chamadas arquidioceses. No protocolo britânico, os arcebispos vêm logo depois dos príncipes de sangue e antes dos ministros e duques.

Nas igrejas orientais gregas e romenas, os arcebispos continuam a ter autoridade real sobre os bispos de suas arquidioceses (também chamadas, no Oriente, de arquieparquias, pois as dioceses são chamadas eparquias). Isso inclui os chefes de igrejas ortodoxas gregas autocéfalas ou autônomas que reconhecem apenas a primazia do Patriarca Ecumênico, como é o caso das igrejas de Chipre e Macedônia.

Nas igrejas ortodoxas gregas, na Sérvia e na Macedônia, "metropolita" é hoje é um título concedido a todos os bispos governantes: apenas os auxiliares são chamados simplesmente de bispos.

Já nas demais igrejas ortodoxas eslavas e na Romênia, **metropolita** é o prelado que tem autoridade sobre várias eparquias, enquanto "arcebispo" é o bispo de uma cidade de maior importância atual ou histórica, mas sem autoridade sobre os demais bispos (salvo seus auxiliares diretos). Na igreja russa, por exemplo, havia em 1917 três metropolitas (de Moscou, São Petersburgo e Kiev), 14 arcebispos e um total de 86 dioceses.

Arcebispos

Na Igreja Católica Romana, há arquidioceses cuja província não inclui nenhuma diocese além da sua própria, geralmente por se situarem num pequeno país onde não há outras dioceses. Há também arcebispos que são sufragâneos de outra arquidiocese, como é o caso de Avinhão (cujo titular foi subordinado a Marselha, mas reteve o título de arcebispo por sua importância histórica). Nesse caso, não são metropolitas e sua distinção dos bispos diocesanos é puramente honorífica.

Outros arcebispos não metropolitas incluem:

Arcebispos coadjutores – auxiliares e sucessores do arcebispo governante.

Arcebispos auxiliares – auxiliares sem direito de sucessão.

Arcebispos eméritos – que renunciaram ao cargo, hoje geralmente por atingir a idade de retiro determinada por Paulo VI, de 75 anos.

Arcebispos titulares – prelados que recebem o título de arcebispo de alguma arquidiocese cuja sede foi perdida pela

Igreja Católica, geralmente por ter sido tomada por outra igreja cristã ou por muçulmanos (por isso chamados arcebispos *in partibus infidelium*, "em regiões infiéis"). Podem ser metropolitas e outrora podiam ser primazes e patriarcas. Até 1970, tais títulos eram dados a arcebispos coadjutores e eméritos, mas hoje são reservados a membros da Cúria papal e da diplomacia do Vaticano, incluindo **núncios** (embaixadores) e **internúncios** (ministros plenipotenciários).

Arcebispos ad personam – prelados que recebem o título em caráter pessoal, sem estarem ligados a uma arquidiocese.

Arcebispos-bispos – são arcebispos *ad personam* por reter o título de arcebispo apesar de terem sido transferidos da chefia de uma arquidiocese para a de uma simples diocese.

Bispos

O título de bispo deriva do grego *episkopos*, literalmente "supervisor". Era originalmente o chefe da igreja cristã numa cidade. Além de supervisionar a comunidade cristã, detém o poder de consagrar templos e ordenar outros sacerdotes, inclusive outros bispos (se o fazem fora das normas, a consagração é punível até com excomunhão, mas nem por isso deixa de ser válida). Na Igreja Católica, também cabe ao bispo conferir a crisma ou confirmação, que nas igrejas ortodoxas é conferido na primeira infância juntamente com o batismo, por um presbítero.

Até o fim do século I, as igrejas cristãs parecem ter sido administradas por um conselho de presbíteros que eram todos chamados "supervisores". Por volta de meados do século II, o título foi reservado ao presidente desse colégio. No século III essa chefia tomou o caráter de monarquia eletiva e os bispos passaram a ser vistos como sucessores dos apóstolos, com autoridade incontestável por seus subordinados. Por essa época, também eram chamados "pontífices", assim como os altos sacerdotes pagãos.

Até o século V, os bispos (incluindo o de Roma) eram eleitos pelos fiéis (inclusive leigos) da cidade com a condição de serem reconhecidos pelos bispos vizinhos e eventualmente com o veto ou interferência dos reis e imperadores cristãos.

Com a queda do Império Romano do Ocidente, a partir do século VI e por toda a Alta Idade Média, a designação direta de bispos (e abades) por reis e senhores feudais poderosos foi generalizada no Ocidente. Os cargos eram abertamente vendidos (simonia) e entregues a parentes de confiança (nepotismo) e os filhos não primogênitos de grandes senhores feudais recebiam instrução clerical para assumi-los.

A exigência do celibato, teoricamente em vigor no Ocidente desde o final do século IV, era frequentemente relaxada. Homens casados eram ordenados (nesse caso deveriam prometer deixar de coabitar com suas esposas, mas essa promessa raramente era cumprida) e o casamento dos já ordenados, embora proibido pela lei canônica, era válido. Até monges e abades eram muitas vezes casados e pelo menos quatro papas (sem contar Simão Pedro) foram casados e tiveram filhos legítimos antes de serem ordenados: Hormisdas, Adriano II, João XVII e Clemente IV. Em certas regiões da França, era comum bispos casados (nesse caso, suas mulheres eram **episcopisas**) designarem um filho legítimo como sucessor, ou o investir no cargo antes de sua morte.

Desde o início da Alta Idade Média a autoridade dos bispos se estendeu sobre as regiões rurais sob a influência de sua cidade, formando-se as chamadas dioceses (originalmente o nome de uma divisão administrativa do Império Romano, de extensão muito maior). Independentemente de sua população, a comunidade na qual residia o bispo era uma "cidade", assim como, independentemente de tamanho, sua igreja titular é a "catedral" ou *sé* (sede) episcopal da diocese.

Em alguns casos, dioceses (e abadias) se tornaram feudatárias das terras sob sua jurisdição ou de parte delas, geralmente com o título de conde (na Alemanha, vieram a ter o título de príncipe, *Fürst* em alemão), cuja administração secular era delegada a funcionários leigos chamados *vidames*, equivalentes aos viscondes que exerciam função análoga sob as ordens de condes leigos e que, como estes, se tornaram gradualmente hereditários, enquanto a autoridade clerical era delegada a *arcediagos* (hoje substituídos por *vigários*). Quando não eram feudos, a jurisdição das dioceses medievais tendia a coincidir com os limites de um condado e os bispos se equiparavam em status, influência e modo de vida ao conde.

No século XI, o papado aproveitou o enfraquecimento do Sacro Império, herdado por uma criança, para tentar excluir a nobreza laica da investidura dos bispos. Estes seriam eleitos pelos cabidos (colégio de cônegos) de suas catedrais. Foi também nesse contexto, para impedir a transmissão hereditária de cargos sacerdotais, que o celibato se tornou obrigatório de fato. A ordenação de sacerdotes casados foi proibida e o casamento dos ordenados passou a ser inválido (automaticamente nulo), de forma que clérigos não pudessem ter filhos legítimos. Claro que isso não impediu que muitos deles (inclusive papas) tivessem bastardos e os nomeassem para altos cargos.

Essa reforma foi, porém, mal recebida pelos soberanos e originou cinquenta anos de conflito, ao fim do qual a autoridade do Sacro Império acabou desgastada. O resultado final foi a Concordata de Worms, de 1122, pela qual a eleição de bispos e abades alemães seria realizada ante o Imperador e este poderia arbitrar caso o cabido estivesse dividido em grupos rivais (o que, na prática, equivalia ao poder de nomear), mas não vender o cargo. O Imperador continuaria a investir os bispos "da lança" e fazê-los autoridades seculares e senhores feudais, obrigados como os outros a oferecer apoio militar e arrecadar impostos, enquanto cabia à Igreja consagrá-los e investi-los "do anel e do báculo", como autoridades espirituais. Acordo análogo foi feito na Inglaterra.

Na Idade Moderna, com a ascensão das monarquias, muitos reis obtiveram o poder de nomear bispos e outros clérigos, formalizado em Portugal, Espanha e França por concordatas do início do século XVI e que em alguns casos durou até o século XX. Em Portugal, esse sistema chamou-se Padroado.

O concílio de Trento (1545-63) estabeleceu novas condições para a consagração episcopal, incluindo um mínimo de 30 anos de idade (hoje 35), seis meses de ordenação (hoje 5 anos) e licenciatura em teologia ou lei canônica. Nos países onde não havia concordatas dispondo de outra forma, os bispos passaram a ser nomeados diretamente pelo papa, embora em alguns países tivessem de ser escolhidos de uma lista tríplice oferecida pelos governos e, em outros, ser confirmados pelo rei.

A partir do Concílio Vaticano II, na maioria dos casos a Congregação para os Bispos – um órgão especializado da Cúria papal – elabora para cada diocese uma lista tríplice de possíveis bispos entre os candidatos indicados em cada país pelo núncio apostólico (embaixador do Vaticano), a qual é submetida ao papa para que faça a escolha. Em uns poucos casos, ainda há concordatas em vigor que estipulam a nomeação dos bispos por autoridades laicas. Em algumas dioceses da Alemanha, Áustria e Suíça, os bispos ainda são eleitos pelos cabidos.

Bispos podem ser:

Bispos coadjutores – auxiliares e sucessores do bispo ou arcebispo governante.

Bispos auxiliares – auxiliares sem direito de sucessão.

Bispos eméritos – que renunciaram ao cargo, hoje geralmente por atingir a idade de retiro determinada por Paulo VI, de 75 anos.

Bispos titulares – que recebem o título de alguma diocese cuja sede foi perdida pela Igreja Católica (por isso chamados *in partibus infidelium*, "em regiões infiéis"). Até 1970, tais títulos eram dados a bispos coadjutores, auxiliares e eméritos, mas hoje são reservados aos membros da Cúria papal e da diplomacia do Vaticano e aos que são nomeados para administrar prelazias territoriais (territórios não organizados como dioceses, por falta de fiéis ou dificuldades políticas) ou pessoais (como a Opus Dei).

Nas igrejas protestantes, apenas na Anglicana os bispos continuam a reivindicar a tradição da sucessão apostólica. Na Inglaterra, um novo bispo é escolhido pelo primeiro-ministro entre dois candidatos selecionados por uma comissão de 14 membros encabeçada pelos dois arcebispos (Canterbury e York), sendo o escolhido então nomeado formalmente pelo soberano e então formalmente "eleito" pelo cabido de sua catedral. Em termos de protocolo, os bispos anglicanos vêm depois dos viscondes e antes dos barões. Ao contrário dos bispos católicos e ortodoxos, podem ser e geralmente são casados. Alguns ramos da Igreja Anglicana, como a Igreja Episcopal dos EUA, admitem a consagração de mulheres como episcopisas, às vezes também chamadas bispas.

Algumas outras denominações protestantes (inclusive a luterana e a metodista) e a Igreja Mórmon também têm clérigos com o título de bispo, eleitos vitaliciamente ou por um mandato fixo para liderar as comunidades e ordenar outros clérigos.

Nas igrejas orientais, em alguns casos os bispos continuaram a serem eleitos – em tese, entre todos os crentes do sexo masculino

– por conselhos formados pelo clero da diocese e por leigos proeminentes (como no período romano) e em outros passaram a ser nomeados pelos superiores (arcebispos ou patriarcas) ou por sínodos nacionais. A jurisdição de um bispo oriental é chamada **eparquia** ("jurisdição", em grego) e equivale às dioceses ocidentais. Vale observar que, originalmente, as eparquias correspondiam às "províncias" ocidentais e eram chefiadas por arcebispos.

O celibato deixou de ser obrigatório nas igrejas nestorianas desde o século V para todo o clero e de 1493 a 1975 o próprio Patriarcado foi hereditário.

Nas igrejas ortodoxas bizantinas e orientais, homens casados podem ser ordenados diáconos e presbíteros – aparentemente desde os seus primórdios, apesar de os católicos alegarem que essa foi uma inovação do Concílio de Trullo de 692 –, mas o celibato é exigido dos monges e dos bispos. Nas igrejas bizantinas, os bispos podem ser escolhidos entre viúvos ou mesmo casados, mas neste último caso a esposa precisa se separar do marido e se tornar monja. Bispos escolhidos dentre monges (celibatários) usam trajes negros e os seculares (viúvos ou separados), vestes brancas, cinzentas ou coloridas. Nas igrejas ortodoxas orientais, os diáconos podem se casar, os presbíteros são ordenados já casados e os bispos são obrigatoriamente recrutados entre monges celibatários.

Nas igrejas católicas orientais, os bispos continuam a ser eleitos pelas congregações ou nomeados por seus patriarcas segundo as tradições de seus ritos e são aprovados a posteriori pelo papa. Como nas igrejas ortodoxas, homens casados são ordenados e em algumas regiões o baixo clero tornou-se uma casta hereditária. Também se usa o termo eparquia e as igrejas uniatas de rito grego de menor dimensão (da Albânia, Bulgária, Macedônia, Hungria etc.) são chamadas "eparquiais" e comandadas por bispos.

Prelados territoriais

Prelado territorial, antes chamado prelado *nullius*, é o prelado encarregado de um território não organizado como diocese. Atualmente é em geral um bispo titular, mas, mesmo que não o seja, detém a maioria das atribuições dos bispos (exceto ordenações e consagração do crisma) como representante do papa.

Monsenhores

Monsenhor (do francês *mon seigneur*, "meu senhor", que deu em italiano *monsignore*) é um título que surgiu na Igreja Católica no século XIV, período em que a sede do papado foi Avinhão, na França, conferido originalmente a membros de médio escalão da Cúria papal (abaixo de cardeais e bispos) e mais tarde estendido de forma honorária a clérigos das dioceses. Juntamente com os cardeais, bispos, abades e priores de ordens religiosas, os monsenhores são **prelados** (do latim *prælatus*, "preferido"). Usam algumas das insígnias dos bispos, como a faixa roxa sobre a batina negra.

Incluem as seguintes categorias, em ordem decrescente de prestígio:

Protonotários apostólicos numerários – são sete notários ou tabeliães (chegaram a doze em certos períodos) encarregados de documentos papais.

Protonotários apostólicos supranumerários – são geralmente cônegos das dioceses, assimilados honorariamente aos protonotários numerários, mas sem exercer função na Cúria papal. Devem ter pelo menos 55 anos de idade e 20 de sacerdócio. Era o título desejado para o Bentinho de *Dom Casmurro* por sua família quando o amigo padre Cabral recebeu a honraria, destino do qual foi desencaminhado por um famoso beijo.

Prelados honorários de Sua Santidade, antes chamados **Prelados domésticos** – Devem ter pelo menos 40 anos de idade e 15 de sacerdócio.

Capelães de Sua Santidade, antes chamados **Camareiros Privados Supranumerários** ou **Camareiros papais** – Devem ter pelo menos 35 anos de idade e 10 de sacerdócio.

Segundo as normas atuais, os títulos honorários são concedidos pelo papa a pedido dos bispos aos presbíteros de mérito, no máximo dez por cento dos sacerdotes de cada diocese. Normalmente é concedido primeiro o título de Capelão, depois o de Prelado honorário e por fim o de Protonotário apostólico.

Além disso, também são chamados de Monsenhor, mas apenas enquanto exercem os respectivos cargos e se não são bispos, os vigários-gerais, que veremos adiante.

Nas igrejas orientais, os equivalentes mais próximos são:

Arquimandrita ("chefe da clausura"), título que originalmente correspondia ao superior de uma abadia, mas hoje é conferido pelos Patriarcas a monges (sacerdotes celibatários) considerados especialmente dignos de mérito, nas igrejas ortodoxas gregas e na Igreja Católica de rito bizantino. Nas igrejas ortodoxas russas, o título equivalente é **higúmeno**.

Arcipreste ("chefe dos presbíteros") título analogamente conferido a presbíteros (sacerdotes casados) de mérito na igreja ortodoxa bizantina. O título tem outros significados na Igreja Católica.

Corepíscopo ("bispo rural"), usado como honorífico na igreja ortodoxa da Síria (melquita), tem outros sentidos em outras igrejas orientais, como se verá adiante.

Corepíscopos, arcediagos e vigários

O **corepíscopo** ("supervisor rural" ou "bispo rural") era nos primórdios do cristianismo um bispo de pleno direito em áreas rurais. A partir do século III os corepíscopos foram subordinados aos bispos das cidades e em 314 foram proibidos de ordenar diáconos e presbíteros. Na Igreja Católica ocidental, o título foi usado do século V ao XI para um presbítero que servia como auxiliar direto do bispo, normalmente sem jurisdição própria e que desempenhava um papel semelhante ao de um moderno bispo auxiliar, e depois foi substituído pelos arcediagos. Nas igrejas siríacas e assírias e na Igreja Católica maronita, o corepíscopo continua a ser o principal auxiliar e representante do bispo, usa insígnias episcopais e pode conferir as ordens menores. Na igreja bizantina, é apenas honorífico.

O **arcediago** ou **arquidiácono**, "chefe de diáconos", era originalmente escolhido entre os diáconos da diocese pelo bispo como principal assistente e confidente pessoal para administrar as propriedades, cuidar de prisioneiros e doentes e treinar supervisionar e punir sacerdotes, função que ainda tem nas igrejas orientais.

Na Igreja Católica, a partir do século VIII, foi costume dividir as dioceses de maior extensão territorial (praticamente todas fora da Itália) em arquidiaconatos, cada um administrado por um arcediago, que, apesar do título, passou a ser normalmente um presbítero e não um diácono. Geralmente, um arcediago tinha jurisdição sobre a catedral e a cidade e a área rural da diocese era dividida entre vários outros. Um exemplo literário é Claude Frollo, arcediago da Catedral e tutor de Quasímodo no romance *Notre-Dame de Paris*, de Victor Hugo.

O poder dos arcediagos chegou a rivalizar com o do bispo até o século XIII, quando os sínodos começaram a reduzi-lo. Em 1553 o Concílio de Trento cassou a maior parte dos seus atributos e o título de arcediago passou a ser um mero honorífico para um dos membros do cabido de cônegos (ver adiante).

Na Igreja Anglicana, os arcediagos continuam a reter um papel próximo do medieval, com uma jurisdição intermediária entre a dos bispos e dos párocos. Na Inglaterra, seu cargo é hoje o mais alto ao qual podem chegar as mulheres sacerdotisas.

Na Índia, a partir do século VIII, o arquidiácono foi a principal autoridade nativa da Igreja Cristã (nestoriana), que servia originalmente aos bispos nomeados da Pérsia pelo Patriarca do Oriente, mas quando o contato com este foi perdido, após as invasões mongóis do século XIV, o arquidiácono se tornou, na prática, o chefe da Igreja, até que a resistência aos portugueses e à Igreja Católica levou os padres indianos a eleger bispo o último dos seus arquidiáconos, no século XVI.

Na Igreja Católica posterior a Trento, os **vigários** substituíram os arcediagos na maioria de suas antigas funções. Podem ser bispos coadjutores, bispos auxiliares ou presbíteros com pelo menos 30 anos de idade e preferivelmente 40. Se for um presbítero, é nomeado por tempo limitado (tipicamente dois anos) e pode ser destituído a qualquer momento, mas tem o direito de ser chamado "Monsenhor" enquanto ocupar o cargo..

Vigário-geral é geralmente o segundo no comando de uma diocese, embora possa haver mais de um. Frequentemente, mas nem sempre, é um bispo coadjutor, com direito automático à sucessão, e nesse caso não pode ser destituído sem um motivo sério. Bispos auxiliares podem ser destituídos desse cargo, mas devem ser nomeados vigários episcopais, pelo menos. Nas igrejas ortodoxas, o cargo equivalente é o de **protosincelo** ("primeiro que compartilha a cela do bispo") e tem em especial o papel de conselheiro e confessor do bispo.

Vigário episcopal é indicado para administrar uma seção territorial da diocese ou um grupo especial de fiéis (uma ordem religiosa, por exemplo). Frequentemente é um bispo auxiliar, sem direito automático à sucessão, e nesse caso não deve ser destituído sem motivo grave. Nas igrejas ortodoxas, o cargo equivalente é o de **sincelo** ("mesma cela", por originalmente compartilhar a cela do bispo).

Vigário forâneo é um presbítero indicado pelo bispo para chefiar um conjunto de paróquias em caráter menos formal que o vigário episcopal. Sua circunscrição se chama **forania** ou **vigararia forânea**. Conforme tradições locais, pode também ser chamado **deão** (e sua jurisdição, **decanato**), ou **arcipreste** (**arciprestado**).

Vigário castrense é um vigário geral ou episcopal encarregado dos militares da diocese.

Vigário judicial é um vigário geral ou episcopal ao qual são delegados os poderes judiciais do bispo, relativos ao direito canônico.

> **Por que "conto do vigário" e "vigarista"?**
>
> Há várias teorias sobre a origem da expressão.
>
> A escritora portuguesa Natércia Rocha a refere a um golpe aplicado no Portugal do século XIX. Alguns malandros chegavam a cidades onde eram desconhecidos se apresentando como emissários do vigário. O grupo afirmava que tinha uma grande quantia de dinheiro numa mala que estava bem pesada e que precisaria guardá-la para continuar viajando. Mas, como garantia, solicitavam aos moradores da cidade uma quantia de dinheiro para viajarem tranquilos. E assim desapareciam. Quando a população abria a maleta descobria um monte de bugigangas sem valor.
>
> Outra versão, popular no Brasil, remete a uma disputa entre vigários das paróquias de Pilar e Conceição, na Ouro Preto do século XVIII. Os vigários deveriam decidir a paróquia onde uma imagem de Nossa Senhora ficaria. Um deles propôs que a imagem fosse amarrada num burro deixado entre as duas paróquias. A direção que o burro fosse definiria a paróquia à qual a escultura pertenceria. Certo tempo após a disputa e a vitória da paróquia de Pilar, descobriu-se que o animal pertencia ao vigário de Pilar.

Cônegos

Os **cônegos** (do latim *canonicus*, que segue um cânon, uma regra) são os membros dos **cabidos** (do latim *capitulum*, "capítulo", grupo cujas reuniões começavam por ler um capítulo da regra), colégios de presbíteros encarregados das missas e ofícios divinos (hoje "liturgia das horas") nas catedrais e igrejas colegiadas (geralmente as mais importantes), variando, em número, de dez a mais de 40. Distinguem-se do clero inferior pelo uso da murça ou mozeta, para eles negra ou cinzenta. Como indica a etimologia do título, foram inicialmente todos regulares, pertencentes às chamadas ordens regrantes ou canônicas (leia adiante), mas mais tarde vieram a ser, na maioria, seculares.

Originalmente os cônegos formavam o conselho consultivo dos bispos, elegiam seus substitutos interinos (administradores diocesanos) e seus sucessores definitivos e estavam para os bispos como os cardeais para o papa, como ainda acontece em algumas dioceses alemãs, austríacas e suíças. Nessas últimas funções, o Conselho Vaticano II os substituiu, na maioria das dioceses, por um Conselho Presbiteral de presbíteros eleitos por 4 anos. Na Igreja Anglicana, mantêm formalmente esse papel, mas os bispos são nomeados pelo primeiro-ministro e só lhes cabe referendá-lo.

Há algumas dignidades especiais entre os cônegos de um cabido:

Deão (*decanus*, "chefe de dez" monges ou clérigos) ou **preboste** (*praepositus*, "posto à frente"), indicado pelo papa, preside o cabido, celebra a missa se o bispo estiver ausente).

Chantre (do francês *chantre*, "cantor"), dirige cantos litúrgicos e procissões e é o substituto eventual do deão.

Arcediago (*archidiaconus*, "chefe dos diáconos"), originalmente um poderoso intermediário entre o bispo e os presbíteros, é hoje apenas o responsável pela conservação do templo e de seus objetos.

Mestre-escola, recruta leigos para o culto e os instrui sobre assuntos litúrgicos, históricos e musicais.

Tesoureiro (nos cabidos metropolitanos), administra os bens do cabido.

Arcipreste (*archipresbyter*, "chefe dos presbíteros"), cuida das relações entre o cabido e o clero da diocese, principalmente os párocos da catedral e da cidade.

Há ainda, no cabido, os ofícios como os de teologal (encarregado de lições de teologia), penitenciário (encarregado de confissões e penitências do clero, inclusive do bispo), secretário, apontador (controlador da frequência dos funcionários), prioste (pagador de ordenados e gratificações), fabriqueiro (arrecadador das rendas da diocese) e hebdomadário (encarregado da celebração das missas comunitárias e leituras canônicas).

O título de cônego pode também ser dado honorariamente a presbíteros com antiguidade e mérito, principalmente vigários forâneos, sem a obrigação de residir junto ao cabido. É também dado honorariamente a certos leigos, principalmente reis e chefes de Estado.

Baixo clero

A espinha dorsal do baixo clero é o **presbítero**, "ancião" em grego, também **preste** em português antigo (*priest* em inglês, *prêtre* em francês, *prete* em italiano, *Priest* em alemão), em geral chamado respeitosamente de **padre** (em grego, **papa**). Pode ser regular (membro de uma Regra ou Ordem religiosa, nas igrejas ortodoxas sempre monástica) ou secular (que participa da vida civil). Presbíteros exercem a maior parte das funções sacerdotais: celebrar missa, ministrar a maioria dos sacramentos, aconselhar fiéis, pregar, prescrever penitências e perdoar pecados. As funções sacerdotais reservadas aos bispos são a de ordenar sacerdotes e diáconos e, na Igreja Católica, também a de ministrar o crisma.

Assim como os bispos, os presbíteros são sacerdotes, e na igreja primitiva os dois títulos não estavam claramente separados. No século II o título de bispo começou a ser reservado aos presidentes de colégio de presbíteros e gradualmente se tornou vitalício. De início, parece ter havido **presbíteras** (ou presbítidas, como foram chamadas pelo Concílio de Laodiceia). Há certa confusão sobre quando o termo se referia a esposas de presbíteros e quando a mulheres ordenadas, mas decisões de concílios e autoridades da época criticando ou proibindo a ordenação de mulheres mostra que até o século V ou VI a prática existiu, embora fosse excepcional e logo fosse reprimida.

Nas igrejas orientais, a idade mínima do presbítero é de 30 anos. Só os regulares (que vestem preto) são obrigados ao celibato. Os presbíteros seculares (que vestem roupas brancas ou coloridas) são normalmente casados desde antes de serem ordenados e em algumas regiões constituem uma casta hereditária. Os sobrenomes gregos iniciados por "Papa", como Papanicolau e Papadopoulos, denotam que a família descende de um "papa", ou seja, de um presbítero secular desse nome.

Na Igreja Católica, o presbítero, formalmente desde o século IV e de fato desde o século XI, é obrigado ao celibato, e a idade mínima é de 25 anos. Na igreja Anglicana, os presbíteros têm funções semelhantes, mas podem se casar livremente e, desde 1971, a maioria das dioceses ordena também presbíteras.

Outras igrejas protestantes rejeitam a distinção entre clérigos e leigos e consideram que o sacerdócio pertence a todos os crentes, mas continua a haver uma hierarquia clerical e um título especial para os clérigos autorizados a chefiar congregações e ministrar sacramentos. As igrejas luteranas mais tradicionais os chamam de presbíteros e a maioria das demais de "**pastor**".

Nas igrejas da tradição calvinista (inclusive reformadas, presbiterianas e batistas), presbíteros são os líderes espirituais da comunidade e incluem os "**presbíteros regentes**", leigos eleitos pela comunidade para participar da administração da igreja, e os "**presbíteros docentes**", preparados para conduzir o culto como pastores e que em conjunto com os primeiros formam o presbitério, corpo dirigente da igreja. Algumas igrejas protestantes preferem o termo "**ancião**" em vez de "presbítero", como fazem as Testemunhas de Jeová. A Igreja Mórmon prefere "élder", mesmo em português, mas, entre os adventistas, "ancião" é um dirigente local supervisionado por um pastor.

Pároco ou **pastor** (no sentido católico da palavra) é o sacerdote – normalmente presbítero – encarregado de uma paróquia, que compreende os fiéis residentes dentro de certa área ou, mais raramente, de um determinado rito ou nacionalidade, ou ainda de certas famílias dentro de uma diocese. Ele tem direito a determinado rendimento recebido da Igreja (em alguns casos, do Estado, por meio de concordatas), chamado côngrua.

Nos primeiros tempos da Igreja, os templos e serviços religiosos eram centralizados nas cidades em torno do bispo e de seus presbíteros, alguns dos quais visitavam periodicamente os fiéis rurais. Do século IV ao VI, começam a surgir igrejas nas vilas e aldeias e a haver presbíteros residentes nas áreas rurais e se fala de "paróquias" (do grego *paroikhía*, tanto "vizinhança" quanto "peregrinação"). Por volta do século VIII, as paróquias foram mais claramente delimitadas como conjunto de aldeias nas áreas rurais e no século XI, também as cidades passam a ser divididas em paróquias.

Vigário paroquial é um presbítero designado pelo bispo para auxiliar o pároco. Em inglês, *curate*.

Capelão é um presbítero designado para administrar uma **capela curada**, um templo inferior a uma igreja paroquial ou matriz. Assim como o pároco, é também um **cura**. Podem ser de diferentes tipos:

Capelão paroquial ou auxiliar – responsável por uma igreja secundária de uma paróquia, geralmente distante da matriz.

Capelão doméstico – serve a capela de uma família importante da nobreza e pode acompanhá-la em suas viagens. Uma família real pode ter muitos capelães a seu serviço, chefiados por um capelão-mor.

Capelão conventual – serve a capela de um convento de freiras, ou ainda de colégios, hospitais, prisões e instituições semelhantes. Em igrejas protestantes, encontram-se também capelães esportivos, musicais e empresariais.

Capelão militar ou castrense – serve capelas de quartéis, bases militares, navios, acampamentos, regimentos e outras unidades militares e paramilitares. Na Igreja Católica, podem responder à diocese local, a uma ordem religiosa ou, se houver acordo com o Vaticano, a um Vicariato Militar centralizado, chefiado por um bispo ou arcebispo. No Brasil, os capelães, católicos ou protestantes, entram nas forças armadas como tenentes e os chefes do serviço em cada uma das forças armadas tem o posto de Coronel ou (na Marinha) a Capitão-de-Mar-e-Guerra. Do ponto de vista das honras militares, o Arcebispo Ordinário Militar é equiparado a general de divisão e seus bispos auxiliares a generais de brigada. Em Portugal, o chefe do serviço em cada força armada tem o título de **capelão-mor**.

Diácono ("servidor", em grego) é um membro do clero que não recebe as funções sacerdotais, mas tem função auxiliar na liturgia e na administração das igrejas e pode pregar, aconselhar e praticar obras de caridade em seu nome.

Na Igreja primitiva, havia também **diaconisas**, mulheres ordenadas com o mesmo ritual e as mesmas funções e que tiveram funções importantes pelo menos até o século VI. Menções a diaconisas continuaram a existir até o século XI na Igreja Bizantina e XIII na Igreja Católica, mas nem sempre é claro quando se referem a mulheres ordenadas como tais e que exerciam a função, esposas de diáconos ou títulos honoríficos dados a viúvas e virgens consagradas à Igreja. Na Igreja Russa, continuaram a existir até o início do século XX, e, na Armênia, continuam a existir ininterruptamente até o presente. Na Igreja Ortodoxa Grega, foram reintroduzidas em 2004. As igrejas anglicana e luterana voltaram a ordenar diaconisas desde o século XIX e foram seguidas por algumas outras igrejas protestantes.

Na Igreja Católica, esse título era visto desde a Idade Média apenas como uma etapa (geralmente de um ano) na formação de sacerdotes, mas a partir do Concílio Vaticano II voltou-se a encorajar a instrução e ordenação de diáconos permanentes para suprir parcialmente a escassez de presbíteros. Devem ter, no mínimo, 25 anos se solteiros e 35 se forem casados. Homens ordenados como diáconos sendo solteiros devem permanecer celibatários. Homens casados podem ser ordenados como diáconos, mas se ficarem viúvos, precisam de autorização especial para se casarem novamente.

Na Igreja Ortodoxa, os diáconos permanentes sempre foram parte regular do clero, com funções semelhantes. Na Igreja Bizantina, podem ser casados, mas devem permanecer celibatários se forem ordenados solteiros. Na Igreja Oriental, na qual era costume ordenar diáconos menores de idade, é permitido aos diáconos se casarem.

Na Igreja Anglicana, os diáconos têm poderes também para ministrar batismos e celebrar casamentos e podem se casar livremente. Outras igrejas protestantes escolhem ou elegem diáconos como auxiliares e servidores do culto em geral.

Subdiáconos – Na Igreja Católica, subdiácono era um auxiliar do diácono, encarregado de levar o cálice com vinho ao altar, preparar o necessário para a Eucaristia e ler as Epístolas para os fiéis. A ordem era conferida pela entrega do cálice e patena por um bispo e era a primeira a exigir o voto de castidade se o subdiácono não fosse previamente casado, razão pela qual foi considerada, a partir do século XII, a primeira das "ordens maiores". Normalmente, era apenas uma etapa na formação de sacerdotes e foi abolida em 1972, salvo nos ritos mais tradicionalistas. Na Igreja Anglicana, a ordem foi abolida no século XVI, mas ainda se dá o nome de subdiáconos a leigos convidados a executar as mesmas funções.

Ordens menores – Na Igreja Católica, os seminaristas recebiam progressivamente as ordens de **porteiro, leitor, exorcista** e **acólito**, ao longo de sua formação:

Porteiro ou **ostiário** – recebia chaves simbólicas e a função de abrir as portas da igreja, inclusive as da sacristia e do batistério.

Leitor – recebia um volume das Epístolas e lia trechos das Escrituras na missa.

Exorcista – recebia um livro com os ritos de exorcismo e deveria orientar os exorcismos menores (simples orações) de adultos em vias de receber o batismo.

Acólito ("atendente" em grego) – recebia as velas que devia carregar na missa, além de apresentar água e vinho ao sacerdote.

Normalmente, eram conferidas, nessa ordem, aos futuros presbíteros, mas até o início do século XX também podiam ser conferidas a seminaristas que não tinham intenção de se tornarem sacerdotes e sim escriturários (em inglês *clerks*, pois todos eram originalmente clérigos), músicos e profissionais a serviço da Igreja ou mesmo de outras instituições. Nesse caso, terminavam a formação religiosa com o grau de acólitos e podiam ser casados ou se casar depois de ordenados (uma só vez e com uma virgem), mas eram considerados clérigos e, se prestavam serviços relevantes à Cúria Papal, poderiam ser nomeados cardeais. Em 1917, porém, a admissão nas ordens menores foi reservada àqueles que tinham a intenção de se tornar sacerdotes. Foram abolidas como tais em 1972.

Nas igrejas ortodoxas, continuam em vigor três ordens menores:

Hipodiácono (equivalente a subdiácono ou acólito) – assistente do bispo, encarregado de vesti-lo, manejar os objetos de culto e cuidar de sua limpeza e manutenção, além de chefiar clérigos inferiores.

Cantor ou **protopsaltes** – encarregado de dirigir o canto dos hinos e responsórios (reconhecido apenas em algumas jurisdições)

Leitor ou **anagnostes** – equivalente ao leitor da Igreja Católica.

Ministros e auxiliares leigos

Com o Concílio Vaticano II, os portadores das ordens menores deixaram de ser considerados clérigos. Em 1972, as "ordens menores" foram abolidas e passaram a se chamar "ministérios", sendo reduzidos a dois – acólito ou subdiácono (com a função geral de ajudar na missa) e leitor (para ler as Escrituras na missa, orientar o canto e instruir os demais leigos sobre a Bíblia e os sacramentos) – que podem ser concedidos a leigos que não têm intenção de serem ordenados como diáconos ou sacerdotes. Ritos tradicionalistas continuam a conferir os quatro, mas mesmo nesses casos seus portadores não são mais contados como parte do clero.

Tanto na Igreja Católica quanto na Ortodoxa e Anglicana, há também a figura do **acólito extraordinário** (chamado **coroinha** quando criança ou adolescente, devido ao costume já desaparecido de lhes praticar uma pequena tonsura), leigo que carrega o turíbulo de incenso e auxilia o sacerdote com instrumentos de culto. A partir de 1983, a Igreja Católica permitiu que essa função fosse desempenhada também pelo sexo feminino, se o bispo e o presbítero julgarem apropriado, mas sacerdotes tradicionalistas continuam a fazer dela um privilégio masculino.

Sacristãos e **subsacristãos** ou **custódios** (*sexton*, em inglês, *aedituus* em latim) são funcionários da igreja encarregados de cuidar do templo, paramentos, material litúrgico, relíquias e desempenhar o papel de acólitos se necessário. Preferencialmente seriam clérigos, mas na maioria das igrejas esse papel é desempenhado por leigos por falta de pessoal clerical.

Ordens monásticas

A tradição monástica surgiu no Egito para depois se espalhar pela Igreja oriental e depois pela ocidental. Nos primeiros séculos, os **monges** (do grego *monakhos*, "solitário") eram leigos que escolhiam uma vida contemplativa na solidão (eremitas ou anacoretas) ou em comunidades constituídas de acordo com ideais cristãos (cenobitas), mas, no Oriente, seus chefes eram ordenados, no mínimo, como diáconos, a partir do século V. No Ocidente essa também se tornou a norma no século VII. Nos séculos seguintes, os mosteiros masculinos passaram a ser formados por um núcleo de monges contemplativos ordenados como sacerdotes e rodeados por irmãos leigos que respondiam pela maior parte do trabalho manual.

As monjas dos mosteiros femininos continuavam a ser tecnicamente leigas, mas seu grau de instrução as separava da mesma maneira das irmãs leigas. Mosteiros femininos foram, por muito tempo, uma forma de famílias se desfazerem de moças não destinadas ao casamento. A exigência do dote, muito comum até o século XIX, levava muitas famílias a enviarem suas filhas menos atraentes aos mosteiros para poder pagar um dote mais elevado para as restantes, assim como as consideradas "desonradas".

Monges e monjas são também chamados frades e freiras, mas é mais correto reservar estes últimos títulos aos membros das ordens mendicantes (leia adiante).

No Ocidente, **abades** e **abadessas** (do aramaico *abba*, "pai") são os chefes dos mosteiros masculinos e femininos, respectivamente. Seus imediatos são os **priores claustrais** ("primeiros", em latim, feminino **prioras** ou **prioresas**), às vezes com um **subprior** como terceiro no comando. Inicialmente, os abades eram subordinados aos bispos de suas dioceses, mas seu prestígio e independência cresceram na Idade Média. A partir do século VI, algumas abadias começaram a ganhar isenção da autoridade diocesana (inclusive cobrança de taxas e exações) e se subordinar diretamente ao papa. Para combater a influência de imperadores e reis sobre a Igreja sobre os bispos, a autonomia das abadias foi incentivada pelos papas séculos XI e XII. A certos abades, chamados "mitrados", foram concedidas as insígnias tradicionais dos bispos, incluindo mitra, anel, luvas e sandálias. Em alguns casos, essas insígnias foram também concedidas às abadessas, apesar de continuarem a não poder ser sacerdotisas.

Além disso, em 787, os abades ganharam o poder, até então reservado aos bispos, de conferir as ordens menores a seus monges, e em 1489, também o subdiaconado e o diaconado. Em geral, os abades eram eleitos pelos monges de seu mosteiro e em seguida confirmados e abençoados pelo bispo de sua diocese, mas os isentos deviam viajar a Roma para receber a confirmação do papa.

A conversão de um mosteiro em abadia passou a depender do papa, que para concedê-la exigia um número mínimo de doze abades e critérios de estabilidade e disciplina, além de considerar os aspectos políticos. Mosteiros não convertidos em abadias tinham como chefe um **prior conventual**. Quando permaneciam subordinados à abadia de origem eram chamados **prior obedienciário**.

De 910 ao século XII a abadia beneditina de Cluny se tornou extraordinariamente poderosa, pois se subordinava diretamente ao papa, seu aliado, e retinha autoridade sobre os mosteiros que fundou por toda a Europa Ocidental, que chegaram a ser mais de mil. Seu abade tinha um coadjutor chamado **grão-prior** e um subordinado chamado **prior-mor**, com autoridade sobre todo o conjunto de mosteiros.

Na Antiguidade e início da Idade Média, supunha-se que os abades deveriam vestir-se como seus monges e compartilhar de suas refeições, exceto ao receber visitas, mas no século X já eram notoriamente privilegiados. Comiam à parte e eram servidos à mesa. Frequentemente respondiam por feudos extensos, e assim como bispos e grandes senhores feudais, usavam trajes seculares luxuosos, ofereciam banquetes a convidados e participavam de caçadas e da falcoaria. Os monges, embora menos privilegiados, também viviam com mais segurança, melhor comida e menos trabalho do que a maioria dos fiéis: como diz o ditado, "o frade é pobre, mas a ordem é rica": cada monge, ao se tornar um professo solene, doa todas as suas posses à comunidade, assim como as heranças que vier a receber. Não há limites ao que a abadia pode coletivamente possuir. A austeridade foi parcialmente restaurada a partir do Concílio de Trento, mas continuou a ser relativa, como atesta o provérbio: "comi como um abade".

Hoje, todos os abades católicos recebem mitra e o báculo em cerimônia similar à da consagração dos bispos e podem conferir as ordens menores. São eleitos por seus monges, devendo ter no mínimo 25 anos e ser presbíteros de sua ordem. As abadessas são eleitas de maneira semelhante, mas, como todas as mulheres na Igreja Católica, não podem receber o sacerdócio e fazem jus apenas a um anel ao ocuparem formalmente o cargo. Mesmo assim, a tradição lhes permite usar um báculo e uma cruz peitoral semelhante à dos bispos (mas não a mitra) ao liderar a comunidade.

Abade regular é o que foi canonicamente eleito e confirmado e exerce seus deveres, geralmente limitados à abadia e aos monges e leigos a ela ligados. Dentro dessa jurisdição, tem autonomia em relação ao bispo e responde apenas aos superiores da ordem e ao papa.

Abade territorial é um abade regular que exerce autoridade também sobre um certo número de paróquias, em relação às quais desempenha o papel de bispo, exceto quanto à ordenação de sacerdotes. Foram tradicionalmente de duas categorias, *vere nullius diœceseos* ("verdadeiramente de nenhuma diocese"), subordinados apenas ao papa e *quasi nullius diœceseos* ("quase de nenhuma diocese"), que pertencem a uma diocese, mas têm autonomia. A tendência na Igreja Católica é abolir gradualmente essa categoria. Das dezenas de abadias territoriais que já existiram, restam apenas onze.

Abade titular é um monge que usa como honraria o título de abade de uma abadia que deixou de existir.

Abade secular é um clérigo que não professa nenhuma ordem regular, mas recebe o título, algumas das honrarias e os benefícios eclesiásticos de uma abadia desaparecida.

Existem hoje na Igreja Ocidental as seguintes ordens monásticas, organizadas em torno de determinadas "regras", regimes de vida e comportamento impostos a seus membros. Os membros de cada uma delas se identificam pela abreviatura do nome em latim de sua ordem, escrita após o seu nome ou título:

Ordem de São Bento (Beneditinos, O.S.B.) – fundada em 529, seus membros são também chamados "monges negros" pela cor de seus hábitos na maioria de suas tradições. A maioria de suas abadias têm autonomia (embora hoje estejam organizadas numa confederação mundial). Incluídas na ordem estão congregações com regras próprias, incluindo os **camaldulenses** (hábito branco, O.S.B.Cam.), **valumbrosanos** (hábito originalmente cinzento, depois pardo, hoje negro), **silvestrinos** (hábito azul-escuro, apenas o superior geral tem título de abade) e **olivetanos** (hábito branco). Inclui a abadia feminina de Nonnberg, na Áustria, celebrizada pelo filme *A Noviça Rebelde*.

Ordem de Cister (Cistercienses, O.Cist.) – fundada em 1098 em Cîteaux ou Cister, na Borgonha, quis retornar ao rigor original da regra de São Bento e manter uma organização centralizada no mosteiro-sede. Seus membros são conhecidos como monges brancos pela cor de seus hábitos e, ao contrário dos beneditinos, são permanentemente vinculados ao mosteiro de origem. Em 1891, dissidentes criaram a **Ordem dos Cistercienses da Estrita Observância" (Trapistas**, O.C.S.O., por surgir no mosteiro de Nôtre-Dame de la Trappe) e no século XX, surgiu a **Família Monástica de Belém (monges e monjas de Belém)**, devotada à Virgem.

Ordem de São Bruno (Cartuxos, Cart.) – fundada em 1084, tem seu próprio estatuto, mais austero que a regra beneditina. Seus mosteiros (chamados cartuxas) nunca se tornam abadias e são chefiados por priores. Usam hábito branco.

Ordem de São Jerônimo (Jerônimos, O.S.H.) – fundada em 1373, segue a regra de Santo Agostinho e está presente na Espanha e em Portugal. Extinta nos anos 1830, foi recriada em 1925 e hoje conta com um mosteiro masculino e dezesete femininos. Usam um manto castanho sobre um hábito branco.

Há ainda uma série de ordens monásticas apenas femininas, que incluem a **Ordem da Anunciação (Anunciadas, O.Ann.M.)**, **Ordem da Santíssima Anunciação (O.SS.A.**, chamadas **Celestes** por usar manto azul sobre hábito branco), **Ordem da Visitação de Santa Maria (Visitandinas)** e a **Ordem da Imaculada Conceição (Concepcionistas, O.I.C.)**. Há também uma ordem puramente masculina, a **Ordem de São Paulo Eremita (Paulinos, O.S.P.P.E.)**, centrada na Polônia e de hábito branco.

Foi importante na Alta Idade Média a desaparecida Ordem de São Columbano. Fundada na Irlanda do século VI com uma versão muito simplificada da regra beneditina, criou uma versão própria do cristianismo quase sem contato com Roma, embora fiel ao catolicismo. Admitia monges e monjas casadas e seus mosteiros eram o centro do culto cristão, pois praticamente não havia clero secular. Ao longo dos séculos VIII e IX seus mosteiros, que chegaram a se espalhar por grande parte da Europa, foram absorvidos pela regra de São Bento. No século XII a Irlanda foi incorporada a um sistema normal de dioceses e paróquias.

Há uma hierarquia de abadias, cujos títulos e atribuições dependem da organização de cada ordem. Na Ordem de São Bento, o presidente da confederação é chamado **abade primaz**, o de um ramo nacional ou regional é um **abade presidente** e o principal de um grupo menor de abadias é um **arquiabade**. O chefe da ordem cisterciense e das congregações beneditinas é um **abade geral**.

Apenas as ordens beneditina e cisterciense se organizam em torno de abadias. As demais ordens monásticas possuem apenas mosteiros, cada um dirigido por um prior. Os membros das comunidades monásticas se dividem nas seguintes categorias:

Monges ou **irmãos de coro** – dedicados a serviços e estudos religiosos, podem ser nos mosteiros masculinos **monges clérigos** (ordenados presbíteros e com poderes para celebrar missas e ouvir confissões) ou **monges leigos** (mais voltados para o trabalho manual). Nos femininos, as monjas são tecnicamente leigas, mas recebem uma educação que na Idade Média era bem superior à da maioria das mulheres. Todos entram nos mosteiros como **postulantes**, etapa de seis meses durante a qual usam uma túnica simples. Recebem então o capuz e o cinto e se tornam **noviços** por dois anos. Fazem então os votos simples (por tempo determinado) e se tornam **professos simples**. Depois de certo tempo (geralmente três anos) se aceito pela comunidade, faz os votos solenes (definitivos) e adota um novo nome como **professo solene**.

Donatos, irmãos leigos ou **irmãos conversos** – originalmente os monges eram todos ou na maioria leigos e dividiam entre si o trabalho manual. Com o tempo, os monges masculinos se tornaram clérigos na maioria, e tanto os masculinos quanto os femininos se dedicaram cada vez mais à vida contemplativa, deixando o trabalho manual para os servidores leigos. A partir do século IX (mosteiros femininos) e início do século XI (masculinos), muitos leigos faziam os votos de castidade, obediência e pobreza para entrar no mosteiro. Viviam numa ala separada, usavam hábitos diferentes (os cistercienses usavam túnica café em vez de branca, os beneditinos, trajes mais curtos ou de outro formato), não participavam do coro e na Idade Média eram quase sempre analfabetos. Nos mosteiros femininos, sujeitos a clausura mais rigorosa, as irmãs leigas serviam de intermediárias com o mundo exterior.

A partir do Concílio Vaticano II, determinou-se que monges e irmãos leigos tivessem os mesmos direitos e vestimentas.

Oblatos – originalmente, crianças oferecidas a um mosteiro pelos pais para servir à ordem, por devoção ou falta de recursos para sustentá-las. Desde 656, deviam ter no mínimo dez anos de idade e podiam sair do mosteiro ao atingir a puberdade, se quisessem. Se permanecessem, deviam prestar voto de obediência e consagrar vida e posses à Igreja, e eventualmente poderiam ser aceitos como irmãos leigos. Hoje, são leigos maiores de dezoito anos que passaram pelos estádios de postulante e noviço e se comprometem com o culto, as leituras religiosas e o espírito de um mosteiro, mas mantêm vida social e familiar normal no mundo exterior, de maneira análoga aos membros das "ordens terceiras" mendicantes (leia adiante).

Familiares – servos (*famuli*) e trabalhadores contratados (*mercenarii*) empregados para servir às necessidades do mosteiro e que viviam a seu lado sem fazer votos religiosos, mas eram considerados auxiliares de confiança.

Nas igrejas protestantes, o monasticismo na maioria dos casos abolido e a expropriação das propriedades das ordens e mosteiros foram importantes incentivos para governos europeus aderirem à Reforma. Restaram na Alemanha, porém, duas abadias cistercienses que se tornaram luteranas: Loccum e Amelungsborn, ambas na Baixa Saxônia. Além disso, nos séculos XIX e XX, anglicanos, luteranos e metodistas criaram ordens religiosas segundo o modelo católico das tradições monásticas ou mendicantes (ver adiante), incluindo beneditinos, cistercienses, agostinhos, carmelitas e franciscanos.

Na Igreja Ortodoxa, a tradição monástica é mais antiga e ganhou mais importância do que no Ocidente, pois devido à exigência de castidade para os bispos, mas não para o baixo clero secular, é dos mosteiros que vêm os hierarcas superiores da Igreja, na grande maioria (na tradição bizantina) se não todos (na tradição oriental).

Não existem, na tradição ortodoxas, ordens à maneira ocidental, centralizadas em torno de uma hierarquia e que obedecem a regras explícitas ditadas por um fundador. Cada mosteiro segue sua própria tradição e responde ao bispo local ou, no caso dos mosteiros ditos estauropégicos ("com cruz afixada"), ao Patriarca. Entretanto, nas igrejas ortodoxas gregas, os monges são chamados "basilianos" por seguirem uma tradição atribuída a São Basílio, inspirador de São Bento. No setor da igreja ucraniana que aderiu à Igreja Católica, os monges foram formalmente organizados em uma "Ordem de São Basílio". Os trajes característicos são sempre negros.

O comando de um mosteiro ortodoxo pertencia originalmente a um **arquimandrita** ("chefe do claustro"), como ainda se dá nos mosteiros principais da Igreja Ortodoxa russa, onde o título equivale aproximadamente ao do abade ocidental. Mosteiros de menor categoria são chefiados por um **higúmeno** ("líder", "hegemônico"), que corresponde aproximadamente ao prior ocidental, mas também é conferido honorariamente a qualquer monge ordenado.

Na igreja grega, dá-se o contrário: o título de arquimandrita é honorário e o chefe efetivo de cada mosteiro é o higúmeno (no feminino, higúmena). O chefe dos monastérios de uma região é chamado **protoigúmeno** (primeiro higúmeno).

Os monges ordenados (sempre masculinos) são chamados **hierodiáconos** (se diáconos) e **hieromonges** (se presbíteros) e dentre estes últimos são escolhidos, normalmente, os bispos ortodoxos. Os chamados simplesmente **monges,** geralmente a maioria nos mosteiros ortodoxos, equivalem aos monges leigos dos mosteiros católicos.

Os graus de iniciação, pelos nomes gregos, são os de **discípulo** (*dokimos*) ou **noviço** que usa o *antérion* ou batina interna; **rassóforo** ("portador do manto") que equivale ao professo simples do Ocidente e recebe o *rásson* (batina externa) e o camelauco (chapeu cilíndrico); **estauróforo** ("portador da cruz"), equivalente ao professo solene católico, que recebe a tonsura e a paramandia, uma capa presa a uma cruz no peito; e **megalosquema** ("grande plano"), sem equivalente ocidental, que recebe um manto chamado análabo, além de capa e chapéu de diferentes formatos e é concedido a religiosos que, aos olhos de sua comunidade, atingem uma perfeição angelical. Este último título pode se combinar com outros, como em **hierosquemamonge** (hieromonge que recebeu o megalosquema), **esquemarquimandrita** e **esquemaigúmeno**. Na igreja ortodoxa oriental, os atributos de rassóforo e estauróforo são conferidos de uma só vez.

Ordens regrantes ou canônicas

Ordens regrantes ou canônicas são formadas por cônegos regulares, com função semelhante à dos cônegos seculares citados acima, mas que vivem em comunidade sob uma regra (geralmente a de Agostinho de Hipona) e se dedicam principalmente à liturgia de uma catedral ou igreja colegiada. Foram instituídas a partir da reforma gregoriana do século XI e as mais importantes são a **Ordem dos Cônegos Regrantes de Santo Agostinho** (**agostinianos,** C.R.S.A. ou "cônegos pretos", pela cor dos hábitos) e a **Ordem Premonstratense** (**norbertinos**, O.Praem. ou "cônegos brancos").

Também essas ordens têm ramos femininos, cujas integrantes são chamadas **cônegas** ou **canonisas**, que se dedicam à liturgia, à contemplação, à educação e ao trabalho social.

Ordens mendicantes

No início da Baixa Idade Média (a partir do século XI), a resistência dos fiéis pobres ao poder feudal e ao luxo e poder da hierarquia religiosa se expressou em movimentos cristãos místicos e dissidentes como os cátaros, valdenses, joaquimitas e irmãos do livre espírito, que exaltavam a humildade e rejeitavam a igreja organizada que (segundo os joaquimitas) deveria ser substituída pela comunidade igualitária dos fiéis com a chegada de uma nova era, a Idade do Espírito Santo.

Com a proposta (a princípio) de não possuir terras e riqueza (nem mesmo de forma coletiva, como as ordens monásticas) e viver apenas de esmolas, as ordens mendicantes foram uma resposta da Igreja a esse desafio. Cooptaram parcialmente esses movimentos, incorporando sua valorização do ascetismo, igualdade, humildade e caridade (principalmente no caso dos franciscanos), combateram as dissidências por meio da evangelização ou (no caso dos dominicanos) pela perseguição direta aos "hereges", serviram e enquadraram e disciplinaram os movimentos espontâneos de eremitas, que antes eram vistos como meritórios, mas que, numa época de maior rigidez dogmática e revolta popular, se tornavam um foco de contestação à igreja organizada por sua independência e formação laica.

Além disso, também a princípio, não se propunham ao claustro, ao estudo e à contemplação, mas a atuar no mundo sem ficarem presos a um só lugar. Suas casas não são, portanto, mosteiros ou monastérios e sim **conventos** (embora, na linguagem popular, "conventos" sejam apenas os de mulheres) e seus membros não são monges e monjas, mas **frades** ou **freires** (do latim *frater*, "irmão"), **frei** antes de um nome (como "frei Galvão") e **freiras,** a que corresponde **sóror** ("irmã" em latim) antes de um nome, como ("sóror Mariana"). A princípio, não se admitiam distinções internas como a que existia nas ordens monásticas entre professos e conversos, clérigos e leigos. Todos que fizessem os votos deviam usar os mesmos trajes.

Deve-se ressalvar que, embora essas ordens se mantivessem relativamente pobres e humildes em comparação com os monastérios beneditinos, a fama dos frades junto ao povo nem sempre foi boa sob outros aspectos. Contam que o rei Ricardo, Coração de Leão, disse ao morrer que deixava à Igreja, em herança, seus piores pecados: "a avareza aos cistercienses, o orgulho aos templários e a luxúria aos mendicantes". "Guarda-te da traseira da mula, da ilharga do carro, da dianteira do frade, e de vento que entra pelo buraco", diz um provérbio português e outras variantes recomendam: "Guarda-te de traseiro de mula, dianteira de frade, de requebros de freira, e de língua de mulher" ou "Hábito de frade e saia de mulher chega onde quer". A mobilidade dos frades e sua convivência com o povo certamente facilitavam esse tipo de transgressão, mais difícil para os monges e mesmo para os padres seculares.

Os conventos são dirigidos por priores e prioras, ou superiores e superioras (**guardiões** e **guardiãs** entre os franciscanos), que não são vitalícios, mas eleitos por tempo determinado, assim como o **superior provincial** ou **prior provincial** (**ministro provincial,** para os franciscanos), que preside os conventos de toda uma região e o **superior geral** (**ministro geral** para os franciscanos, **mestre geral** para os dominicanos) que dirige toda a Ordem. Assim como os monges, frades e freiras passam por ser postulantes, noviços, professos simples ou temporários e professos solenes ou definitivos.

Cada uma das principais ordens mendicantes se subdivide em três: uma **ordem primeira**, formada por frades mais ativos, uma **ordem segunda**, formada por **freiras** cuja vida enclausurada é semelhante à do monasticismo tradicional (embora mais humilde) e uma **ordem terceira**, formada por leigos de ambos os sexos que não são obrigados a professar votos, mas colaboram com os religiosos, aceitam sua orientação espiritual e podem usar o hábito, ou partes dele, em procissões e reuniões.

Os **terciários**, membros das ordens terceiras, podem opcionalmente professar votos de pobreza, castidade e obediência em caráter simples (revogável) e adotar uma regra de vida comunitária, embora geralmente continuem a manter suas propriedades pessoais. Neste caso, são chamados **religiosos** e **religiosas** ou **irmãos** e **irmãs**, estas últimas mais claramente distintas das freiras por não viverem enclausuradas e prestarem serviços sociais, educacionais e hospitalares.

As cinco principais ordens mendicantes são:

Ordem dos Frades Menores (Franciscanos) – fundada em 1209 por Francisco de Assis e sua ordem segunda, **Ordem de Santa Clara ou Clarissas**, fundada em 1212 por sua irmã Clara. Os superiores de seus mosteiros não se chamam priores e sim **guardiães**. Também chamados frades cinzentos, incluem os seguintes ramos:

> **Conventuais (O.F.M.Conv.)** – de hábito religioso cinzento, capuz e cordão, que seguem a regra original da Ordem e geralmente atuam em conventos urbanos, atuando em subúrbios e bairros pobres.
>
> **Observantes (O.F.M.)** – de hábito castanho e capuz curto, separaram-se do ramo principal em 1368 por uma vida mais isolada e contemplativa em eremitérios.
>
> **Capuchinhos (O.F.M.Cap.)** – de hábito castanho, capuz curto e cordão branco com três nós, criados em 1528 de observantes em busca de ainda mais solidão e austeridade. O ramo feminino é a **Ordem das Irmãs Clarissas Capuchinhas**.
>
> **Franciscanos da Imaculada (F. F.I.)** – de hábito cinza-azulado, criados a partir de um ramo dos conventuais em 1998, com consagração especial à Virgem Maria.

Ordem dos Pregadores (Dominicanos, O.P.) – fundada em 1216 por Domingos de Gusmão, também são chamados frades negros, por usarem um manto negro sobre uma túnica branca, combinação que quer representar uma combinação de severidade e pureza e veio a influenciar os trajes da corte de Borgonha no século XV e, mais tarde, os trajes a rigor da aristocracia e alta burguesia europeias até a era contemporânea. Foi a mais temida das ordens, pois teve a seu cargo a Inquisição.

Ordem dos Irmãos da Bem-Aventurada Virgem Maria do Monte Carmelo, ou Ordem do Carmo (Carmelitas, O.Carm.) – frades brancos, pela cor dos hábitos. A ordem surgiu a partir de eremitérios da Palestina formados em torno do Monte Carmelo após as primeiras cruzadas, foi sistematizada em 1226 e se espalhou pela Europa após a derrota e expulsão dos cruzados. Sua regra, chamada "Regra do Carmo", foi ditada por Alberto, patriarca de Jerusalém. São predominantemente místicos e contemplativos, mas o ramo masculino também se dedicou à evangelização. Um ramo dissidente formou a **Ordem dos Carmelitas Descalços (O.C.D.),** mais tradicionalista, em 1593.

Ordem dos Servos de Maria (Servitas, O.S.M.) – fundada em 1233 perto de Florença e autorizada em 1249 e dedicada especialmente à devoção pela Virgem Maria, ao ensino e à evangelização, segundo a regra de Agostinho de Hipona. Usam hábito semelhante ao dos dominicanos, mas todo preto.

Ordem de Santo Agostinho (Agostinianos ou Agostinhos, O.S.A.) – organizada em 1243 a partir de eremitérios da Toscana. Seguem a regra de Agostinho de Hipona. Dependendo da região, usam hábitos brancos ou pretos com mantos negros. Esta ordem se dedicou ao trabalho missionário e em especial à impressão de livros e ao conhecimento. Um deles foi o abade Gregor Mendel, pai da genética e superior da abadia de Brno, a única da ordem. Ramos dissidentes formaram a **Ordem dos Agostinhos Recoletos** (O.A.R.,1588) e a **Ordem dos Agostinhos Descalços** (1592, O.A.D.).

Há ainda a **Ordem da Santíssima Trindade para a Redenção dos Cativos (Trinitários, O.SS.T)**, dedicada originalmente ao resgate de cristãos capturados por piratas, e a **Ordem de Nossa Senhora das Mercês (Mercedários, O.deM.**), para resgatar cristãos capturados por mouros na Península Ibérica, ambas mais tarde dedicadas ao cuidado de pobres e doentes. Também existem a **Ordem dos Mínimos (O.M.)**, semelhante à franciscana, com o voto adicional de não consumir carne e laticínios, os **Irmãos Hospitaleiros de São João de Deus (O.H.)**, voltados para assistir doentes em hospitais e a **Ordem dos Irmãos de Nossa Senhora de Belém (Belemitas)**, criada na Guatemala para evangelizar indígenas e ajudar pobres e crianças abandonadas.

Ordens de clérigos regulares

As ordens de clérigos regulares são formadas por sacerdotes cuja função principal é pastoral e educativa. Vivem em comunidade e seguem uma regra, mas se dedicam aos fiéis e ao trabalho missionário, não ao serviço do coro ou à penitência. Vestem-se de maneira mais semelhante aos clérigos seculares, à parte alguns detalhes, e como eles são chamados de "padres", não de monges ou frades.

Surgiram da Contrarreforma, ou seja, da reação organizada da Igreja Católica à Reforma protestante, com o propósito de servir de exemplo moral ao restante do clero e buscar conquistar fiéis e manter vivas a fé e o respeito pela hierarquia, em contraste com a importância dada pelas ordens religiosas mais antigas à liturgia, à vida contemplativa e à caridade. Tendem a ser mais pragmáticos e menos tradicionalistas. Por estarem sob o comando direto do Papa e não dos bispos e interferirem em questões locais e nacionais, foram frequentemente objeto de desconfiança dos governos e por várias vezes sofreram expulsões e proibições em diferentes países. São exemplos:

Clérigos Regulares de São Caetano de Tiene (Teatinos, C.R.) foi a primeira dessas ordens, fundada em 1524 em reação direta à rebelião de Martinho Lutero em 1521 com a proposta de reformar os costumes do clero e dos fiéis.

Clérigos Regulares de São Paulo (Barnabitas, B.), fundada em 1530, dedicam-se ao trabalho missionário e à educação e em especial ao estudo das Epístolas de Paulo.

Companhia de Jesus (Jesuítas, S.J.), fundada em 1540 pelo ex-cavaleiro Inácio de Loyola como ordem dedicada à propaganda e defesa da fé, debaixo de disciplina militar, é a mais importante das ordens de clérigos seculares e teve um importante papel missionário nas Américas e no Oriente. Foi suprimida em 1773 por pressões de Portugal, França e Espanha, países nos quais a ordem era um empecilho a reformas políticas centralizadoras, mas se manteve na Rússia, onde era protegida pelo governo e foi restaurada em 1814, graças ao ambiente político reacionário proporcionado pela luta contra a Revolução Francesa. Por sua formação especial, os jesuítas são a mais erudita das ordens católicas e formaram um número significativo de cientistas.

Outras ordens de clérigos regulares são os **Somascanos (C.R.S.)**, os **Camilianos (M.I.)**, os **Clérigos Regulares Menores (C.R.M.)** e os **Piaristas** ou **Esculápios (Sch.P.)**.

A formação dos jesuítas é a mais longa e complexa entre as ordens católicas. Como nas demais ordens religiosas, o jesuíta passa pelos estádios de postulante (primeira provação) e noviço (segunda provação), mas antes de ser professo passa pelo estádio intermediário de **escolástico**, a menos que queria se limitar a ser um **coadjutor temporal** (análogo a irmão leigo em outras ordens).

Um coadjutor temporal ou irmão limitava-se tradicionalmente ao papel de auxiliar dos professores, executando tarefas como as de cozinheiros, alfaiates, agricultores, secretários, contadores e bibliotecários. Atualmente também procuram formação acadêmica para se tornar professores ou se dedicar a aconselhamento e direção espiritual.

Um **escolástico** deve fazer um curso universitário regular e obter um doutorado em qualquer área acadêmica, enquanto vive numa comunidade de formação onde recebe uma introdução à teologia, etapa chamada "juniorado". Em seguida, passa por dois ou três anos de "regência", nos quais vive numa comunidade jesuíta propriamente dita e dá aulas numa escola de segundo grau ou cumpre outra tarefa comparável. Faz depois um curso de teologia de pelo menos quatro anos e recebe no mínimo o bacharelado antes de ser ordenado diácono e presbítero.

Ao final desse processo de oito a quatorze anos, escolhe ser um **coadjutor espiritual**, que faz os três votos tradicionais, ou um

professo, que faz um quarto voto de obediência especial ao Papa, ainda em caráter simples. Entra então na "terceira provação", trabalhando mais alguns meses ou anos, antes de fazer os **votos solenes**, que incluem não permitir qualquer atenuação do voto de pobreza, não ambicionar ou fazer campanha por cargos eclesiásticos, denunciar jesuítas que violem esse voto e aceitar conselhos do superior provincial mesmo que chegue a bispo.

O superior geral dos jesuítas tem o título oficial de **Prepósito Geral** e o informal de **Padre Geral**, também apelidado "**papa negro**" por sua importância e por suas vestes pretas. Este tem sua própria Cúria Geral e deve nomear um **Admoestador**, que deve servir como assistente e conselheiro, mas também tem a responsabilidade de adverti-lo se julgar que está a caminho de desobedecer ao papa ou incorrer em heresia.

O **Padre Geral**, juntamente com quatro **Assistentes Gerais**, é eleito de forma vitalícia pela Congregação Geral, um colégio formado pelos superiores provinciais ou **Padres Provinciais** nomeados por seu antecessor e respectivos "sócios" ou assistentes. Cada comunidade jesuíta é chefiada por um **superior**, equivalente ao **prior** de outras ordens e auxiliado por um **ministro**, que pode ser **reitor** se dirige uma instituição educacional jesuíta. Várias províncias são reunidas em uma "assistência", representada na Cúria Geral por um **Assistente Regional** (que hoje são doze).

Congregações

A partir do século XVII, surgiram congregações independentes das ordens mendicantes, mas com propósitos e organização semelhantes e cujos membros fazem apenas votos simples (não solenes). Podem ter até cinco ramos: clerical apostólico, clerical conventual, irmãs apostólicas, irmãs conventuais e fiéis laicos.

Uma das mais importantes é a **Congregação das Missões** (**Lazaristas** ou **Vicentinos, C.F.V.**), fundada por Vicente de Paulo em 1625. O ramo feminino, **Filhas da Caridade de São Vicente de Paulo** (**Vicentinas**) de 1633, foi a primeira ordem católica de mulheres não enclausuradas e se caracterizava até 1964 pela touca branca com a forma de um par de asas (como a da *Noviça Voadora* de uma série de televisão dos anos 1960).

Outras congregações análogas de importância internacional incluem a **Sociedade de Maria (Marianistas, M.S.)**, a **Companhia de Maria (Maristas, S.M.)**, a **Sociedade São Francisco de Sales (Salesianos, S.D.B.)**, a **Congregação das Irmãs do Bom Pastor** etc.

Há ainda confrarias ou irmandades de leigos de caráter local, dedicada a um santo padroeiro e formadas em torno de uma capela ou de um altar lateral de igreja e ele dedicado, que promovem a ajuda mútua a seus membros, a caridade aos necessitados e às vezes formas de penitência regulares (irmandades de penitência). Foram especialmente importantes no Brasil Colonial.

Ordens Militares Religiosas

As ordens militares religiosas tiveram a sua origem nas cruzadas, das quais mantiveram o distintivo comum de toda ordem de cavalaria, a cruz usada no peito. A primeira delas foi fundada em 1119 por Hugo de Payns e mais oito cavaleiros cruzados dispostos se tornarem monges que foram convencidos pelo rei Balduíno II de Jerusalém a, mesmo fazendo os votos de pobreza, castidade e obediência perante o patriarca de Jerusalém, continuar a ser cavaleiros e defender seu reino e os peregrinos, o que veio a ser a Ordem dos Templários.

Outras ordens vieram a ser fundadas e atuaram de acordo com esse modelo em três frentes das guerras da Europa cristã: Oriente Médio, Península Ibérica (contra os muçulmanos) e países bálticos (contra os pagãos). Eram chamados de **freires** (uma variação de "frade"), título abreviado para "frei" ao ser usado com o nome, e comandados por um **grão-mestre**, ao qual estavam subordinados tanto os **balios** ou **bailios** (comandantes de fortalezas importantes) quanto **grão-priores** e **priores,** chefes dos *priorados* regionais e às vezes **mestres**, comandantes de grandes seções autônomas da Ordem. Aos balios e priores eram subordinados os **comendadores ou preceptores,** administradores de *comendas (encomiendas,* em castelhano), *comanderias* ou *preceptorias,* porções de terra doadas às ordens, as quais deviam administrar e enviar ao comando uma parte do rendimento (geralmente um terço), mantendo o restante para sustentar a si e seu pessoal.

As ordens incluíam:

professos leigos, os **freires** propriamente ditos, que deviam ser de nascimento nobre. Tinham direito a três cavalos e um ou dois escudeiros, que geralmente não eram membros da ordem e sim contratados.

professos clérigos, que não eram combatentes e serviam como capelães, sendo chamados **cônegos**, por seguir a regra da Ordem.

sargentos d'armas, serventes d'armas ou **homens d'armas**, que serviam como cavaleiros de segunda classe, com direito a apenas um cavalo, ou como *casaliers* (caseiros), notários ou administradores.

irmãos leigos, auxiliares mais humildes com a função de armeiros, palafreneiros, ferreiros, pedreiros e escultores.

confrades (*confrères*), cavaleiros associados que serviam por tempo limitado e não faziam votos monásticos.

Ao contrário das ordens monásticas, algumas das militares aceitavam homens casados, permitiam também o casamento após a admissão, desde que uma só vez e com uma virgem, ou mesmo admitiam segundos casamentos e exigiam apenas um voto de fidelidade conjugal. Os filhos de cavaleiros eram automaticamente admitidos nas ordens, o que fez algumas delas se tornarem parcialmente hereditárias.

Algumas ordens tiveram também conventos femininos, cujas freiras usavam os símbolos de sua ordem sob a proteção dos cavaleiros. Nas ordens que não exigiam castidade, era uma maneira de garantir a segurança das esposas, viúvas e parentas dos cavaleiros e a criação de seus filhos.

Templários

Ordem dos Pobres Cavaleiros de Cristo e do Templo de Salomão (Templários) – Fundada em 1119, seguia a regra cisterciense. Os cavaleiros que faziam voto de castidade usavam um manto branco com uma cruz vermelha no peito, os casados usavam manto cinzento sem capuz e os sargentos, manto negro. Essa cruz veio a ser estilizada como um cruz pátea (de pontas largas) vermelha sobre fundo branco que, conhecida como "cruz templária", era o símbolo da ordem.

Essa cruz, cujo formato foi adotado também pelas ordens dos hospitalários e teutônicos, representava o octógono do Domo da Rocha, mesquita sobre o morro do Templo que durante a ocupação cruzada foi transformada em igreja. Os templários, que converteram a vizinha mesquita de Al-Aqsa em seu quartel-general, consideravam o Domo como o próprio Templo de Salomão ao qual era dedicada a Ordem e reproduziam seu plano nas igrejas que construíram pela Europa.

No apogeu, existiram quase mil comunidades de templários na Europa e no Oriente, que possuíam nove mil propriedades e tinham cerca de sete mil membros. O número de auxiliares não professos e dependentes era sete ou oito vezes esse número. A proporção entre pessoal de apoio e combatentes era de cerca de 3 para 2. No reino de Jerusalém, mantinham cerca de trezentos cavaleiros e mil sargentos. Também atuaram militarmente na Península Ibérica, lutando ao lado dos reis cristãos na Reconquista.

Ao contrário das ordens monásticas e dos Hospitalários, os Templários se dedicavam pouco a esmolas e obras de caridade e eram essencialmente militares e gestores. As doações que receberam e a administração eficiente de suas propriedades os tornaram uma das corporações mais ricas da Europa Ocidental, mas mantiveram uma reputação de parcimônia e probidade. Emprestavam dinheiro a indivíduos e instituições e principalmente a reis, criando o primeiro sistema bancário do Ocidente cristão, atendendo a uma necessidade que era manifesta desde o século XI, mas vinha sendo desempenhada apenas por judeus.

A extensão das bases e propriedades dos Templários, da Inglaterra e Portugal até Jerusalém, junto com o respeito religioso e militar que inspiravam, era ideal para uma operação com cartas de crédito. Mediante uma taxa, o interessado depositava uma quantia em qualquer de seus castelos, recebia o documento e podia descontá-lo em qualquer outro castelo da Ordem, evitando os riscos de ser roubado durante a viagem e as despesas com a contratação de mercenários para proteger o dinheiro, que ficava bem protegido nas galerias subterrâneas de seus mosteiros-fortalezas e, quando precisava ser transportado, contava com a proteção de uma força militar de elite.

Também realizavam empréstimos com a garantia da renda da

terra ou de um benefício e deduziam parte da importância coletada para cobrir suas despesas, o que era uma forma disfarçada de cobrar juros, ainda em tese proibidos aos bons cristãos. Outro serviço financeiro era a provisão de anuidades e pensões: em troca da doação de terras ou dinheiro, a Ordem se comprometia a garantir certa renda a um homem e sua esposa até a morte, para prover à subsistência de alguém na velhice ou ao bem-estar dos dependentes. Também trabalhavam para papas e reis como servidores públicos.

Assim como a pequena nobreza da qual se originavam, os cavaleiros templários eram quase sempre analfabetos, dependiam de clérigos e sargentos mais instruídos para manter a escrituração e contabilidade dos negócios da Ordem e nada sabiam de teologia ou direito canônico. Frequentemente expressavam ideias heterodoxas, não por discordarem dos ensinamentos da Igreja, mas por simples ignorância. Em combinação com os segredos que cercavam as cerimônias de iniciação (modeladas nas de irmandades de artesãos, que frequentemente incluíam simulações de batismos e missas) e as reuniões dos capítulos (em parte justificáveis por questões militares e praticadas também por outras ordens), isso os tornou alvo fácil de acusações de heresia.

Após a derrota e expulsão dos cruzados do Oriente Médio, a ordem ficou sem objetivo claro e se tornara um estorvo para o rei franco de Chipre, mas resistiu a se fundir com a Ordem dos Hospitalários para facilitar uma futura nova cruzada, como desejava o Papa. Suas propriedades eram ambicionadas pelos reis europeus. O papa Clemente V, manipulado pelo rei Filipe IV da França, a dissolveu em 1312 sob a falsa acusação de blasfêmia e heresia, e 54 templários, incluindo seu último grão-mestre, Jacques de Molay, foram queimados vivos em fogueiras.

A maior parte dos membros combatentes da Ordem, que estavam em Chipre, foram incorporados aos Hospitalários juntamente com os bens que tinham na ilha, como desejava o papa, mas na maior parte da Europa eles foram perseguidos e dispersados e suas propriedades foram tomadas pelos reis e (no caso de algumas sedes e mosteiros) pelos dominicanos que administravam a Inquisição.

As exceções foram Portugal e Aragão, onde o papa permitiu a seus reis, D. Dinis e D. Jaime II, criarem novas ordens militares, a Ordem de Cristo e a Ordem de Montesa, a partir dos templários e dos bens que tinham ali.

Ordem de Calatrava

A Ordem de Calatrava surgiu em 1158, quando o prior cisterciense Raimundo, aconselhado por seu frei Diego, que havia sido cavaleiro, atendeu ao rei castelhano Sancho III, que oferecia a vila fortificada de Calatrava, abandonada pelos templários, a qualquer um que se propusesse a defendê-la. Raimundo recrutou milhares de monges e soldados cuja presença dissuadiu os mouros de tentar retomar o lugar.

Os cavaleiros atuaram inicialmente como irmãos leigos da ordem cisterciense, mas, insatisfeitos por serem comandados por um abade e viverem entre monges, obtiveram sua autonomia como ordem militar inspirada na dos Templários, adotando uma regra baseada na dos irmãos leigos cistercienses. Usaram inicialmente uma cruz negra, que para se diferenciar de outras ordens religiosas tinha flores-de-lis nas pontas, chamada cruz florente. No século XIV, essa cruz passou a ser vermelha. Chegou a reunir dois mil cavaleiros e teve um papel militar importante até o fim da Reconquista.

A partir de 1487, os reis de Castela tomaram o lugar de seus grão-mestres. Em 1540, os cavaleiros foram dispensados do voto de castidade (substituído pelo de fidelidade) e em 1551 do voto de pobreza, voltando a ter bens pessoais. A ordem passou a existir apenas como uma forma de outorgar pensões e distinção a quem os reis julgassem merecedores e em 1838, o confisco de suas propriedades a extinguiu.

Ordem de Alcântara

A **Ordem de Alcântara** foi criada no reino de Leão em 1093, no atual território português (Beira Alta), com o nome de Ordem de São Julião do Pereiro, seguindo a regra cisterciense. Em 1218, foi encarregada de defender a vila de Alcântara sob as ordens da Ordem de Calatrava e em 1253 era conhecida pelo nome atual. Seus domínios ficaram circunscritos à região da atual Extremadura espanhola e seu símbolo era uma cruz florente verde. Como outras ordens de cavalaria espanholas, passou ao controle direto do rei após o fim da Reconquista, foi secularizada e em 1875 foi transformada em mera ordem honorífica, concedida por serviços militares.

Ordem de Avis

A **Ordem de São Bento de Avis**, com sede em Évora desde 1175, foi originalmente o ramo português da Ordem de Calatrava, da qual se separou em 1385 após a ascensão de D. João I, Mestre de Avis, ao trono de Portugal, visto que Castela custou a reconhecê-lo e os dois países tomaram partidos opostos no Grande Cisma do Ocidente. A nova ordem adotou uma cruz semelhante à de Calatrava, mas verde (semelhante, portanto, à da Ordem de Alcântara), e foi dispensada do voto de castidade. Seus grão-mestres passaram a ser nomeados entre membros da casa real e favoritos do rei e seus cavaleiros participaram da guerra no Marrocos.

Em 1551, os cavaleiros foram dispensados também do voto de pobreza e a ordem foi progressivamente secularizada. Em 1834 foi extinta e em 1894 ressuscitada como ordem honorífica para militares que prestassem serviços relevantes a Portugal.

Ordem de Cristo

Fundada em 1319 a partir dos Templários de Portugal, a Ordem de Cristo teve sua sede na vila de Tomar e tinha como símbolo a "Cruz de Cristo", uma versão modificada da cruz templária: dentro da cruz pátea vermelha (modificada como cruz potenteia, terminada em barras) foi inserida uma cruz branca, que se diz representar a inocência dos Templários, seus antecessores.

A partir de 1417 a ordem foi diretamente controlada pelos reis portugueses, que instalavam seus favoritos e infantes como grão-mestres, a começar pelo infante D. Henrique, que usou a riqueza da Ordem para financiar o início das expedições marítimas portuguesas. No reinado de D. Manuel, o Venturoso, a Ordem passou de 70 a 454 comanderias e ganhou grande importância política.

A Cruz de Cristo adornava as moedas cunhadas por D. Manuel, as velas das primeiras caravelas e os marcos de posse deixados pelos navegadores, bem como as vestes dos sacerdotes e as paredes das primeiras igrejas do ultramar, das quais foi padroeira. Identificada com os descobrimentos e conquistas portugueses, veio mais tarde a ser incorporada aos símbolos nacionais de Portugal.

Em 1421, foi promovida uma reforma na regra da Ordem, que

passou a se basear na espanhola Ordem de Calatrava. Em 1529, seus clérigos passaram ao regime de claustro, enquanto os cavaleiros foram secularizados. Em 1551, o grão-mestre passou a ser o rei de Portugal, ao qual um **grão-prior** era subordinado. Em 1627, o rei Filipe IV da Espanha tentou restaurar a obrigatoriedade dos votos religiosos (com possível dispensa do papa para o de castidade), sem sucesso. D. Maria, a Louca, fez em 1789 uma última tentativa de restaurar seu caráter de ordem religiosa, da qual desistiu.

Em 1834, após o envolvimento da maioria de seus cavaleiros na guerra civil ao lado do derrotado partido miguelista, a ordem foi dissolvida e seus bens liquidados. Foi ressuscitada como ordem honorífica portuguesa, conferida principalmente a funcionários do governo, diplomatas, juízes e esposas de chefes de Estado estrangeiros.

Ordem de Montesa

Foi criada em 1312, a partir das propriedades que haviam pertencido à Ordem dos Templários no reino de Aragão, para defendê-lo dos mouros e piratas. Confirmada pelo papa em 1317, manteve a regra cisterciense dos Templários e recebeu os cavaleiros da Ordem dos Mercedários, transformada pelo papa em ordem apenas clerical, mas ficou sob a dependência da Ordem de Calatrava. Seu nome derivava do castelo de São Jorge de Montesa, seu principal bastião, na atual província espanhola de Valência. Sua divisa foi originalmente uma cruz negra florente (com as pontas em flores-de-lis), dentro da qual foi sobreposta em 1400 uma cruz vermelha simples da Ordem de São Jorge de Alfama, à qual se fundiu. Em 1587, a ordem foi incorporada à coroa espanhola.

Hospitalários ou Cavaleiros de Malta

Ordem dos Cavaleiros do Hospital de São João (Hospitalários, S.M.O.M.) – Criada em 1113 como comunidade leiga dedicada a cuidar de peregrinos pobres, ganhou também caráter militar em 1120, quando seu fundador, irmão Gérard, foi sucedido pelo cavaleiro Raimundo de Lepuy. Adotou a regra agostiniana, mais branda que a cisterciense, manteve suas atividades caritativas ao lado das militares e tinha membros cujo grau de instrução era mais elevado que o de seus rivais Templários. Ao contrário deles, não admitia cavaleiros casados, a não ser como confrades (*confrères*) que serviam por tempo fixo, com votos temporários.

Os Hospitalários usaram inicialmente um manto negro com uma cruz branca simples no peito, substituído depois por uma túnica negra, mais prática. A partir de 1259 usavam em batalha uma túnica vermelha com a cruz pátea branca, similar à dos Templários, mas de cores invertidas.

Após a expulsão dos cruzados de seu último reduto em Acre (1291), os hospitalários conseguiram tomar aos bizantinos a ilha de Rodes em 1309 e transformá-la em base da luta contra piratas e reinos muçulmanos. Em 1312, quando a ordem do Templo foi dissolvida, absorveram a maior parte de seus combatentes e grande parte de suas propriedades.

Ficaram conhecidos como Cavaleiros de Rodes até 1522, quando foram expulsos da ilha pelo Império Otomano. Em 1530, o rei Carlos V da Espanha lhes concedeu a ilha de Malta em troca do tributo simbólico de um falcão maltês por ano. Passaram então a ser chamados "Cavaleiros de Malta", defendendo a ilha de invasões muçulmanas e a usando como base para continuar a luta contra os turcos e os piratas da África do Norte.

Nessa época a cruz usada pelos cavaleiros passou a ser estilizada com oito pontas aguçadas, formato hoje conhecido como "cruz de Malta". As pontas foram associadas às "línguas" nas quais os cavaleiros se organizavam por origem desde 1462: Provença (sul da França), Alvérnia (França Central, atual *Auvergne*), França (norte da França), Aragão (incluindo Navarra), Castela (incluindo Portugal), Itália, Inglaterra (ilhas Britânicas) e Alemanha (incluindo os países nórdicos, a Polônia e a Hungria).

Em Portugal, as principais sedes da Ordem eram o Baliado de Leça (mosteiro-fortaleza, senhor de um couto, ou território isento de impostos e da justiça real na atual região metropolitana do Porto), doado por Afonso Henriques nos anos 1120 e o Priorado do Crato, sede no país a partir de 1340, na vila do mesmo nome no Alentejo, perto da fronteira com Castela. Em 1580, o Prior do Crato, D. António (primo de D. Sebastião) teve um papel politicamente importante ao liderar a resistência portuguesa à incorporação do reino à coroa de Castela. A principal comanderia era a de Belver, também no Alentejo, que incluía um castelo estrategicamente importante. Houve também um Convento das Maltesas em Estremoz, ainda no Alentejo.

Cada uma das "línguas" era comandada por um *Pilier* ("pilar") que também era **bailio conventual** do convento ou "albergue" (quartel principal) de sua "língua" em Malta e detinha um dos principais cargos subordinados ao grão-mestre: **grão-comendador** (da Provença, responsável pelo tesouro da ordem), **marechal** (da Alvérnia, comandante das tropas de terra), **grão-hospitalário** (da França, responsável pelo hospitais e enfermarias), **almirante** (da Itália, comandante naval), **drapeiro**, depois **grão-conservador** (de Aragão, responsável pelo fardamento, abastecimento e manutenção), **grão-cancelário** (de Castela, equivalente a secretário de Estado), **turcopoleiro** (da Inglaterra, originalmente responsável pelos mercenários conhecidos como turcópolos, arqueiros montados de origem turca a serviço dos cristãos, depois pela guarda costeira) e **grão-balio** (da Alemanha, responsável pelas fortificações principais). O **grão-mestre,** que podia ser de qualquer das "línguas", recebeu em 1607 o título de Príncipe do Sacro Império (*Reichsfürst*) e em 1630 foi equiparado a um cardeal, com o título especial de *Sua Alteza Eminentíssima*.

A língua da Inglaterra foi suspensa com a ruptura de Henrique VIII com o catolicismo e em 1780 fundida à da Alemanha como Língua Anglo-Bávara, incluindo a Polônia e a Baviera. O ramo no norte da Alemanha se converteu ao protestantismo e se tornou autônomo como Bailiado de Brandemburgo sob proteção dos margraves-eleitores de Brandemburgo, depois reis da Prússia e imperadores da Alemanha, com ramos na Suécia e Holanda, protegidos pelos respectivos monarcas, dedicando-se a obras de caridade patrocinadas pela nobreza.

A Ordem chegou a ter, no fim do século XVIII, 25 priorados (cada um sob o comando de um **grão-prior**) e 23 bailiados (comandados por um **bailio capitular**). Mas, em 1798, a Ordem foi expulsa de Malta por Napoleão, que tomou a ilha a caminho de sua invasão do Egito. Os britânicos a tomaram, por sua vez, em 1800, mas igualmente não permitiram o retorno dos cavaleiros. A maioria se refugiou na Rússia, onde o czar Paulo I (apesar de ser ortodoxo) foi eleito grão-mestre e protetor. Seu sucessor Alexandre I abriu mão do cargo e em 1810 incorporou a Ordem e suas propriedades ao Estado, transformando-a em condecoração honorária da nobreza russa até a revolução de 1917.

O ramo que permaneceu na Europa Ocidental criou uma nova sede em Roma em 1834 sob a liderança de um Tenente, que a partir de 1879 voltou a se intitular Grão-Mestre. Perdeu, porém, o status militar e quase todos os seus mosteiros e propriedades (em Portugal, pela reforma liberal 1834). Com o novo nome de **Ordem Soberana e Militar Hospitalária de São João de Jerusalém, de Rodes e de Malta**, continua em vários países (inclusive o Brasil) a ser reconhecida como "Estado soberano" e possuir embaixadas, apesar de já não deter nenhum território (apenas um palácio e uma *villa* com status extraterritorial em Roma).

Na nova fase, a Ordem se tornou principalmente uma organização beneficente de nobres dedicada a manter hospitais e asilos e socorrer vítimas da guerra e de desastres naturais, ao mesmo tempo que confere honrarias a benfeitores, mas há também um corpo militar da Ordem de Malta que opera juntamente com o exército italiano, com funções médicas e paramédicas.

Os membros classificam-se nas seguintes categorias, em ordem decrescente de hierarquia:

Primeira classe

Cavaleiros de justiça – os que professam os votos religiosos tradicionais. Usam o título de "frei" e, após o noviciado, fazem votos simples renovados por dois a dez anos antes de fazer os votos solenes, mas atualmente não se exige a vida em comunidade. Originalmente, deviam ser nobres de 16 costados (ou seja, todos os trisavós nobres). Desde 1990, são aceitos plebeus que tiverem entrado na ordem pela terceira classe, embora não possam chegar aos postos de grão-mestre e grão-comendador (no ramo protestante, a exigência de nobreza caiu em 1946).

Capelães conventuais – que depois de serem admitidos como cavaleiros são ordenados sacerdotes e têm o título de cônego.

Cavaleiros de graça – eram admitidos como cavaleiros e professavam os votos apesar de não atenderem plenamente aos requisitos de nobreza, por meio de dispensa papal ("graça") e não por fazerem jus ("justiça") a eles por seu nascimento. Não podiam subir a posto mais elevado que o de comendador. Na maioria das vezes, eram filhos de pai nobre e mãe plebeia. Esta categoria não mais existe.

Segunda classe

Cavaleiros e damas de obediência – criados entre as duas guerras mundiais, fazem apenas uma promessa de obediência e de viverem como bons cristãos depois de um ano como postulantes e um retiro espiritual de cinco dias. Originalmente, apenas cavaleiros (homens) das categorias 3.1 e 3.3 eram admitidos. A partir de 1990, passaram a ser aceitos cavaleiros e damas de todas as categorias.

Donatos de justiça – que faziam os votos e entravam nos conventos sem ser nobres, originalmente como irmãos de armas ou sargentos. Até 1364, podiam ser promovidos a cavaleiros.

Capelães de obediência – que não participavam do Convento da Ordem em Rodes ou Malta, mas serviam em alguma igreja da Ordem sob a autoridade de um prior ou comendador. Esta categoria não mais existe.

Terceira classe

Cavaleiros e damas de honra e devoção – títulos honorários concedidos a cardeais e a fidalgos da sociedade civil cujas famílias devem ter sido nobres a) dos quatro costados por 200 anos; b) pela linha paterna há 250 anos e por outras duas há 200; c) pela linha paterna há 350 anos e por mais uma delas há 200; ou d) só pela linha paterna há 450 anos.

Capelães honorários – títulos honorários concedidos a clérigos (geralmente bispos e prelados), que se tornam cônegos honorários da Ordem.

Cavaleiros e damas de graça e devoção – títulos honorários de grau intermediário, concedidos a fidalgos da sociedade civil cujas famílias devem ter sido nobres a) pela linhagem paterna e materna há pelo menos 100 anos ou b) pela linhagem paterna há 200 anos, casada com mães nobres ou de distinção social pelas últimas três gerações.

Capelães magistrais – título honorário a clérigos de menor distinção.

Cavaleiros e damas de graça magistral – títulos honorários concedidos a nobres de menor qualificação e plebeus ricos, católicos praticantes, que devem fazer uma doação substancial à Ordem. Atualmente são a maioria dos membros.

Donatos de devoção – pessoas admitidas na Ordem por serviços prestados, originalmente os irmãos leigos que prestavam serviços auxiliares (ferreiros, carpinteiros etc.).

Os cavaleiros de justiça podiam ser elevados a comendadores, originalmente após cinco anos de serviço, se houvesse uma vaga dentro de seu priorado. Após mais cinco anos, se fizessem melhoramentos em sua comanderia, poderiam receber outra maior. Aos quinze anos de serviço, se houvesse vaga, podia se tornar prior, bailio capitular ou bailio conventual e receber a **grã-cruz**, que representava o direito de participar do Capítulo Geral da Ordem. Havia também bailios honorários, sem comando.

Atualmente, os cavaleiros professos também podem ser promovidos a comendadores, cavaleiros da grã-cruz e cavaleiros bailios da grã-cruz (correspondentes aos antigos bailios conventuais) e os da segunda e terceira classe podem receber as duas últimas honrarias. A ordem tem hoje seis priorados (chefiados por priores e que precisam ter pelo menos cinco cavaleiros professos) e quatro sub-priorados (administrados por regentes e que precisam inclui pelo menos nove cavaleiros de segunda classe).

Cavaleiros Teutônicos

A **Ordem dos Cavaleiros Teutônicos de Santa Maria de Jerusalém (O.S.M.T.)** foi fundada em Acre em 1198 e adquiriu em 1220 o castelo de Montfort, perto dali, que foi sua sede até 1271. Visou reunir cruzados de língua alemã que desejavam prestar serviço religioso na "Terra Santa", mas tinham dificuldades com as ordens dos Templários e Hospitalários, formadas na maioria por latinos (e ingleses descendentes de normandos, que falavam francês) nas quais o francês era a língua franca. Seguiram a regra agostiniana dos hospitalários, assim como eles mantinham conventos femininos. Seu símbolo era uma cruz pátea negra sobre manto branco.

Em 1211, parte da ordem foi para a Transilvânia defender a fronteira húngara dos cumanos, mas dali foram expulsos em 1225 por reivindicarem um território subordinado ao papa em vez do rei húngaro. No ano seguinte, porém, o soberano do Sacro Império lhes concedeu o território da Prússia, que as ordens de Dobrin e Calatrava tinham fracassado em tomar aos pagãos que ainda a habitavam, e em 1234 sua soberania sobre as terras conquistadas, subordinada apenas ao papa, foi confirmada por uma bula papal. Em 1236, incorporaram a derrotada **Ordem dos Irmãos da Espada da Livônia**, encarregada desde 1202 de conquistar e converter a região desse nome (atuais Estônia e Letônia), que se tornou um ramo autônomo dos Cavaleiros Teutônicos com o nome de Cavaleiros da Livônia, chefiado por um **Mestre** da Livônia. Havia também um **Mestre** da Alemanha que comandava os bailiados, *Landkomtur* e as comendas, *Komtur*, da Ordem no Sacro Império. Ambos eram subordinados ao Grão-Mestre (*Hochmeister*) que governava a Prússia e toda a ordem e tinha como auxiliares um **grão-comendador**, um **grão-marechal**, um **grão-hospitalário**, um **tesoureiro-geral** e um **fanqueiro-geral** (encarregado de uniformes e abastecimento).

Após muitas batalhas e revoltas, a conquista e pacificação dos prussianos e livonianos foi completada em 1290, após muitas batalhas e revoltas. Em 1291, com a expulsão dos cruzados da Palestina, a ordem passou a operar apenas na região do Báltico, com sede em Marienburg (atual Malbork, na Polônia). Em 1387, com a cristianização da vizinha Lituânia, última nação pagã da Europa, a Ordem Teutônica perdeu seu propósito religioso e se tornou mais uma potência beligerante, principalmente contra a Polônia e a Lituânia, até que estas a derrotaram decisivamente em 1410, reduzindo seu poderio bélico. Os cavaleiros da Livônia ampliaram então sua autonomia e formaram uma confederação com os bispados da região e com a cidade livre de Riga.

Em 1525, o último grão-mestre teutônico renunciou, converteu-se ao luteranismo e se tornou Duque da Prússia, sob a suserania do rei da Polônia. Em 1618 o ducado foi herdado pelos margraves de Brandemburgo, que em 1657 obtiveram sua independência em relação à Polônia, e em 1701 a transformação em Reino da Prússia, que mais tarde se tornaria a maior potência militar da Alemanha e o condutor de sua unificação em 1870. A Prússia e depois a Alemanha continuaram a usar a cruz pátea negra dos Cavaleiros Teutônicos, transformada num dos símbolos nacionais e na condecoração prussiana e depois alemã conhecida como "cruz de ferro".

Em 1561, também o mestre da novamente independente Ordem da Livônia se converteu ao luteranismo. Perdeu parte das terras do norte para a Dinamarca e Suécia e do sul para a Lituânia e fundou no que restou o Ducado da Curlândia e Semigália, vassalo da Lituânia, que durou até 1795, quando foi anexado pela Rússia.

O bailiado de Utrecht, na atual Holanda, também se converteu ao protestantismo (neste caso, calvinista). Essa seção da Ordem Teutônica tornou-se gradualmente uma sociedade de aristocratas e continua a existir como tal nos dias de hoje.

Dezoito bailiados da Ordem Teutônica na Alemanha se localizavam, porém, em territórios que continuaram leais à Igreja Católica e neles a ordem continuou a existir sob o comando de um grão-mestre com sede em Mergentheim, Württemberg, com o título de príncipe do Império. Em 1555, a ordem passou a aceitar também protestantes.

Em 1809, Napoleão dissolveu a ordem e secularizou suas propriedades, mas ela continuou a existir nos bailiados do Tirol e Áustria, sob a proteção dos imperadores austríacos. Seus grão-mestres foram arquiduques da casa imperial da Áustria até a queda do Império, após a I Guerra Mundial. Reorganizada pelo papa em 1929, a ordem passou a ser clerical e dedicada à caridade, perdendo o caráter nobiliárquico.

Ordem de Santiago (Santiaguistas ou Espatários)

A **Ordem Militar de Santiago** foi criada no reino de Leão em 1170. Seus fundadores, inicialmente "freires de Cáceres" ou "irmãos da Espada", foram um grupo de cavaleiros religiosos que recebeu do rei a missão de defender dos mouros a cidade de Cáceres, onde foram derrotados em 1174. Depois de incorporar como capelães os cônegos agostinhos do convento de São Loio, perto de Compostela, tiveram a ordem aprovada em 1175 pelo papa com o nome de "freires de Santiago", com o objetivo de proteger os peregrinos do Caminho de Santiago e combater os muçulmanos da Península Ibérica. Sua regra, baseada na agostinha, recomendava mas não obrigava à castidade. O símbolo da ordem é uma cruz florente vermelha cujo ramo inferior termina numa espada.

A ordem se estendeu também aos reinos de Castela, Portugal, Aragão, França, Inglaterra e Lombardia e chegou a ter presença em Antioquia, no Oriente Médio. Leão e Castela disputaram a sede da Ordem até 1230, quando os dois reinos foram unidos e a ordem passou a ter uma sede única em Uclés, Castela. Por ter regras menos rígidas e aceitar cavaleiros casados, atraiu mais cavaleiros e reuniu mais bens que as ordens de Calatrava e Alcântara juntas e se tornou a maior das ordens ibéricas de cavalaria, chegando a governar duas cidades e 178 condados e aldeias.

A ordem manteve também conventos de mulheres, destinados principalmente a proteger as esposas, viúvas e parentas dos cavaleiros e seus filhos, que eram ali criados. As "freiras" prometiam castidade conjugal, mas não perpétua, de modo que podiam sair dos conventos para se casar. Suas prioras eram chamadas comendadoras.

Em 1493, encerrada a Reconquista, o rei da Espanha passou a ser grão-mestre da Ordem, que nos séculos XVII e XVIII se tornou uma honra muito ambicionada pela nobreza espanhola. Em 1653, tornou-se ainda mais exigente quanto ao "sangue azul": o candidato não podia ter nenhum ancestral não cristão e era preciso provar que os quatro avós eram fidalgos (e não apenas plebeus enobrecidos) e jamais exerceram ofícios manuais ou industriais (antes se requeria apenas que os avós paternos fossem fidalgos). A ordem ainda existe na Espanha, contando hoje com cerca de 30 cavaleiros.

O ramo português da ordem emancipou-se em 1290, onde foi chamada **Ordem de Santiago da Espada**. Como as outras ordens portuguesas, foi secularizada no século XVI, abolida em 1834 e depois transformada em ordem honorífica, usada para premiar o mérito literário, científico e artístico. Seu símbolo é a mesma cruz da ordem espanhola, mas em Portugal é roxa e não vermelha.

Cavaleiros Sepulcristas

A Ordem Equestre do Santo Sepulcro de Jerusalém (Sepulcristas, O.S.S.J.) foi criada em 1098 pelo primeiro rei de Jerusalém, Godofredo de Bulhão, para defender a cidade, a partir de 50 cavaleiros. Seu sucessor, Balduíno I, lhe deu uma regra que, ao contrário dos Templários e Hospitalários, não exigia o voto de castidade. Sua insígnia era a mesma do próprio reino de Jerusalém: a chamada Cruz de Jerusalém, formada por uma cruz barrada, com uma cruzeta (cruz pequena) em cada um dos quadrantes, vermelha sobre fundo branco.

A Ordem continuou a existir na Europa após a expulsão dos cruzados da Terra Santa, com seis priorados, até 1484, quando o Papa Inocêncio VIII decidiu incorporá-la aos Hospitalários. Os reis da Espanha, França e Polônia protestaram e a Ordem continuou a existir em seus reinos até ser reorganizada por Alexandre VI em 1496, com o próprio papa como grão-mestre. Em 1847, com a assinatura de uma concordata entre o papa e o Império Otomano e a restauração do patriarcado em Jerusalém, ela passou a se dedicar principalmente a obras de caridade em sua jurisdição. Em 1949, a Ordem voltou a possuir um grão-mestre, escolhido pelo papa entre os cardeais da Cúria papal.

Atualmente, a Ordem confere os seguintes graus:

Cavaleiro do colar (apenas homens)

Cavaleiro ou dama da grã-cruz

Cavaleiro ou dama comendador(a) com estrela

Cavaleiro ou dama comendador(a)

Cavaleiro ou dama

Os membros devem ser católicos praticantes indicados por seus bispos e fazer uma doação substancial, além de pagar uma anuidade para sustentar as obras da Ordem. Os sacerdotes que recebem grau de cavaleiro foram tradicionalmente intitulados cônegos honorários, mas ultimamente esse título passou a ser aplicado apenas aos que recebem pelo menos o grau de comendador.

Cavaleiros de São Lázaro

A **Ordem Militar e Hospitalar de São Lázaro de Jerusalém (O.S.L.J.)** surgiu de um hospital de leprosos fundado em 1098 pelos cruzados em Jerusalém e criou uma rede de leprosários ou lazaretos por toda a Europa. Tornou-se parcialmente militarizada porque, ao contrair lepra, os cavaleiros de outras ordens eram enviados à de São Lázaro e ocasionalmente voltaram a participar de batalhas ao lado de irmãos fisicamente aptos. Seu símbolo era uma cruz verde, que na Idade Moderna foi estilizada com o formato da cruz de Malta (de oito pontas) e foi também usada como símbolo de farmácias pela Europa.

Com a expulsão dos cruzados da Palestina, a Ordem de São Lázaro continuou a existir por toda a Europa até 1489, quando o papa quis fundi-la à Ordem dos Hospitalários. Essa determinação não foi, porém, obedecida na França, onde a Ordem de São Lázaro continuou a existir com algumas dezenas de cavaleiros. No século XX, voltou a atrair nobres de outros países, principalmente Espanha e Portugal e em 1961 tornou-se ecumênica, aceitando também protestantes.

A ordem possui três grão-mestres, em Paris, Orleans e Malta, e reconhece cavaleiros de justiça (de origem nobre, com pelo menos nove de 16 costados) e cavaleiros de graça magistral (não necessariamente nobres) e confere os seguintes graus:

Leigos, Paris e Orleans	Leigos, Malta	Clérigos
Cavaleiro ou dama da grã-cruz	Cavaleiro ou dama da grã-cruz	Grã-cruz eclesiástica
Cavaleiro ou dama comendador	Cavaleiro ou dama comendador(a)	Comendador eclesiástico
Cavaleiro ou dama	Cavaleiro ou dama	Capelão sênior
Irmão ou irmã servente	Comendador(a)	Capelão
Irmão ou irmã	Oficial	Capelão assistente
–	Membro(a)	

Corporações

Os títulos relacionados às corporações ou guildas são, naturalmente, plebeus, mas nem por isso deixam de ser interessantes, inclusive para o autor de fantasia e ficção histórica. Além de as corporações serem uma realidade política muito importante nas vilas e burgos da Idade Média e Moderna – quando não a mais importante de todas, no que se refere às cidades-estados, frequentemente controladas por elas – sua estrutura serviu de modelo às universidades e, mais tarde, às sociedades secretas, a começar pela maçonaria. Sua lógica também poderia ser razoavelmente extrapolada para uma sociedade de magos ou feiticeiros, na medida em que se suponha que a formação destes depende de aprendizado e não de hereditariedade ou consagração religiosa.

Um sistema de colégios ou corporações de ofícios (*collegia opificum* ou *corporibus opificum*) existiu em Roma desde o reinado de Sérvio Túlio (578–535 a.C.) e havia cerca de trinta delas na cidade de Roma da época de Teodósio, mas não se sabe se chegaram a sobreviver à queda do Império do Ocidente. Volta-se a ter registro de organizações semelhantes no século X, a começar pelas principais cidades-estados italianas (Veneza, Gênova, Milão, Verona, Pisa), para atingirem um desenvolvimento pleno na maior parte da Europa Ocidental durante a Baixa Idade Média (a partir do século XII) e na Península Ibérica no início da Idade Moderna (pois tais instituições não existiram durante o domínio árabe). Essas corporações foram chamadas por muitos nomes, inclusive sociedades, companhias, universidades, colégios, irmandades e fraternidades e tiveram amplos poderes de regulamentação sobre a produção e venda da maioria dos produtos, exceto os alimentos mais básicos.

Na Idade Moderna, as corporações foram atacadas por teóricos e por governos por inibirem a concorrência e dificultarem a introdução de novos métodos de produção e a contratação de mão de obra barata. Na Inglaterra, decaíram gradualmente e desapareceram ante a concorrência do capitalismo bem antes da sua abolição formal em 1835, embora umas poucas tenham sobrevivido como organizações filantrópicas e de ajuda mútua, como meros clubes ou, no caso da maçonaria, como uma combinação dessas funções com a difusão de doutrinas filosóficas e esotéricas. No resto da Europa, foram postas fora da lei com a Revolução Francesa e as reformas liberais que a seguiram: na França em 1791, em Roma em 1807, na Espanha em 1840, na Áustria em 1859, na Itália em 1864 e na Alemanha em 1869. No Brasil, foram abolidas em 1824.

Mais tarde, à medida que o dogmatismo liberal cedia lugar a relações mais pragmáticas, sindicatos de trabalhadores, federações patronais e ordens profissionais assumiram parte das antigas funções das corporações. Em oposição tanto à ideologia liberal laica quanto ao socialismo, a doutrina social da Igreja, a partir da encíclica *Rerum Novarum* (1891) do papa Leão XIII, defendeu a restauração das corporações como forma de propiciar a solidariedade social e a harmonia das classes, negociando condições de comércio e trabalho. Variantes dessa doutrina resultaram nos corporativismos fascista, franquista e salazarista, mas também nas políticas democrata-cristãs e conservadoras do pós-guerra, todos ardorosamente combatidos por liberais e neoliberais, para os quais todas as formas de corporativismo são empecilhos à eficiência da economia e ao progresso.

Corporações mercantis

O primeiro tipo de corporação a surgir foi a corporação mercantil, chamada *mercanzia* em italiano, *Hansa* em alemão, *merchant guild* em inglês, *guilde des marchands* em francês. Reunia os interesses comerciais de artesãos a mercadores. Assumia as funções de guarda, administração urbana e construção e manutenção de muralhas e muitas vezes fundou a própria vila ou cidade.

Cada uma dessas corporações era presidida por um ou dois líderes, cujos títulos podiam ser de cônsules, regedores, reitores, capitães, burgomestres ou síndicos (*aldermen* em inglês), assistidos por dois a quatro vigilantes, guardiães ou escabinos (*warden* em inglês, *échevins* em francês), assistidos por um conselho de doze ou 24 membros, geralmente formados por representantes dos principais comércios e ofícios. Do costume da corporação de Gênova (imitada por outras cidades) de escolher cônsules para negociar em nome de seus mercadores estabelecidos em cada cidade estrangeira com a qual tinha comércio é que veio a tradição de se chamar "cônsules" aos encarregados pelos serviços diplomáticos modernos de proteger interesses privados de cidadãos nacionais em cidades estrangeiras.

Na Alemanha, muitas cidades (cerca de 100) foram administradas por corporações mercantis que seguiram a "lei de Lübeck". Nelas, as cidades eram dirigidas por um conselho de vinte membros que elegiam seus novos membros dentre os principais comerciantes. O mandato era teoricamente de dois anos, mas o conselho (*Rat*) geralmente pedia ao conselheiro (*Ratsherr*) para continuar, de modo que a posição se tornava, na prática, vitalícia. O conselho elegia entre seus membros até quatro burgomestres, chefiados por um "primeiro burgomestre", geralmente o mais velho.

Os membros dessas corporações eram de início o que em Portugal se chamava de "homens bons", os donos de propriedades dentro ou fora dos muros, fossem mercadores ou proprietários de terras agrícolas, mas com o tempo o direito a participar delas passou a ser transmitido por herança ou vendido. Os filhos primogênitos de conselheiros herdavam seus assentos sem encargos, mas os demais precisavam comprá-los (embora os filhos mais novos pagassem uma taxa mais baixa). Mulheres também podiam herdar ou comprar esses direitos e exercê-los em pessoa ou por meio de seus maridos ou filhos.

A corporação tinha o monopólio do comércio em sua cidade e o poder de impor multas e outras penas aos que infringiam suas regras. Participava das celebrações religiosas, organizava festivais e oferecia segurança social a seus membros, tais como o cuidado de doentes, órfãos e viúvas e despesas com funerais.

Tais organizações não só administraram burgos, como formaram federações que chegaram a governar muitas cidades. A Liga Hanseática alemã, que durou do século XIII ao XVII, chegou a reunir mais de 90 cidades, da Letônia ao Flandres e chegando no interior até a Renânia e Turíngia. Ao conquistarem a independência, as Províncias Unidas dos Países-Baixos, futura Holanda, foram governadas segundo esse modelo.

Corporações de ofício

Com a identificação das corporações mercantis com as administrações municipais e os interesses dos maiores mercadores, artesãos, pequenos comerciantes e depois os artistas passaram a lutar pelo direito de formar suas próprias associações independentes. Surgiu então a **corporação** de ofício (*grêmio* nos países ibéricos, *craft guild* em inglês, *communauté de métier* em francês, *Zunft* na Alemanha, *arti* na Itália), das quais chegaram a existir em torno de 100 em algumas das maiores cidades. A especialização podia dividir os metalúrgicos em corporações de ferradores, faqueiros, serralheiros, fabricantes de correntes e fabricantes de pregos e ter corporações separadas para cada item de uma armadura.

Havia uma hierarquia entre as corporações de ofício, que variava de cidade para cidade. Em Florença, o "povo graúdo" (*popolo grosso*, a burguesia propriamente dita), que inicialmente partilhava o governo da cidade-estado com a nobreza feudal, incluía, por ordem de importância, os juízes e notários, os fanqueiros (comerciantes de tecidos), os banqueiros, os tecelões de lã, os médicos e farmacêuticos, os tecelões de seda e os peleteiros. O "povo miúdo" (*popolo minuto*), do qual faziam parte ferreiros, padeiros, sapateiros, carpinteiros e vendedores de vinhos, só pôde participar do governo da cidade a partir de 1282.

Essas corporações eram menores e menos poderosas que as mercantis, mas sua organização era semelhante. Tinham um ou dois chefes (intitulados decanos, síndicos, cônsules, reitores, priores, capitães, conforme o caso), assistidos por camerlengo ou tesoureiro, chanceler ou mordomo, guardiães ou vigilantes, notário, escrivão ou secretário, capelão e seis ou mais conselheiros, chamados jurados ou assessores, a princípio eleitos por uma assembleia formada por todos os mestres. Para se exercer qualquer atividade artesanal era necessária a aprovação da corporação formada pelos mestres, que estabelecia as regras de admissão, regulava qualidade, preços e horas de trabalho, defendia os interesses dos membros e mantinha serviços comuns, geralmente incluindo a manutenção de uma capela (ou pelo menos um altar numa igreja maior), um hospital e o pagamento de despesas funerárias e assistência a presos, órfãos e viúvas.

Quem desejava exercer o ofício devia começar como **aprendiz** (em inglês, *apprentice*, francês *apprenti*, alemão *Lehrling*), passando anos sob a direção de seu mestre. A idade com que se começava variava de 11 a 18 anos, muito raramente mais de 21. A duração da aprendizagem, em Portugal, era de cinco anos para os cordoeiros, seis para os carpinteiros de carruagem e marceneiros, quatro para os cuteleiros e agulheiros, 6 para os calceteiros (calçadores de ruas), dois a cinco anos para ensambladores (montadores de móveis de madeira), entalhadores, escultores e torneiros, e cinco a nove anos para pintores.

Geralmente, o aprendiz trabalhava de graça, por teto, comida e a perspectiva de um salário no futuro. Recebia, quando muito, uma pequena gratificação. Em algumas profissões, tinha de pagar para trabalhar e, supostamente, aprender os segredos do ofício. Em alguns casos, o aprendiz morava na casa dos pais e um pequeno salário (tipicamente 40% do ganho normal no ramo) era pago diretamente a eles. No século XVIII, também se tornou mais comum que o aprendiz recebesse algum pagamento, também dessa ordem, ao menos nos últimos dois ou três anos de aprendizado.

Ao fim desse período, o aprendiz tornava-se **oficial** (inglês *journeyman*, francês *compagnon*, alemão *Geselle*), também chamado jornaleiro, obreiro ou companheiro, que trabalhava por um salário diário regular e podia constituir família e mudar de mestre (com aviso prévio de quinze dias) quando desejasse. Devia ter sua habilidade atestada pelo mestre, pagar a "espórtula da entrada" e jurar proteger dos estranhos os segredos do ofício. Recebia um certificado (ou uma senha ou distintivo) que o habilitava a trabalhar com qualquer mestre desse ofício, em qualquer cidade.

Depois de acumular mais experiência, o oficial podia candidatar-se a **mestre** (inglês *master*, francês *maître*, alemão *Meister*), o que exigia a aprovação dos demais mestres, o pagamento de um emolumento (da qual geralmente era dispensado se fosse filho de um mestre) e a produção, na presença de dois juízes do ofício, de uma **obra-prima** (em inglês *masterpiece* ou *masterwork*, em francês *chef-d'oeuvre*, alemão *Meisterwerk*), com a qual se provava qualificado como mestre e que ficava retida na corporação, além de responder a um exame oral sobre seus conhecimentos do ofício. Recebia então uma "carta de exame" para atestar o mestrado. Desta prática se originam tanto a expressão "obra-prima" para um trabalho excepcional quanto o princípio do qual derivam as teses de mestrado e doutorado do mundo acadêmico. A admissão podia também ser marcada por cerimônias secretas de iniciação, mais ou menos inspiradas nos ritos cristãos.

O mestre participava do governo e eleições do grêmio e podia contratar seus próprios oficiais e aprendizes, formando uma "loja", "tenda" ou "oficina", mas não mais de uma. As exigências exatas variavam: enquanto alguns grêmios permitiam que o aprendiz se candidatasse imediatamente a mestre, outras exigiam que passasse seis ou mais anos como oficial. As viúvas dos mestres falecidos podiam continuar com as lojas dos seus maridos abertas, mas não podiam voltar a casar.

Em Lisboa, a partir de 1383, a administração municipal era fiscalizada pela "Casa dos Vinte e Quatro", formada por dois mestres de cada uma das doze maiores irmandades de ofício. Nas demais cidades, as casas tinham doze membros, um de cada irmandade, também chamada "bandeira" porque nas procissões carregavam a bandeira de seu santo protetor, sob a qual podiam ser reunidos vários ofícios. A irmandade de São José, por exemplo, reunia pedreiros, carpinteiros e marceneiros; a de São Jorge, ferreiros, serralheiros, latoeiros, funileiros, seleiros e outros; a do Senhor Bom Homem, os alfaiates; a de Santo Elói os ourives de ouro e prata, a de São Crispim e São Crispiniano, os sapateiros, e assim por diante. Entidades semelhantes existiram no Brasil Colonial, às vezes incluindo negros forros e escravos que igualmente pagavam as taxas e se submetiam a exame, embora tivessem menos direitos.

Universidades

Embora as primeiras universidades islâmicas tivessem sido fundadas já no século IX, as europeias começaram a surgir na Baixa Idade Média, séculos XI (Bolonha), XII (Paris e Oxford) e XIII (Cambridge, Salamanca, Montpellier, Nápoles, Toulouse e Siena). Seu sistema de organização e graduação foi, no início, baseado no das corporações de ofício. O próprio nome de "universidade" era originalmente um dos dados a essas associações.

O aluno que se matriculava numa universidade medieval, geralmente aos 15 anos, devia inicialmente obter o título de **bacharel em artes** ou **gramática** e para isso completar os estudos do *trivium* (gramática, retórica e lógica) e *quadrivium* (matemática, geometria, astronomia e música), o que demandava quatro a seis anos, e passar no exame imposto pelo mestre. "Bacharel" era um termo que originalmente designava os escudeiros.

De início, os estudos iniciais depois do bacharelado em artes e a participação bem sucedida em disputações (torneios intelectuais entre debatedores) permitiam obter o título de **mestre em artes** (M.A.), com o qual se conseguia a *licentia docendi*, licença para ensinar na "faculdade menor" ou "inferior", chamada de Artes ou Filosofia (era "**licenciado**") e pré-requisito pra estudar nas "faculdades maiores" ou "superiores" de Direito, Medicina e Teologia e mais tarde obter o título de mestre nessas especialidades, após mais seis ou sete anos de estudos. Se o título era concedido por uma universidade com carta-patente pontifícia, era uma *licentia ubique docendi*, que autorizava a ensinar em qualquer outra universidade pontifícia e tinha, portanto, mais valor.

Conforme definida no Concílio de Latrão de 1179, a *licencia docendi* dependia da aprovação da Igreja Católica, mas a partir de 1231 começou a ser concedida pelas próprias universidades, de forma análoga à obtenção do título de mestre nas corporações de ofício. Mestre e doutor eram inicialmente sinônimos e só mais tarde vieram a ser distinguidos. Com o tempo, o título de **mestre** passou a se identificar com quem havia obtido o título de mestre em artes e estudava nas faculdades superiores e o de **doutor** com quem obtinha a licença para lecionar (tornar-se um "lente", ou professor universitário) nestas últimas.

A graduação nas faculdades superiores implicava, portanto, um doutorado e um advogado, médico ou teólogo era sempre "doutor". Os primeiros títulos foram de Doutor em Divindade ou Teologia (D.D.), e Doutor em Medicina (M.D.) e no final do século XII surgiu o de Doutor em Leis ou Direito (LL.D.).

Esse sistema se manteve sem maiores alterações até o século XVIII, mas nos séculos XIX e XX as ciências e estudos eruditos antes reunidos sob o conceito geral de "filosofia", junto com algumas disciplinas antes consideradas meras artes práticas (como a cirurgia e a engenharia) ganharam autonomia e uma formação tão ou mais complexa que a das três "faculdades maiores" tradicionais, o que exigiu drásticas reformas no sistema universitário, diferentes conforme os países.

No início do século XIX, as "faculdades de artes" alemãs, ali chamadas "faculdades de filosofia", a começar pela Universidade

Humboldt de Berlim, acrescentaram ao tradicional *trivium* e *quadrivium* o ensino de ciências naturais e humanas (à época ainda consideradas parte da filosofia) e passaram a pedir que seus estudantes apresentassem contribuições originais à pesquisa em algum desses campos, na forma de uma tese de doutorado, com cuja aprovação se concedia o grau de Doutor em Filosofia (Ph.D.). O curso que antes era preparatório para as "faculdades maiores" passou a ser equiparado a estas em duração e prestígio. O sistema logo passou a ser imitado em outros países.

A partir de meados do século XIX, cada formação científica, tecnológica ou erudita ganhou um curso próprio e especializado desde o início que, na maioria dos casos, possibilita o exercício profissional antes de se obter um mestrado ou doutorado. Entretanto, como resquício do sistema anterior (que em alguns casos durou até o início do século XX), os que exercem as profissões tradicionais de médico, advogado e teólogo continuam sendo chamados popularmente de "doutores", mesmo que hoje possam ser meros bacharéis ou licenciados.

O significado moderno dos títulos é o seguinte:

Bacharel, no Brasil e *bachelor* nos países anglo-saxões é quem completou a primeira etapa de um curso superior e se qualificou teoricamente para uma profissão. Na maioria dos países da Europa continental é, porém, quem completou o ensino médio e se qualificou para uma faculdade.

Licenciado era originalmente um sinônimo de mestre em artes. Nos países em que é bacharel quem completou o ensino médio, licenciado é quem completou a primeira etapa de um curso superior, de no mínimo três anos. No Brasil é quem, além do bacharelado (habilitação profissional básica), completa um curso adicional para se qualificar como professor do ensino médio. Na Espanha, distingue-se entre "diplomado" (curso de três anos) e "licenciado" (curso de cinco anos). Na tradição da Alemanha e de outros países da Europa Central, *Diplom* é o título conferido na graduação de ciências naturais e engenharia e *Magister* nas ciências sociais e humanas, mas em toda a Europa esse sistema está sendo substituído por outro que divide o ciclo universitário em um ciclo de três anos (chamado bacharelado ou licenciatura, conforme o país) e outro de dois anos (mestrado).

Mestre é quem, tendo terminado o bacharelado, completa o primeiro ciclo da pós-graduação, que varia de dois a cinco semestres, apresentando uma *dissertação* que demonstra seu domínio do estado da arte em sua especialidade. Habilita a ser professor auxiliar ou assistente em uma faculdade.

Doutor é quem completa o segundo ciclo da pós-graduação e apresenta uma *tese*, da qual se espera conhecimento novo, uma contribuição original à sua especialidade. Qualifica a ser professor adjunto (chamado *professor doutor* em algumas universidades) e associado na maioria das universidades, e é um pré-requisito para ser professor titular, que ainda pode exigir concurso e títulos adicionais. Nos EUA, os médicos e osteopatas são formados como doutores (M.D. e D.O.) ao fim de um curso de oito anos, mas isso não implica o doutorado acadêmico (Ph.D.), que exige pesquisa adicional.

Livre-docente é um título que começou a ser concedido na Alemanha do início do século XIX com o nome de *Privatdozent* e habilita para uma cátedra, sem conferir de fato o cargo. A princípio, deveria ser remunerado por honorários dos alunos e não por salário da universidade. No Brasil, algumas universidades exigem o título para o cargo de professor titular. Pressupõe uma carreira universitária em ensino e em pesquisa e título de doutorado há pelo menos cinco anos e é concedido por meio de um concurso que exige um exame extra e uma tese que sintetize o percurso do pesquisador e ateste a produção de uma linha de pesquisa própria, coerente e continuada.

Lente ("o que lê") era até o século XIX o professor universitário, que tinha o doutorado como pré-requisito. A denominação é hoje obsoleta no Brasil e em Portugal, mas seus equivalentes ainda estão em uso em alguns países. No Reino Unido, *assistant lecturer*, *lecturer*, *senior lecturer* e *reader* são equivalentes a auxiliar, assistente, adjunto e associado.

Professor titular, no Brasil, ou **catedrático**, em Portugal, é responsável pela orientação pedagógica e científica dos demais professores (associados, adjuntos, assistentes, auxiliares) de sua área ou *cátedra* e em geral não tem obrigação de dar aulas. É um requisito para os cargos superiores das universidades e às vezes também para elegê-los. Na Alemanha, Reino Unido, Holanda e países nórdicos o título de **Professor** é reservado a essa categoria e é, portanto, mais elevado que o de Doutor. Desta forma, um alemão intitulado "Professor Müller" ou um inglês "Professor Jones" não é um mero professor universitário, mas um cientista ou erudito respeitado, no ápice da carreira.

Professor emérito é um professor que se destacou em sua área, já aposentado, mas que pode ainda ter espaço e acesso a instalações da universidade.

Chefe de departamento acadêmico dirige um departamento, uma das unidades em que se divide uma faculdade ou instituto de pesquisa.

Diretor dirige uma unidade universitária, ou seja, uma faculdade ou instituto de pesquisa (observatório, laboratório etc.) que abrange vários departamentos acadêmicos. Pode ter um vice-diretor e diretores adjuntos em sua equipe.

Decano (*dean* em inglês, *doyen* em francês, *Dekan* em alemão) dirige um centro universitário, uma grande divisão de uma universidade que reúne várias faculdades, institutos e núcleos de pesquisa de uma mesma área, por exemplo, "Ciências Matemáticas e da Natureza", que poderia incluir faculdades ou institutos de matemática, física, química, geociências e astronomia.

Reitor (*chancellor* no Reino Unido, *president* nos EUA, *chancelier* em francês, *Kanzler* em alemão) é o dirigente máximo de uma universidade e pode ter como colaboradores um vice-reitor e pró-reitores ou sub-reitores (em inglês, *provosts* ou *pro-vice-chancellors*) encarregados de áreas específicas, como "pós-graduação e pesquisa" ou "patrimônio e finanças". Reitores, vice-reitores e pró-reitores recebem em português os títulos de **"magnífico"** e **"vossa magnificência"**. No modelo britânico, o *chancellor* é chefe acadêmico e a ele está subordinado um *principal* como chefe executivo.

Sociedades secretas

A fundação da franco-maçonaria, modelo do qual derivaram as demais sociedades secretas do Ocidente moderno, é atribuída por diferentes lendas a Hiram Abiff, suposto arquiteto do rei Salomão, a Euclides, Pitágoras, Moisés, os essênios, os Céli Dé ou Culdees, os druidas, a Noé ou mesmo à Atlântida, mas suas origem histórica está nas corporações de ofício de pedreiros da Escócia e Inglaterra, que parecem ter surgido por volta de 1356 (embora existissem corporações semelhantes na Itália desde 1212). O nome "franco-maçonaria" (originalmente *freemasonry*) se deve a que originalmente abrigava os *freemasons* (canteiros) que trabalhavam com *freestone* (pedra lisa, pedra de cantaria), arenito liso ou calcário adequado para alvenaria ornamental, em contraste com os *roughmasons* ou *layers* (calceteiros) que trabalhavam com pedras duras para revestimento de construções e calçamento de ruas. Há evidências de que desde o início do século XV essas corporações também se dedicavam a enobrecer sua arte, elaborando uma história que inicialmente relacionava sua origem a Euclides e sua introdução na Inglaterra ao rei Athelstane (927-939) e logo passou a recuá-la para o antediluviano Jabal, filho de Lameque, que o Antigo Testamento diz ter sido o "pai dos que moram em tendas e criam rebanhos". O uso de simbologia relacionada ao Templo de Salomão também é atestado desde o século XV. Tradições análogas foram comuns a muitas corporações de ofício, bem como crenças e liturgias heterodoxas, cerimônias de iniciação e transmissão, senhas e juramento de segredos das respectivas artes.

Como algumas outras corporações tradicionais, a franco-maçonaria lutou contra sua decadência e extinção admitindo "membros aceitos" de fora do ofício, de preferência patronos ricos e nobres, o que foi registrado pela primeira vez na Escócia, em 1634. Por essa via, a maçonaria deixou gradualmente de ser uma associação de pedreiros para se tornar uma sociedade filosófica, sem deixar de manter também funções de ajuda mútua e filantropia em relação aos sócios necessitados. Na época da fundação da Grande Loja da Inglaterra (1717) ainda havia lojas de verdadeiros pedreiros na Escócia e norte da Inglaterra, mas, a partir de 1719, as reformas do grão-mestre John Theophilus Desaguliers, que visaram atrair a aristocracia, causaram uma rápida expansão da maçonaria especulativa e o desaparecimento dos remanescentes "operativos".

A partir de 1728, com a fundação do "Grande Oriente da França", a organização se espalhou pela Europa e América do Norte e o caráter discreto e seleto de suas reuniões a fez servir ao debate e difusão do pensamento iluminista. Também nessa época surgiram dentro dela os "ritos", associações internas que afirmaram deter conhecimentos esotéricos mais secretos e profundos para seus iniciados, a começar pelo do Santo Arco Real (cerca de 1751), que afirmava deter segredos relacionados a Hiram e ao Templo de Salomão que teriam sido descobertos na reconstrução do Templo após o retorno dos judeus do exílio e transmitidos por Cavaleiros Templários refugiados na Escócia.

Da franco-maçonaria participaram aristocratas como La Fayette, Luís Filipe II de Orléans, o Marquês de Pombal e D. Pedro I, pensadores como Montesquieu e Voltaire, artistas como Mozart e Haydn e revolucionários como Bolívar, San Martín, George Washington, Benjamin Franklin e Garibaldi. Apesar da crença muito difundida que a Revolução Francesa foi gestada na maçonaria, seus membros estiveram dos dois lados e foram divididos pelo processo revolucionário, durante o qual a instituição quase desapareceu, para voltar a crescer a partir do Termidor e no reinado de Napoleão I.

A partir do século XIX, a maçonaria tendeu a se dividir em diferentes linhas nacionais e ideológicas. No Reino Unido, tornou-se fundamentalmente protestante e conservadora e incluiu reis e membros masculinos da família real, a alta hierarquia da Igreja Anglicana e muitos políticos e pensadores colonialistas e conservadores, incluindo Rudyard Kipling, Cecil Rhodes, Walter Scott e Winston Churchill. Nos EUA, teve inicialmente caráter progressista, mas hoje é fundamentalmente um clube beneficente e de ajuda mútua com poucas conotações esotéricas (embora continue a ser rejeitada e denunciada por evangélicos fundamentalistas) e seu espectro político inclui políticos republicanos e democratas de diferentes tendências. No Brasil, a maçonaria é majoritariamente conservadora, embora também inclua correntes progressistas.

Já na França e na maior parte da Europa Ocidental, a corrente predominante da maçonaria se identificou com a oposição ao Antigo Regime e à luta pelo estado laico e republicano ao longo do século XIX. Desde 1877, suprimiu a obrigatoriedade da crença em Deus e na imortalidade da alma, o que levou à ruptura com a maçonaria britânica. Foi perseguida pela Igreja Católica, que atacou a organização com fantásticas teorias conspiratórias (cuja história é romanceada em *O Cemitério de Praga*, de Umberto Eco) e foi posta fora da lei pelo nazismo, pelo fascismo e por regimes corporativistas católicos como os de Franco e Salazar, mas também pela maioria dos regimes comunistas (com exceção de Cuba). Hoje tende a se identificar com o centro-esquerda, embora também haja correntes europeias conservadoras, minoritárias.

Apesar dessas mudanças na composição e caráter de seus membros, a maçonaria mantém a estrutura e os títulos de uma típica corporação de ofício medieval. Assim, seus membros são admitidos como aprendizes (mínimo de 18 anos), para depois se tornarem companheiros e por fim, mestres (com o mínimo de 21 anos). Filhos de maçons podiam ser adotados desde os sete anos com o título de *lowton* (*louveteau*, "lobinho" em francês) e pagam metade do emolumento, quando este é exigido.

Tradicionalmente se deveria permanecer um a três anos como aprendiz e mais um a três como companheiro, mas muitas vezes o caminho de recém-admitido a mestre foi reduzido a um ano para pessoas consideradas importantes para a maçonaria. Nos EUA, é de meros três a seis meses – às vezes, até um só dia.

As associações locais são chamadas oficinas ou lojas, como as unidades correspondentes entre os artesãos medievais (na maçonaria, "lojas" são as reuniões litúrgicas e secretas, "oficinas" são as administrativas e festivas, que podem ser abertas a não membros) e sua organização é semelhante à das antigas corporações também nos nomes dos cargos. Suas funções podem variar conforme o rito, mas cada loja ou oficina é dirigida, em princípio, por dez oficiais:

Venerável Mestre, encarregado de dirigir os trabalhos

Primeiro Vigilante, auxiliar do mestre e instrutor dos companheiros

Segundo Vigilante, auxiliar do mestre e instrutor dos aprendizes

Capelão (no rito de York), que dirige as orações ou **Orador** (em outros ritos), que também defende as leis maçônicas, sumariza trabalhos e organiza votações

Secretário, que registra as intervenções dos membros, redige as atas e cuida das relações administrativas da loja com sua federação

Tesoureiro, que se ocupa das finanças da oficina

Hospitaleiro, que socorre os membros com problemas materiais ou espirituais

Mestre de cerimônias, responsável pela condução das cerimônias e dos visitantes

Experto, o perito ou especialista em cerimônias em geral, ou nas de iniciação em especial (pode haver mais de um)

Telhador, guarda ou **porteiro**, que "guarda a entrada" e também pode selecionar os candidatos a maçons (pode haver dois)

O Venerável e o Tesoureiro são eleitos anualmente e o primeiro geralmente designa os demais oficiais. Aqueles que já foram alguma vez Veneráveis são chamados Mestres Instalados (*Past Masters*, em inglês).

Para funcionar, uma loja necessita de um mínimo de sete membros (dos quais pelo menos três mestres e dois que sejam pelo menos companheiros). Com um número mínimo de três, incluindo um mestre, pode-se formar um "triângulo maçônico" subordinado a uma loja já existente, que pode servir de embrião de uma nova loja.

As lojas formam federações regionais (estaduais no Brasil) e nacionais, chamadas "potências" ou "obediências", com os nomes mais específicos de "grandes lojas", quando reúnem lojas de um mesmo rito, e "orientes" quando congregam diferentes ritos. Cada "oriente" é dirigido por um grão-mestre, um conselho de 21 membros e uma assembleia federal constituída de um representante de cada "oficina".

Os tratamentos formais dados entre maçons são:

Irmão – para todos os membros

Respeitável Irmão – para todos os mestres

Ilustre Irmão – Veneráveis, mestres instalados, beneméritos, deputados honorários

Venerável Irmão – deputados às assembleias maçônicas estaduais

Poderoso Irmão – deputados à assembleia federal e grãos-mestres adjuntos estaduais

Eminente Irmão – grãos-mestres estaduais

Sapientíssimo Irmão – grão-mestre-geral adjunto

Soberano Irmão – grão-mestre-geral

Além dos três graus básicos, comuns a todas as organizações maçônicas, há na maioria dos ritos graus iniciáticos adicionais que representam prestígio e conhecimento adicional nessas tradições esotéricas específicas, cujo número varia.

O **rito de Emulação** ou **Inglês** é o mais tradicionalista. Existem nele dez "altos graus":

1. **Mestre de Marca** (que pode ser conferido a "companheiros")

2. **Mestre Instalado** (ou *Past Master*, porque é pré-requisito ter sido "Venerável Mestre")

3. **Mui Excelente Mestre**

4. **Maçom do Real Arco**

5. **Mestre Real**

6. **Mestre Escolhido**

7. **Super Excelente Mestre**

8. **Ordem da Cruz Vermelha**

9. **Ordem dos Cavaleiros de Malta**

10. **Ordem dos Cavaleiros Templários**

No Reino Unido, nos termos da consolidação de 1816 com a

união das Grandes Lojas da Escócia, Inglaterra e Irlanda, esses graus são vistos como um anexo, formado por três ordens específicas à parte da estrutura da Grande Loja Unida que são aceitas, mas não oficialmente reconhecidas. A "Maçonaria do Arco Real" (ordens 4 a 7), é organizada em capítulos e grandes capítulos, que funcionam como lojas e grandes lojas (mas títulos diferentes, dependendo do grau), "Maçonaria Críptica" ou "Concílio de Mestres Reais e Seletos" (ordens 8 a 10), organizada em conselhos e grandes conselhos e "Comandaria dos Cavaleiros Templários" (11 a 13), organizada em preceptorias e priorados. Enquanto a participação na maçonaria britânica exige apenas a crença teísta no "Ser Supremo" ou "Arquiteto do Universo" da tradição judaico-cristã, os graus "templários" são reservados a cristãos que acreditam na Santíssima Trindade. Na prática, quase todos os aderentes ao rito de York são protestantes.

Na França, era o rito original da Grande Loja Nacional Francesa, dissidência teísta que se separou com o Grande Oriente da França quando este se tornou agnóstico e rompeu com a maçonaria britânica, mas logo em seguida também essa organização admitiu membros do rito "escocês" que não aceitaram as novas diretrizes e acabaram se tornando maioria.

O **Rito de York** é uma variante do rito inglês adotada pela maior parte da maçonaria dos EUA. Neste, os altos graus estão integrados à maçonaria dos três primeiros graus, dita "simbólica" em oposição aos graus adicionais "filosóficos". Sua equivalência às de outros países é, porém, problemática, porque a maçonaria estadunidense permite que todos os graus sejam conferidos em poucos anos, enquanto em outras tradições se leva pelo menos vinte anos para chegar ao topo.

O **Rito Escocês Retificado**, Rito Templário ou Rito Willermoz é teísta e teve origem na França entre 1773 e 1774. Enfatiza as supostas raízes templárias e tem os seguintes graus:

1. **Mestre Escocês de Santo André**

2. **Escudeiro Noviço**

3. **CBCS - Cavaleiro Benfeitor da Cidade Santa**

O grau 4 forma "lojas verdes" e os 5 e 6 "ordens interiores", administradas por um Grande Priorado Retificado.

No **Rito Escocês Antigo e Aceito** (criado na França, com participação de refugiados escoceses), é de caráter originalmente deísta (exige a crença em um "Supremo Arquiteto do Universo", mas não necessariamente na religião revelada, no Deus judaico-cristão e na imortalidade da alma), mas no Brasil, onde é o mais importante, tornou-se praticamente teísta. Os altos graus são trinta, diferenciados por trajes e insígnias:

1. Mestre Secreto
2. Mestre Perfeito
3. Secretário Íntimo ou Mestre por Curiosidade
4. Preboste e Juiz
5. Intendente dos Edifícios
6. Mestre eleito dos nove
7. Ilustre eleito dos quinze
8. Sublime Cavaleiro Eleito
9. Grande Mestre Arquiteto
10. Real Arco
11. Grande Escocês
12. Cavaleiro do Oriente ou da Espada
13. Príncipe de Jerusalém
14. Cavaleiro do Oriente e do Ocidente
15. Soberano Príncipe Rosa-Cruz
16. Grande Pontífice
17. Venerável Mestre de Todas as Lojas

18. Cavaleiro Prussiano ou Noaquita
19. Real Machado
20. Chefe do Tabernáculo
21. Príncipe do Tabernáculo
22. Cavaleiro da Serpente de Bronze
23. Príncipe da Mercê
24. Grande Comendador do Templo
25. Cavaleiro do Sol
26. Grande Escocês de Santo André
27. Grande Eleito Cavaleiro Kadosh
28. Grande Juiz Soberano Comendador
29. Sublime Príncipe do Real Segredo
30. Soberano Grande Inspetor Geral

Neste rito, os graus 1 a 3 formam as "lojas simbólicas" ou "oficinas azuis", os 4 a 18 "lojas capitulares" ("lojas de perfeição" de 4 a 14 e "capítulos" de 15 a 18) ou "oficinas vermelhas", 19 a 30 "areópagos" ou "lojas filosóficas" ou ainda "oficinas negras" e 31 a 33 são "consistórios" ("supremo conselho" no 33) ou "oficinas brancas", sendo as cores relativas ao cordão usado pelos maçons que as compõem e a aspectos da decoração simbólica das lojas. Assim como no rito de York, espera-se que o percurso dure cerca de vinte anos, constituindo um caminho alternativo. Os ritos Brasileiro, Adoniramhita e algumas versões do Mênfis-Misraim também adotam uma escala de 33 graus, mas com nomes diferentes.

O chamado **Rito Moderno** ou Francês é hoje popular na França e na maior parte do continente europeu e também está presente no Brasil. É um rito agnóstico e não dogmático, por não exigir a crença em Deus ou na imortalidade da alma e seus membros juram sobre a Constituição de Anderson (a da primeira Grande Loja da Inglaterra, de 1723) e não sobre a Bíblia. Neste rito, são apenas seis os altos graus, codificados desde 1786 a partir da fusão e padronização das dezenas antes existentes:

1. Eleito Secreto
2. Eleito Escocês
3. Cavaleiro da Espada ou Cavaleiro do Oriente
4. Cavaleiro Rosa-Cruz
5. Cavaleiro Kadosh Filosófico ou Cavaleiro da Águia Branca e Preta
6. Cavaleiro da Sapiência ou Grande Inspetor

Embora o número de graus seja menor, a hierarquia é considerada equivalente à dos demais ritos. Em termos do rito escocês, o Eleito Secreto equivale ao 9°, Eleito Escocês ao 14°, Cavaleiro da Espada ao 15°, Cavaleiro Rosa-Cruz ao 18°, Cavaleiro Kadosh ao 30° e Grande Inspetor ao 33°.

Há dezenas de outros ritos menos difundidos, dos quais vale destacar o rito Egípcio de Mênfis-Misraim, fundado em Veneza com forte influência cabalística e hermética e hoje quase desaparecido, teve 99 graus (reduzidos a 33 na França e Brasil, mas mantidos na Bélgica) e o rito Schröder, alemão, que eliminou os ritos e os acréscimos iluministas e esotéricos do século XVIII e reverteu à estrutura inicial de três graus.

A **maçonaria de adoção** é um sistema de maçonaria para mulheres que foi inicialmente criado pelo Grande Oriente da França em 1774. Funcionava subordinada a uma loja "simbólica" masculina, com cinco graus: *aprendiz, companheira (velada,* no rito de Mênfis), *mestra, mestra perfeita* e *soberana ilustre escocesa (sublime eleita,* no rito de Mênfis). Esse sistema não conferia acesso aos "verdadeiros" segredos maçônicos e os temas da iniciação não eram relacionados à construção do Templo de Salomão, mas à Torre de Babel, ao Jardim do Éden e ao Dilúvio. Desapareceu na Revolução Francesa, mas foi recriada pelo mesmo Grande Oriente em 1906. Em 1936, porém, a organização emancipou a ala feminina com a esperança de com isso facilitar uma reaproximação da maçonaria britânica (o que não aconteceu).

A **maçonaria feminina** surgiu na França em 1936 com a emancipação da antiga maçonaria de adoção e em 1952 foi organizada como Grande Loja Feminina da França, sob a chefia de uma grã-mestra. Em 1952 a maioria das lojas trocou o rito de adoção pelo rito masculino (Escocês Antigo e Aceito). Em 1996, surgiu também uma Grande Loja Feminina em Portugal, mas não há equivalente no Brasil.

A **comaçonaria** é um sistema de maçonaria que aceita igualmente homens e mulheres. Surgiu da Grande Loja Simbólica Escocesa Mista da França: Direitos Humanos, fundada em 1893 pela feminista Maria Deraismes e pelo médico George Martin. Em 1901 originou a Ordem Maçônica Mista Internacional "Direitos Humanos", dirigida por um Supremo Conselho Universal Misto, composto por 9 a 33 "inspetores gerais" (nove dos quais obrigatoriamente franceses) e chefiado por uma Grã-Mestra ou Grão-Mestre, auxiliado por 13 oficiais. Pratica o rito Escocês Antigo e Aceito.

A teósofa Annie Besant estimulou a formação de um ramo inglês em 1902, mas em 1908 este rompeu com os franceses e deu origem a uma ordem puramente feminina e que exige a crença em Deus, a Ilustre Fraternidade da Maçonaria Antiga. A seção estadunidense, fundada em 1903, rompeu no fim do século XX e formou a Ilustre Ordem da Comaçonaria Americana e a Ordem Oriental da Cofranco-maçonaria Internacional. Os ramos brasileiro e português foram criados em 1923 e ainda existem. Há ainda lojas mistas, independentes e de menor importância.

Em 2010, o Grande Oriente da França decidiu, por estreita maioria, aceitar a iniciação de mulheres, mas a deixou a critério de cada loja e rito. Algumas outras grandes lojas também têm feito o mesmo em outros países, mas são consideradas "irregulares" pela corrente mais tradicional, ainda liderada pela maçonaria britânica.

A partir do modelo das lojas maçônicas, criaram-se, principalmente nos EUA, várias "organizações de serviço", associações de beneficência e assistência mútua que mantém aspectos da organização maçônica, mas deixam de lado o aparato esotérico e iniciático.

Entre estas, destacam-se os Elks, os Kiwanis, os Rotary Clubs e os Lions Clubs.

Também surgiram, dentro das universidades dos EUA, numerosas "fraternidades" (masculinas) e "sororidades" (femininas) de estudantes, organizadas em "capítulos" por campi, das quais a primeira foi a Phi Beta Kappa (1776), formada pela elite do College of William & Mary. A primeira a se expandir nacionalmente foi a Sigma Phi (1831). Os nomes dessas sociedades geralmente são formados pelas iniciais de seus lemas em grego (às vezes secretos) e geralmente são múltiplas em cada colégio ou faculdade e exclusivistas, por admitir ou não estudantes segundo origens étnicas, religiosas e de classe social. A filiação geralmente permanece após o curso e os membros tendem a se apoiar mutuamente na carreira profissional e acadêmica. Entre as que não têm nomes gregos, a mais conhecida é a rica e influente *Skull and Bones*, formada pelos alunos mais elitistas da Universidade de Yale.

Em outra vertente, outras organizações autenticamente esotéricas também se formaram segundo o modelo da maçonaria. A mais conhecida é a Ordem Rosa-Cruz, fundada nos EUA em 1915 e cujo simbolismo é baseado na alquimia. Seus membros formam associações locais chamadas lojas, capítulos, *pronaoi* (singular *pronao*) ou átrios, conforme o número de membros e organizadas em Grandes Lojas nacionais e regionais, chefiadas por grão-mestres e sob a direção de uma Grande Loja Suprema que se reúne anualmente em Lachute, Québec (Canadá) e é chefiada por um "Imperador". Os ingressantes passam por ser postulantes (3 meses), neófitos (três "átrios" de 4 meses cada um) e iniciados (nove graus, conferidos após períodos de 3 meses a 13 meses, somando um total de 52 meses).

Graduações e Postos Militares e Navais

As graduações e postos militares[5] variaram muito conforme as épocas, os países e às vezes regimentos e formações específicas. Uma explicação exaustiva de sua história, significado e função em todos os países do mundo não caberia nesta obra. Concentramo-nos aqui nos termos usados nas forças armadas ocidentais modernas e contemporâneas, especialmente os do português brasileiro e suas equivalências em inglês britânico e americano.

A hierarquia militar estabelece, em todas as circunstâncias, relações de autoridade e subordinação entre os militares. É determinada em primeiro lugar pelas graduações e postos (também chamados patentes), em segundo pela condição de atividade (militares da ativa têm precedência sobre os da reserva) e em terceiro pela antiguidade do militar dentro de sua patente. Isso rege cada gesto da vida militar. Quando dois militares se deslocam juntos, o de menor antiguidade ("mais moderno" na linguagem militar) dá a direita ao superior. Quando se deslocam em grupo, o mais antigo fica no centro e os demais se distribuem por precedências, alternadamente à direita e à esquerda do mais antigo. Esses hábitos internalizam as hierarquias de modo que a cadeia de comando seja acatada intuitivamente e sem hesitações quando se torna necessário.

No Brasil, para falar, mesmo informalmente, a um superior, o militar emprega sempre o tratamento "Senhor" ou "Senhora" (em inglês, *sir* ou *ma'am*). No mesmo posto ou graduação, pode-se dizer "você" e para falar a um mais moderno, o superior emprega o tratamento

---

5 No Brasil se diz **graduações** para praças e **postos** para oficiais; em Portugal, **postos** em ambos os casos.

"você". Para falar, formalmente, a um oficial-general, o tratamento é "Vossa Excelência", "Senhor Almirante", "Senhor General" ou "Senhor Brigadeiro", conforme o caso. Nas relações correntes de serviço é admitido o tratamento de "Senhor". Para falar, formalmente, ao Comandante, Diretor ou Chefe de Organização Militar, o tratamento é "Senhor Comandante", "Senhor Diretor", "Senhor Chefe", conforme o caso; nas relações de serviço, usa-se "Comandante", "Diretor" ou "Chefe".

Tratamentos

Posto	Endereçamento	Tratamento
Oficiais-generais (marechais, generais, almirantes e brigadeiros)	Exmo. Sr. General/Almirante/Brigadeiro Sr. General/Almirante/Brigadeiro General/Almirante/Brigadeiro	Vossa Excelência
Oficiais superiores, intermediários ou subalternos no exercício de comando	Ilmo. Sr. Comandante Sr. Comandante Comandante	Vossa Senhoria
Outros oficiais superiores	Ilmo. Sr. (posto) Médico/Dr.(1), Intendente, Engenheiro etc. Sr. (posto) Médico/Dr., Intendente, Engenheiro etc.	Vossa Senhoria
Outros oficiais Intermediários e Subalternos	Sr. (posto) Médico/Dr., Intendente, Engenheiro etc.	Senhor
Aspirantes, guarda-marinhas e cadetes	Sr. (posto) posto	Senhor
Mestre de navio	Sr. Mestre de navio	Senhor
Suboficiais, sargentos e cabos	Sr. (posto)	Senhor
Soldados e marinheiros	Soldado/Marinheiro	Senhor

(1) Nas forças armadas, só se admite o tratamento de "doutor" ou "senhor doutor" para médicos, dentistas e farmacêuticos do Corpo de Saúde e de "padre" (ou "pastor" etc.) para capelães.

Exército

Quadro-resumo

O quadro abaixo é um resumo simplificado para consulta rápida:

	Brasil moderno	Nomes históricos e alternativos	Reino Unido	EUA	Função principal
Oficiais generais General officers	–	generalíssimo marechal-mor	–	general of the armies	comandante supremo honorífico
		general do exército marechal-general	field marshal	general of the army	comando de grupo de exércitos em tempo de guerra
	marechal	capitão-general, coronel-general	general	general	comando de um exército alto comando
	general de exército	tenente-general	lieutenant-general	lieutenant-general	comando de corpo de exército no Brasil, chefia de comando militar
	general de divisão	major-general, marechal de campo sargento-mor general	major-general	major-general	comando de divisão no brasil, chefia de região militar
	general de brigada	brigadeiro general, brigadeiro	brigadier	brigadier general	antes, comando de brigada hoje, subcomando de divisão
Oficiais superiores Field grade officers	coronel	mestre de campo	colonel	colonel	antes, comando de regimento hoje, comando e subcomando de brigada
	tenente-coronel	capitão-mor	lieutenant-colonel	lieutenant-colonel	comando de batalhão
	major	sargento-mor, comandante	major	major	subcomandante e chefe de assessoria de batalhão
Oficiais intermediários (capitão) e subalternos Company grade officers	capitão	capitão-tenente (entre capitão e tenente)	captain	captain	comanda companhia, bateria ou esquadrão ou assessora unidades maiores
	primeiro-tenente	tenente	lieutenant	first lieutenant	comando de pelotão especial ou subcomando de companhia
	segundo-tenente	alferes	second lieutenant	second lieutenant	comando de pelotão

Praças especiais *Cadets*	aspirante	cadete-oficial	officer cadet	officer candidate	aluno de academia militar, ao fazer estágio no último semestre ou ano
	cadete	cadete-aluno	–	officer cadet	aluno de academia militar nos primeiros anos
Ajudantes *Warrant officers*	–	ajudante-mor, ajudante-chefe		chief warrant officer (4 categorias)	perito técnico em batalhão, brigada, ou comandos superiores
	–	ajudante		warrant officer	chefe de especialistas, maestro de banda, piloto de embarcação ou aeronave
Praças (12) *Enlisted* Nos EUA, divididos em *Staff Non-Commissioned Officers* (*staff sergeant* e superiores), *Non Comissioned Officers* (*corporal* e *sergeant*) e *Junior Enlisted* (*privates* e *lance corporal*)	–	sargento-mor	conductor warrant officer class 1	sergeant major (3 categorias)	assessora comando de batalhão, brigada ou estado-maior
	subtenente	sargento-chefe s brigada	warrant officer class 2 quartermaster sergeant	first sergeant / master sergeant (8)	assessor de comando de companhia / especialista a serviço de brigada
	primeiro-sargento	sargento-ajudante quartel-mestre	staff sergeant (5)	sergeant first class (9)	assessor de comando de pelotão auxiliar de comando de batalhão
	segundo-sargento	sargento	sergeant	staff sergeant	comando de grupo de combate auxliiar em companhia sargento instrutor
	terceiro-sargento	furriel (4) segundo-furriel	–	sergeant	comando de grupo de combate
	cabo (1)	cabo-adjunto, cabo-chefe cabo de esquadra	corporal (6)	corporal / specialist	comando de esquadra / soldado qualificado ou diplomado
	soldado engajado (2)	anspeçada, soldado de primeira classe	lance corporal (7)	private first class (10)	soldado do exército permanente, com mais de um ano de serviço
	soldado (3)	soldado de segunda classe	private	private (11)	soldado em serviço militar temporário
	soldado	recruta	private	private	soldado no primeiro semestre de treino

Notas da tabela:

(1) Quando especialista, taifeiro-mor

(2) Quando especialista, taifeiro de primeira classe

(3) Quando especialista, taifeiro de segunda classe

(4) Até o início do século XIX, sargento da cavalaria; depois, grau inferior s sargento em geral. Em Portugal, há furriel e segundo-furriel.

(5) Na infantaria, *colour sergeant*

(6) Na artilharia, *bombardier*

(7) Na artilharia, *lance bombardier*

(8) Nos fuzileiros (*marines*), *master gunnery sergeant*

(9) Nos fuzileiros, *gunnery sergeant*

(10) Nos fuzileiros, *lance corporal*

(11) Nos fuzileiros, *private first class*

(12) Em Portugal, "praças" se refere apenas a soldados e cabos; sargentos (e furriéis) formam uma categoria à parte.

Idade Média

Gregos, romanos, persas e mongóis tiveram suas próprias estruturas de comando militares, mas na Europa Ocidental elas desapareceram no início da Idade Média, quando os grandes exércitos organizados cederam lugar a grupos de cavaleiros informais e pouco disciplinados (salvo nas ordens religiosas militares), organizados com base na vassalagem feudal e complementados por mercenários e conscritos plebeus, que complementavam a cavalaria com tropas de arqueiros e lanceiros.

Na Baixa Idade Média, as forças de um rei medieval eram comandadas por um condestável-mor (*high constable* em inglês), chefe da cavalaria e dos condestáveis locais (comandantes de castelos e fortalezas) e era auxiliado por um marechal de campo (*field marshall*), chefe de logística e organizador dos acampamentos.

As tropas de campo eram formadas por senhores feudais, que eram obrigados a servir militarmente o rei por um período limitado (geralmente 40 dias) por ano. Cada senhor feudal de importância ("senhor de pendão e caldeira", como se dizia em Portugal) era o capitão (*captain*) de sua companhia (grupo de cavaleiros e soldados que acampavam e comiam juntos) e tinha como subordinados diretos um ou mais lugares-tenentes (*lieutenants*), que o representavam e serviam como auxiliares diretos ou comandavam seções da companhia, chamadas **lanças**, cada uma com um líder ou "cavaleiro abandeirado", seguido por quatro a dez cavaleiros, apoiados por escudeiros, pajens, besteiros, arqueiros e cutileiros. Além disso, podia ter como subordinado um alferes ou porta-bandeira (*ensign*) para comandar a infantaria, formada por lanceiros.

Os oficiais escolhiam por sua conta, entre artesãos plebeus, especialistas de vários tipos, e recrutavam, geralmente entre camponeses, os praças, assim chamados em português por guarnecerem as praças de guerra (castelos e fortalezas), ou "praças de pré" por receberem "prés", ou seja, pagamentos adiantados por uma temporada de até três meses (do francês *prêt*, "empréstimo" ou, neste caso, "adiantamento").

Praças de pré (*privates*) eram organizados em pequenos grupos chamados "esquadras", cada um sob o comando de um cabo de esquadra (*caporal*), assistido por veteranos chamados anspeçadas (*lancepesade* ou *lance*, do italiano *lancia spezzate*, "lança partida", por terem quebrado lanças em sua carreira). Depois de anos de experiência, um cabo de esquadra podia se tornar um sargento (*sergeant*), servidor direto de um oficial no recrutamento de pessoal, operações e logística, possivelmente possuindo seu próprio cavalo e armadura, embora de qualidade inferior à dos oficiais cavaleiros.

Idade Moderna

A transição da Idade Média para a Moderna foi marcada pela decadência do feudalismo. Os improvisados exércitos feudais foram substituídos por exércitos mercenários reais mais profissionalizados e permanentes, mais numerosos e com uma hierarquia mais estável. O comandante geral do exército do rei passou a ser o capitão-geral (*captain general*) com auxiliares chamados sargento-mor geral (*sergeant-major general*), depois major-general e secundado em cada província por lugares-tenentes reais ou gerais (*lieutenant generals*), mais tarde tenentes-generais, na Espanha e Portugal chamados originalmente **mestres de campo**.

Ao longo do século XVI, as companhias foram inicialmente padronizadas em unidades de tamanho e organização mais uniformes e permanentes. Em Portugal e na Espanha do início do século XVI, era uma força de 250 soldados, dividida em dez esquadras.

A partir de 1503, a começar pelo reino de Aragão, as companhias foram absorvidas por unidades autônomas maiores, ali chamadas **coronelias**, cujos comandantes tiveram em Aragão o título de *coronello* ("oficial da coroa") palavra da qual deriva **coronel** (*colonel* em inglês e francês, por influência de "coluna"). Seus lugares-tenentes vieram a ser os tenentes-coronéis e seu sargentos os **sargentos-mores** (*sergeant major*), depois **majores**.

A Espanha de Carlos V, entre 1534 e 1536, reorganizou as coronelias como **terços**, cada um deles comandado por um mestre de campo, com doze companhias e cerca de 3 mil soldados, originalmente de três tipos: piqueiros (armados com piques, lanças longas), escudados (armados com espadas) e besteiros (armados com bestas, mas também com as primeiras armas de fogo portáteis), depois piqueiros, arcabuzeiros e mosqueteiros. Unidades comparáveis de cavalaria e artilharia foram chamadas **troços**. Seu comando, como o das companhias, era outorgado pelo rei, de modo que este podia agregar ou desagregar companhias como desejasse. No Marrocos português, o comandante do troço de cavalaria era o **adail-mor** e **adail** era o chefe de cada companhia.

Essa organização foi usada na Espanha até 1704 e em Portugal e no Brasil até 1707, quando as companhias se transformaram em regimentos, segundo o sistema surgido na França por volta de 1570. Neste, os coronéis eram nobres ou chefes mercenários que nomeavam seus capitães e se tornavam proprietários de fato de suas unidades, com autonomia para recrutar (geralmente dentro de uma determinada região ou grupo étnico), treinar e administrar. Geralmente existiam como unidades plenas apenas em tempo de guerra, mas na desmobilização a companhia formada em torno do seu comandante permanecia com o título de regimento e servia de núcleo à remobilização quando necessária. Cada regimento tinha seus próprios títulos, uniformes, canções, bandeira e tradições. Normalmente, um militar fazia toda a sua carreira dentro do seu regimento, com o qual mantinha ligações depois de reformado.

A partir de 1618 na Suécia, 1635 na França, 1686 na Prússia e 1695 na Áustria, a mudança de técnicas de combate com o surgimento de armas de fogo portáteis e relativamente práticas levou à organização dos batalhões (*battalions*) de 4 a 17 companhias e 500 a mil soldados como unidades táticas formadas dentro dos regimentos. Na Suécia, o batalhão era dividido em quatro divisões e oito pelotões. Na França de 1670, eram 3 divisões e 18 pelotões em cada batalhão. Eram grupos compactos de mosqueteiros rigidamente sincronizados e disciplinados em formações geometricamente exatas, divididos em companhias e pelotões que disparavam em ordem mecanicamente precisa, uma vez que o tempo necessário para recarregar essas armas exigia disparos em turnos, de modo que sempre houvesse uma unidade disparando enquanto as outras se preparavam para sua vez. O "passo de ganso", criado na Prússia do século XVIII e imitado na Rússia e por outros países cujos exércitos foram treinados por russos e alemães, foi um dos métodos para manter as tropas alinhadas corretamente à medida que avançavam em direção das linhas inimigas.

Desenvolvimento paralelo, ao longo do século XVII, foi a introdução de uniformes vistosos e coloridos, cuja finalidade era tornar as tropas e sua disposição claramente visíveis e distintas das tropas inimigas, do ponto de vista do comandante.

A difusão das armas de fogo também tornou obsoleta a cavalaria tradicional e de força auxiliar, a infantaria passou a ser a espinha dorsal do combate. Os exércitos passaram a ser organizados em três armas (*army branches*), com tradições e culturas características:

infantaria, fundamentalmente constituída por mosqueteiros. Arcava com a parte mais dura e importante dos combates e valoriza o estoicismo, a obediência rígida e a disciplina severa e precisa, cuja quebra geralmente resulta em caos e derrota.

dragões surgiram no século XVI como infantaria que combatia a pé, mas se deslocava a cavalo, usada para estabelecer piquetes (linhas avançadas para monitorar avanços inimigos) e postos avançados, defender pontes ou desfiladeiros na vanguarda ou retaguarda do exército, apoiar a cavalaria de linha e missões policiais e de repressão.

cavalaria, agora uma força auxiliar, que explora sua mobilidade para atacar os flancos e a retaguarda da infantaria inimiga e debandar e perseguir as formações inimigas quando estas se rompem (cavalaria pesada ou couraceiros) ou efetuar missões de escolta e reconhecimento (cavalaria ligeira, chamados hussardos, lanceiros, caçadores e cossacos). A partir das guerras napoleônicas, incorporou também os dragões, considerados "cavalaria média" e usados em ataque e defesa de localizações específicas. Ao contrário da infantaria, a cultura da cavalaria valoriza a ousadia e o arrojo.

artilharia, cujo desenvolvimento passou a exigir um alto grau de treinamento técnico e matemático de seus oficiais (e mesmo de seus sargentos) para que se efetuem disparos a longa distância com precisão e sem pôr em risco as próprias tropas. Valoriza, por isso, a organização escrupulosa, a inteligência e o conhecimento, convertendo-se no corpo mais "intelectual" do exército.

No século XVIII, uma quarta arma, **engenharia**, ganhou importância e autonomia. Engenheiros militares tinham um papel importante na construção (e destruição) de castelos, fortalezas, abrigos, máquinas de cerco, pontes ou como sapadores e minadores (construção de trincheiras, túneis e armadilhas, que ao usarem explosivos deram origem às chamadas minas terrestres) desde a Idade Média, mas foi em 1717, na Inglaterra, que começaram a formar um corpo com organização e cultura própria.

Como o princípio da primogenitura deixava ao filho mais velho a herança do título e das principais propriedades, as alternativas para os não primogênitos, chamados cadetes, eram a carreira religiosa e a militar. Daí o nome de "cadete" para os jovens oficiais, mesmo antes de receberem instrução formal numa academia militar, instituição que surgiu em 1741 na Inglaterra, em 1748 na Áustria e em 1751 na Inglaterra.

Na França até a Revolução e em muitos países até o início do século XX, a grande maioria (três quartos ou mais) dos postos de oficiais continuou ocupada pela nobreza e os poucos plebeus que a eles chegavam tinham oportunidades restritas. Na França, por exemplo, os regulamentos determinavam que um capitão plebeu precisava servir dez anos para ter uma oportunidade de promoção, enquanto um nobre podia ser promovido após três anos. Em alguns reinos, nobres e plebeus com o mesmo posto vestiam uniformes diferentes. Oficiais plebeus podiam eventualmente ser enobrecidos – mas na Áustria, isso exigia 30 anos de bons serviços.

Postos de alferes a coronel muitas vezes foram herdados ou vendidos e tornaram-se meras fontes de renda paga pelo rei. Nos regimentos, o comando efetivo era frequentemente delegado pelos titulares a seus lugares-tenentes (tenentes-coronéis). Como isso deixava a companhia do coronel sem comandante, o tenente dessa companhia se tornava seu chefe de fato, com o posto de capitão-tenente, que era o do famoso mosqueteiro Charles de Batz-Castelmore, o Conde d'Artagnan.

O sistema de compra e venda desses cargos foi extinto na França pela Revolução, mas durou no Reino Unido até meados do século XIX, quando a Guerra da Crimeia e a Revolta dos Cipaios mostraram que o sistema resultava em comandos incompetentes e decisões desastrosas, como a da Carga da Brigada Ligeira de 1854.

Idade Contemporânea

O acesso ao oficialato foi aberto aos plebeus pela Revolução Francesa e tornou-se mais competitivo e meritocrático, mesmo durante a restauração monárquica, De 25% nas vésperas da Revolução, os oficiais plebeus passaram a pouco menos de metade dos novos oficiais franceses em 1815, 74% em 1833, 78% em 1843, 69% em 1868 e 72% em 1878. Em outros países europeus, o processo foi mais lento: na Rússia, em 1914, metade dos oficiais ainda provinha da nobreza (mas todo plebeu se tornava automaticamente um nobre hereditário ao atingir o posto de coronel). Na Prússia, a proporção dos nobres entre os oficiais caiu de 65% em 1860 para 30% em 1913.

Nem por isso, o oficialato deixou de ser elitista. A admissão nas academias militares, por concurso ou currículo, passou a exigir a admissão em curso de nível superior, que restringia o acesso, salvo exceções, à alta classe média. Praças e oficiais se tornaram carreiras fundamentalmente separadas desde a juventude, pois os limites de idade para as escolas de academias de oficiais em geral excluem os veteranos.

À parte o serviço militar obrigatório, praças voluntários se alistam por um período de dois a doze anos, conforme o exército e o serviço, durante os quais não podem pedir exoneração, salvo casos muito excepcionais. Se nesse período não conseguem atingir requisitos mínimos de promoção, geralmente não é permitido o realistamento. Já o alistamento de oficiais não é por tempo definido, mas em geral podem pedir a exoneração depois de certo tempo. Um oficial exerce a sua autoridade por delegação de poderes de um soberano ou Estado, formalizada pela atribuição de um documento designado "carta-patente" ou "patente", no qual está definido o posto e seus poderes, deveres e as responsabilidades.

Em alguns países, há ainda uma terceira carreira, chamada nos EUA *warrant officer*, formada por pilotos e vários tipos de especialistas técnicos e administrativos, intermediários entre sargentos e oficiais. Desempenham algumas funções que em outros países pertencem a subtenentes ou sargentos de graduação elevada, mas não se confundem com eles. Não recebem uma carta-patente, mas um certificado (*warrant*) do oficial responsável. Não há equivalente em português, mas se poderia chamá-los "ajudantes", como eram no exército português dos séculos XVII e XVIII os responsáveis pelos serviços administrativos e de pessoal num regimento. Na França, há os postos de ajudante (*adjutant*), ajudante-mestre (*adjutant-maître*) e ajudante-mor (*major*).

As barreiras entre as categorias de praça e oficial só raramente são cruzadas, durante emergências criadas por guerras em grande escala, quando há falta de pessoal regularmente qualificado e oportunidades para promoções excepcionalmente rápidas ou por bravura.

Isso é em parte compensado pelas perspectivas de especialização técnica e de promoções de sargentos a auxiliares de oficiais em comandos mais elevados que o tradicional pelotão, o que no Brasil significa a promoção a subtenente, e nos EUA e outros países a patentes mais elevadas de sargentos, incluindo o "sargento-mor de comando" (*command sergeant-major*), interface entre o comando de uma brigada e todos os seus praças e o "sargento-mor do Exército" (*sergeant-major of the Army*), que faz o mesmo papel no Estado-Maior (portanto, um cargo único).

Tanto para praças quanto para oficiais dependem de uma comissão de promoções, que leva em consideração a antiguidade na graduação e o merecimento, com base em vários critérios: avaliação do desempenho pelos superiores, condecorações, cursos, educação civil, pontuação no treinamento militar, com peso relativo dependente do exército: nos EUA, um desempenho tido como excepcional pelos superiores pode proporcionar promoção em menos de metade do tempo regulamentar, o que não se dá no Brasil, por exemplo. Promoções por bravura em tempo de guerra são possíveis, mas raras. Mesmo após a aprovação pela comissão, a promoção não é automática: é preciso ainda a abertura de uma vaga. Se a promoção não é alcançada dentro de certo tempo, o praça ou oficial recebe baixa involuntária ou deve pedir para passar para a reserva, se tiver idade e tempo de serviço para isso.

Exército vermelho

Uma exceção ao sistema de separação entre as carreiras de praças e oficiais foi o Exército Vermelho organizado por Vladimir Lênin e Leon Trótski em 1918, no qual as patentes pessoais foram abolidas. Os militares eram graduados por seus encargos, inclusive as de comando de armas, na seguinte escala:

- *Narkomvoyenmor* (Comissário do Povo para assuntos militares e navais ou ministro da Defesa) –Trótski até 1925, depois Mikhail Frunze e Kliment Voroshilov.
- *Komfronta* (comandante de frente)
- *Komandarm* (comandante de arma)
- *Komkor* (comandante de corpo)
- *Komdiv* (comandante de divisão)
- *Kombrig* (comandante de brigada)
- *Kompolka* (comandante de regimento)
- *Kombat* (comandante de batalhão)
- *Pomkombat* (assistente de comandante de batalhão)
- *Komroty* (comandante de companhia) e *Komesk* (comandante de esquadrão de cavalaria)
- *Pomkomroty* e *Pomkomesk* (assistentes dos encargos acima)
- *Komzvoda* (comandante de pelotão)
- *Starshina* ("sênior", comparável a sargento-mor em outros exércitos)
- *Pomkomvzvoda* (assistente de comandante de pelotão)
- *Komot* (comandante de grupo de combate)
- *Krasnoarmeyets* (soldado do Exército Vermelho)

Em 1925 foram introduzidos também assistentes de *Komandarm*, *Komkor*, *Komdiv*, *Kombrig* e *Kompolka* na hierarquia superior e os de assistente de *Komot* e comandante de esquadra (*komandir zvena*) e respectivo assistente na base. Esse sistema durou até 1935, quando Stálin reintroduziu o oficialato e o sistema de patentes.

Espera-se que todos os aspirantes eventualmente cheguem a capitães, que a maioria deles chegue a majores e tenentes-coronéis e cerca de um terço a coronéis. A promoção a generais, embora também dependa da recomendação de uma comissão, é excepcional (dado o número limitado de vagas – uma para cada 20 ou mais coronéis) e depende do chefe de Estado, que ouve o ministro da Defesa e o secretário do Exército, mas decide em última instância. No exército português, um coronel que tenha concluído o Curso

Superior de Comando e Direção, necessário para o ingresso na subcategoria de oficial general, é chamado "coronel tirocinado" e usa galões de coronel acrescidos de uma estrela de general.

Com o recrutamento obrigatório em massa introduzido pela Revolução Francesa, os exércitos tornaram-se ainda maiores, exigindo a organização de unidades de maior porte. Lazare Carnot, presidente da Convenção Nacional revolucionária em 1794, agrupou pela primeira vez os regimentos e brigadas em divisões (*divisions*). Napoleão juntou as divisões em corpos (*corps*) e ocasionalmente juntou os corpos em exércitos (*field armies*, em francês *armées*). Ao longo do século XIX e início do XX, essas unidades se tornaram parte permanente da estrutura dos exércitos. Na tradição anglo-saxônica e alemã são comandadas, respectivamente, por majores-generais, tenentes-generais e generais; na francesa, esses títulos antigos foram substituídos pelos de generais de divisão, generais de corpo de exército e generais de exército.

A Revolução e suas repercussões na Europa também acabaram, na maioria dos países, com a tradição dos regimentos autônomos, recrutados por seus próprios comandantes dentro de uma região ou grupo étnico específico e cada um com seu próprio uniforme e costumes, para incorporá-los em um exército nacional com uniformes e treinamento padronizados, cujos combatentes e unidades podiam ser livremente remanejadas pelos comandantes conforme a conveniência do momento.

Apenas os britânicos mantiveram o sistema de regimentos até a atualidade. No Reino Unido (e muitas de suas ex-colônias), os regimentos, alguns com séculos de idade, continuam a existir como unidades cerimoniais e administrativas com autonomia interna que não fazem parte da cadeia de comando tática. No modelo adotado em meados do século XIX, costumavam ter dois batalhões, um na metrópole e outro nas colônias. Desde os anos 1950, foram reagrupados e hoje têm seis batalhões.

A Guarda Nacional

De 1831 a 1918, a ordem interna foi mantida no Brasil pela Guarda Nacional, que absorveu as guardas municipais e os antigos corpos de milícias e ordenanças (tropas auxiliares do Exército de 2ª e 3ª classes). Era formada por cidadãos com certa renda mínima (sitiantes e pequenos comerciantes, no mínimo), convocados a servir sem dedicação exclusiva, e dirigida por juízes municipais e oficiais designados. Os comandantes locais, nomeados pelo governo central entre grandes negociantes e fazendeiros, tinham o título de coronel, que continuou a ser dado honorificamente até1924. Daí o domínio do campo e do voto rural pelo "coronelismo", característica da política brasileira até a revolução de 1930.

Os membros da Guarda Nacional deviam providenciar o próprio uniforme e a maioria o fazia, como símbolo de status. Mas havia os "desfardados", que alegavam não ter dinheiro para comprá-lo. O equipamento era fuzil com baioneta para infantaria e sabre para a cavalaria.

Na Minas Gerais de 1840, a Guarda Nacional tinha 47 mil praças, organizados em 29 legiões com um mínimo de 1.000 guardas (equivalentes a regimentos e comandadas por coronéis, secundados por majores), 79 batalhões com um mínimo de 400 guardas (comandados por tenentes-coronéis, secundados por majores) e 4 esquadrões de cavalaria (comandados por majores, secundados por alferes). Batalhões e esquadrões eram divididos em companhias comandadas por capitães e subdivididas em seções de até 50 guardas, comandadas por sargentos ou tenentes.

Instituição análoga existe nos EUA, onde as milícias estaduais originalmente financiadas por grandes fazendeiros, que eram seus coronéis, formam uma Guarda Nacional. Títulos honorários de Coronel da Guarda Nacional – como o do Coronel Sanders, (1890-1980), fundador da rede Kentucky Fried Chicken – continuam a ser conferidos por governos estaduais do sul.

Ainda se usa no Reino Unido, como foi comum em outros países, atribuir o título de coronel honorário (*colonel-in-chief*) de um determinado regimento a um membro da família real, a cidadãos destacados ou a reis estrangeiros. Em Portugal, até o fim da monarquia, a atribuição da patente de coronel honorário levava à alteração da designação da unidade. Assim, o rei D. Carlos I era coronel honorário do Regimento de Cavalaria Nº 2 "de Lanceiros de El-Rei" e o Imperador Guilherme II da Alemanha era coronel honorário do Regimento de Cavalaria N° 4 "do Imperador Guilherme II". Era tradição que as visitas oficiais dos monarcas estrangeiros aos quais tivesse sido dado o comando honorário de um regimento português incluíssem assistir a manobras do "seu" regimento, fardados com o uniforme de coronel a ele correspondente.

Nos EUA, o sistema de regimentos foi mantido até 1957, quando os batalhões passaram a ser subordinados diretamente às brigadas e os regimentos passaram a ser apenas uma tradição histórica de um grupo de batalhões.

Ao longo do século XIX, os batalhões da maioria dos países foram reorganizados de acordo com o modelo prussiano de 4 companhias e 12 pelotões, com uma força total de 26 oficiais e 1.054 praças. No fim do século XIX, porém, a introdução dos fuzis modernos, rápidos e fáceis de recarregar, tornou desnecessária a operação de formações rígidas e compactas de mosqueteiros. Os batalhões tornaram-se unidades menores e mais flexíveis, cujas companhias e pelotões podem se unir ou separar conforme o terreno e a necessidade tática. Isso, em combinação com o maior alcance e precisão das armas, fez os uniformes de cores vistosas transformarem seus usuários em alvos em potencial. Alguns exércitos começaram a preferir cores mais discretas, como o cáqui, o marrom, o cinzento e o verde-oliva, desde o os primeiros anos do século XX, mas foram necessárias as primeiras carnificinas da I Guerra Mundial para generalizar o princípio de deixar seus soldados menos visíveis na paisagem, universal a partir de 1916.

O surgimento do telégrafo fez surgir em alguns países uma nova arma: o **corpo de sinaleiros**, especializado na instalação e manutenção de comunicações a distância por telégrafo ou por sistemas de semáforos (torres ou mastros com bandeiras ou braços coloridos, manejados para transmitir mensagens em código, visíveis a distância).

Nas Guerras Mundiais do século XX, nas quais se defrontaram as forças armadas de maior porte da história, com maior mobilidade, foram articulados grupos de exércitos ou frentes, às vezes agrupados ainda em regiões militares e teatros de guerra. Para os comandantes dessas super-unidades foi revivido em vários países os antigos títulos de marechal ou marechal de campo, exceto nos EUA, onde foram intitulados "general do exército" (*general of the army*). Normalmente foram concedidos apenas em tempo de guerra, embora os sobreviventes os mantivessem no pós-guerra com caráter honorífico. No Brasil, serviu para atender à praxe, vigente até 1967, de promover automaticamente os oficiais que passavam à reserva, inclusive generais de exército.

A introdução dos tanques e outros carros de combate, bem como de caminhões e veículos de transporte de pessoal, juntamente com o uso do rádio e das comunicações a distância, revolucionou as táticas e estratégias militares, permitindo a coordenação de operações em escala muito maior.

Com o uso militar do rádio, os corpos de sinaleiros se transformaram na moderna arma de **comunicações,** especializada em sistemas de comunicação, controle e guerra eletrônica. A **logística** ganhou importância mais decisiva e os serviços de suprimento dos exércitos, antes prestados por civis, foram integrados no exército. No Brasil, é dividida em **material bélico** e **intendência** (uniformes e equipamentos individuais) e, nos EUA, em material bélico (*ordnance corps*), transporte (*transportation corps*) e intendência (*quartermaster corps*).

A invenção dos aviões trouxe também a **aviação do exército** (*aviation*). O uso militar de aeronaves se emancipou como aeronáutica ou força aérea (leia adiante) no Reino Unido a partir do fim da I Guerra Mundial e na maioria dos países na II Guerra Mundial, mas o uso militar de helicópteros e aviões de ataque de baixa altitude fez ressurgir essa arma como serviço separado dentro dos exércitos a partir dos anos 1980.

Em alguns países, modalidades de combate e organização fizeram surgir outras armas especializadas, tais como **artilharia antiaérea** (*air defense artillery*, hoje operando basicamente com mísseis), nos EUA separada da **artilharia de campo** (*field artillery*), **armas químicas** (*chemical corps*), **forças especiais** (*special forces*), **inteligência militar** (*intelligence*), **polícia militar** etc.

Os primeiros tanques, lentos e de curto alcance, operaram dentro da infantaria, como armas de apoio. A partir de 1930, com maior mobilidade, passaram a ser usados principalmente pela cavalaria. A cavalaria pesada passou a ser formada de tanques e a ligeira de carros blindados de reconhecimento e os dragões converteram-se em infantaria pesada motorizada ou mecanizada, transportada em caminhões ou em carros blindados e armada também com carros de combate leves.

A cavalaria ligeira montada ainda teve um papel na Europa Oriental e na Ásia durante a II Guerra Mundial, onde faltavam estradas e logística para carros de combate, e continuou a ser usada em regiões montanhosas e outros terrenos difíceis e com poucas estradas (inclusive grande parte da América Latina) até perto do fim do século XX e mesmo depois: ainda existe uma unidade regular de cavalaria montada, não cerimonial, no Exército da Índia.

O uso de uniformes camuflados começou na Itália, em 1929 e foi imitado pela Alemanha nos anos 1930 e pela França em 1947. Os EUA experimentaram uniformes camuflados durante a II Guerra Mundial, mas não os acharam satisfatórios. Só voltaram a usá-los em 1968, na Guerra do Vietnã e os generalizaram depois dos anos 1980.

Cadeia de comando atual

Embora o modelo descrito abaixo se refira principalmente aos países da OTAN e ao Brasil, também se aplica à maioria dos exércitos modernos:

Teatro de operações (*theater of operations*) – um comando de tempo de guerra, que reúne quatro ou mais grupos de exércitos e milhões de soldados sob uma mesma estratégia. Na II Guerra Mundial, por exemplo, as forças dos EUA foram organizadas em dois teatros, o da Europa e o do Pacífico.

Grupo de exércitos (*army group*) – formados por dois ou mais exércitos em tempo de guerra, mobilizaram 400 mil a 1,3 milhão de soldados sob um mesmo comandante. Foram formados pela última vez na II Guerra Mundial.

Exército (*field army*) – a maior unidade em tempo de paz, com 80 mil a 200 mil soldados, formados por dois a quatro corpos de exército.

Corpo de exército (*corps*) – formado por duas ou mais divisões, com um total de 40 mil a 80 mil soldados. No Brasil, apenas o Comando Militar do Sul, que reúne duas divisões e outras forças de apoio, tem caráter de corpo de exército.

Divisão (*division*) – formada por duas a quatro brigadas, com 10 mil a 15 mil soldados. Tradicionalmente era a menor unidade de armas combinadas capaz de operações militares independentes, por incluir tanto as tropas de combate quanto os elementos de apoio (reconhecimento, engenharia, logística etc.). Hoje esse papel também pode ser desempenhado pelas brigadas, mas as divisões continuam como unidades táticas e administrativas da maioria dos grandes exércitos. Na II Guerra Mundial, chegou a haver mil divisões em campo. O exército brasileiro tem hoje seis divisões.

Brigada (*brigade*) – até meados do século XX era uma unidade formada por três regimentos, geralmente de diferentes armas, com autonomia tática e flexibilidade para executar uma determinada tarefa, com 3 mil soldados. Hoje é formada por dois a cinco batalhões com um total de 3 mil a 5 mil soldados e pode ter elementos de apoio para operar de maneira autossuficiente.

Regimento (*regiment*) – o regimento propriamente dito, como unidade autônoma com cultura e tradição própria, hoje só existe no Reino Unido e ex-colônias, onde é uma unidade administrativa e cerimonial com até seis batalhões e 1.000 a 2.500 soldados. Não tem função tática e em operação seus batalhões são subordinados diretamente às brigadas. Nos EUA, os regimentos são apenas referências históricas que agrupam batalhões para fins cerimoniais.

Na maioria dos outros exércitos, os regimentos se tornaram no século XIX e até o início do século XX uma unidade da cadeia de comando, uma subdivisão da brigada constituída de dois a quatro batalhões de uma mesma arma e 1.000 a 2.000 soldados.

A partir da I Guerra Mundial, regimentos combinaram batalhões de diferentes armas. Onde essa denominação ainda é usada, eles se subordinam à divisão como brigadas de menor porte (dois ou três batalhões, em vez de quatro ou cinco). No Brasil, os regimentos foram criados em 1908 e dissolvidos em 1970, mas os batalhões de cavalaria e alguns batalhões históricos de infantaria e artilharia são chamados de "regimentos".

Grupamento (*battlegroup*, Reino Unido) ou força-tarefa (*task force*, nos EUA) é a unidade base de manobra de um exército moderno, de caráter temporário, formado em torno de um batalhão de infantaria reforçado com companhias ou esquadrões de cavalaria e baterias de artilharia, ou um regimento de cavalaria blindada reforçada com companhias de infantaria e pelotões de reconhecimento, engenharia etc.

Batalhão (*battalion*) – era até meados do século XX formado por três ou quatro companhias de infantaria e 300 a 400 soldados. Na cavalaria, a unidade comparável é chamada "esquadrão" (*squadron*) nos EUA e **regimento** (*regiment*) no Brasil, Reino Unido e outros países. Na artilharia, é chamada *battalion* nos EUA, mas **grupo de artilharia** no Brasil. É em geral a menor unidade capaz de operações independentes de um comando superior e com um estado--maior e serviços de apoio (saúde, transporte, comunicações) não diretamente envolvido no combate. Atualmente, reúnem quatro a seis companhias e 300 a mil soldados.

Subagrupamento (*company group* no Reino Unido, *team* nos EUA) é uma subdivisão de um grupamento tático, que pode ser formado por uma companhia de infantaria apoiada por um pelotão de cavalaria ou vice-versa.

Companhia (*company*) no fim do século XIX, tipicamente formada por três pelotões e cerca de 100 soldados, tornou-se a menor unidade com autonomia administrativa e logística, capaz de manter operações por conta própria e com pessoal técnico e médico. Atualmente, é formada por dois a oito batalhões, com 80 a 250 soldados, dependendo das práticas de cada país. Na cavalaria, a unidade comparável é chamada **esquadrão** (*squadron*), exceto nos EUA, onde é **tropa** (*troop*), como era em Portugal e no Brasil até o século XVIII, mesmo nos dias de hoje em que os cavalos foram substituídos por blindados e helicópteros. Na artilharia, é chamada **bateria** (*battery*). Um esquadrão de tanques tem 13 ou 14 veículos.

Pelotão (*platoon*) é na maioria dos exércitos, inclusive o brasileiro e o português, a menor unidade sob o comando de um oficial e com autonomia para pedir apoio de fogo quando preciso, com 20 a 64 soldados. Nos países francófonos, essa unidade é chamada seção (*section*), a menos que seja de cavalaria, quando é pelotão (*peloton*). Nos hispânicos, também é seção (*sección*). No Reino Unido, é chamado tropa (*troop*) na cavalaria. Pelotões de blindados costumavam reunir cinco veículos na II Guerra Mundial, três ou quatro hoje.

Grupo de combate é no Brasil a unidade tática básica da infantaria, formada por 13 combatentes. Unidades semelhantes em outros países, com 8 a 13 combatentes, são chamadas esquadra (*squad*) na infantaria e nos fuzileiros dos EUA, seção (*section*) em Portugal, no Reino Unido e na artilharia e cavalaria dos EUA e pelotão (*pelotón*) nos países hispânicos. Nos blindados, o equivalente é a tripulação de um veículo.

Esquadra é no Brasil, Portugal e países hispânicos a menor fração do comando, formada por quatro combatentes. Nos EUA e Reino Unido, essa unidade é chamada "equipe de fogo" (*fireteam*) e pode se subdividir em duas "equipes de fogo e manobra" (*fire and maneuver team*) de dois soldados cada uma.

Marinha

Quadro-resumo

O quadro abaixo é um resumo simplificado para consulta rápida:

	Brasil moderno	Nomes históricos e alternativos	Reino Unido	EUA	Função principal
Oficiais generais *Flag officers*	–	capitão-general almirante-mor	–	admiral of the navy	comandante supremo honorífico
	–	almirante da armada (p) grande almirante	admiral of the fleet	fleet admiral	comando-em chefe da armada alto comando
	almirante	capitão-mor cabdel	admiral	admiral	comando-em chefe da armada alto comando
	almirante de esquadra	tenente-general sotocapitão vice-almirante (p)	vice admiral	vice-admiral	comando de frota comando de força-tarefa
	vice-almirante	chefe de esquadra almirante de divisão contra-almirante (p)	rear admiral	rear admiral upper half	comando de esquadra comando de grupo-tarefa
	contra-almirante	coronel do mar chefe de divisão comodoro (p)	commodore	rear admiral lower half	comando de divisão comando de flotilha comando de grupo-tarefa
Oficiais superiores *Senior officers*	capitão de mar e guerra	capitão de nau	captain	captain	comando de 1ª classe (porta-aviões, cruzadores, submarinos de mísseis balísticos) e grupos aéreos, chefe de estado-maior em grupo-tarefa
	capitão de fragata		commander	commander	comando de 2ª classe (fragatas, destróieres, submarinos) e esquadrão aéreo, imediato ou depto. em 1ª classe
	capitão de corveta	capitão-tenente (p)	lieutenant commander	lieutenant commander	comando de 3ª classe (caça-minas, navios-patrulha), imediato ou depto. em 2ª classe, depto. ou divisão em 1ª classe

Oficiais intermediários (capitão) e subalternos Junior officers	capitão-tenente	primeiro-tenente (p)	lieutenant	lieutenant	comando de 4ª classe (avisos), imediato em 3ª e 4ª classes, deptos. em 2ª e 3ª classes, pelotão de forças especiais
	primeiro-tenente	segundo-tenente (p) alferes 1ª classe	sub lieutenant	lieutenant junior grande	Imediato de navios de 4ª classe, encarregados de divisões, oficiais em treinamento
	segundo-tenente	guarda-marinha (p) alferes 2ª classe	midshipman	ensign	encarregados de divisões oficiais em treinamento
Praças especiais Cadets	guarda-marinha	aspirante (p)	officer cadet	officer candidate	aluno de academia naval, ao fazer estágio no último semestre ou ano
	aspirante		–	officer cadet	aluno de academia naval nos primeiros anos
Ajudantes Warrant officers	–	ajudante-mor, ajudante-chefe		chief warrant officer (4 categorias)	perito técnico ou especialista em equipamentos eletrônicos etc.
	–	ajudante		–	especialista
Praças Enlisted	–	sargento-mor	warrant officer class 1	master chief petty officer (3 categorias)	assessor em esquadrão, grupo-tarefa ou ministério
	suboficial	sargento-chefe (p)	warrant officer class 2	senior chief petty officer	assessor em navio
	primeiro-sargento	mestre sargento-ajudante (p)	chief petty officer	chief petty officer	assessor em departamento
	segundo-sargento	contramestre 1º-sargento (p) 2º-sargento (p)	petty officer	petty officer first class	assessor em divisão
	terceiro-sargento	guardião 1º-subsargento (p) 2º-subsargento (p)	–	petty officer second class	técnico chefe de pessoal
	cabo	cabo de marinheiros	leading rate	petty officer third class	chefe de pessoal técnico
	marinheiro engajado (1)	primeiro-marinheiro (p)	able seaman	seaman	marinheiro permanente, com mais de um ano de serviço
	marinheiro aprendiz (1)	segundo-marinheiro (p)		seaman apprentice	marinheiro em serviço militar temporário
	grumete			seaman recruit	marinheiro no primeiro semestre de treino

(p) Portugal moderno, quando diferente do Brasil
(1) Soldado fuzileiro, no corpo de fuzileiros brasileiro

Idade Média

O título de **almirante** foi originalmente usado pelos árabes medievais para o comandante naval supremo como *amir-al-bahr* ("comandante do mar") e adotado pelos reinos cristãos na forma de *amiral* (francês, na Itália *ammiraglio*), *almirante* (nos países ibéricos) e *admiral* (em inglês e alemão) a partir do século XI. Também foi usado, em português, o termo **cabdel**.

Nas Marinhas medievais, o responsável pela navegação, manejo de velas e remos (a maioria dos navios de guerra eram galeras) e comandante do navio propriamente dito era o **mestre**. O **capitão** era apenas o comandante dos soldados a bordo, o que o fazia também responsável pelo combate, pois as batalhas navais se baseavam em abordagens.

Além de mestre e contramestre, uma galera ou galé média levava um capitão, seu lugar-tenente, 40 besteiros, 8 proeiros (soldados de proa) e 6 aleiros (para guarnecer os lados). A tripulação propriamente dita era constituída principalmente pela *chusma* de 150 a 160 remadores, às ordens de um capataz e um sub-capataz. Nos países árabes e no Império Bizantino, os remadores eram homens livres, mas nos países ocidentais os remadores eram escravos (muçulmanos capturados, caracterizados por um tufo de cabelo) ou "forçados", condenados às galés pela justiça por determinado período e que tinham todo o cabelo e a barba raspados. Às vezes também se usavam ex-condenados e aventureiros dispostos a remar por um salário, também acorrentados aos bancos, mas distinguidos pelo direito de usar barba e de se soltar da corrente e andar pela galé nos turnos de folga. Todos eram controlados por 6 espalderes (remadores que iam de costas à popa para vigiar os demais e marcar a "voga", o ritmo das remadas) e 6 vogavantes (que iam à frente). Havia ainda oito navegadores (marinheiros graduados), incluindo carpinteiro, remolar (consertador de remos), calafate (calafetador), dois conselheiros (pilotos) e dois amarradores, mais cirurgião, contador e bailio.

Era dos descobrimentos

Canhões navais começaram a ser usados na Coreia contra piratas japoneses nos anos 1370 e chegaram às marinhas europeias nos anos 1440, revolucionando a estratégia naval e a organização dos navios.

Em Portugal medieval e início da Idade Moderna, o almirante era o comandante das galeras, mas o comandante das frotas de naus e galeões, cuja importância foi maior a partir da era dos descobrimentos, era o **capitão-mor**, cujo vice era o **sotocapitão**. Pedro Álvares Cabral, por exemplo, foi um capitão-mor.

O **capitão,** um militar nomeado pelo rei entre oficiais do exército, a princípoio sem experiência marítima, e se tornou o comandante supremo dos navios de guerra, mas dependia de um piloto e um mestre experientes para navegar. Era o representante formal do rei e autoridade suprema no navio, inclusive sobre passageiros da nobreza cujos títulos fossem mais altos. Sua autoridade no mar só era limitada se tivesse a bordo um superior direto, como o capitão-mor, o vice-rei a caminho das Índias ou o próprio rei.

O segundo no comando era o **piloto** (*pilot* ou *navigator*), frequentemente mais experiente que o capitão e que orientava a navegação, lia cartas marítimas, instruía o **timoneiro** (*helmsman*) e tinha como auxiliar o **sotapiloto** (*second pilot*). O **mestre** (*master*), subordinado ao capitão, passou a ser apenas o chefe dos marinheiros e grumetes. Tinha sob sua responsabilidade direta a popa, onde também ficavam o piloto, o capitão, o **cirurgião** (*surgeon*), o **capelão** (*chaplain*) e o **escrivão** (*clerk*) que, como no caso de Pero Vaz de Caminha, não era apenas um escriturário, mas o agente da coroa, que tinha as chaves da carga, registrava todos os acontecimentos da viagem e fiscalizava as operações comerciais e a distribuição do saque em nome do rei. Havia ainda os **pajens** (*pages*), meninos ou rapazes que serviam como mensageiros.

Auxiliar do mestre, o **contramestre** ou **sotomestre** (*boatswain*) superintendia a proa e as operações de carga e descarga, o **despenseiro** (*purser* ou *steward*, que administrava ou distribuía as provisões) e o **calafate** (*caulkers*, vedador do casco).

Os **marinheiros** (*sailors*), aos quais cabia largar e ferrar velas e manusear a cordoalha, repartiam-se por três esquadras (*gangs*), a do piloto, a do mestre e a do contramestre.

Também subordinado ao mestre, o **guardião** (*midshipman*, no sentido original da palavra) era responsável pelos **grumetes** (*ship-boys*, marinheiros aprendizes, meninos e adolescentes), que permaneciam sobre o convés, na parte média do navio, realizando o trabalho que exigia menos habilidade, como içar as vergas e baldear água. Em uma nau do século XVI, havia normalmente 45 marinheiros e 48 grumetes.

Subordinado ao capitão estava o **mestre bombardeiro** ou **condestável** (*gunner*), ao qual respondiam tanto os bombardeiros ou artilheiros (responsáveis pelos canhões, ajudados por grumetes e marinheiros) quanto os soldados que fossem a bordo.

O **meirinho** (*bailiff* ou *master-at-arms*) era responsável pela aplicação da justiça. Outros especialistas eram os carpinteiros (*carpenters*), trinqueiros (*sailmakers* e *ropemakers*, consertadores de velas e cordas) e tanoeiros (*coopers*), que faziam barris e pipas para conservar cargas e alimentos.

Na marinha mercante, o título apropriado para o comandante do navio continuou a ser o de mestre, mas na navegação de longo curso (na qual os navios eram frequentemente armados) também veio gradualmente a ser chamado de capitão, embora seu subordinado fosse chamado contramestre. Nos navios de cabotagem, o comandante se chama *mestre* nos navios maiores e *patrão* nos menores; na navegação fluvial e portuária, *arrais*.

Nos navios piratas, havia algumas peculiaridades: o **capitão** não era autoridade absoluta, pois a dividia com o **quartel-mestre** (*quartermaster*) e ambos os cargos eram geralmente eletivos. O capitão era o comandante tático e devia ser obedecido sem discussão nas batalhas, mas fora dela a estratégia tinha de ser discutida com a tripulação. O quartel-mestre, seu imediato, comandava as abordagens, mantinha a ordem no dia-a-dia e supervisionava a divisão do botim. Abaixo dele vinham o mestre, contramestre, piloto, artilheiro, caçador ou bucaneiro (que abastecia a despensa com carne), cirurgião, tanoeiro, marinheiros, grumetes e pajens. Um chefe pirata que comandava mais de um navio era um **almirante**.

Era da Vela

No século XVIII, o título do comandante da frota portuguesa passou a ser o de **capitão-general**. O de almirante, com o desaparecimento das galeras, se tornara hereditário e honorífico, mas o **vice-almirante** era o comandante de fato no mar e seu imediato era o **tenente-general**. Abaixo dele vinha o **chefe de esquadra**. No fim desse século, os títulos de capitão-general e almirante foram extintos e os três seguintes se tornaram, respectivamente, almirante, vice-almirante e contra-almirante.

Com isto, se seguia o modelo da Inglaterra, onde, desde o século XVI, havia três almirantes: o principal, chamado apenas **almirante**, comandava a esquadra central da frota, enquanto a da vanguarda era comandada por seu **vice-almirante** e a da retaguarda pelo **contra-almirante** (*rear admiral*), terceiro no comando.

Abaixo do chefe de esquadra, vinha o **coronel do mar**, substituído em 1789 pelo **chefe de divisão**, depois comodoro, que vinha a ser o capitão encarregado temporariamente do comando de uma força naval independente menor que uma esquadra.

Desde o início do século XVII, os comandantes dos navios de linha (*ship of the line* ou *three-deckers*) ou vasos de guerra de 1ª, 2ª e 3ª classes, em Portugal ainda chamados "naus", embora fossem muito maiores do que os navios que tinham esse nome na era dos descobrimentos, eram chamados **capitão de mar e guerra** (este chamado *captain de vaisseau* na França, *capitán de navío* na Espanha, *Kapitän zur See* ou "capitão do mar" na Alemanha). Segundo o regimento português de 1722, devia haver dois em cada navio, um dos quais serviria de imediato. Em 1761, o segundo passou a ser um **capitão-tenente**. Abaixo dele estavam os **tenentes do mar**, que comandavam os subalternos (*petty officers*): mestre da armada, mestre, contramestre, guardião (sargento de mar e guerra, no caso dos artilheiros) e cabo (*mate*). Os jovens que assentavam praça a bordo para receberem formação de oficiais da Marinha eram chamados aspirantes guarda-marinha (nos países anglófonos *midshipmen*, embora fossem meninos ou adolescentes e desempenhassem uma função semelhante à dos antigos pajens) e ao serem aprovados, guarda-marinhas (*passed midshipmen*, mais tarde *sub lieutenants* no Reino Unido e *ensigns* nos EUA), seguindo o modelo da França, que desde 1670 organizava companhias de guarda-marinhas nos principais portos, onde filhos da nobreza recebiam instrução para se tornarem oficiais navais.

O **capitão de fragata** surgiu na marinha portuguesa em 1782, como posto intermediário entre o de capitão de mar e guerra e capitão-tenente, como comandante de navios de 4ª classe, as fragatas (*frigates*), navios menores e mais velozes usados como avisos (para descobrir e seguir o inimigo), em escolta e no combate a piratas. Ainda nesse ano, o posto de tenente do mar foi subdividido em primeiro-tenente e segundo-tenente.

Em alguns países, inclusive o Brasil (mas não Portugal), criou-se também um posto intermediário entre capitão-tenente e capitão de fragata: o **capitão de corveta**, referente à corveta (*corvette*), navio de guerra de 5ª classe. Os pequenos navios de guerra, de 6ª classe (brigues, patachos, sumacas, escunas, charruas, canhoneiras), auxiliares das frotas, eram comandados por capitães-tenentes, em outras línguas também chamados "tenente de navio" (francês *lieutenant de vaisseau*, castelhano *teniente de navío*).

Assim, nos países latinos e germânicos, a hierarquia dos comandantes de navio é formada, em ordem ascendente, por capitão-tenente, capitão de corveta, capitão de fragata e capitão de mar e guerra. Na marinha britânica e EUA, embora também se chame *captain* a qualquer comandante de navio, os postos oficiais navais correspondentes são *lieutenant, lieutenant commander, commander* (originalmente *master commander*) e *captain,* geralmente usados também para comandantes de astronaves comparáveis na ficção científica. Note que um *captain* da marinha corresponde na hierarquia a um *colonel* do exército, enquanto um *captain* do exército está no patamar de um *lieutenant* da marinha.

Foi em 1745, no Reino Unido, que os oficiais da marinha começaram a usar uniformes, que depois foram imitados (inclusive nas cores azul e branco) por outros países. Entretanto, eles eram providenciados pelos próprios oficiais e o acabamento das peças era muito variável. Foi só no século XIX que os trajes foram de fato uniformizados e começou a se pensar a sério em uniformes também para os marinheiros. Mesmo assim, eles só começaram a receber uniformes gratuitos no início do século XX.

Navios na era da vela (1750-1850)

Naus ou Navios de linha
- 1ª classe: 100 a 128 canhões, 2.400 a 3.500 t, 850 a 950 tripulantes,
- 2ª classe: 90 a 98 canhões, 2.000 t, 750 tripulantes
- 3ª classe: 60-80 canhões, 1.630 t, 490 a 720 tripulantes,

Fragatas
- 4ª classe: 42-50 canhões, 350 tripulantes, 1.100 t a 1.600 t

Corvetas, brigues, escunas etc.
- 5ª classe: 32-40 canhões, 700 t a 1.450 t, 215 a 320 tripulantes
- 6ª classe: 20-28 canhões, 450 t a 550 t, 160 a 200 tripulantes
- Corveta: 3 mastros
- Brigue ou bergantim: 2 mastros, com velas redondas
- Escuna: 2 mastros com velas latinas

Abaixo da 6ª classe:
- Chalupa: três mastros
- Goleta: escuna pequena
- Sumaca: escuna pequena de fundo chato
- Patacho: dois mastros, vela de proa redonda e de ré latina
- Charrua: lenta, com grande porão e armamento reduzido
- Cúter: um mastro

Era do vapor

Os primeiros barcos a vapor funcionais surgiram nos anos 1770 e 1780, mas começaram por ser empregados em navegação fluvial. As primeiras travessias regulares do oceano em navios a vapor começaram em 1838 e as primeiras fragatas a vapor foram lançadas nos anos 1840, mas até os anos 1850 a grande maioria dos navios de guerra ainda eram navios de linha, fragatas e corvetas a vela. Os poucos que tinham máquinas a vapor, mas ainda dependiam principalmente das velas, eram chamados pelos mesmos nomes. Os anos 1860 viram mudanças mais radicais com a introdução de cascos de ferro blindados, surgindo "fragatas couraçadas" e "corvetas couraçadas", mas só a partir dos anos 1870, com o abandono progressivo das velas e a substituição das baterias laterais de canhões por torretas giratórias, surgiu uma nova nomenclatura.

Navios da era do vapor (tonelagem e tripulação)

Era vitoriana
- Encouraçado/Cruzador - couraçado: 7.500 t - 15.000 t, 350 - 750
- Encouraçado guarda - costas: 2.000 t - 5.900 t, 185 - 470
- Cruzador: 2.000 t - 12.000 t, 200 - 750
- Aviso: 800 t - 2.000 t, 100 - 250
- Destróier: 200 t - 400 t, 40 - 60
- Torpedeiro: 25 t - 150 t, 8 - 30

I Guerra Mundial
- Encouraçado/Cruzador de batalha: 18.000 t - 35.000 t, 700 - 1.300
- Encouraçado guarda - costas: 3.900 -7.800 t, 340 -452
- Porta - aviões: 10.000 t - 25.000 t, 500 - 800
- Cruzador: 3.750 t - 10.000 t, 300 - 700
- Aviso: 600 t - 1.400 t, 50 - 90
- Destróier: 500 t - 2.500 t, 58 - 190
- Torpedeiro: 150 t - 800 t, 16 - 90
- Submarino: 125 t - 1.600 t, 14 - 60

II Guerra Mundial
- Encouraçado/Cruzador de batalha: 35.000 t - 73.000 t, 1.380 - 2.800
- Porta - aviões: 15.000 t - 45.000 t, 900 - 3.200
- Porta - aviões leves: 10.000 t - 15.000 t, 500 - 1.600
- Porta - aviões de escolta: 5.000 t - 18.000 t, 480 - 1.000
- Cruzador: 5.000 t - 18.000 t, 450 - 1.400
- Destróier: 1.300 t - 4.000 t, 130 - 350
- Torpedeiro: 700 t - 2.000 t, 100 - 200
- Caça-minas: 400 t - 600 t, 30 - 100
- Submarino: 36 t - 3.000 t, 4 - 150
- Destróier de escolta: 1.400 - 3.000 t, 150 - 350
- Fragata: 1.000 t - 1.500 t, 100 - 190
- Corveta: 700 t - 1.100 t, 85 - 120

Os sucessores dos antigos navios de linha como navios de guerra de primeira classe passaram a ser os encouraçados (battleships) e os sucessores das fragatas e corvetas como navios velozes de patrulha e perseguição foram os cruzadores (cruisers), divididos em "cruzadores couraçados", que evoluíram no século XX para "cruzadores de batalha" (*armoured cruiser*, depois *battlecruiser*, do tamanho de um encouraçado, mas menos blindado e mais veloz), "cruzadores protegidos", que evoluíram para cruzadores pesados (*protected cruiser*, depois *heavy cruiser*) e "esclarecedores", depois cruzadores leves ou ligeiros (*scout cruiser*, depois *light cruiser*). Algumas marinhas tiveram também **encouraçados guarda-costas** (*coast defence battleships*), navios fortemente blindados de tamanho médio para defesa costeira.

Havia pequenos **avisos** (*sloops*), para transmissão de mensagens entre os diversos navios da esquadra e entre estes e terra (função indispensável antes das transmissões de rádio) e **patrulhas** (*patrol boats*) e **canhoneiras** (*gunboats*), para patrulha costeira e fluvial. A partir de 1894, surgiu a turbina a vapor e juntaram-se às frotas novas categorias de pequenas e velozes embarcações a vapor: os **torpedeiros** (*torpedo boats*), destinados a lançar torpedos contra os grandes navios de guerra e os **contratorpedeiros** ou **destróieres** (*torpedo boat destroyers*, depois *destroyers*), de maior porte, destinados a caçá-los. Também surgiu um tipo de destróier de maior porte, **contratorpedeiro-líder** ou **destróier-líder** (*destroyer leader* ou *flotilla leader*) para servir de capitânia a flotilhas de destróieres, com deslocamento 30% a 40% maior.

Os submarinos, barcos construídos primariamente para navegação submersa ou só com a torre na superfície, foram experimentados desde o fim do século XIX, usando motores de combustão para navegar na superfície e motores elétricos quando submersos. Mas as limitações das baterias tornavam a operação submarina lenta e limitada em alcance e sua forma de charuto os tornava pouco estáveis na superfície, o que deixava essas embarcações pouco práticas. A partir dos primeiros anos do século XX, foram preferidos os **submersíveis,** que tinham cascos "de navio", projetados para melhor desempenho na superfície, da qual podiam atacar navios desprotegidos com seus canhões. Só submergiam e usavam torpedos quando era preciso enfrentar navios de guerra e comboios escoltados ou escapar à vigilância de aviões de reconhecimento. Substituíram com vantagens os navios torpedeiros, que eram mais rápidos, mas também mais vulneráveis (os navios que foram chamados por esse nome depois da II Guerra Mundial foram, na realidade, pequenos destróieres costeiros).

Mais tarde, com a saída de cena dos submarinos propriamente ditos, os submersíveis acabaram sendo chamados também "submarinos". Hoje, essas palavras têm outro significado: submarinos são barcos ou navios autônomos capazes de submergir e submersíveis são barcos pequenos que dependem de uma instalação de superfície, navio ou submarino para se abastecer de ar e carregar baterias, geralmente destinados a pesquisa ou manutenção de instalações submarinas.

Frota Vermelha (1918-1925)

Na Frota Vermelha organizada por Vladimir Lênin e Leon Trótski em 1918, as patentes pessoais foram abolidas. Os militares eram graduados por seus encargos, na seguinte escala:
- *Narkomvoyenmor* (Comissário do Povo para assuntos militares e navais ou ministro da Defesa) –Trótski até 1925, depois Mikhail Frunze e Kliment Voroshilov.
- *Nachmorsi* (chefe da Marinha)
- *Nachalnik divizii korabley* (chefe de frota)
- *Komandir brigady korabley* (chefe de brigada de navios)
- *Komandir diviziona korabley* (comandante de divisão de navios)
- *Komandir korablya* (comandante de navio)
- *Starshiy pomoshchnik komandira korablya* (imediato de navio)
- *Pomoshchnik komandira korablya* (assistente de comandante de navio)
- *Komandir boyevoy chasti* (comandante combatente)
- *Komandir gruppy* (comandante de grupo)
- *Komandir otdeleniya* (comandante de divisão de navio)
- *Starshina / Botsman* (mestre de navio)
- *Krasnoflotets* (marinheiro da Frota Vermelha)

Na I Guerra Mundial surgiram os primeiros **porta-aviões** ou **navios-aeródromos** (*aircraft carriers*), que inicialmente serviram para lançar aviões para reconhecimento e só depois de combate, os pequenos navios **lança-minas** (*minelayers*) para dispor minas submarinas e os **caça-minas** (*minehunters*) e **navios-varredores** ou **draga-minas** (*minesweepers*) para encontrar e desativar as minas inimigas, bem como vários tipos de navios de apoio e navios-oficinas para destróieres, hidroaviões, submarinos etc. Os avisos passaram a ser pequenos navios de guerra para patrulha e escolta de comboios.

Durante a II Guerra Mundial, os encouraçados perderam importância ante o poderio crescente da aviação naval, mesmo antes de surgirem as armas nucleares. De navios de apoio, os porta-aviões de esquadra (*fleet carriers*), grandes e velozes, tornaram-se o núcleo das esquadras. Os demais navios, inclusive encouraçados, passaram a servir principalmente para escoltá-los e tiveram de multiplicar seu armamento antiaéreo para sobreviver aos combates.

Durante a guerra, multiplicaram-se também os porta-aviões de escolta (*scort carriers*), navios menores e mais lentos para dar cobertura aérea a comboios de navios de carga e transporte de tropas.

Uma categoria intermediária de porta-aviões leves (*light fleet carriers*) também surgiu, como solução de emergência para ampliar a cobertura aérea das esquadras com navios menores que podiam ser construídos rapidamente em estaleiros civis.

Na II Guerra Mundial, os nomes **fragata** e **corveta** voltaram a ser usados pelo Reino Unido, como dois tipos, maior e menor, do que até então chamava de avisos (*sloops*). Tratava-se, portanto, de navios muito diferentes dos que recebiam os mesmos nomes até a primeira metade do século XIX. Navios antissubmarinos menores e mais lentos que os destróieres, destinados a patrulha e escolta de comboios. Os EUA, em vez disso, construíram "destróieres de escolta" (*destroyer escorts*), intermediários entre uma fragata e um destróier, ou seja, mais velozes e bem armados.

Os submarinos foram aperfeiçoados pela invenção do esnórquel (*snorkel*), que lhes permitiu navegar submersos com diesel como combustível. Também se experimentou o uso de peróxido de hidrogênio. Houve ainda uma grande diversificação de tamanhos de submarinos, desde minissubmarinos para operações de sabotagem, alguns pouco maiores do que torpedos tripulados, até "cruzadores submarinos" do tamanho de cruzadores leves.

Nos últimos anos da II Guerra Mundial, a invenção de baterias de maior capacidade permitiu aos alemães recriar o "submarino propriamente dito", nos chamados *Elektroboote* ("barco elétrico", ou submarino Tipo XXI), construídos para navegação submersa. O conceito foi copiado pelas demais potências após a guerra.

Outro desenvolvimento dessa guerra foram os navios de desembarque especializados, incluindo navio de desembarque de infantaria (*landing ship, infantry* – LSI), navio de desembarque de carros de combate (*landing ship, tank* – LST) e navio de desembarque médio (*landing ship, medium* – LSM), menor que o anterior, mas ainda bem maior que as lanchas de desembarque de vários tipos que também foram usadas.

Apesar da diversificação dos tipos de navios, a organização das frotas, no início do século XX, pouco mudara em relação ao modelo da época da vela. Navios pequenos, como caça-minas, canhoneiras, submarinos e barcos-patrulha eram agrupados em **flotilhas** (*flotillas*). Navios de médio e grande porte (conceito um tanto subjetivo – fragatas e destróieres originalmente foram navios pequenos, depois vieram a ser tratados como "médios") formavam **esquadras** (*squadrons*). Tanto esquadras quanto flotilhas eram formadas de navios do mesmo tipo, às vezes da mesma classe (modelo), e podiam ser subdivididas em **divisões** (*divisions*).

Uma típica esquadra de batalha da I Guerra Mundial tinha oito ou nove encouraçados em duas divisões, às quais, em caso de necessidade, podiam ser "anexados" um ou dois cruzadores leves para reconhecimento, emprestados de uma esquadra de cruzadores. Uma flotilha de destróieres da II Guerra Mundial podia ser constituída de nove navios: duas divisões de quatro destróieres e um destróier-líder. Havia, portanto, esquadras de vários tipos – esquadras de batalha (encouraçados), esquadras de cruzadores, flotilhas (depois esquadras) de destróieres, flotilhas de caça-minas, flotilhas de submarinos etc.

Frota Vermelha (1925-1935)

A hierarquia da marinha soviética foi reformulada em 1925, tornando seus encargos mais paralelos aos cargos e postos de outras marinhas.
- *Glavnokomanduyushchiy flotom respubliky* (chefe da Marinha)
- *Komanduyushchiy flotom* (comandante de frota)
- *Komanduyushchiy flotiliey* (comandante de flotilha)
- *Komanduyushchiy eskadroy* (comandante de esquadra)
- *Komandir brigady korabley* (comandante de brigada naval)
- *Komandir korablya 1-go ranga* (comandante de navio de 1ª classe)
- *Starshiy pomoshchnik komandira korablya 1-ranga* (imediato de 1ª)
- *Komandir korablya 2-go ranga* (comandante de navio de 2ª classe)
- *Komandir korablya 3-go ranga* (comandante de navio de 3ª classe)
- *Starshiy pomoshchnik komandira korablya 2-ranga* (imediato de 2ª)
- *Komandir korablya 4-go ranga* (comandante de navio de 4ª classe)
- *Starshiy pomoshchnik komandira korablya 3-ranga* (imediato de 3ª)
- *Starshiy pomoshchnik komandira korablya 4-ranga* (imediato de 4ª)
- *Komandir boyevoy chasti* (comandante combatente)
- *Pomoshchnik komandira korablya 4-ranga* (assistente de 4ª classe)
- *Glavniy Starshina / Botsman* (mestre-chefe)
- *Starshiy botsman* (mestre-sênior)
- *Komandir otdeleniya* (comandante de grupo) / *Botsman* (mestre)
- *Komandir gruppy* (comandante de esquadra) *Pomoshchnik komandira otdeleniya* (assistente de comandante de grupo)
- *Krasnoflotets* (marinheiro vermelho)
- Esse sistema durou até 1935, quando Stálin reintroduziu o oficialato e as patentes.

Uma **frota** (*fleet*) reunia várias esquadras de cada tipo, agrupando embarcações e bases navais de todo um oceano ou região marítima (Mediterrâneo, Atlântico Sul, Pacífico Ocidental, Pacífico Oriental etc.). Até a I Guerra Mundial, as frotas eram divididas em **forças** (*forces*) que reuniam todas as esquadras de um mesmo tipo na frota.

Durante a II Guerra Mundial e depois, as frotas passaram a ser organizadas do ponto de vista operacional em **forças-tarefa** (*task forces*), grupos heterogêneos e flexíveis de navios formados com um objetivo específico, subdivididos em **grupos-tarefa** (*task groups*), **unidades-tarefa** (*task units*) e **elementos-tarefa** (*task elements*), que são os navios individuais. As esquadras e flotilhas continuaram a existir, mas como meras unidades administrativas e de manutenção.

Uma típica força-tarefa da II Guerra Mundial podia ser formada em torno de um núcleo de encouraçados ou um núcleo de porta-aviões. Um exemplo do primeiro tipo foi a Força-Tarefa 77, que na Batalha de Samar (25 de outubro de 1944) tinha a seguinte composição (total de 79 navios):

Grupo 77.2: 6 encouraçados, 6 cruzadores pesados e 6 cruzadores leves

    Unidade 77.2.1: 3 destróieres

    Unidade 77.2.2: 10 destróieres

    Unidade 77.2.3: 6 destróieres

Grupo 77.3: 6 destróieres

Grupo 77.4

    Unidade 77.4.1: 4 porta-aviões de escolta, 3 destróieres, 3 destróieres de escolta

    Unidade 77.4.2: 6 porta-aviões de escolta, 3 destróieres, 4 destróieres de escolta

    Unidade 77.4.3: 6 porta-aviões de escolta, 3 destróieres, 4 destróieres de escolta

Exemplo do segundo tipo foi a Força-Tarefa 58, com a seguinte organização na Batalha das Filipinas (19-20 de junho de 1944), para um total de 111 navios:

Grupo 58.1: 2 porta-aviões, 2 porta-aviões leves, 2 cruzadores pesados, 2 cruzadores leves, 14 destróieres

Grupo 58.2: 2 porta-aviões, 2 porta-aviões leves, 1 cruzador pesado, 4 cruzadores leves, 12 destróieres

Grupo 58.3: 2 porta-aviões, 2 porta-aviões leves, 1 cruzador pesado, 4 cruzadores leves, 13 destróieres

Grupo 58.4: 1 porta-aviões, 2 porta-aviões leves, 4 cruzadores leves, 14 destróieres

Grupo 58.5: 7 encouraçados, 4 cruzadores pesados, 14 destróieres

Nesses, como em outros casos, navios eram constantemente transferidos de um para outro grupo ou unidade ou entre forças-tarefas, conforme as premências do momento.

Na época das grandes guerras mundiais, postos acima de almirante, correspondentes ao marechal, chegaram a existir: "grande almirante" (*Grossadmiral, Grande Ammiraglio*) na Alemanha e Itália, ou "almirante da frota" (*fleet admiral, admiral flota*) no Reino Unido, EUA e União Soviética.

Era nuclear

A partir dos anos 1950, o desenvolvimento da propulsão nuclear, o desenvolvimento da aviação naval e a substituição dos canhões de grande calibre por mísseis de alcance e precisão maiores causaram reformulações importantes na estrutura das armadas.

A energia nuclear tornou possível a navios navegar a alta velocidade por meses, sem reabastecimento, dando-lhes alcance ilimitado, e o que foi mais importante, permitiu a submarinos fazer o mesmo e sem subir à superfície. Submarinos de porte muito maior, armados com torpedos (submarinos de ataque de curto alcance), mísseis teleguiados de cruzeiro (médio alcance) e mísseis balísticos (longo alcance) se tornaram navios com dimensões, importância e tripulação comparável à de cruzadores pesados.

Para transportar, lançar e recolher bombardeiros nucleares a jato de longo alcance, armados com bombas e mísseis nucleares, foram construídos porta-aviões ainda maiores, que vieram a ser os maiores navios de guerra de todos os tempos. Esses navios foram classificados pelos EUA como porta-aviões de ataque (*attack aircraft carriers*) ou informalmente super-porta-aviões (*supercarriers*). Em geral, porta-aviões de pequeno e médio porte se especializaram na guerra antissubmarina, sendo chamados porta-aviões de suporte (*support aircraft carriers*).

Foram também construídos **cruzadores porta-helicópteros** (*helicopter cruiser*) navios que combinam a operação de helicópteros e aviões de decolagem vertical para guerra antissubmarina com mísseis e outros armamentos típicos de cruzadores. Híbridos de porta-aviões com cruzadores e encouraçados tinham sido experimentados nos anos 1930 e descartados devido à incompatibilidade da operação de aviões com o disparo de canhões pesados, mas os novos armamentos os viabilizaram.

Fuzileiros navais

No Brasil, os fuzileiros navais estão organizados em sete grupamentos (batalhões reforçados) e um batalhão. Postos e graduações são os mesmos da Marinha. Batalhões e grupamentos são comandados por capitães de mar e guerra que têm capitães de fragata como imediatos. Companhias são chefiadas por capitães de corveta e capitães-tenentes.

Já nos EUA e Reino Unido os *marines* usam patentes semelhantes às do Exército, com pequenas modificações. Nos EUA, sua organização inclui as seguintes unidades, em ordem decrescente:

- **Corpo** – o comando supremo, atualmente integrado nos EUA por quatro divisões
- **Divisão** – formada por três regimentos
- **Brigada** – formada por um ou mais regimentos e unidades de suporte
- **Regimento** – formado por três batalhões
- **Grupamento** (*expeditionary unit*) – um batalhão reforçado por um esquadrão aéreo e serviços de apoio (logística, manutenção, médico etc.)
- **Batalhão** – formado por três companhias ou baterias
- **Companhia** – formada por três pelotões
- **Pelotão** – formado por três grupos de combate
- **Grupo de combate** – formado por três esquadras
- **Esquadra** – formada por quatro fuzileiros

Já a principal força especial da marinha dos EUA, a SEAL ("equipes de terra, ar e mar"), usa as patentes da Marinha e está organizada em 14 equipes (*teams*) do tamanho de companhias, agrupados em 5 grupos especiais de guerra naval, comparáveis a batalhões.

Uma nova família de navios médios e grandes especializados em desembarque de tropas desenvolveu-se a partir do fim da II Guerra Mundial, incluindo os **navios de desembarque porta-helicópteros** (*landing platform helicopter* ou LPH, sucedidos pelos *landing helicopter assault* ou LHA), que têm dimensões de porta-aviões médios e transportam helicópteros em operações de desembarque de tropas. Os **navios porta-helicópteros-docas** (*landing helicopter dock* ou LHD), combinam essa capacidade com a de **navio de desembarque-doca** (*dock landing ship*, LSD), que transporta embarcações de desembarque e veículos anfíbios em uma doca interna, e o **navio de assalto anfíbio-doca** (*amphibious transport dock*, LPD), intermediário entre essas últimas duas categorias.

Nos anos 1950 a 1970, os EUA chamaram "fragatas" (*frigates*) a navios de guerra armados com mísseis, com cascos semelhantes aos dos destróieres tradicionais, porém maiores, intermediários entre destróieres e cruzadores. Esses navios foram em 1975 reclassificados como cruzadores ou destróieres, dependendo do tamanho. Os EUA passaram a chamar de "fragatas" o que antes se denominava "destróieres de escolta" ou seja, navios de porte menor que destróieres, como fazem as marinhas europeias.

Atualmente, a distinção entre corveta, fragata, destróier e cruzador varia conforme a marinha, mas em geral se refere a navios de tamanho crescente, que podem ser lança-mísseis, antissubmarinos, porta-helicópteros ou navios de comando. Os encouraçados se tornaram completamente obsoletos e não foram mais construídos depois de 1946, mas alguns cruzadores modernos (especialmente os russos da classes Kiev e Kirov) são tão grandes quanto eles o foram, alguns destróieres modernos são do tamanho de cruzadores pesados da II Guerra Mundial e fragatas modernas são maiores que os destróieres da mesma guerra ou que os cruzadores leves do início do século XX. Os EUA não usam a denominação "corveta", mas seu "navio de combate litorâneo" (*littoral combat ship* – LCS) desempenha um papel análogo.

Navios modernos, ativos 2000- 2013

(tonelagem e tripulação)

- Super-porta-aviões: 95.000 - 104.000 t, 4.800 - 5.680
- Porta-aviões: 30.000 t - 60.000 t, 1.900 - 2.700
- Porta-aviões leves: 10.000 t - 30.000 t, 600 - 2.100
- Cruzadores porta-helicópteros: 12.000 - 42.000 t, 600 - 2.000
- Cruzadores: 9.800 t - 28.000 t, 380 - 710
- Destróieres: 5.000 - 10.000 t, 190 - 323
- Fragatas: 2.400 - 7.200 t, 140 - 280
- Corvetas/LCS: 700 - 3.000 t, 75 - 162
- Navios-patrulha: 200 t - 1.700 t, 29 - 39
- Caça-minas: 240 - 1.300 t, 32 - 84
- Aviso: 45 t - 120 t, 10 - 16
- Submarinos de mísseis balísticos: 6.500 t - 24.500 t, 100 - 160
- Submarinos de mísseis guiados: 15.000 t - 17.000 t, 107 - 155
- Submarinos de ataque (nucleares): 2.400 - 8.600 t, 70 - 140
- Submarinos (convencionais):1.475 t - 4.000 t, 36 - 60
- Porta-helicópteros (LPH): 18.000 - 22.000 t, 1.000 - 1.500
- LHA: 39.000 t - 45.000 t, 2.700 - 2.960 (inclusive fuzileiros)
- LHD: 18.000 - 41.100 t, 1.060 - 3.100 (inclusive fuzileiros)
- LPD: 8.000 t - 25.000 t, 565 - 1.060 (inclusive fuzileiros)
- LSD: 11.500 - 17.000 t, 845 - 913 (inclusive fuzileiros)
- LST: 3.700 t - 8.500 t, 240 - 624 (inclusive fuzileiros)

A organização das marinhas manteve o princípio de forças-tarefa para operação e esquadras para administração (principalmente de destróieres e submarinos, geralmente de quatro a oito unidades cada um). No pós-guerra, as unidades mais importantes com que são montadas as forças-tarefa passaram a ser os **grupos de combate de porta-aviões** (*carrier strike groups*), formados por um porta-aviões e sua escolta. Nos EUA, cada um é formado por um porta-aviões de ataque e seu grupo aéreo embarcado (*wing*, normalmente nove esquadrões de aviões), um a quatro cruzadores e uma esquadra de dois a seis destróieres e fragatas, incluindo destróieres lança-mísseis (fundamentalmente antiaéreos) e destróieres e fragatas antissubmarinos, um ou dois submarinos de ataque e um navio de suprimentos. No Brasil, o grupo em torno do porta-aviões *São Paulo* inclui quatro fragatas, dois submarinos e um navio-tanque.

Em seguida, vêm os **grupos anfíbios** (*amphibious groups*) ou **grupos de combate expedicionários** (*expeditionary strike groups*), que nos EUA são compostos de um porta-helicópteros (LHA ou LHD), um navio de desembarque-doca (LSD) e um navio de desembarque anfíbio (LPD), mais sua escolta, transportando helicópteros, aviões, veículos anfíbios e um grupamento (*Marine expeditionary unit*) de 2.200 fuzileiros e marinheiros.

Há ainda os **grupos de submarinos** (*submarine groups*) que reúnem duas a quatro esquadras de submarinos que podem operar independentemente das frotas de superfície.

Nos anos 1980, os EUA tiveram também grupos de combate de encouraçados ou **grupos de ação de superfície** (*surface action groups*) centrados em encouraçados, que foram desativados no início dos anos 1990.

Internamente, os navios são administrativamente divididos em departamentos de número variável conforme o tamanho e complexidade do navio, cada um com uma a cinco divisões, às vezes unidas em grupos e subdivididas em seções. Na marinha brasileira, os departamentos mais comuns são **operações, máquinas, intendência, armamento, navegação** e **médico**. Uma fragata brasileira da classe Niterói, por exemplo, com tripulação de 29 oficiais e 250 praças, é dividida em quatro departamentos (os quatro primeiros dentre os acima mencionados) chefiados por capitães de corveta, sob as ordens de um comandante e um imediato que são capitães de fragata. Os encarregados das divisões são tipicamente capitães-tenentes, auxiliados por suboficiais.

Num navio menor, como um navio-patrulha, o comandante e o imediato são normalmente capitães de corveta, os chefes de departamentos são em geral capitães-tenentes e os encarregados de divisões são primeiros-tenentes ou segundos-tenentes, auxiliados por sargentos. Já no porta-aviões "São Paulo", da marinha brasileira, o comandante é capitão de mar e guerra e o navio tem oito departamentos – operações, máquinas, aviação, saúde, armamento, intendência, controle de avarias e navegação – dez grupos e 24 divisões.

Esquema semelhante costuma orientar a organização de astronaves em cenários de *space opera*. Na Enterprise da série original de *Star Trek*, por exemplo, o *captain* (capitão de mar e guerra) James Kirk, tem como imediato o *commander* (capitão de fragata) Spock, também chefe do departamento de ciências. São *lieutenant-commanders* (capitães de corveta) o Dr. Leonard McCoy (saúde) e Montgomery Scott (máquinas) e *lieutenants* (capitães-tenentes) os provavelmente encarregados de divisões Nyota Uhura (comunicações), Hikaru Sulu (operações de combate) e Pavel Chekov (segurança, ou comandante da guarda), entre outros menos importantes na série.

O suboficial ou sargento, geralmente o mais antigo do navio, que orienta os trabalhos dos marinheiros de bordo é chamado **mestre**, ao qual são subordinados os **contramestres**. O **mestre d'armas** é o responsável pela supervisão das refeições. O **fiel** é o responsável pela manutenção técnica e estoques do navio e o **sargenteante** pela administração de pessoal. O **patrão de lancha** chefia embarcações manejadas pelo navio maior.

Esses termos podem não ter equivalentes exatos em outras línguas, pois funções e organização variam de marinha para marinha. O mestre da marinha brasileira combina partes das funções do que na marinha dos EUA se chama *boatswain* (responsável pela conservação geral, geralmente um *warrant officer*) e *master-at-arms* (responsável pela disciplina e guarda, geralmente o sargento mais antigo) que por sua vez pouco tem a ver com o mestre d'armas brasileiro, cuja função é desempenhada pelo *culinary specialist*, antes *mess management specialist*, antes ainda *steward*. O contramestre desempenha parte das funções do *quartermaster* (controle da navegação), do *signalman* (sinalização, encargo hoje incorporado ao do *quartermaster*) e do *boatswain's mate* (supervisão da limpeza e conservação do convés). O fiel é aproximadamente o *logistics specialist*, antes *storekeeper*, o sargenteante *yeoman* e o patrão de lancha *coaxswain*.

Os tripulantes (exceto comandante, imediato e oficiais superiores) são agrupados em **divisões de serviço** (*watch sections*), normalmente três, que se revezam na escala de serviço do navio. O oficial mais antigo de cada divisão é normalmente o chefe da divisão de serviço (*officer of the deck*), ao qual é subordinado o contramestre de serviço. O encarregado de velar, durante um quarto (*watch*) pela segurança do navio, disciplina e rotina de bordo é o "oficial de quarto" (*officer of the watch*) em viagem e "oficial de serviço" (*duty officer*) no porto.

Forças aéreas

Quadro-resumo

O quadro abaixo é um resumo simplificado para consulta rápida:

	Brasil moderno	Nomes históricos e alternativos	Reino Unido	EUA	Função principal
	–	marechal-mor	–	–	honorífico (só na União Soviética)
	–	marechal	marshal of the royal air force	general of the air force	honorífico alto comando
Oficiais generais *Air officers (RU) ou General officers (EUA)*	marechal do ar	general	air chief marshal	general	alto comando
	tenente-brigadeiro	tenente-general general de divisão	air marshal	lieutenant-general	chefia de comando aéreo
	major-brigadeiro	major-general general de ala	air vice-marshal	major general	comando de força aérea comando de ala
	brigadeiro	brigadeiro-general general de grupo	air commodore	brigadier general	comando de ala
Oficiais superiores *Senior officers*	coronel		group captain	colonel	comando de grupo aéreo comando de base aérea
	tenente-coronel		wing commander	lieutenant colonel	comando de esquadrão comando de grupo aéreo
	major		squadron leader	major	comando de esquadrão comando de esquadrilha
Oficiais intermediários (capitão) e subalternos *Junior officers*	capitão		flight lieutenant	captain	comando de esquadrilha
	primeiro-tenente		fying officer	first lieutenant	comando de seção piloto
	segundo-tenente	alferes	pilot officer	second lieutenant flight officer (1)	piloto membro qualificado da tripulação
Praças especiais *Cadets*	aspirante		acting pilot officer	officer candidate	aluno de academia da força aérea, ao fazer estágio no último semestre ou ano
	cadete		officer cadet	officer cadet	aluno de academia da força aérea

Ajudantes Warrant officers	–	ajudante-mor, ajudante-chefe		chief warrant officer (4 categorias) (2)	–
	–	ajudante		warrant officer (2)	–
Praças Enlisted	–	sargento-mor	master aircrew	chief master sergeant (3 categorias)	superintendentes e administradores de nível superior representante do comando em esquadrão, grupo, ala ou força aérea
	subtenente	sargento-chefe	warrant officer	senior máster sergeant	superintendentes e administradores de equipes técnicas chefe de unidade
	primeiro-sargento	sargento-ajudante	flight sergeant chief technician	master sergeant	técnico e administrador chefe de unidade
	segundo-sargento	1º-sargento (p) 2º-sargento (p)		technical sergeant	chefe de equipe com deveres técnicos complexos
	terceiro-sargento	furriel 2º-furriel	sergeant	staff sergeant	especialista técnico com algum papel de supervisão
	cabo	cabo-adjunto	corporal	senior airman	soldado especializado e líder de equipe
	soldado	primeiro cabo	lance corporal	airman first class	soldado permanente, com mais de um ano de serviço e alguma especialização
	soldado	segundo cabo	senior aircraftman technician senior aircraftman leading aircraftman	airman	soldado na segunda etapa do treinamento
	recruta	soldado	aircraftman	airman basic	aprendiz nos primeiros meses de serviço

(p) Portugal moderno, quando diferente do Brasil

(1) posto conferido durante a II Guerra Mundial a sargentos que desempenhavam funções de oficiais (geralmente pilotos e copilotos)

(2) não mais usados na Força Aérea dos EUA, que os substituiu por sargentos depois de 1959

Histórico

As forças aéreas surgiram como corpos ou armas de aviação dentro dos exércitos e marinhas do início do século XX. A primeira a se organizar como força independente foi a do Reino Unido em abril de 1918, perto do fim da I Guerra Mundial, seguida pela África do Sul (1920), Austrália (1921), Itália (1923), União Soviética (1924), Finlândia (1928), França (1933), Alemanha (1935), Canadá (1938) e Espanha (1939). O Brasil criou sua Força Aérea em 1941, mas os EUA só fizeram o mesmo depois da II Guerra Mundial, em 1947, Portugal em 1952 e o Japão em 1954. O México é hoje o único país a não ter uma força aérea independente.

No Reino Unido, a Royal Air Force reuniu os corpos aéreos do Exército e da Marinha, exceto por aviões utilitários e helicópteros ou que operam de porta-aviões, como também o Brasil. Já nos EUA, a USAF absorveu apenas a aviação do Exército, enquanto a Marinha continuou a ter sua própria aviação, com um número de aviões pouco menor que o da Força Aérea. Na Rússia, a Força Aérea também não inclui a aviação naval e além disso exclui a defesa aeroespacial (mísseis antiaéreos e satélites) e os mísseis estratégicos, que constituem forças independentes.

Força Aérea Soviética (1925-1935)

Ao se tornar autônoma em 1924, a Força Aérea soviética adotou uma organização semelhante às do Exército e Marinha soviéticos da época, que rejeitavam as patentes e apenas reconheciam encargos de comando.

- *Nachalnik VVS SSSR* (Chefe da Força Aérea Soviética)
- *Pomoshchnik Nachalnik VVS SSSR* (Assistente do Chefe da Força Aérea Soviética)
- *Komanduyushchiy aviabrigadi* (comandante de brigada aérea)
- *Komanduyushchiy eskadrily* (comandante de esquadrão aéreo)
- *Komanduyushchiy aviaparka* (comandante de base aérea)
- *Komanduyushchiy otdelynogo aviaotryada* (comandante de esquadrilha independente)
- *Komanduyushchiy aviaotryada* (comandante de esquadrilha)
- *Komanduyushchiy aviazvena* (comandante de elemento aéreo)
- *Starshiy Letchik* (piloto sênior)
- *Mladshiy Letchik* (piloto júnior)
- *Komandir vzvoda* (comandante de pelotão da aeronáutica)
- *Starshiy Motorist* (motorista sênior)
- *Motorist* (motorista)
- *Mladshiy Motorist* (motorista júnior)
- *Krasnoboedukhoplavately* (aeronauta vermelho)
- Esse sistema durou até 1935, quando Stálin reintroduziu o oficialato e as patentes.

O primeiro uso militar de aviões foi para reconhecimento e observação de movimentos de tropas inimigas e fogo de artilharia. O passo seguinte foi armar esses aviões com bombas, criando o bombardeiro. O terceiro tipo foram os aviões especialmente construídos para combater outros aviões, ou caças, que começaram a combater em 1915. Aviões de transporte de tropas começaram a ser usados, porém, só nos anos 1930.

Em pouco menos de um século, a evolução da aviação gerou vários subtipos:

Bombardeiros (*bombers*)

Bombardeiro pesado (*heavy bomber*) – com grande capacidade para bombas e geralmente grande alcance para os padrões de seu tempo. Geralmente usado como bombardeiro estratégico (*strategic bomber*), para destruir instalações do inimigo, enquanto bombardeiros médios e leves são usados como bombardeiros táticos (*tactical bomber*), apoiando operações de terra.

Bombardeiro médio (*medium bomber*) – de categoria intermediária

Bombardeiro leve (*light bomber*) – com capacidade e alcance menor para seu tempo.

Bombardeiro interditor (*interdictor*) – bombardeiro médio usado para operar atrás das linhas inimigas e privá-las de reforços e suprimentos.

Bombardeiro de ataque (*ground attack* ou *attack bomber*) – bombardeiro médio ou leve em papel tático, geralmente blindado contra defesa antiaérea.

Helicóptero de ataque (*attack helicopter*) – helicóptero com a mesma função.

Bombardeiro de contra-insurgência (*counter-insurgency*) – avião de ataque leve, usado contra guerrilheiros, frequentemente aviões de treinamento adaptados.

Torpedeiro (*torpedo bomber*) – bombardeiro leve cuja arma principal é o torpedo. Usado antes dos 1960, quando os mísseis se tornaram mais eficazes.

Bombardeiro de mergulho (*dive bomber*) – bombardeiro leve reforçado para permitir ataques com bombas em mergulho, de maior precisão. Foi usado de meados dos anos 1930 até fins dos 1940, quando novas armas antiaéreas o tornaram inviável.

Torpedeiro de mergulho (*torpedo-dive bomber*) – idem, usando torpedos.

Bombardeiro-batedor (*scout bomber*) – combina bombardeiro com reconhecimento tático naval.

Bombardeiro-patrulha (*patrol bomber*) – combina patrulha marítima com eventual bombardeio de navios e submarinos inimigos. Frequentemente um avião de transporte adaptado.

Bombardeiro-transporte (*bomber-transport*) – combina as duas funções, usado dos anos 1920 ao início dos 1940.

Bombardeiro noturno (*night bomber*) – equipado para atacar à noite.

Bombardeiro rápido (*Schnellbomber*) – com a pretensão de ter velocidade suficiente para escapar aos caças, usado pelos alemães nos anos 1930 e 1940 com pouco sucesso.

Veículo aéreo de combate não tripulado (*unmanned combat air vehicle* ou *"combat drone"*) – avião sem piloto armado, automático ou operado por controle remoto de estação ou veículo.

Caças (*fighters*, até 1940 também *pursuit aircrafts*)

Caça-interceptador (*interceptor*) – caça veloz, bem armado e de alcance relativamente curto, destinado a interceptar bombardeiros e aviões de reconhecimento inimigos.

Caça de escolta (*scort fighter*) – caça de longo alcance, capaz de acompanhar e proteger bombardeiros em território inimigo, conceito da II Guerra Mundial.

Caça de superioridade aérea (*air superiority fighter*) – caça de longo alcance e bem armado com o propósito de invadir e controlar o espaço aéreo inimigo, enfrentando e derrotando os seus interceptadores, conceito aplicado a partir de 1970.

Caça pesado (*heavy fighter*) – caça maior e de maior alcance que os convencionais, para servir como caça de escolta ou caça noturno, às vezes adaptados a partir de bombardeiros. O termo deixou de ser usado após a II Guerra Mundial.

Caça leve (*light fighter*) – caça menor do que o convencional, que busca obter melhor desempenho com motores limitados ou possibilitar a produção rápida em massa.

Caça noturno (*night fighter*) – adaptado para voar à noite ou com má visibilidade. A partir dos anos 1980, a miniaturização e barateamento da eletrônica generalizou esses equipamentos a ponto de a especialização se tornar redundante.

Caça multipropósito (*multirole combat aircraft*) – caça planejado para poder ser usado também como bombardeiro tático e avião de reconhecimento

Caça-bombardeiro (*fighter-bomber*) – caça adaptado para ser usado como bombardeiro leve, principalmente na II Guerra Mundial.

Caça-torpedeiro (*fighter-torpedo*) – idem, usando torpedos.

Caça de ataque (*strike fighter*) – avião fundamentalmente de bombardeiro com capacidade de combate aéreo. Difere do caça-bombardeiro, ao qual sucedeu, por ser planejado desde o início com essa finalidade.

Aeronaves de reconhecimento (*reconnaissance*)

Aeronave de observação (*observation aircraft*) – aviões e helicópteros relativamente leves, usados para orientar tropas do exército.

Avião batedor (*scout plane*) – aviões de observação naval, usados para descobrir a posição do inimigo e dirigir a artilharia.

Aeronave de ligação (*liaison aircraft*) – aviões e helicópteros pequenos, geralmente desarmados, usados para observação de artilharia e transporte de mensagens e comandantes. Também "transporte VIP".

Avião de reconhecimento estratégico (*strategic reconnaissance aircraft*) – aviões de grande velocidade e altitude, usados para mapear o território inimigo a grande distância, escapando dos interceptadores (hoje substituídos por satélites).

Avião de patrulha (*patrol aircraft*) – aviões relativamente grandes e lentos, para sobrevoar o mar em busca de navios inimigos.

Antissubmarino (*anti-submarine warfare patrol aircraft*) – aviões de patrulha equipados com sensores avançados para detecção de submarinos.

Avião de alerta e controle (*airborne warning and control system*) – aviões que portam sistema de vigilância aérea eletrônica por radar, para comando, controle e comunicações.

Veículo aéreo não tripulado (*unmanned aerial vehicle* ou "*drone*") – aviões sem piloto, automáticos ou operados por controle remoto de estação ou veículo.

Outros

Avião de guerra eletrônica (*electronic warfare aircraft*) – aviões equipados para perturbar o radar ou a comunicação do inimigo.

Avião de treinamento (*trainer*) – usados no treinamento de pilotos.

Avião-tanque (*tanker*) – para reabastecimento de aviões de combate em voo, técnica usada militarmente a partir de 1949.

Avião experimental (*special research*) – para teste de novas tecnologias e conceitos de aerodinâmica.

Aeronave de transporte (*cargo*) – avião ou helicóptero para transporte de carga e tropas e lançamento de paraquedistas.

Aeronave utilitária (*utility aircraft*) – avião leve ou helicóptero de propósito geral, usado em transporte de cargas e passageiros e eventualmente outras funções.

Aeronave de busca e salvamento (*search and rescue aircraft*) – avião ou helicóptero para socorro de pessoas em dificuldades

Planador (*glider*) – usado militarmente para treinamento e transporte.

Dirigível (*airship*) – usado principalmente em patrulha marítima e treinamento. Nos primeiros anos da I Guerra Mundial, foi usado também como bombardeiro.

Dimensões típicas de aviões (toneladas e tripulantes)

I Guerra Mundial

- Bombardeiro pesado: 3 -12 t, 3 -7
- Bombardeiro: 1 – 2 t, 1-2
- Caça: 0,4 – 1 t, 1.
- Reconhecimento: 0,5 – 1,7 t, 1-2

II Guerra Mundial

- Bombardeiro pesado: 17-60 t, 5-11
- Bombardeiro médio: 9 – 16 t, 3-7
- Bombardeiro leve: 4 – 13 t, 2-3
- Caça pesado: 5 – 12 t, 1 -5
- Caça médio: 2,4 – 8 t, 1
- Caça leve: 1 - 3 t, 1
- Reconhecimento: 2 – 33 t, 2-11
- Ligação: 0,5-1 t, 2
- Transporte: 4 -44 t, 2 – 11

Atualidade (anos 2000-2013)

- Bombardeiro pesado: 60-270 t, 2-7
- Bombardeiro médio: 25-60 t, 2-3
- Avião de ataque: 7-45 t, 1-2
- Avião de contra-insurgência: 2-7 t, 1-2
- Helicóptero de ataque: 4,5 -11 t , 1-2
- Caça interceptador: 15-40 t, 1-2
- Caça de superioridade aérea: 10-30 t, 1-2
- Caça multipropósito: 12-30 t, 1-2
- Caça leve: 4 -10 t, 1
- Patrulha: 30 -185 t, 5-13
- Alerta e controle: 19 - 360 t, 5-112
- Guerra eletrônica: 20-155, 2-13
- Reconhecimento estratégico: 18 -24 t, 1-2
- Observação: 6,5 - 7 t, 2
- Transporte: 7,5 – 640 t, 2-7
- Utilitário: 4,7-11 t , 1-5
- Utilitário: 4,7-11 t , 1-5
- Helicóptero utilitário: 3-12 t, 1-4
- Avião-tanque: 79 – 267t, 3-6
- Treinamento: 0,7-7 t, 1-2
- Drone: 0,5-15 t, 1-3 (na estação em terra)
- Microdrone/Minidrone: 1-500kg, 1 (na estação) ou automático

Organização

As forças aéreas dividem-se nos seguintes escalões:

Comando aéreo (*major command* nos EUA, *tactical air force* no Reino Unido, corpo de aviação na Rússia) é uma das maiores divisões de uma força aérea, reunindo todas as aeronaves e seu pessoal de um continente ou com uma missão específica. A força aérea dos EUA tem 11 comandos.

Força aérea (*numbered air force* nos EUA, divisão de aviação na Rússia) é uma divisão regional de um comando aéreo. No Brasil, são 4 forças aéreas, 17 grupos e 38 esquadrões. Nos EUA, há 32 forças aéreas que reúnem um total de 157 alas.

Ala (*wing* na Força Aérea e Corpo de Fuzileiros dos EUA, *group* no Reino Unido e Marinha dos EUA, regimento de aviação na Rússia) é uma formação que reúne vários esquadrões aéreos, tipicamente com 48 a 100 aviões e 1.000 a 5.000 militares. Nos EUA, é constituída por um quartel-general e quatro grupos: organização, manutenção, médico e suporte, geralmente em torno de uma grande base aérea. No Brasil, esse nível de organização não é usado e as forças aéreas se subdividem diretamente em grupos.

Grupo (*group* na Força Aérea e Corpo de Fuzileiros dos EUA, *wing* no Reino Unido e Marinha dos EUA, também *station* no Reino Unido) é uma formação que reúne vários esquadrões de um mesmo tipo ou tipos afins, em geral da mesma base, tipicamente com 3 a 10 esquadrões, 17 a 48 aviões e 300 a 1.000 militares. A aviação embarcada de um porta-aviões forma um grupo aéreo embarcado, geralmente dentro da aviação naval. Quando formada de forças de terra, equivale a um batalhão do Exército.

Esquadrão (*squadron*) é o principal tipo de unidade permanente das forças aéreas, que reúne 3 ou 4 esquadrilhas, 7 a 24 aviões (normalmente, até 12 bombardeiros, aviões de transporte, de reabastecimento ou embarcados, ou 18 a 24 caças baseados em terra) e 100 a 300 militares, normalmente de uma mesma base aérea. Nos EUA, cinco esquadrilhas de mísseis intercontinentais (50 mísseis) formam um esquadrão.

Esquadrilha (*flight*) é normalmente a menor unidade de voo a contar com pessoal de apoio e manutenção, com 3 a 6 aviões (um líder e vários alas) e 20 a 100 militares. Nos EUA, um centro de controle que maneja dez unidades de lançamento de mísseis intercontinentais, operado por dois militares, é uma esquadrilha.

Elemento (*section*) é uma divisão de uma esquadrilha com dois ou três aviões para uma missão não permanente, formado por uma aeronave líder e uma ou duas alas.

Por tradição que data da I Guerra Mundial, um piloto ou artilheiro que consegue destruir pelo menos cinco aviões inimigos é considerado um "ás". Em princípio, a função de piloto foi, desde o início, reservada a oficiais, como também as de copiloto, navegador e bombardeiro. Em aviões de maior porte, como grandes bombardeiros, sargentos foram artilheiros e operaram metralhadoras ou canhões ou eram engenheiros de voo.

A pressão da II Guerra Mundial conduziu a um relaxamento temporário dessa exigência, pois a necessidade de pilotos era urgente e não havia número suficiente de voluntários ou convocados com os pré-requisitos para serem oficiais (nos EUA da época, dois anos de faculdade e 20 a 26 anos de idade). Assim, praças recomendados por seus superiores passaram a receber treinamento como pilotos e receberem a patente de sargento ao se graduarem. No entanto, esses sargentos-pilotos (que em princípio seriam pilotos de aviões de transporte ou instrutores, mas logo passaram a pilotar ou copilotar todo tipo de aviões de combate) eram marginalizados e até hostilizados pelos oficiais.

Nos EUA, para remediar a situação, receberam a partir de 1942 uma patente especial, "oficial de voo" (*flight officer*), uma espécie de "terceiro-tenente", para qualificá-los a receber o tratamento e as cortesias devidas a oficiais. A tripulação de um bombardeiro B-17 *Flying Fortress*, por exemplo, tinha dez militares: piloto (primeiro-tenente, no mínimo), copiloto (*flight officer*), bombardeiro e navegador (segundos-tenentes), operador de rádio (segundo-sargento), um artilheiro-engenheiro (segundo-sargento) e quatro artilheiros (terceiros-sargentos). No Reino Unido, o sargento-piloto (*sergeant-pilot*) podia ser promovido a sargento-piloto de esquadrilha (*flight sergeant-pilot*) e suboficial-piloto (*master-pilot*).

Depois da guerra, retornou-se à política de utilizar apenas oficiais como pilotos e os *flight officers* remanescentes foram eventualmente promovidos ou saíram do serviço. Com a sofisticação técnica e automatização das aeronaves no pós-guerra, o uso de praças em aviões de combate tornou-se ainda mais restrito. A tripulação de um bombardeiro B-52 *Stratofortress* da Guerra do Vietnã, por exemplo, tinha cinco tripulantes: um piloto com patente de capitão (pelo menos – não é raro se chegar a tenente-coronel como piloto de bombardeiro), um copiloto, um navegador-bombardeiro, um navegador e um encarregado de medidas de guerra eletrônica que eram pelo menos primeiros-tenentes e apenas um sargento no canhão de cauda. Quando esta arma foi removida dos B-52 ainda em uso, em 1992, esses aviões passaram a ser tripulados apenas por oficiais. Os mais modernos dos grandes aviões de combate, como o bombardeiro furtivo B-2 *Spirit*, têm apenas um piloto e um oficial de sistemas de armas (função que combina as de artilheiro e navegador), ambos oficiais.

Um piloto de caça começa como segundo-tenente, mas é promovido a primeiro-tenente antes de ser considerado pronto para o combate, o que leva dois anos. Pode ser promovido a capitão ou major ainda como piloto. A maioria dos pilotos de caça na ativa é normalmente de capitães (ou capitães-tenentes, na Marinha). Segundos-tenentes podem, porém, ser copilotos e navegadores em aviões de carga e similares.

Astronautas militares são geralmente pilotos experientes com postos de major a coronel da Força Aérea ou capitão de corveta (*lieutenant commander*) a capitão de mar e guerra (*captain*) da Marinha.

A grande maioria dos militares de uma força aérea não é de pilotos, nem sequer aviadores, mas praças que desempenham funções técnicas (abastecimento, manutenção comunicação, controle de tráfego aéreo), administrativas ou de segurança nas bases aéreas, operam defesas antiaéreas, são motoristas etc.

Rússia e Europa Oriental

Os títulos de nobreza criados na Europa Ocidental só na Idade Moderna chegaram a ser usados no leste europeu, cuja cultura medieval se desenvolveu de forma independente, sob influência de invasores turcos e mongóis, do Império Bizantino e da Igreja Ortodoxa Grega.

Idade Média

O título de **tsar** ou **czar**, derivado do latim *Caesar*, "César", surgiu do uso na língua eslavônica medieval de *tsesar* como tradução de *basileus*, título grego do imperador bizantino. O primeiro a usá-lo foi o rei búlgaro Simeão I ao se coroar tsar, imperador, em 913, com a pretensão de conquistar Constantinopla e se tornar senhor do Império Bizantino. Não conseguiu realizar seu projeto, mas seu título acabou por ser reconhecido pelos bizantinos e seus sucessores o usaram até a completa conquista da Bulgária pelos otomanos, em 1422. Os sérvios também o usaram quando tiveram pretensões de conquistar os bizantinos, entre 1345 e 1371. Os primeiros soberanos búlgaros usavam o título de *kral*, "rei", assim como os reis sérvios eram chamados *kralj* e os poloneses *krol*, palavra derivada de *Carolus*, o rei franco (depois imperador) Carlos Magno.

Na Europa Oriental da Idade Média, **príncipe** (*knyaz* em russo, feminino *knyaginya*, cognato de termos como *king* e *könig*, "rei", em línguas germânicas) era o título de um grande senhor independente ou semi-independente, comparável aos príncipes da Europa Ocidental. O chefe de uma aliança de príncipes era o **grão-príncipe** (*velikyi knyaz*). Esses títulos foram também traduzidos como duque e grão-duque.

O equivalente mais próximo do título de duque, entretanto, é **voivode**, termo que originalmente designava o principal comandante de uma força militar (*dux*, no Ocidente) subordinada ao *knyaz* ou um seu assistente e governador de fronteira. Nas ações militares, o voivode liderava um exército de conscritos convocados da população local, voi, enquanto o *knyaz* tinha seu próprio exército regular, a *druzhina*.

Esse era o titulo original de Drácula no romance de Bram Stoker, embora o autor o interprete, erroneamente, como "conde". Os príncipes da Valáquia (que incluíram o Drácula histórico) tinham o título de voivode, assim como os da vizinha Moldávia e o governador húngaro da Transilvânia (onde se chamava *vajda*) na qualidade de comandantes de forças próprias.

Mais tarde o título de voivode foi dado ao governador de uma província. Na Polônia, voivodes eram os governadores nomeados pelo rei e nesse caso o título era geralmente traduzido no Ocidente como "palatino" ou "príncipe palatino". A parte da Sérvia sob domínio Habsburgo elegeu em 1848 um líder com o titulo de voivode, que foi reconhecido pela Áustria como um duque. Após sua morte, meses depois, o Imperador da Áustria assumiu o titulo de Grande Voivode do Voivodato da Sérvia, que durou até o fim da sua monarquia em 1918.

Boiardo (russo *boyarin*, búlgaro *boyar* ou *bolyar*, romeno *boier*) era o título mais geral da nobreza feudal da Europa Oriental e provavelmente deriva do turco *bai* , "nobre", pelo búlgaro *boila*, que tem o mesmo significado. Na Bulgária, os boiardos eram divididos em *veliki*, "grandes" e *malki*, "menores", aproximadamente equivalentes a condes e barões. Na Sérvia, boiardos eram os homens da pequena nobreza, também chamados *vlasteličić* e equiparados a barões, enquanto os grandes nobres ou ricos-homens eram *velmoža* ou *vlastele*. Na Romênia, boiardos eram os grandes proprietários de terras e servos com cargos administrativos ou militares, comparáveis a barões ou condes; os senhores de terras e servos sem essa distinção eram chamados *mazil*, enquanto os simples proprietários de terras livres, sem servos, eram *răzeși*. Na Rússia, surgiram quatro categorias de boiardos:

Boiardos ministros (a partir de 1562) – altos funcionários de Moscou e descendentes de antigos príncipes

Boiardos militares – comandantes do Exército

Boiardos agrícolas – proprietários de terras

Boiardos assistentes – funcionários do Estado de menor categoria

Ban, originalmente **bojan,** é um título originado do avaro *bajan,* que pode ser derivado do farsi *ban,* "chefe" ou do proto-túrquico *baj,* "rico, nobre". Foi usado na Hungria, Romênia e países eslavos dos Bálcãs para governadores nomeados por reis ou voivodes para regiões como Oltênia (na Valáquia), Moésia (na Sérvia), Eslavônia e Croácia Central (Croácia) e Bósnia, com área e população comparável a marquesados da Europa Ocidental. O título também foi usado para governadores húngaros da Croácia e de províncias da Iugoslávia em tempos modernos.

Zhupan nos países eslavos do sul, **ispan** na Hungria, **Gespan** em alemão eram chefes hereditários ou nomeados por reis e voivodes de *zhupas,* regiões equivalentes a condados da Europa Ocidental. Seu título é geralmente traduzido como "conde", mas um *ispan* poderia ser administrador de várias *zhupas* ao mesmo tempo e uma *zhupa* poderia ter vários *ispans* (geralmente irmãos). Abaixo do *ispan,* havia o *alispan* ou vice-*ispan,* administrador inicialmente nomeado, mas depois hereditário e equivalente ao visconde ocidental.

Idade Moderna

Durante o domínio otomano, foram os sultões de Istambul que foram chamados de tsares pelos búlgaros e sérvios, assim como os russos davam o mesmo título aos seus suseranos mongóis da Horda Dourada. Mas após se casar com Sophia Palaiologina, a sobrinha de Constantino XI, último imperador cristão de Constantinopla, e emancipar-se do domínio mongol em 1480, o grão-príncipe (*Velikyi Knyaz*) da Rússia Ivã III, o Grande, começou a intitular-se "tsar" (feminino *tsaritsa,* mas traduzido como tsarina) em suas relações diplomáticas, com a pretensão de suceder ao recém-desaparecido Império Bizantino e fazer de Moscou a "terceira Roma".

Seu sucessor Basílio III foi reconhecido como imperador pelo Sacro Império em 1517, mas foi Ivã IV, o Terrível, o primeiro a ser formalmente coroado com esse título. O herdeiro continuou a ser chamado *Velikyi Knyaz* (feminino *Velikaya Kniaginya*) e os demais filhos e netos, *Tsarevich* (feminino *Tsarevna*).

No século XVII, porém, o papa relutava em usar o título de tsar por insistir em que o soberano do Sacro Império era o único "imperador". Muitos embaixadores ocidentais consideravam que a palavra não tinha esse significado, pois era usada para traduzir, na Bíblia russa, o título dos soberanos de Israel, meros "reis".

Para acabar com essa ambiguidade e deixar clara sua ambição imperial, o tsar Pedro I, o Grande, coroado em 1682, decidiu a partir de 1721 intitular-se formalmente *imperator*, "imperador", feminino *imperatritsa*. O título de tsar continuou, porém, a ser usado de forma popular e informal pelo povo, como também pelos estrangeiros, para o soberano da Rússia, e formalmente era seu título como soberano de Estados vassalos conquistados como a Crimeia e a Polônia. Tornou-se, na prática, equivalente ao "rei" (em russo *korolj*) ocidental, embora reservado a soberanos da Europa Oriental. Quando a Bulgária recuperou autonomia como vassala do Império Otomano, em 1878, seu soberano hereditário foi inicialmente chamado *kniaz*, "príncipe", mas quando o país se tornou soberano, em 1908, o monarca passou a intitular-se tsar e seus filhos *kniaz*. Na Sérvia, o título dos príncipes vassalos dos otomanos era *knez* e passou a *karolj*, "rei", com a independência em 1882, passando *knez* a ser o título de seus filhos.

Também a partir de Pedro I, não só todos os descendentes, mesmo distantes, da família imperial tiveram o direito a serem chamados de "príncipe" (*kniaz*) e "alteza ilustríssima" de maneira análoga ao uso francês do título "príncipe de sangue". O título foi também concedido especialmente a famílias da nobreza antiga, elevando o número de príncipes russos a mais de dois mil. Enquanto isso, os irmãos, filhos e demais descendentes diretos do tsar reinante foram distinguidos com o título de grão-príncipe ou *velikiy knyaz*, título também traduzido como "grão-duque", exceto pelo herdeiro, que era *Naslednik Tsesarevich*, "herdeiro filho de César" (feminino *Tsesarevna*), mas era conhecido no Ocidente como tsarévitche (feminino tsarevna).

Com as reformas de Pedro I, a nobreza russa ficou dividida nas seguintes categorias:

Nobreza antiga – descendentes de famílias nobres russas anteriores a 1685, com títulos de "**príncipes boiardos**", acima dos príncipes titulados.

Nobreza titulada – constituída de títulos concedidos pelo tsar, que podiam ser "reinantes", proprietários efetivos de terras no Império Russo, ou "titulares", meros títulos, a saber:

    Príncipe (*knyaz*)

    Conde (*graf*)

    Barão (*baron*), geralmente banqueiros e industriais de origem estrangeira

Nobreza não titulada hereditária – adquirida por carta-patente do imperador ou por serviço militar e herdada apenas por linha masculina direta, a menos que o tsar autorizasse excepcionalmente a transmissão por linha indireta ou feminina para evitar a extinção de um nome de importância histórica.

Nobreza pessoal – concedida por méritos pessoais e não hereditária, embora fosse transmissível à esposa.

Até o século XIX, a nobreza russa continuava a gozar de privilégios já extintos ou em vias de desaparecimento na Europa Ocidental, incluindo:

    Posse de servos ligados às suas propriedades (até 1861).

    Isenção do serviço militar obrigatório (de 1762 a 1874).

    Isenção, até o fim do século XIX, de deveres impostos pelos *zemstvo* (assembleias de governo locais), embora detivessem 74% de seus assentos, visto que a propriedade de 240 hectares de terra conferia assento automático.

Isenção de castigos corporais.

Acesso a instituições de ensino especiais.

Em 1858, havia 609.973 nobres hereditários e 276.809 pessoais em todo o Império. Em 1870, eram 544.188 hereditários e 316.994 pessoais. A maioria destes eram oficiais militares e funcionários civis: os nobres rurais, proprietários de terras, eram 114.716 em toda a Rússia Europeia em 1877-78.

Independentemente do título, a nobreza não titulada e pessoal, a partir de 1722, também foi classificada em uma tabela de 14 graus relativa aos cargos efetivamente exercidos no governo, nas forças armadas ou na corte. A promoção era a princípio por mérito, sendo que os graus I a V dependiam de aprovação pessoal do imperador, mas a partir de 1767 passou a haver promoção automática por antiguidade, um grau a cada sete anos.

Inicialmente, a nobreza tornava-se hereditária a partir do grau VIII, mas a partir de 1845 passou a sê-lo apenas a partir do grau V, sendo os graus VI a VIII vitalícios, mas não hereditários, e os graus inferiores válidos apenas enquanto se exercesse o cargo.

Em 1856 a hereditariedade passou a ser concedida a partir do grau IV no serviço civil e grau VI no militar. Essa tabela de graus de nobreza permaneceu em uso até ser abolida pela revolução bolchevique de 1917.

Tabela de graus da nobreza russa

Grau	Serviço civil	Serviço militar	Serviço de Corte	Tratamento
I	Chanceler Conselheiro privado efetivo de 1ª classe	Marechal de campo Almirante-general	–	Vossa alta excelência
II	Conselheiro privado efetivo	General Almirante	Camareiro-mor Mordomo-mor Estribeiro-mor Vedor-mor Preceptor-mor Escanção Mestre-sala-mor	
III	Conselheiro privado	Tenente-general Vice-almirante	Mordomo Estribeiro Vedor Preceptor Trinchante	Vossa excelência
IV	Conselheiro civil efetivo Conselheiro de Estado efetivo	Major-general Contra-almirante	Camareiro	
V	Conselheiro civil Conselheiro de Estado	–	Mestre-sala	Vossa alta linhagem
VI	Conselheiro colegiado	Coronel Capitão-de-mar-e-guerra	–	Vossa alta nobreza
VII	Conselheiro da corte	Tenente-coronel (exército) Capitão-de-fragata Capitão da guarda Major cossaco	–	
VIII	Assessor colegiado	Major (exército) Capitão-de-corveta Tenente-capitão da guarda Capitão cossaco	Despenseiro	

IX	Conselheiro titular	Capitão (exército) Capitão-tenente (marinha) Tenente (marinha) Tenente da guarda Tenente-capitão cossaco	–	
X	Secretário colegiado	Tenente-capitão (exército) Guarda-marinha Segundo-tenente da guarda Tenente cossaco	–	
XI	Secretário de navio	Primeiro-tenente (exército)	Pajem ou valete	Vossa nobreza
XII	Secretário de governorato	Segundo-tenente (exército) Corneta cossaco	–	
XIII	Escrivão do Ministério Secretário de província Escrivão do Senado Escrivão do Sínodo	Ajudante (exército)	–	
XIV	Escrivão do Colegiado	Aspirante (exército) Corneta (cavalaria)	–	

Obs.: houve mudanças na tabela ao longo dos quase 200 anos de sua existência, principalmente no que se refere aos postos militares. O quadro acima se refere à forma final, no início do século XX

ISLÃ

Originária de tribos nômades de hierarquia pouco marcada, a cultura islâmica é em seus fundamentos igualitária e pouco centralizada, principalmente em sua vertente sunita. As conquistas árabes criaram enormes desigualdades de classes e vastos impérios despóticos, mas os modelos de hierarquia que daí surgiram nunca tiveram sanção religiosa e permaneceram menos formais e sistemáticos do que em outras civilizações.

Como mostram contos como o de Aladim e Sindbad, é legítima no imaginário muçulmano a ideia de um miserável conquistar poder ou riqueza pela sorte e pelo mérito – compare-se com a estrutura do típico conto de fadas europeu, no qual, para legitimar a ascensão da criança humilde, é preciso que ela descubra ser o filho ou filha de um rei injustiçado por um usurpador, ou que se case com um príncipe ou princesa.

Outro fator a dificultar a estabilização de uma nobreza formal foi o fato de o direito islâmico não privilegiar o primogênito e dividir a herança igualmente entre os filhos legítimos (e o equivalente a metade da parcela de cada um para cada filha mulher) e estes podiam ser muito numerosos, dada a poligamia das classes superiores. Ao contrário do que ocorria em outras culturas poligâmicas, como a China, a lei também não permitia privilegiar legalmente uma esposa em relação às demais. Teoricamente, a poligamia muçulmana é limitada a quatro esposas, mas a lei islâmica torna os divórcios e recasamentos tão fáceis e rápidos que os poderosos frequentemente tiveram dezenas de esposas legítimas "em rodízio", nunca mais de quatro ao mesmo tempo.

Quando se tratava da herança de um poder político indivisível, os filhos competiam em pé de igualdade para ser o *wali al-'ahd*, o "guardião da aliança" ou herdeiro designado pelo soberano reinante com o acordo de seus aliados e conselheiros. A disputa envolvia o apoio de outros irmãos, a negociação de cargos e propriedades, as filiações tribais da mãe, a aceitação pelas autoridades religiosas, o apoio da classe mercantil e a popularidade entre as massas – e, eventualmente, intrigas de corte, às vezes violentas.

A propriedade da terra e o poder político foram, como em outras culturas, transmitidos de forma hereditária, mas disso não surgiu um ideal de nobreza inata, nem um feudalismo propriamente dito. O proprietário não tinha privilégios formais, era apenas mais rico que o camponês, que não era seu servo, nem estava submetido à sua lei. Era um meeiro que dividia o produto do seu trabalho segundo porcentagens e períodos previamente acordados com o proprietário segundo as normas do *muzara'ah* (colheitas anuais, com semente do proprietário), do *mukharabah* (colheitas anuais, com semente do meeiro), do *mugharasat* (cultivos perenes plantados pelo meeiro, como videiras e pomares) ou do *musaqah* (para árvores já crescidas do proprietário, principalmente tâmaras), todas reguladas pela jurisprudência islâmica. Eventuais desacordos eram arbitrados por juízes islâmicos relativamente independentes. Ao fim da colheita e do contrato, com duração mínima de um ano e máxima de 30, o camponês podia deixar as terras do proprietário se quisesse e este não podia expulsá-lo antes sem causa justa. As porcentagens devidas pelo meeiro ao proprietário variavam de 10% a 80%, sendo em geral maiores quando o cultivo usava sistemas de irrigação do proprietário e menores quando a água vinha da chuva ou era bombeada de poços pelo camponês.

Governantes e títulos honoríficos

Califa (*khalifah*, "sucessor", "vigário", "lugar-tenente", "sucessor" ou "representante" em árabe, *caliph* em inglês) implica a reivindicação da qualidade de sucessor de Maomé na qualidade de líder político de todos os muçulmanos (não de profeta ou chefe religioso). Todo califa, portanto, se pretende único, mas a extensão de seu poder e a forma de exercê-lo variaram muito ao longo dos séculos e divisões políticas e sectárias do Islã levaram ocasionalmente à coexistência de dois ou mais califas.

Os quatro primeiros califas, de 632 até 661, foram escolhidos por acordo entre os clãs árabes convertidos e lideraram de fato toda a comunidade muçulmana, na época ainda relativamente restrita. Depois, veio a dinastia dos califas Omíadas, que reinou em Damasco e foi contestada por dissidências, principalmente a dos xiitas. Em 750, os Omíadas foram derrubados pelos Abássidas em Damasco e, por algum tempo, o Islã foi dividido: os Abássidas reinavam em Bagdá, um ramo dos Omíadas se refugiou em Córdova, e criou um califado rival que durou até 1031. Em 910, os xiitas criaram seu próprio califado no Cairo, o dos Fatímidas, que durou até 1171.

Os Abássidas continuaram em Bagdá, mas foram aos poucos perdendo o controle do Império até serem reduzidos a figuras decorativas pelos sultões seldjúcidas. Em 1259, foram varridos de Bagdá pela invasão mongol, mas um ramo dos Abássidas foi abrigado e protegido pelos sultões mamelucos até 1517, quando o Cairo foi tomado pelo sultão otomano, que obrigou o último abássida a lhe entregar a espada e o manto de Maomé. Apesar de depostos do poder político em 1922, os sultões otomanos retiveram o título de califas até 1924, quando o título foi abolido por Kemal Atatürk.

Os califas eram chamados também *amir al-mu'minin*, "comandante dos crentes". O rei do Marrocos usa esse título, mas sem ter pretensões ao califado propriamente dito.

Imame ou **imã** (*imam*, "chefe", em árabe) é um título muçulmano de chefia que, entre os sunitas é dado tanto ao condutor das orações em uma mesquita quanto ao califa, sucessor de Maomé enquanto líder político.

Já entre os xiitas, o imame é o sucessor de Maomé na qualidade de líder *espiritual* da comunidade muçulmana e precisa ser um descendente do Profeta. Supõe-se que está em contato direto com Alá, pode sancionar novas leis e tem a prerrogativa de interpretar o Alcorão e revelar seu significado esotérico, como um governante teocrático. Para os xiitas, só o imame tem o direito de ser califa, ou seja, o líder temporal (político) dos muçulmanos.

Entretanto, o imame da maior comunidade xiita, a dos duodecimanos (*Ithna-'Ashariyya* em árabe), majoritária no Irã, Iraque e Golfo Pérsico, é uma personalidade oculta, que Alá só revelará no momento propício. Trata-se de Muhammad ibn Hasan, o Mahdi, que teria desaparecido em 874, aos seis anos de idade, quando seu pai foi envenenado, mas teria sido oculto por Alá para um dia voltar e governar todos os crentes.

Já para a comunidade minoritária dos septimanos ou ismaelitas, a linha de sucessão dos imames continua até hoje. Em 1094, dividiram-se em duas seitas rivais, a dos Mustali, que depois se subdividiu e deixou de ter imames vivos, e a dos Nizari, que deu origem aos famosos "assassinos" de Alamut sob a liderança de Da'i Hassan as--Sabbah (1034-1124) e cuja linha de sucessão continua até hoje na figura do Aga Khan. O atual e 49° imame nizari é o príncipe Shah Karim Al-Husayni, o Aga Khan IV, que detém o cargo desde 1957.

Outras seitas xiitas tiveram imãs vivos, que governaram teocraticamente seus sectários como pequenos califas no Iêmen e Omã.

Padixá (*padishah*), "mestre dos reis" é um título imperial de origem persa, composto de *pad*, "mestre" e *shah*, "rei", equivalente a grão-rei ou sumo rei. Foi usado pelos soberanos aquemênidas e sassânidas do antigo império persa e nos tempos modernos pelos imperadores mugais da Índia (1526-1858) e pelos sultões otomanos (1453-1923), como o equivalente ao "imperador" ocidental. Também foi usado por soberanos do Afeganistão (1747-1823 e 1926-1973) e pelo último monarca da Tunísia após a independência (1956-57).

Xá (*shah*, literalmente "rei") é a abreviação ocidental do verdadeiro título dos soberanos do Irã, *shahanshah* ("xá dos xás" ou "rei dos reis"), equivalente a padixá ou imperador. A primeira-dama, mãe do imperador ou do herdeiro designado, era *mahd-i-'aliya*, "sublime berço" e demais esposas eram *malika* ("rainha"), mas no século XX o título da esposa passou a ser *shahbanu* ("imperatriz"). O herdeiro aparente era *vali ahad*, "guardião da aliança" e os demais filhos e netos eram *shahzada* ("descendentes do rei"), feminino *shahzadi* ou *shahdokht*, além de terem os títulos de *mirza* e *nawab*.

Grão-turco ou **Grão-sultão** é um título informal dado no Ocidente para se referir ao imperador otomano. Seus títulos formais incluíam califa, padixá, **sultan us-selatin** (turco) or **sultan as-salatin** (árabe), "sultão dos sultões", equivalente a "rei dos reis"; **Kaisar** (turco), "César", como sucessor dos imperadores bizantinos e romanos; e **khakan**, "cã dos cãs" ou, por extenso, **khakan ül-berreyn vel-bahreyn**, "cã dos cãs das duas terras e dos dois mares".

Grão-mogol é o título informal dado no Ocidente aos soberanos do império mogol ou mughal da Índia, cujo título formal era padixá ou *shahanshah*.

Mirza, do persa *'amirzade*, "descendente do emir", feminino **khanum**, era o título dos descendentes por linha masculina das famílias imperiais persa e otomana. **Morza** é a forma turca, usada pelos canatos muçulmanos da atual Rússia.

Rei (*malik*, em árabe) era o título dos soberanos árabes pré-islâmicos. Entretanto, na vigência do califado, o título de "rei" era considerado não muçulmano e aplicado apenas a reis cristãos e pagãos. Depois da abolição do califado, muitos dos antigos sultões e emires independentes passaram a adotar o título de "rei", implicando a independência formal e o não reconhecimento de qualquer autoridade politicamente superior. Assim, o emir Abdulaziz ibn Saud do Nejd, ao conquistar o Hejaz em 1926, se proclamou rei do Nedj e Hejaz, depois unificados na Arábia Saudita. Já o sultão do Marrocos se proclamou rei em 1957, quando o país se tornou independente da França.

Sultão (*sultan*, originalmente um substantivo abstrato com o sentido de "força", "autoridade" ou "poder" em árabe) foi o título usado por governantes de grandes províncias, ou mesmo da região central do califado, que, mesmo depois de se tornarem praticamente independentes ou passarem a controlar politicamente o califado, continuavam a reconhecer a supremacia formal do Califa. A relação entre os últimos califas abássidas e os sultões seldjúcidas e mamelucos, por exemplo, poderia ser comparada com a que existia entre o Imperador e o Xógum no Japão.

Na Idade Moderna, o título de sultão foi usado tanto pelos filhos do imperador otomano, como equivalente a "príncipe imperial", quanto também por governantes muçulmanos independentes do sultanato otomano, como o sultão do Marrocos, de Omã e dos estados muçulmanos do Sudeste Asiático e África Subsaariana.

Na Somália, o sultão era chamado *suldaan* e foram também usados os títulos equivalentes de *gerad* ou *garad* e o de *boqor*, feminino *boqorad*, cujo filho era *ina boqor* e o governador ou vice-rei, *boqortiishe* ou *wakiil-boqor*.

Sultanzade era uma princesa imperial otomana, filha de um imperador.

Quediva (*khidiv*, "senhor" ou "príncipe" em turco, *khedive* em inglês) foi o título usado pelos governantes do Egito de 1805, quando atingiram uma independência praticamente total do Império Otomano, mas ainda reconheciam uma subordinação nominal ao "Sultão dos Sultões", até 1914, quando o Egito rompeu com Istambul e se tornou um protetorado britânico. O soberano passou a intitular-se sultão até 1922, quando seu título passou a ser o de rei. O título, reconhecido pelos otomanos em 1867, pode ser considerado equivalente a vice-rei no Ocidente, mas se tratava de um cargo hereditário e dotado de completa autonomia.

Paxá (*pasha*) era um título inferior apenas aos de Vizir e Quediva, concedido no Império Otomano pelo sultão, originalmente a militares, depois também a governadores e altos dignitários. O título podia ser ou não hereditário, conforme estipulado na *firman*, a patente de outorga. Havia três categorias dos paxás: a primeira, mais alta, tinha o privilégio de usar um estandarte com três rabos de iaque ou de cavalo, a segunda com dois, e a terceira com um. Só o sultão podia usar quatro rabos.

Entre os cargos que faziam jus ao título de Paxá com três rabos, estavam o Grão-vizir, o *mushir* (marechal), os *ferik* (tenente-general ou vice-almirante), os *liva* (major-general ou contra-almirante), o *Kizlar Agha*, comandante do corpo de alabardeiros do palácio e o *Shaikh ul-Islam*, clérigo-chefe e ministro da religião.

Beylerbeys (governadores-gerais) e *walis* (governadores em geral) podiam também receber títulos de paxás, nestes casos geralmente com duas caudas. Uma província governada por um paxá era chamada *pashalik*.

Beylerbeyi, "senhor dos senhores" ou "governador dos governadores" em turco, aproximadamente equivalente a "governador-geral" era o título do governador de um *elayet* ou *beylerbeylik*, "governorato", uma grande divisão do império otomano, com população próxima de um milhão. Havia 32 deles no auge do império, incluindo, por exemplo, Anatólia, Rumélia, Rum e Karaman. Tinham renda superior a 200 mil akçes por ano. Alguns eram nomeados pelo sultão, outros eram vassalos hereditários (como, por exemplo, os príncipes da Valáquia e Moldávia). O *beylerbeyi* da Tunísia acabou por se tornar semi-independente. O bei (*bey*, "chefe" ou "capitão" em turco), originalmente era um chefe militar de uma tribo turca, escolhido por consenso, e foi o título dos três primeiros soberanos otomanos. Hoje, a palavra também é usada como título social para homens, equivalente a "senhor" ou "dom".

Mutesarrif ou **sanjakbey** era o governador de um *sanjak* ("bandeira") ou *liva*, subdivisão de um *elayet*, que podiam ser nomeados ou chefes locais hereditários. Tinham pessoalmente direito à renda de um território capaz de proporcionar 100 mil a 200 mil akçes por ano (um akçe continha 0,2 a 0,3 grama de prata no século XVII, 0,12 no XVIII). No auge do império havia centenas deles e tinham, em média, 100 mil habitantes. O *sanjak* era subdividido em *kazas* ou *kadiluks*, governados por cádis (juízes).

Bei ou **beg**, "governador", feminino **begum**, era originalmente o soberano de um dos pequenos Estados turcos da Anatólia, chamados *beyliks*, depois unificados pelos otomanos. No Império Otomano, veio a ser o título de governadores locais e de cidades importantes, principalmente os *sanjakbeys* e no Ocidente foi usado para o título do governador-geral da Tunísia, propriamente um *beylerbeyi*. Também foi usado como título de cortesia para filhos de paxás e *beylerbeyis*, netos de princesas imperiais e oficiais militares dos postos de *miralai* (coronel ou capitão de mar e guerra) e *kaimakan* (tenente-coronel ou capitão de fragata). A partir do final do século XIX, tornou-se um título de cortesia generalizado, como "senhor" em português.

Beyefendi era o título do marido de uma princesa imperial otomana ou *sultanzade*.

Beyzade era o título do filho de uma princesa imperial otomana.

Sahib, "mestre" ou "senhor" foi um título usado pelo bei da Tunísia durante o protetorado francês, com a conotação de "regente". O título completo era *Basha Bay Tunis, Sahib al-Mamlaka at--Tunisiyya*, "bei de Túnis, regente do Reino da Tunísia").

Ziam era o detentor de um território otomano semifeudal chamado *ziamet*, que em troca do direito à sua renda (de 20 mil a 100 mil akçes), tinha o dever de manter a ordem e fornecer um cavaleiro equipado para cada 5 mil akçes (geralmente irmãos, filhos ou sobrinhos do *ziam*) e formar um *alay* sob o comando do *sanjakbey*, por sua vez comandado pelo *beylerbeyi*. A *Enciclopédie* de d'Alembert, publicada nos anos 1750, mencionava 10 mil *ziams*.

Timariot era o detentor de um território menor que o ziamet, chamado *timar*, da ordem de grandeza de uma aldeia, com renda de 3 mil a 20 mil akçes e obrigação de fornecer um cavaleiro equipado para cada 3 mil akçes. Um elayet podia conter milhares de *timar* e havia 37.818 deles em 1525. A *Enciclopédie* de d'Alembert, publicada nos anos 1750, mencionava 72 mil *timariots*.

Aga, "chefe", era o título de oficiais militares (equivalentes a capitão ou superior) e certos oficiais da corte otomana.

Efêndi (turco *effendi*, árabe *afandi*), "mestre", é um título de cortesia, dado tanto a profissionais educados (civis ou religiosos) quanto a autoridades.

Wali (árabe) ou **vali** (turco) era o governador de uma província, chamada *wilayah* em árabe e *vilayet* em turco. A partir de 1864, os *vilayets* substituíram os *elayets* na organização do Império Otomano, sendo subdivididos em *sanjaks* governados por *mutesarrifs*, que por sua vez se dividiam em *kazas* (em árabe *qadaa*) governados por um *kaymakam* (permanecendo o cádi como juiz islâmico), subdivididos estes em *nabiye* (*nahiyah* em árabe), subdistritos governados por um *müdür*, que agregavam algumas aldeias ou vilas (*karye*), cada uma com seu conselho de aldeia e seu chefe, chamado *muhtar*.

Vizir (árabe *wazir*, turco *vezir*), a partir do califado abássida, foi um dos conselheiros ou ministros do soberano, entre os quais o principal é o **grão-vizir** (turco *Vezir-i Azam* ou *Sadrazam*; árabe *wazir al-akbar*). Entre os primeiros califas, o cargo era chamado **katib** (secretário).

Na'ib, "representante", era um governante local de uma província árabe ou otomana (neste caso, frequentemente também um "paxá"), as vezes hereditário e autônomo. Atualmente, é o equivalente árabe do "deputado" ocidental.

Grão-emir, ou **Emir dos emires** (*Amir al-umara*) era o chefe supremo dos exércitos abássidas, cargo do qual a dinastia iraniana Buyida se apoderou em 936, reduzindo o califa e o vizir a papéis simbólicos. Depois de 976, o chefe Buyida passou a se intitular *shahanshah* ou *malik al-muluk* ("rei dos reis") e *amir al-umara* passou a ser o título de seu herdeiro. O título também foi usado pelos comandantes militares supremos de alguns estados muçulmanos e pelos reis normandos cristãos da Sicília para seus primeiros-ministros de 1130 a 1160, nas formas latinas *magnus amiratus* (grão-emir) ou *amiratus amiratorum* (emir dos emires).

Nawab eram os príncipes da dinastia iraniana Qajar (1785-1925).

Shakhs-i-Awwal ("primeiro do Estado") era o título dos grão-vizires e ex-grão-vizires da dinastia Qajar.

Janab, "excelência", era o título de ministros, governadores-gerais, alto clero e chefes militares da dinastia Qajar, inferior a *Nawab* e superior a *Amir* ou *Khan*.

Emir ou **Amir** (*amirah* ou *amir*, "chefe") significa "comandante" ou "general" em árabe. Pode se referir a um chefe de governo ou a um comandante militar. O califa e o sultão do Marrocos usaram o título de *amir al-um'minin*, "comandante dos crentes". A palavra "almirante" vem de *amir-ar-rahl*, "comandante do transporte" e chefe das marinhas árabes, persas e turcas.

Filhos e descendentes de reis e sultões árabes são muitas vezes chamados de "emir", que nesse caso também equivale a "príncipe". Na moderna Arábia Saudita, todos os membros da família real, cerca de 15 mil, têm o título de *amir* ou *amira* (feminino), mas só o príncipe herdeiro, designado pelo rei entre qualquer dos herdeiros masculinos do fundador da dinastia, é o *wali al-'ahd*, "guardião da aliança".

Outro uso comum de "emir" é como um título de um monarca com menos território, independência ou prestígio que o de sultão. O termo "emirado", quando se refere a um Estado, é aproximadamente equivalente a "principado" no Ocidente e ainda é usado para os estados da União dos Emirados Árabes, o Catar e o Kuwait.

Na dinastia Qajar, *amir* era sinônimo de *khan* e título de chefes tribais e comandantes militares. *Amir-i-il* era, na Pérsia, o título do chefe de uma tribo (*il*). Os títulos de comandantes do Exército, na hierarquia Qajar, eram os seguintes:

amir ul-umara, "emir dos emires" ou "generalíssimo"

amir i-nuyan, "emir principal", general de exército

amir i-toman, "emir de dez mil", general de divisão

amir panj, "emir de cinco (mil)", general de brigada

'Ali Jah Muqarrab era o título de oficiais superiores e altos funcionários da dinastia Qajar.

'Ali Jah era o título de oficiais e funcionários de médio escalão da dinastia Qajar.

'Ali Sha'an era o título de oficiais subalternos (capitães e tenentes) e funcionários subalternos (secretários, contadores) da dinastia Qajar.

'Ali Qadir era o título de personalidades civis menores da dinastia Qajar, como mestres de corporações.

Hakim ("juiz" ou "governador") foi usado como título de

pequenos governantes semi-independentes, inclusive os de Bahrein, Kuwait e Qatar, que passaram a se intitular emires após obter a independência do Reino Unido e os do Qu'aiti (no atual Iêmen), que a partir de 1902 passaram a se intitular sultões.

Xeque ou **xeique** (árabe *shaikh*, "senhor", "ancião" ou "senador", feminino *shaykhah*) é um título usado no mundo árabe para chefes locais e tribais, altos funcionários, grandes mercadores e empresários e descendentes de emires e outros soberanos menores, além de clérigos (ver adiante). Atualmente, é também a tradução árabe de "senador". No Líbano, é usado também para membros de famílias da nobreza cristã. No Afeganistão, Paquistão, Bangladesh e Índia, indica real ou suposta descendência dos companheiros de Maomé e está associado a muçulmanos de classe superior em geral.

Descendentes de Maomé e Ali

Xerife ou **Xarife** (árabe *sharif*, feminino *sharifah*, plural *ashraf*) "eminente" ou "bem-nascido", é o título de descendentes por linha masculina de Hasan ibn Ali (625-670), neto de Maomé por sua filha Fátima e seu genro Ali, quarto califa do Islã durante alguns meses de 661 e considerado o segundo Imame do Islã xiita, mas também respeitado pelos sunitas. Várias dinastias árabes se consideram xerifais, inclusive as dos atuais reis do Marrocos. Não tem nenhuma relação com o xerife inglês, *sheriff*.

Sayyd, cid ou **cide** (árabe *sayyd*, *sidi* ou *sayed* em formas dialetais, feminino *sayydah*, plural *sadah*), "senhor" ou "mestre", é o título de descendentes por linha masculina de Hussein ibn Ali (626-680), irmão mais novo de Hasan e igualmente filho de Fátima e neto de Maomé. Foi morto ao liderar uma rebelião contra o segundo califa omíada e é considerado o segundo imame do Islã xiita, mas também é respeitado pelos sunitas. Na Península Ibérica da época da Reconquista, parece ter sido usado como título de respeito em geral, inclusive para cristãos como o cavaleiro Rodrigo Díaz de Vivar, também conhecido como Cid, o Campeador.

Os xiitas não fazem distinção entre as duas categorias (que mesmo entre os sunitas são confundidas no uso prático e popular) e chamam a ambos de Sayyd ou **Habib** ("amado"). Ocidentais usam também o nome de **Alidas** (descendentes de Ali). São, tanto para sunitas quanto para xiitas, o que há de mais próximo de uma nobreza hereditária no mundo muçulmano. Várias dinastias e pretendentes a tronos árabes reivindicaram pertencer a essas linhagens, que tinham o privilégio de usar turbantes verdes, ou um emblema verde no turbante, e eram isentas de certos impostos.

Em cidades onde havia um número considerável de pessoas com esses títulos, foi nomeado a partir da dinastia Abássida um inspetor (*naqib*), chamado a partir do período dos mamelucos **naqib al-ashraf**, com lugar no conselho da província ao lado do cádi, do tesoureiro e de outros altos funcionários, cuja função principal era investigar as origens dos que reivindicavam a descendência e excluir eventuais impostores. Até o século XVII eram nomeados pelo governo central, depois passaram a ser eleitos localmente e apenas formalmente aprovados pelo *naqib al-ashraf* de Istambul, o que facilitou a falsificação de testemunhos e documentos, a aprovação das pretensões por meio de suborno e uma explosão do número de supostos descendentes, que assim formalizavam um status superior que tinham obtido enriquecendo no comércio ou na administração pública.

Muitos cádis e governadores otomanos dos séculos XVII e XVIII que viviam em terras árabes procuraram se casar com mulheres dessas famílias para que seus filhos pudessem ser chamados por esses títulos. Embora nem sempre fossem ricos, xerifes e cides constituíam uma parcela considerável das famílias notáveis e administradores locais e tinham muita influência política.

Clero e eruditos religiosos

Ulemá (árabe *alim* "erudito", plural *ulama*') é um especialista em qualquer ramo do saber religioso islâmico e pode ser múfti (jurisconsulto), cádi (juíz), alfaqui (jurista) etc.

Alfaqui (árabe *faqih*, "jurista", plural *fuqaha*) é o especialista em *fiqh* ("compreensão", "entendimento") a jurisprudência islâmica, a interpretação humana da *shari'ah* divina e soma do *Qur'an* (Alcorão) da *sunnah* (tradição), da *ijmah* (consenso dos eruditos ou da comunidade, conforme a interpretação) e da *qiyas* (aplicação da dedução e da analogia). Há quatro escolas sunitas de *fiqh*, três xiitas (fora as pequenas seitas) e uma ibadi.

Grande imame ou **grão-xeique** é a mais respeitada autoridade religiosa do Islã sunita, supervisor da mesquita e universidade de Al-Azhar, no Cairo, presidente de seu conselho de eruditos e referência final a respeito de disputas religiosas e questões controvertidas. Tem o caráter de líder espiritual e ao menos no Egito, é visto como o interlocutor dos papas católico e copta em nome do Islã sunita.

Imame ou **imã** (de *imam khatib*, "chefe pregador", em árabe) é, no sentido clerical do termo, o condutor das orações e dos ritos religiosos e o pregador de uma mesquita, que pode ser nomeado pelo governante, escolhido pelos curadores da *waqf* (fundação ou sociedade beneficente à qual pertence à mesquita) ou eleito pela comunidade. Algumas tradições islâmicas admitem mesquitas só de mulheres, nas quais as imames são também mulheres, mas em geral não se permite a mulheres dirigir preces em grupos mistos, a não ser em caráter excepcional e com familiares.

Xeque ou **xeique** (árabe *shaikh*, "senhor", "ancião" ou "senador", feminino *shaykhah*) é, no sentido religioso do termo, um erudito instruído numa escola islâmica, mestre de um madraçal (escola religiosa, em árabe *madrasah*) ou chefe de uma comunidade.

Grão-múfti (árabe *mufti 'am*, "intérprete geral" ou *kabir al-muftin*, "intérprete maior", inglês *grand mufti*) é o jurisconsulto oficial nas vertentes sunita (majoritária na maior parte do mundo muçulmano) e ibadi (majoritária no Omã) do Islã. No califado otomano, havia grão-múftis em várias capitais, e o de Istambul era o supremo. Pode ser nomeado pelo soberano ou eleito pelos eruditos ou pela comunidade. Os mais importantes são hoje os do Egito e da Arábia Saudita. Atualmente, Malásia e Indonésia substituíram o grão-múfti por conselhos de vários membros.

O papel do grão-múfti é o de interpretar a lei islâmica na sua aplicação a uma situação concreta, emitindo para isso uma *fatwa* ("opinião"), que não tem caráter de dogma ou de sentença judicial, mas de parecer jurídico sobre uma questão submetida pelo governante ou por particulares. Entretanto, como chefe do corpo estatal de eruditos islâmicos e intérprete reconhecido pelo Estado, suas opiniões podem embasar políticas, dirimir questões constitucionais e orientar os juízes nomeados pelo governo.

Múfti (árabe *mufti*, "intérprete" ou "expositor") é o erudito capacitado para emitir uma *fatwa*, um parecer ou opinião abalizada sobre a apllicação da lei e jurisprudência islâmicas. Equivale a um jurisconsulto ocidental.

Grão-cádi (árabe *qadi al-qudah*, "cádi dos cádis") é o conselheiro do califa ou do sultão para a nomeação e demissão de cádis. No sultanato mameluco havia quatro grão-cádis, um para cada escola de jurisprudência do Islã sunita.

Cádi (árabe *qadi*) é um juiz nomeado por um governo islâmico para aplicar a lei islâmica segundo o consenso dos juristas e a jurisprudência mais aceita na região, principalmente no que se refere a disputas civis – herança, propriedades, casamento e transações comerciais. Sua decisão, tomada após um julgamento público, é teoricamente final e irrevogável. Na prática, havia o recurso ao *mazalim*, o tribunal presidido pelo soberano ou governador, do qual o cádi era um representante. Questões criminais eram julgadas pela *shurtah* (polícia) e questões entre membros de minorias (judeus e cristãos, principalmente) eram dirimidas por suas próprias instituições.

Muhaddith, feminino **muhadditha**, é um especialista em *hadith*, tradições orais sobre Maomé e seus ditos não citados no Alcorão. Tais tradições também são consideradas fontes da doutrina e do direito islâmicos e é preciso estudar e memorizar não só milhares delas, como também a cadeia de narradores que a autorizam desde aqueles que conviveram com o Profeta. É uma especialidade que tradicionalmente inclui também mulheres.

Mufassir, "exegeta", é um intérprete abalizado do Alcorão e dos *hadith*, que produz os *tafsir* (exegeses).

Mutakallim, "lógico", é um teólogo que busca os princípios do Islã, "a palavra de Alá", por meio da filosofia e da dialética.

Mutawalli é o curador de uma *waqf* ("confinamento"), fundação religiosa islâmica que mantém uma mesquita, hospital, escola ou obras sociais e serve de núcleo a muitas comunidades muçulmanas. Em português, essas fundações são conhecidas como "sociedades beneficentes islâmicas" ou "centros islâmicos".

Muezim (árabe *mu'addin*) é o encarregado de chamar os muçulmanos à oração nos horários apropriados. Não é propriamente um clérigo, mas um equivalente aproximado do sacristão católico. Tradicionalmente, o posto era dado de preferência a cegos, para que não violassem a privacidade dos fiéis ao subir aos minaretes.

Hafiz, "guardião", é um muçulmano que decorou completamente o Alcorão (cerca de 80 mil palavras) e é capaz de continuar a recitar a partir de qualquer passagem que lhe seja citada. Eram particularmente valiosos como "livros vivos" na Idade Média, quando os textos eram manuscritos caros e raros e ainda são muito respeitados.

Hadji (*hajji*, "peregrino", feminino *hajjah*) é o muçulmano que completou uma peregrinação a Meca, o que geralmente implica certa idade e riqueza e às vezes é usado como título de respeito em geral, independentemente de se ter ou não realizado a viagem. Em países cristãos que estiveram sob domínio muçulmano, existe o título equivalente para os cristãos que peregrinaram a Jerusalém (*Chatzi* em grego).

Mulá (árabe *mawla*, "mestre" ou "guardião") é um homem educado em teologia e lei islâmica, que dirige orações e cerimônias religiosas, prega sermões e dá aulas em escolas religiosas. O título é usado no Islã xiita e entre os sunitas da Ásia Central e Sul da Ásia, enquanto entre os árabes se fala de xeques, imames e ulemás. Em alguns lugares, "mulá" tem um caráter pejorativo e sugere formação religiosa precária ou incompleta e o título respeitoso preferido é maulana ("nosso mestre"), *mawlawi* ou maulvi, distinguindo-se três graus: maulvi (básico), maulvi alim (intermediário) e maulvi fazil (avançado).

Títulos específicos do Islã xiita

Mujtahid, "aplicado" ou "diligente", feminino **mujtahideh**, é um erudito capacitado a interpretar a *shariʾah* por meio da *ijtihad*, "aplicação" ou "esforço", o pensamento independente a partir dos princípios fundamentais e não necessariamente baseados na tradição e jurisprudência. É um papel rejeitado ou controvertido no Islã sunita, mas valorizado no xiita. Algumas mulheres recebem essa capacitação.

Rahbar ("chefe"), também chamado **vali-e faghih** ("guardião dos juristas") é o chefe supremo do Islã xiita iraniano e do Irã desde a revolução xiita de 1979. Eleito por uma Assembleia de Peritos, formada por *mujtahids* eleitos por oito anos. Dirige o Judiciário, nomeia certos cargos importantes e tem poderes semelhantes aos de um monarca. Atualmente é o grande aiatolá Ali Khamenei.

Grande aiatolá (*Ayatollah Uzma*, "grande sinal de Alá"), também chamado **marja** ("fonte") ou **allamah,** é o *mujtahid* de grau mais elevado, autorizado a tomar decisões com base na lei islâmica que devem ser acatadas e aplicadas por seus seguidores, mas não necessariamente pelos aiatolás ou *mujtahid*, que têm direito a seu próprio julgamento. Há hoje cerca de 70 grandes aiatolás no mundo.

Aiatolá (do árabe *ayatu allah*, "sinal de Alá") é um *mujtahid* que completou os estudos na *hawza* (seminário xiita), capacitado para ensinar em *hawzas* dentro de sua especialidade, ser referência em questões religiosas e atuar como juiz. Há *mujtahideh* que são aiatolás, mas ainda é questão controvertida se elas poderiam chegar a marja ou grande aiatolá.

Hojatoleslã (do árabe *hujjat al-Islam*, "autoridade em Islã") é o título dos clérigos xiitas que completaram estudos em *fiqh*, *kalam*, *hadith*, *tafsir*, filosofia e literatura e podem iniciar os estudos avançados (*kharij*) para se capacitarem como *mujtahid* ou aiatolás.

Muqallid ("seguidor") é um juiz ou clérigo que não está capacitado como *mujtahid* e por isso deve seguir as decisões de um grande aiatolá ao qual decide aderir.

Títulos específicos do Islã sufi

O sufismo ou *tasawwuf* ("vestir-se de lã") é uma vertente mística e esotérica do Islã, mais popular nos países não árabes. Muitas vezes foi considerada herética por fundamentalistas, por valorizar a experiência mística pessoal acima da lei islâmica e da letra do Alcorão. Inclui tanto escolas sunitas quanto xiitas e mistas e usa várias técnicas para atingir o êxtase e a iluminação, inclusive o canto, a música e a dança. A origem do movimento costuma ser atribuída à reação de ascetas muçulmanos que vestiram roupas humildes de lã em protesto contra o luxo e o pragmatismo mundano dos califas omíadas. A formação do pensamento sufi, porém, se deu a partir do século X, aparentemente com influência do zoroastrismo persa e do gnosticismo cristão.

As "ordens" ou escola sufi, chamadas *tariqah* ("via" ou "caminho"), se consolidaram no século XIII. Seus centros de estudo, reunião e alojamento de peregrinos, comparáveis a mosteiros cristãos, são chamados *zawiya* ou *ribat* no mundo árabe, *tekke* ou *takiyah* na Turquia e Bálcãs e *kanqah* no Irã. Geralmente estão associados a um *dargah*, um santuário construído sobre a tumba de um *wali*, um "homem santo" sufi. Um sufi pode se associar a mais de uma *tariqa*, pois elas não são dogmáticas, nem exclusivas.

Wali, "guardião", é no contexto sufi uma abreviação de *waliyu l-Lah*, "guardião de Alá", um "homem santo", também chamado **salih**, "justo" e muitas vezes tido como capaz de realizar milagres.

Qutb, "eixo", ou **ghawth**, "auxiliar", é um suposto líder sufi supremo e secreto, considerado infalível e em conexão direta com Alá.

Abdal, "substituto", dos quais haveria 356, seriam líderes secretos subordinados ao *qutb*.

Murshid é o chefe ou mestre de uma *tariqah*

Marabuto (árabe *marbut*, "homem da *ribat*") é o nome dado a um *murshid* ou *wali* na África do Norte (*Maghreb*) e na África Ocidental, onde frequentemente seguem tradições sincréticas e se dedicam a fazer amuletos, prever o futuro e aconselhar os fiéis de forma semelhante a um babalaô ou sacerdote africano tradicional.

Murid ("comprometido", por fazer o voto de acatar os ensinamentos de um *murshid*), **faquir** (árabe *faqir*, "pobre") ou **dervixe** (persa *darvish*, "mendicante") é o seguidor ou discípulo de um *murshid*, que é orientado a viver como asceta e a pedir esmolas para aprender a humildade (não para si, mas para dar aos pobres).

África Negra

Etiópia ou Abissínia

Na Etiópia, havia duas categorias de nobres: *mesafint*, "príncipes", a nobreza hereditária que formava a aristocracia rural e incluía o próprio imperador e *mekwanint*, "administradores", nomeados entre plebeus para altos cargos na corte imperial.

Na Etiópia, o soberano era denominado, do fundador da dinastia salomônica, Yekuno Amlak (1270-1285) até o fim da monarquia em 1974, de **negusa nagast**, "rei dos reis", **atse** ("imperador"). **seyoume igziabeher** ("eleito de Deus") e **moa anbessa ze imnegede Yehuda** ("leão conquistador da tribo de Judá"), títulos geralmente traduzidos para línguas ocidentais como "imperador" ou "negus".

Uma imperatriz reinante (não esposa de imperador) era chamada **nigiste negest** ("rainha das rainhas"), **girmawit** ("majestade imperial") e **siyimte igziabiher** ("eleita de Deus"). Uma imperatriz consorte era chamada **itege** e *girmawit*.

Negus ("rei"), feminino **nigist**, era na Etiópia o governador vitalício e às vezes hereditário das grandes províncias etíopes, consideradas "reinos". O próprio imperador também usou até época de João IV (1872-89) o título de *negus Tsione*, "rei de Sião", enquanto "rei" da região central da Etiópia.

Leul meridazmatch ("príncipe generalíssimo") era o título do herdeiro do trono a partir de 1930.

Abeto ou **abetohun** era o título dos descendentes do imperador pela linha masculina até o século XIX.

Leul ("príncipe" ou "infante"), feminino **leult** foi o título dado aos descendentes de imperadores pela linha masculina a partir de 1916.

Leul ras era o título dos chefes dos ramos colaterais da família imperial.

Lij, feminino **emebet,** era o título dos netos e netas de imperadores pela linha feminina e também das filhas dos *leul ras*. As esposas de um *leul dejazmach* e de outros altos dignitários eram chamadas **emebet hoy** ("grande emebet").

Ras ("chefe") era o título dos chefes de grandes casas aristocráticas não imperiais, comparáveis a duques europeus.

Bitwoded ("amado") era o título dos principais ministros do imperador, inicialmente dois ("da esquerda" e "da direita"), depois só um, *ras betwadad*, "chefe amado".

Woizero hoy ("grande senhora"), título dado pelo imperador a certas mulheres da nobreza que não eram da família imperial.

Woizero ("senhora"), originalmente título de senhoras da nobreza em geral, hoje usado como para tratar respeitosamente a qualquer mulher casada.

Woizerit hoy ("grande dama"), título dado pelo imperador a certas mulheres viúvas da nobreza que não eram da família imperial.

Woizerit ("dama"), originalmente título de mulheres solteiras ou viúvas da nobreza, hoje tratamento respeitoso para qualquer mulher não casada.

Comandantes militares:

Dejazmach ("general do portão") era o comandante do corpo central de um exército etíope tradicional. Se era herdeiro de um *leul ras*, era *leul dejazmach*.

Fitawrari ("comandante da frente") chefiava a vanguarda.

Grazmach ("general da esquerda") chefiava a ala esquerda.

Qegnazmach ("general da direita"), chefiava a ala direita.

Asmach ("general de trás") comandava a retaguarda.

Balambara ("comandante de fortaleza"), comandava uma fortaleza, a artilharia ou a cavalaria.

Títulos regionais:

Bahr negus, "rei do mar", governador da região norte do império, na atual Eritreia, que na Idade Média era o homem mais poderoso depois do imperador.

Meridazmach, "generalíssimo", no século XVIII (quando a capital era Gondar, no norte do país) era o título do governador de Shewa, região da Etiopia em torno da atual capital, Adis Abeba. No século XX (depois de 1930), foi o título do herdeiro na qualidade de governador titular da província de Wollo.

Mesfin Harrar, "duque de Harrar", feminino **Sefanit** ou **Mesfinit**, foi um título hereditário criado em 1930 para o segundo filho do imperador e seus descendentes.

Nebura Ed ou **Liqat Aksum**, título do governador da cidade sagrada de Aksum, escolhido no clero.

Tigray Mekonnen, governador da província de Tigré e em certos períodos, também da Eritreia.

Wagshum, governador hereditário da província de Wag.

Shum Agame, governador hereditário do distrito de Shum, na província de Tigré.

Shum Tembien, governador hereditário do distrito de Tembien, na província de Tigré.

Jantirar, título dos homens da família que governava a fortaleza de Ambassel, na província de Wollo.

Mekwanint:

Enderase, "como eu mesmo", regente e representante do imperador ante os vassalos durante a chamada *zemene mesafint*, "era dos príncipes" (1769-1855), período comparável ao xogunato japonês durante a qual o país foi dividido entre senhores regionais em guerra e o imperador reduzido a figura decorativa.

Reise Mekwanint, "chefe dos administradores", título dado ao *enderase*.

Tsehafi Tezaz, "escriba por comando", chanceler, responsável pelos compromissos do imperador e pela publicação de leis e decretos.

Afe Negus, "boca do rei", originalmente um dos dois principais arautos do imperador, que jamais falava em público. A partir de 1942, ministro do Supremo Tribunal.

Lique Mekwas, um de dois sósias do imperador, que o acompanhavam em batalhas e procissões para confundir possíveis assassinos.

Aqabe Se'at, "mestre do tempo", que controlava a agenda do imperador e chefiava o clero dentro da corte imperial.

Blattengeta, "senhor dos valetes", inicialmente administrador do palácio, depois título honorífico.

Blatta, "valete", encarregado do protocolo e das necessidades pessoais da família imperial.

Basha, derivado do turco *pasha*, mas na Etiópia aplicado a pequenos funcionários.

África Ocidental

Ghana ou Wagadu

O soberano de Wagadu, primeiro império da África Ocidental, que existiu como grande potência independente de 750 a 1068 e tinha capital em Kumbi Saleh (atual Mauritânia), tinha o título de **ghana** ("chefe da guerra"), razão pela qual seus domínios foram também conhecidos como Império Gana. Era pagão, embora tivesse vassalos muçulmanos, e acredita-se que a etnia e a língua dominantes eram a dos *soninke*, do atual oeste do Mali. Seus funcionários eram chamados pelos árabes de **mazalim** e os chefes tributários eram **farma**, que governavam grupos de aldeias chamados *kafu*. O império e seu soberano deram o nome à região da África hoje conhecida como Guiné. A moderna República de Gana também escolheu seu nome por causa desse antigo império, mas não tem com ele qualquer relação étnica ou geográfica especial.

Mali

O segundo grande império a surgir na região foi o Mali ou Manden Kurufaba, que foi fundado em 1235 por Sundiata Keita, da etnia mandinga, e durou como império até 1546, chegando a dominar a maior parte do atual Mali, Senegal, Gâmbia, Mauritânia e partes do Níger e Guiné. Sua capital era Nyeni ou Niani, antigo vassalo do *ghana* na atual Guiné, que tinha como satélites os Estados de Mema e Wagadu e doze vassalos conhecidos como "as doze portas do Mali". O imperador tinha o título de **mansa** ("mestre") ou "*faama* dos *faamas*" (rei dos reis). **Faama** ou **maghan** era o título original dos reis de Niani e de outros pequenos soberanos da região. Os chefes hereditários dos doze reinos tributários tinham o título de **farba** ("grande *farin*", ou "grande chefe"). O mansa governava junto com uma assembleia chamada *Gbara*, originalmente formada por 29 representantes de cada um dos clãs mandingas e presidida pelo **belentigui**, "mestre de cerimônias". Os soberanos e parte da nobreza eram muçulmanos, mas o império era religiosamente pluralista e tolerante.

Songhai

O terceiro império dessa região foi o Songhai, com capital em Gao (leste do atual Mali) que surgiu como vassalo do Mali por volta do ano 1000, tornou-se independente em 1340 e finalmente um império com Sonni Ali, muçulmano sincrético, que a partir de 1464 a 1492 conquistou ou submeteu a vassalagem vários reinos vizinhos. Entretanto, seu herdeiro Sonni Baru se recusou a declarar-se muçulmano, seu general Muhammad Ture se rebelou e tomou o poder como Muhammad I. Desde então, os soberanos songhai reinaram com o título de **askia**, "poderoso". Em 1546, conquistou o que restava do Império Mali, chegou a dominar territórios de Gâmbia ao atual noroeste da Nigéria e durou até 1591, quando o império foi destruído por uma invasão marroquina. O imperador e a elite songhai eram muçulmanos, aplicavam a lei muçulmana e recorreram à *jihad* para conquistar estados pagãos vizinhos, mas grande parte dos súditos seguiam religiões tradicionais.

Iorubás

No sul da Nigéria e do atual Benin, predominaram as cidades-estados iorubás, cujos soberanos tinham o título genérico de **obá**, "rei" ou **aladé** ("dono da coroa"), feminino **aiabá**, "rainha", ou **obá obinrin** ("mulher do rei"). Os filhos do rei eram *omo obá* ou *omo aladé* e as filhas *omobinrin obá ou omobinrin aladé;* esposas de príncipes e chefes de sangue real eram **oloori**. Membros subordinados da aristocracia eram chamados **oloye** ("senhor de título"), feminino **iyaloye**. Chefes hereditários de cidades vassalas de segundo escalão podiam ser chamados também obá se tinham direito a usar a *ade*, coroa bordada de contas, caso contrário (assim como os senhores das cidades de terceiro escalão) eram *baale*, "pai da terra".

O rei da cidade-estado mais poderosa, Oió, tinha o título de *alaafin* ("senhor do palácio") e *ekeji orisa* ("companheiro dos orixás"). De 1608 a 1800, exerceu um domínio imperial sobre a maior parte das cidades iorubás e sobre o reino do Daomé. Seus funcionários, na maioria eunucos, eram chamados *ilari*, "meia cabeça", pelo costume de raspar metade da cabeça. Havia também os *ajele*, agentes encarregados de fiscalizar os reis tributários e monitorar o comércio.

O poder do alaafin era limitado pelo do *Oyo Mesi*, conselho de sete membros que tinham os títulos de *bashorun, agbaakin, samu, alapini, laguna, akiniku* e *ashipa*. O *bashorun*, chefe do conselho, consultava o oráculo do Ifá sobre decisões de governo, comandava o exército e organizava rituais religiosos, atuando como uma espécie de primeiro-ministro. Depois do rei e do conselho, a autoridade mais importante era o *oluwo*, que tinha acesso direto ao rei para discutir qualquer assunto. Era o chefe do *ogboni*, uma sociedade secreta religiosa formada por babalaôs e outros chefes políticos e religiosos idosos e respeitados. O conselho podia decidir que o reinado devia terminar e nesse caso o alaafin era obrigado a cometer suicídio, juntamente com seu filho mais velho e um dos membros do próprio conselho. Os dois principais comandantes militares de Oió eram chamados *onikoyi* (do leste) e *okere* (do oeste) e a eles estavam subordinados os *balogun*, comandantes menores.

Muitos obás tinham títulos específicos. O rei dos Egba, tributários de Oió, era *Alake*, "senhor de Ake", porque sua sede ficava em Ake, bairro de Abeokuta. O rei de Ile-Ifé, cidade sagrada dos iorubás, era *Ooni*, o rei de Ketu, *Alaketu*, o de Ibadan, *Olubadan*. O soberano de Benin (na atual Nigéria, não na atual República de Benim), rival de Oió, era *Omo n'oba*, enquanto os chefes de suas famílias aristocráticas eram *enogie* e seus governadores *odionwere*.

Outros povos nigerianos

Outros títulos usados por soberanos tradicionais de povos da Nigéria incluem *sarkin* (hauçá e fulani), *shehu* (kanuri), *etsu* (nupe), sultão (sokoto), emir (hauçá, fulani e vários povos muçulmanos do norte), *obi* (igbo), *igwe* (igbo) e *ata* (igala).

Daomé

O soberano do Daomé (na atual República de Benim) era *ahosu*. Os membros mais importantes de sua corte eram o *migan* ("nosso chefe"), que era o chefe da justiça; o *mehu*, administrador do palácio e dos assuntos econômicos; o *yovogan* ("chefe de brancos"), que cuidava das relações com os europeus; a *kpojito*, rainha-mãe; e o *chacha*, administrador do tráfico de escravos, posição ocupada a partir de 1818 pelo brasileiro branco Francisco Félix de Sousa e seus descendentes.

Ashanti

O soberano do Asanteman, ou "Império Ashanti", que ainda existe como estado autônomo dentro da atual República de Gana, tem o título de *asantehene* e o símbolo de seu poder é o *Sika 'dwa*, "Banco Dourado" que teria caído dos céus e permanece escondido (o soberano usa supostas réplicas como tronos). Preside uma estrutura hierárquica na qual os chefes de aldeia juram lealdade aos chefes regionais chamados *obirempon* ("grandes homens") e estes ao *asantehene*, cujos poderes são limitados por uma assembleia chamada *kwasafomanhyiamu*.

Tanto na escolha dos obirempons quanto do asantehene, a matriarca da linhagem seleciona os homens elegíveis e consulta os anciãos, homens e mulheres, da família para a seleção do candidato final. Essa proposta é então enviada para um conselho de anciãos, que representam outras linhagens. Se o aprovam, a candidatura é apresentada ao povo reunido. Caso este o rejeite, o processo é reiniciado. Se é aprovado, é entronizado pelos anciãos, que podem depô-lo se o julgarem incapaz.

Reinos Sereres

Os sereres dos atuais Senegal e Gâmbia, que se consideram herdeiros dos antigos soberanos de Wagadu, eram governados por uma elite cujos integrantes eram chamados *lamane* ("dono da terra"). Os soberanos do reinos de Sine e Saloum tinham respectivamente os títulos de *Maad a Sinig* e *Maad Saloum*, enquanto o do reino de Baol era chamado *Teigne*. Os primeiros, segundos e terceiros na linha de sucessão de cada reino eram chamados, respectivamente, *buumi*, *thilas* e *loul* e tinham seus próprios palácios e exércitos. Além do herdeiro, outros chefes poderosos (dois em Sine e dois em Saloum) tinham o título de *buumi*. Os sacerdotes e sacerdotisas, que também adivinhavam o futuro, eram chamados *saltigue*.

África banta

Muitos soberanos das regiões bantas da África (maior parte do continente ao sul do Equador e algumas áreas ao norte) tiveram o título de **mwene**, "senhor". Um dos mais poderosos foi o **monomotapa** (*mwene Mutapa*, "senhor de Mutapa"), que de 1430 a 1760 dominou os atuais Zimbábue e Moçambique e em 1450 conquistou o reino e a cidadela de Zimbabwe. Outro governante importante foi o **manicongo** (*mwene Kongo*) que governou o norte da atual Angola e o oeste dos atuais Congo-Kinshasa e Congo-Brazaville, incluindo os reinos tributários de Ngoyo, Kakongo, Ndongo e Matamba.

Os soberanos de Ndongo, na região central de Angola, em torno de Luanda, tinham o título de **ngola** que deu nome ao país, inclusive a famosa rainha Ana de Sousa Nzingha Mbande. Pequenos reis da costa ocidental, ao sul de Angola, tinham o título de **soba**.

Os soberanos dos pequenos reinos do leste do atual Congo-Kinshasa (Nord-Kivu, Sud-Kivu e Maniema), bem como os de Ruanda e Burundi e das etnias Ila, Lenje e Tonga de Zâmbia tinham o título de **mwami**.

Os reis de Buganda, Estado ao norte do lago Vitória que deu nome à atual república de Uganda, tinham o título de **kabaka**. O filho mais velho era chamado **kiweewa** e tinha um papel importante na família real e no governo, mas jamais era o sucessor. Este era escolhido em segredo entre os demais filhos e revelado apenas quando da morte do pai.

Os soberanos dos Estados vizinhos de Bunyoro e Toro eram chamados **omukama**. O chefe de outro estado vizinho de Buganda, Busoga, tem o título de **isebantu kyabazinga** (feminino **inhebantu**) e é eleito pelos 11 chefes de *ssazas* (principados) de sua região, que têm os títulos de *zibondo, gabula, ngobi, tabingwa, nkono, wakooli, ntembe, menya, kisiki, luba* e *nanyumba*. O *kyabazinga* é necessariamente eleito entre os cinco primeiros.

A Suazilândia (que ainda existe como reino independente entre Moçambique e a África do Sul) tem dois soberanos que teoricamente dividem o poder: um é o rei, intitulado *Ngwenyama*, "leão" e é o chefe administrativo e militar. O outro é a rainha-mãe, que tem o título de *Ndlovukati*, "elefanta" e é a regente espiritual e ritual do país.

A *Ndlovukati* é escolhida pelos membros da família real chamados *Emabekankhosi* ("fazedores de reis") entre uma das esposas do soberano falecido que não seja uma das duas primeiras e tenha um só filho homem (solteiro e geralmente menor), o qual se torna automaticamente o *Ngwenyama*. A mãe governa como regente durante a menoridade do filho e se morrer, outra mulher é escolhida como sua substituta. Até o rei subir de fato ao trono, seu título é de *Umntfwana* (príncipe herdeiro). Os demais príncipes, tios e meios-irmãos do rei, são chamados *umntfwanenkhosi* (plural *bantfwanenkhosi*) e um tio paterno do rei, intitulado *Umntfwanenkhosi Lomkhulu* (príncipe sênior) é escolhido para liderá-los e aconselhar a *Ndlovukati*.

O rei deve se casar com várias esposas, de diferentes clãs, das quais as duas primeiras, escolhidas pelos conselheiros entre os clãs Matsebula e Motsa, têm funções rituais específicas e não podem se tornar *Ndlovukati*. Ao se casarem com o rei, as mulheres são consideradas apenas *liphovela*, "noivas": só se tornam verdadeiras esposas ao engravidar. O reino tem 350 chefes locais, *thikulu*, cujas chefias se agrupam em 55 *thinkhundla*, que podem ter população de 1,4 mil a 66 mil habitantes (média 18 mil).

O chefe tradicional do vizinho povo zulu, na África do Sul, tem o título de Ngonyama, igualmente "leão", mas não tem uma rainha-mãe equivalente.

Madagascar

O reino de Imerina, que dominou a região central de Madagascar no período pré-colonial, tinha uma nobreza hereditária chamada *andriana*, distinta dos *hovas* (homens livres) e dos escravos e dividida nos seguintes grupos:

Zazamarolahy ou *marolahy*, descendentes diretos do rei (*raja*) por linha masculina que formavam a *Zanakandriana*, dentro da qual o rei escolhia o sucessor.

Andriamasinavalona: Descendentes nobres de quatro filhos do rei Andriamasinavalona (1675–1710) que não foram nomeados para governar as quatro subdivisões do reino de Imerina confiadas aos outros quatro filhos.

Andriantompokondrindra: Descendentes de Andriantompokoindrindra, filho mais velho do rei Ralambo (1575-1612) e irmão do rei Andrianjaka (1612-1630).

Andrianteloray, subdivididos em:

Andrianamboninolona ("nobres acima do povo") ou *zanakambony* ("filhos superiores"): Descendentes dos que acompanharam o rei Andrianjaka na conquista de Antananarivo.

Andriandranando ou *zafinadriandranando*, descendentes do tio do rei Ralambo.

Zanadralambo amin'andrianjaka, descendentes de outros filhos do rei Ralambo que não subiram ao trono.

A propriedade da terra era reservada à classe *andriana*, que governava feudos chamados *menakely*. A população sob o domínio de um senhor andriana devia a ele e ao rei uma certa quantidade de trabalho livre de cada ano (*fanompoana*) para obras públicas, como a construção de diques, arrozais, estradas e muros da cidade. Cargos como juízes e conselheiros reais eram reservados a determinados grupos de andriana.

Andriana também foram sujeitos a certas restrições. Casamento fora da casta era proibida por lei entre os *Andrianteloray*. Uma mulher de alto escalão que se casava com um homem de grau inferior assumia o grau mais baixo do marido. O marido não perdia seu grau ao casar com uma mulher de escalão inferior, mas não podia legá-lo aos filhos.

ÍNDIA

Ao contrário da sociedade islâmica, a hindu é extremamente hierárquica e enfatiza a necessidade de cada um se adequar ao papel social que lhe coube pelo nascimento.

Castas

De acordo com a versão mais conhecida no Ocidente, os hindus se classificam em quatro "castas" (chamadas em sânscrito *varna*, "cor") dentro das quais necessariamente nascem, se casam e morrem e que evitam o contato físico entre si, principalmente a partilha de comida. Cada uma das quais está sujeita a diferentes leis religiosas e por ordem decrescente de prestigio são:

Chaturvarnya ("das quatro varnas"), as únicas que idealmente deveriam existir

Dvija ("nascido duas vezes") ou **traivarna** ("três varnas"), com direito à instrução e iniciação religiosa (*upanayana*) e a uma vida de retiro e ascetismo na velhice.

Brâmane (*brahmana*), sacerdotes e sábios

Xátria (*kshatriya*), guerreiros e governantes

Vaixia ou **vaixá** (*vaishiya*), comerciantes e proprietários

Advija ou atraivarnika, que não devem buscar iniciação e instrução religiosa

Sudra (*shudra*), trabalhadores, principalmente camponeses e artesãos

Asprushya ("intocáveis"), grupos "impuros" excluídos do sistema, supostamente descendentes de casamentos proibidos entre diferentes varnas.

Trata-se, porém, menos da sociedade hindu real de qualquer período do que do ideal social das correntes majoritárias entre os brâmanes. A varna dos brâmanes tem certa realidade, na medida em que de fato compartilha certos ritos e ideias comuns por toda a Índia, mas as demais são abstrações que só se tornaram mais concretas quando as ideias dos brâmanes, predominantes entre as classes instruídas e proprietárias, foram aceitas pelos eruditos ocidentais e autoridades coloniais britânicas.

Sequer a varna dos brâmanes desempenha de fato sua função teórica: já o censo britânico de 1901 mostrava que apenas 8% dos brâmanes de Bihar, 17% dos de Bengala e 19% das Províncias Centrais (hoje Madhya Pradesh e partes de estados vizinhos) exerciam de fato ocupações religiosas, ao passo que, na prática, há muitos sacerdotes hindus não brâmanes, principalmente no sul e no estado de Maharashtra.

As castas propriamente ditas, que afetam a vida no dia-a-dia, são as tribos ou clãs endogâmicos e autogovernados chamados *jati* ("nascimento"), às vezes chamadas "subcastas" no Ocidente. Essa instituição parece ser mais antiga na Índia do que a teoria brâmane das varnas. Há cerca de 12 mil jatis em toda a Índia; podem coexistir centenas delas numa mesma região e 5 a 35 numa aldeia. Em cada aldeia ou cidade, cada jati tradicionalmente se regula por um conselho de casta, que arbitra as disputas internas, dispõe sobre auxílio mútuo na velhice ou em tempos difíceis, e se relaciona com outras por acordos costumeiros de comércio ou de trocas de produtos e serviços.

Os nomes dessas "subcastas", frequentemente usados hoje como sobrenome, são geralmente associados a alguma ocupação tradicional – como Gandhi (vendedor de perfume), Dhobi (lavadeiro) e Srivastava (escriba militar) – mas isso não significa que todos, ou mesmo a maioria dos membros, a exerçam. O censo britânico da Índia constatou que menos de 50% dos membros de jatis, em média, estavam envolvidos em suas ocupações tradicionais. No caso da jati Chamar de Bihar, supostamente associada ao trabalho em couro, apenas 8% de seus membros estavam nessa atividade.

Cada jati tem seus próprios trajes tradicionais e seus próprios costumes religiosos e dietários e ocupa uma posição hierárquica efetiva na escala social que não necessariamente corresponde ao previsto na teoria bramânica. Muitas delas são muçulmanas, siques, cristãs, budistas, parsis ou jainistas e mesmo as hindus têm sua própria cultura, muitas vezes em desacordo com a ideologia dos brâmanes.

Historicamente, muitas jatis de origem inferior subiram na sociedade indiana ao longo dos séculos, adotaram ocupações mais valorizadas (barbeiros tornaram-se camponeses, por exemplo) e em muitos casos, imitaram a linguagem, as crenças e os costumes dos brâmanes (inclusive, às vezes, o vegetarianismo) e se confundiram com eles, processo chamado na sociologia indiana de "sanscritização". Os Vaishnos de Bengala, por exemplo, eram sudras que sob a influência do reformador bhakti Chaitanya Mahaprabhu (1486-1534) "sanscritizaram-se" e foram aceitos como brâmanes. Por outro lado, várias jatis tradicionalmente tidas como brâmanes (Kashmiri, Bengali e Sarasvat, por exemplo) comem carne, teoricamente proibida a essa varna.

Cada jati tem mitos e tradições que lhe dão um lugar central e privilegiado em sua própria ideologia. Em algumas regiões, a teoria social dos brâmanes foi rejeitada e prevaleceu um modelo "real" ou "marcial" que considera o rei o pináculo da sociedade e o estilo de vida guerreiro igual ou superior ao sacerdotal. É o caso dos Rajput, um grupo de jatis militares que governaram a maior parte dos principados das regiões de Rajasthan e Gujarat, formados por tribos invasoras (principalmente os heftalitas ou "hunos brancos" da Ásia Central) e grupos locais que se aliaram a eles, um dos quais, os Chauhan Rajput, eram originalmente fabricantes de sal. Em outras partes, determinadas jatis de camponeses ricos, com grandes propriedades de terras, que na prática social são uma casta superior não só a outros sudras como também a vaixias e brâmanes e se tornam o modelo a ser imitado por jatis que buscam ascensão social coletiva.

Ao aceitar a versão dos brâmanes para aplicar o que julgavam ser as leis tradicionais, os britânicos deram às varnas mais consequências legais e políticas do que tinham antes e classificaram as jatis no sistema de quatro varnas, de forma muitas vezes arbitrária e controvertida. Só havia acordo geral na Índia sobre quais eram os brâmanes (estimados em 5,5% da população em 1979) e quais os intocáveis (22,5%). O resto era um grande "outros", geralmente vistos pelos brâmanes como sudras, mas muitas vezes reivindicando outras posições.

A jati Kayastha (1,1%), por exemplo, é tradicionalmente formada de escribas, forneceu ministros e assessores a muitos reinos indianos e seus membros se consideravam xátrias, brâmanes ou de posição intermediária entre essas duas varnas, mas foi catalogada como sudra com base nas teorias raciais hoje desacreditadas do etnógrafo britânico Herbert Hope Risley. Os Jat (1%), pastores hindus há muito convertidos em guerreiros siques, se consideravam xátrias, mas foram excluídos dessa categoria por pressão dos rajás Rajput e catalogados como sudras, embora sua riqueza e prestígio sejam superiores ao de muitas jatis brâmanes e exerçam ocupações semelhantes às dos Rajput (empresários, militares e altos funcionários). Algo semelhante se passou com os Marathas (2,2%), de tradição guerreira (seu nome significa "Auriga"), mas com origem sudra e um mau relacionamento com os brâmanes, assim como com outras jatis menores que somam cerca de 2% da população e, como os Jats e Marathas, eram reconhecidas como "raças marciais" para fins de recrutamento pelo Império Britânico.

Em resumo, as varnas xátria e vaixia não existiam como grupos reconhecidos e com costumes uniformes na Índia. Ambas foram reinventadas a partir de dois grupos de jatis, os Rajput (estimada em 3,9%) e os Bania (1,9%), presentes apenas em certas regiões. Segundo o historiador indiano K. M. Panikkar, os xátrias védicos desapareceram há mais de dois mil anos e a maioria das dinastias e castas militares surgidas na Índia desde o fim da dinastia Nanda são de origem sudra.

Os "intocáveis" formam um grupo ainda mais heterogêneo dos clãs e tribos. São conhecidos popularmente no Ocidente como "párias" (originalmente o nome de uma jati específica, de tocadores de bumbos), para os quais a burocracia colonial criou as categorias de *dalit* ("oprimido", grupos inseridos na sociedade indiana) e *adivasi* ("aborígine", grupos silvícolas e isolados) que os seguidores de Mahatma Gandhi preferiram chamar de *harijan*, "filhos de Deus". Cerca de 70% deles são da religião hindu, mas a maioria dos budistas e quase a metade dos cristãos da Índia são também *dalits* ou *adivasis*.

Tradicionalmente, deviam morar fora das aldeias e eram

proibidos de entrar em templos e escolas. Incluíam ocupações consideradas impuras por lidar com carne, abate ou couro (inclusive, por exemplo, os Chamar, originalmente fabricantes de selas, embora também soldados); com cadáveres, lixo ou esgotos, ou ainda dançarinas e prostitutas que sustentam os maridos (Bedia). Há um grupo de jatis conhecido como Dom, Domba ou Chandala, famoso por sua tradição musical, que inclui artistas nômades (Bazigar, Nat, Perna, Kalabaz etc.) e grupos cujas ocupações tradicionais incluem cremar cadáveres e fabricar cestas e cordas. Acredita-se que os ciganos ocidentais descendem de um grupo dessa casta, que teria sido expulso ou abandonado a Índia no século XI.

O governo indiano reconhece hoje 1.108 jatis (estimadas em 15% da população) e 744 tribos nativas igualmente marginalizadas (7,5%) "listadas" (na lei) com acesso a programas de discriminação positiva e quotas de 22,5% nas universidades e nos empregos públicos (política inventada na Índia antes de ser imitada nos EUA e Brasil). Além disso, outras 2.399 jatis e tribos não ritualmente impuras, estimadas em 52% da população, são catalogadas como "outras classes atrasadas" e favorecidas em menor grau por discriminação positiva (quotas de 27% no setor público e universidades), de modo que as jatis superiores ou "avançadas" (brâmanes, xátrias, vaixias, sudras ricos e várias jatis de classificação controvertida) somariam 25,5%.

Ascetas

A par do hinduísmo oficial que faz do brâmane o ideal de vida e o ápice da pirâmide social, e das correntes marciais, que põem o rei e seus guerreiros nesse lugar, há na sociedade indiana quem proponha como categoria superior o asceta, *sadhu* ("virtuoso"), *baba* ("pai"), *babaji*, ou *svami* ("mestre"), que abre mão de qualquer posição social ou familiar, inclusive da casta (até certo ponto, como se verá), para se dedicar à *moksha* ("libertação"). Estima-se que há 5 milhões deles na Índia moderna, cerca de 0,5% da população. As mulheres são chamadas *sadhvi* ("virtuosa"), embora sejam minoria.

Dentro do hinduísmo, há seis cultos: *shaiva* (de Shiva), *vaishnava* (de Vishnu), *shakta* (culto de Shakti ou Mahadevi, a deusa-mãe), *ganapatya* (de Ganesha, deus da sabedoria, cultuado em Maharasthra e Karnataka), *saura* (de Surya, o deus-sol, cultuado na região de

Awadh) e *kaumara* (de Kumara ou Skanda, deus da guerra, cultuado em Tamil Nadu). Os três últimos estão praticamente desaparecidos.

No culto *shaiva*, os ascetas são chamados *sanyasin* ("renunciantes"), feminino *sanyasini*, e usam mantos de cor ocre e uma marca na testa (*tilaka*) de três linhas horizontais. Na tradição *vaishnava*, são *vairagin* ("desapaixonados"), feminino *vairagini*, se vestem (geralmente) de branco e usam uma tilaka de duas linhas verticais. Quando não estão em peregrinação vivem em comunidades monásticas chamadas *sthanas* ("lugares"). Na tradição *shakta*, os shadu se vestem de vermelho e usam como tilaka marcas redondas ou uma só linha vertical na testa.

As comunidades ou "monastérios" de ascetas se chamam *ashrams*, *matha* or *mandira e* seus chefes são chamados *acarya*, "mestre", ou *mahant* (do sânscrito *mahat*, "grande"), título também dado ao sumo-sacerdote de um templo. Há vários graus de vida ascética:

Kutichaka ("caseiro") mora numa cabana, sob os cuidados de um filho ou de amigos, buscando esmolas de parentes ou da própria casa.

Bahudaka ("aquático"), tem vida errante e pede comida, vivendo em torno de locais de banhos sagrados.

Hamsa ("ganso", símbolo de pureza), não pode passar mais de uma noite numa aldeia, cinco noites numa cidade ou sete num lugar sagrado e se submete a jejuns e outras formas de ascetismo.

Paramahamsa ("ganso supremo"), supõe pelo menos doze anos de vida ascética e perfeito autoconhecimento. Vive sem morada fixa, sob a sombra das árvores, em casas abandonadas ou cemitérios, e se supõe que transcendeu o dever e a pureza religiosa.

Turiyatita ("caminhante"), vive nu, não usa as mãos para aceitar comida e come com a boca o que lhe jogam no chão.

Avadhuta ("descartante"), descarta todas as regras além das próprias e tem atitudes imprevisíveis, caprichosas ou intencionalmente chocantes. Não pede comida, apenas se senta e espera que alguém a dê.

Há muitas *sampradayas* ("tradições"), transmitidas de guru ("mestre") a *sisya* ("discípulo"), alguns dos quais aceitam apenas brâmanes, enquanto outras são abertas a todas as castas. Das sampradayas vaishnavas, cujos adeptos são chamados *vairagin* ou *bairagis*, as mais importantes são *Ramanuji* (também chamada Sri Vaishnava, Ramananda ou Ramait), associada a Lakshmi; *Nimanandi* (também Nimbaditya, Nimat or Nimbarka), ligada aos Kumaras, filhos de Brahma; *Vallabha* (também Vallabhi e Visnusvami), filiada a Rudra; e *Madhavacharya (*também Madvi), associada a Brahma, da qual surgiu o movimento *Hare Krishna*.

Entre os shaktas, há a *Kerala, Kashmira, Gauda* e *Vilasa*.

Das tradições shaivas, a maior e mais ortodoxa é a *Dashanami* ("dez nomes"), do culto shaiva. Tem dez divisões, das quais o iniciado deve escolher uma e adotá-la como seu sobrenome: *Sarasvati*, "deusa do aprendizado", *Tirtha*, "encruzilhada", *Ashrama*, "eremitério", *Bharati*, "Índia", *Giri*, "montanha", *Parvata*, "montanha", *Sagara*, "oceano", *Puri*, "cidade", *Aranya*, "floresta" e *Vana*, "floresta". Seus líderes são chamados *mahamandleshwar*, dos quais há cerca de 80 na Índia.

Os iniciados da *dashanami* são conhecidos como *gossain* (do sânscrito *gosvami*, "mestre dos sentidos", também título de líderes da tradição vaishnava *Vallabha*). Os de maior prestígio são os **Dandi Sanyasi**, assim chamados pelo *danda*, bastão que os sanyasin ganham na iniciação e carregam pelo resto da vida, sem nunca deixar que toque o solo. São brâmanes conservadores, que valorizam o estudo do sânscrito e buscam a iniciação ascética depois de terem completado as três fases anteriores da vida, conforme a tradição. São iniciados nas divisões *Sarasvati, Ashrama* e *Tirtha*, que só aceitam brâmanes, e em algumas seções da *Bharati*, que também fazem essa exigência. O restante da *Bharati* e as seis outras divisões aceitam hindus das quatro varnas, mas os brâmanes, xátrias e vaixias são iniciados como **Parahamsa Sanyasis**, e os sudras como **Naga Sanyasi**, "renunciantes nus", que andam de tanga ou completamente nus.

Outra das muitas tradições shaiva são a *Nath*, cujos adeptos são chamados *nathpanthi, kanphatas, gorakhnathis* ou ainda "iogues", por sua ênfase na prática da ioga; a *Lingayat*, que rejeita os Vedas e o sistema de castas e a *Aghori*, conhecida pela prática de canibalismo ritual, de viver em meio a cadáveres e crematórios e outras violações extremas de tabus indianos.

Há ainda ascetas de religião sique, que se dividem em três tradições principais: *Akalin* ou *Nihangs*, monges militantes que se vestem de azul e viajam armados em cavalos ou camelos; *Nirmalins*, estudantes de livros sagrados que se vestem de alaranjado e *Udasins*, que se vestem de cor salmão e tem costumes mais próximos do hinduísmo.

Os Naga Sanyasi, vaishnavas, shaivas ou siques, formam ordens guerreiras chamadas *akharas* ou *akhadas* ("correntes", do sânscrito *akhanda*, "continuidade"), que no passado entravam em batalha nus, cobertos de cinzas e com longos cabelos emaranhados e tiveram um papel importante, chegando a criar pequenos reinos.

Cada *akhara* é liderada por um corpo administrativo chamado *Shri Panch*, cinco membros que representam os deuses Brahma, Vishnu, Shiva, Shakti e Ganesha, eleitos em todo Kumbha Mela, festival religioso celebrado na Índia a cada três anos. Incluem um secretário, um *shri mahant* (chefe administrativo) e um *acharya mahamandleshvara* (mestre religioso supremo), ao qual são subordinados os *mahamandaleshvaras* ("grandes senhores de região") e *mandaleshvaras*. O *mandaleshvara* ("senhor da região") é um conselheiro espiritual escolhido pelos Nagas Sanyasi entre os Parahamsa Sanyasi, mais instruídos, para proporcionar um discurso coerente e convincente que se contraponha ao dos missionários cristãos.

Cada *akhara* é dividida em oito *davas* (divisões) e 52 *marhis* (centros), cada um destes chefiado por um *mahant*. Ainda hoje praticam artes marciais com armas tradicionais e às vezes são violentos, enfrentando-se junto a lugares sagrados por prioridade e pela honra de suas respectivas *akharas*, ou a serviço de disputas políticas.

As *akharas* shaivas são chamadas *Juna*, *Niranjani*, *Mahanirvani*, *Atal*, *Anand*, *Avahan* e *Agni*, das quais as três primeiras são as maiores; as vaishnavas são *Nirmohi*, *Nirvani* e *Digambar*. Há ainda as akharas siques *Udasin* e *Nirmal*.

Índia antiga e medieval

No Império Gupta, que dominou o norte da Índia de 320 d.C. a 600 d.C., o imperador tinha o título de *samraj* ("rei universal" ou "imperador"), feminino *samrajni*, usado originalmente pelos imperadores Mauryas (322 a.C.-185 a.C.), que realmente dominaram quase toda a Índia. Mais tarde foi retomado por outras dinastias que repetiram ou pretenderam repetir o seu feito. A ele estavam submetidos um círculo de estados vassalos, pagadores de tributos.

Os menores eram governados por rajás (*raja*, "rei" ou "governante") e chamados *samanta* ("vizinho" ou "adjacente") e os maiores por marajás (*maharaja*, "grande rei") e denominados *mahasamanta* ("grande vizinho" ou "grande tributário"). *Pradhanamahasamanta* era um mahasamanta particularmente confiável, conselheiro do imperador; um *aptasamanta*, aquele que pacificamente aceitou o jugo do imperador; *shatrumahasamanta* era um mahasamanta conquistado e submetido; e *pratisamanta* um que era considerado hostil, mas ainda cumpria suas obrigações. Um coletor de impostos com direitos semifeudais de justiça e polícia sobre um território era um *nayaka*.

O feminino de rajá é rani e o de marajá, marani (*maharani*). O herdeiro de um rajá ou marajá é *yuvaraja*, os demais filhos são *rajakumara* e as filhas *rajakumari*. A mãe de um rajá ou marajá é *rajamatr* ou *rajmata*. Títulos de marajás foram usados também por soberanos da Malásia, Indonésia e Filipinas, influenciados pela Índia, mas geralmente foram substituídos pelo de sultão após a conversão ao Islã.

Até o período Gupta, existiram também Estados republicanos na Índia, chamados *gana sangha* ("assembleia de iguais"), um dos quais era Kapilavastu, a pátria de Sidarta Gautama, o fundador do budismo. Aquele sobre cujas instituições se tem mais informações é o de Licchavi, com capital em Vaishali, de dimensões comparáveis à Esparta da Grécia Clássica. Na era Gupta era governado pelos 7.707 chefes de famílias xátrias (*licchavi khattiyas*), todos os quais eram chamados rajás e seus filhos *kumaras*. Quando representava o pai na assembleia, o filho era chamado *uparaja* ("vice-rei"). A assemblaia elegia um conselho de nove membros, um de cada clã, que exerciam o governo, chamados *ganarajas*, entre os quais o *raja* (presidente), o *uparaja* (seu vice), o *senapati* (comandante do exército) e o *bandhagarika* (chanceler ou tesoureiro).

Após a queda dos guptas, outros grandes estados hindus (não muçulmanos) ao longo da Idade Média e início da Idade Moderna seguiram modelos semelhantes, embora os nomes pudessem variar. No sul da Índia, os tributários eram chamados *raju* (rajá, "rei") ou *samanta raju*; em Sagakula, eram chamados *sahi*, e seu suserano, *sahanu sahi* ("sahi dos sahis"). Títulos alternativos para governantes supremos, mas não "universais", foram *maharajadhiraja*, "grande rei sobre os reis", *dharmamaharaja* ("grande rei de direito"), usado pela dinastia Ganga do leste da Índia.

No império de Vijayanagara, o último grande reino hindu da Índia (chamado reino de Bisnaga pelos portugueses), que existiu de 1336 a 1646, o soberano tinha o título de *maharajadhiraj rajaparmeshwara* ("grande rei sobre os reis, poderoso soberano"). Seus ministros eram chamados *pradhana* e o mais importante deles era o *mahapradhana*. O primeiro secretário era *karyakartha* ou *rayaswami* e os funcionários, *adhikari*. O império era dividido em cinco províncias (*rajya*), cada uma com um comandante militar chamado *dandanayaka* or *dandanatha*. A administração local estava a cargo de senhores chamados *gouda*, que supervisionavam contadores (*karanikas* ou *karnam*) e guardas (*kavalu*).

No plano do ideal, hindus, budistas e jainistas aspiraram a um governante universal cujo título seria *chakravartin*, "motor da roda (do carma)", com as categorias *chakravala chakravartin*, "chakravartin do círculo (do mundo)", *dvipa chakravartin* ("chakravartin do continente") e *pradesha chakravartin*, "chakravartin do país". Só o imperador Chandragupta Maurya e seu neto Ashoka Maurya foram chamados *chakravala chakravartin* em vida, mas também doze soberanos da lendária dinastia Ishvaku são chamados *chakravartin* no épico Mahabharata.

Império do Grão-Mogol

A maior parte do contato do Ocidente com a Índia se deu durante a existência do Império Mugal, e os estados semi-independentes reunidos sob o domínio do vice-rei britânico foram produto de sua desintegração. O título formal do imperador era **padixá** (*padishah*), "mestre dos reis", um título imperial de origem persa, mas era conhecido no Ocidente como o **grão-mogol**, das formas arabizadas e persianizadas (*mogul, moghul, mughal*) do nome do povo mongol ao qual pertencia Babur, descendente de Tamerlão e Genghis Khan que fundou o império em 1526, ao conquistar o sultanado de Delhi. Seus sucessores conquistaram a maior parte do subcontinente indiano com o imperador Akbar (1556-1605) e o império continuou a ser uma grande potência até o início do século XVIII. A partir de 1707, começou a ser desmembrado por revoltas locais e perdeu território para as conquistas inglesas a partir de 1757. No início do século XIX o poder efetivo dos grão-mogóis ficou reduzido à região de Delhi e assim permaneceu até ser abolido pelos britânicos em 1862.

Os altos funcionários civis e militares do grão-mogol eram

chamados *mansabdar* ("graduados") e tinham dois tipos de classificação: *sawar*, pelo número de cavaleiros que deviam manter a serviço do imperador, em 33 graus de "comandante de 10" a "comandante de 20 mil" e *zat*, classificação honorífica que podia ser superior.

Um mansadbar cujo *sawar* era igual ao *zat* era de primeira classe, se era a metade, era de segunda classe e se era menos de metade, de terceira classe. Os mansadbares recebiam um salário ou o usufruto de uma propriedade (chamada *jagir*) com renda de 20 a 25 rúpias por unidade de *sawar*. Os mansadbares com grau até mil tinham o título de *amir*; acima de mil, de *amir al-kabir* ("grande emir") e alguns com grau de 5 mil ou superior eram *amir al-umara* ("emir dos emires"). Esses títulos e a renda a eles associados não eram hereditários.

Os príncipes imperiais tinham os títulos honoríficos, em ordem decrescente de prestígio.

Maharajadhiraja Bahadur

Maharajadhiraja

Sawai Maharaja Bahadur

Sawai Maharaja.

Maharaja Bahadur

Maharaja

Bahadur é um termo mongol que originariamente significava "bravo", mas neste contexto indica simplesmente um grau superior; *Sawai*, "um e um quarto" é um passo acima de bahadur.

Os membros do clã Barlas dos conquistadores mongóis, quando não pertenciam à família imperial, constituíam a aristocracia e tinham o título de **Mirza** ("filho do emir") e **Baig** ("chefe"), usados antes e depois do nome, como *Mirza* Mansur *Baig*. O feminino era **Begum**, usado só depois do nome, como Nur *Begum*.

Nababo (*nawab*, derivado do árabe *na'ib*, "representante"), era um título conferido pelo grão-mogol aos *subahdar*, governadores de cada uma das *subah*, grandes províncias do império, 12, depois 15 no tempo de Akbar e 21 ou 22 nos reinados de Shah Jahan e Aurangzeb. As subahs eram subdivididas em *sarkars*, "distritos" e estes em *parganas, tehsil, talukh* ou *mahallas* (em média 84 aldeias e uma cidade central) constituídos de *tarafs,* cuja menor subdivisão era a *mauza,* constituída de uma aldeia e seu entorno, chefiada por um *mouzadar.* O feminino é *nawab begum* ou *begum,* o filho é *nawabzada* ou *mian,* e as filhas, *nawabzadi.*

Zamindar, "senhor de terras" era o detentor hereditário do privilégio semifeudal de arrecadar impostos de um território maior ou menor para o grão-mogol, retendo 10% para si. Frequentemente eram antigos rajás de estados conquistados. Tinham poderes judiciais e policiais e obrigações militares. Não eram considerados proprietários das terras que administravam, mas frequentemente fizeram uso de sua riqueza e seus poderes judiciais para se apoderar de parte delas. O chefe da arrecadação de uma província era chamado **dewan** e o de uma talukh, *talukhdar, chaudar* ou *lumberdar.*

Com a desintegração do império, os nababos tornaram-se primeiro vassalos hereditários e depois soberanos independentes. Em Haiderabad, a mais meridional das províncias, o poder foi tomado logo após a morte de Aurangzeb por um funcionário chamado Asif Jah, que derrotou o governador local, assumiu o controle de todo o sul do império e proclamou-se **Nizam al-Mulk** ("ordem do reino" em árabe, no sentido de vice-rei) em 1724, o que os imperadores, assediados pela revolta dos marathas na região central, não puderam impedir. O Nizam criou um Estado poderoso, cuja corte tinha títulos próprios – em ordem decrescente de prestígio, *Jah, Umara, Mulk* ("reino"), *Daula* ("estado"), *Jang, Nawbab, Khan bahadur* e *Khan.* Os cortesãos hindus tinham o título de *Vant.*

Os marathas, separatistas hindus, deram o título de *kshetrapati* ("domínio dos senhores") ou *chhatrapati,* "teto dos senhores", aos soberanos do Império Maratha de 1630 a 1748 e mais tarde a aos de seus dois estados sucessores. Seus vassalos e comandantes militares hereditários eram chamados *senapati* ("senhor do exército") e o comandante-em-chefe era o *sardar senapati, sarsenapati* ou *sarnaubat.* Alguns senapati foram também distinguidos com o título de *mahasenapati,* "grande senapati". Ministros e comandantes não hereditários tinham o título de *sardar* ("dono da chefia") juntamente com a concessão de um território não hereditário. Os vice-reis ou governadores de províncias distantes eram *sardar-bahadur.*

Domínio britânico

Sob o domínio britânico ou *British Raj*, o rei ou rainha da Inglaterra passou a ser imperador ou imperatriz da Índia, com o título de *Kaiser-i-Hind* ("César da Índia") em hindustani. A primeira a usar a coroa da Índia foi a rainha Vitória, a partir de 1876 e o último George VI, até a proclamação da República da Índia em 1950.

Os chefes hereditários dos 572 pequenos e médios estados que resultaram da desintegração do Império Mugal e se submeteram ao Império Britânico mantiveram seus títulos anteriores ou mesmo os tiveram elevados em agradecimento por seu apoio aos colonizadores na luta contra os grão-mogóis ou durante as revoltas indianas. Assim, o título de "nababo" e "marajá", antes reservado a grandes Estados ou províncias, passou em muitos casos a ser usado também por chefes de territórios minúsculos. Os principais títulos hereditários reconhecidos pelos britânicos foram os seguintes:

Muçulmanos	Hindus
Nawab bahadur (poderoso nababo)	Maharaja bahadur (poderoso marajá)
	Maharaja (marajá)
Nawab (nababo)	Raja bahadur (poderoso rajá)
	Raja (rajá)

O governante de Haiderabad, o maior dos estados vassalos da Índia, continuou a usar o título de **Nizam**, visto como superior a "nababo". Outros títulos locais específicos foram o de **Jam Sahib**, do estado rajput de Nawanagar, **Thakur Sahib** (feminino *Thakurani Sahiba*), de alguns pequenos estados rajput do Gujarate, **Khan, Dewan** e **Mir** (emir) em alguns estados de soberanos muçulmanos. O título de Marajá teve também as variantes regionais Maharana, Maharao, Maharawal e Maharaol.

Desses governantes, os 122 mais importantes foram hierarquizados pelo número de tiros de canhão a que tinham direito como saudação militar. Os cinco mais poderosos, incluindo o Nizam e quatro marajás, ganhavam 21 tiros; o nababo de Bhopal, o Khan de Kalat e quatro marajás, 19 tiros; dois nababos e 11 marajás menores, 17 tiros; 2 nababos, um emir e 14 rajás e marajás, 15 tiros; 17

nababos, rajás e marajás, 13 tiros; 32 soberanos menores, 11 tiros; e 32 outros, 9 tiros. O rei da Inglaterra fazia jus a 101 tiros; outros membros da família real e o vice-rei, a 31 tiros; embaixadores, almirantes da frota e marechais, 19 tiros e governadores, almirantes e generais, a 17 tiros.

Após a independência da Índia, os marajás, rajás e nababos perderam seus poderes políticos, mas continuaram a ter direito aos tiros de canhões e a "bolsas privadas" de 5 mil rúpias a 4,3 milhões de rúpias anuais – daí o apelido dado no Brasil de "marajás" a funcionários públicos (supostamente) ociosos, mas com altos vencimentos. Tais privilégios foram abolidos na Índia em 1971, mas ainda vigoram no Paquistão.

Abaixo dos rajás e nababos semi-independentes continuava a existir a classe dos *zamindars*, em algumas regiões chamados *jamindars, waderas* ou *thakurs*, senhores semifeudais que agora arrecadavam os tributos para o Império Britânico, alguns dos quais receberam títulos britânicos de barões e baronetes. Os mais poderosos adotavam títulos como marajá, rajá, nababo e mirza, mas sem se confundir com os soberanos. Essa classe foi abolida na Índia com a independência, mas continua a existir no Paquistão, onde os mais ricos e poderosos são distinguidos com os títulos de *lumberdar* e *chauduri*.

Abaixo desses títulos hereditários havia os não hereditários, comparáveis a títulos britânicos de "cavaleiro" (*knight*), concedidos como condecoração a altos funcionários nativos do Império britânico da Índia e cavalheiros notáveis pela beneficência ou por serviços prestados:

Muçulmanos	Siques	Hindus e cristãos (Norte e Bengala)	Hindus e cristãos (Sul e Oeste)
Khan bahadur	Sardar bahadur	Rai bahadur	Rao bahadur
Khan saheb	Sardar saheb	Rai saheb	Rao saheb
Khan	Sardar	Rai	Rao

Rai ou rao é um termo de línguas indianas modernas derivado do sânscrito *raja* e que tem o significado de "nobre" ou "príncipe", enquanto *khan* era originalmente o título dos chefes tribais mongóis e sardar significa "chefe" ou "nobre" em línguas do norte da Índia. *Saheb*, do árabe *sahib*, significa "mestre".

Mongóis

Os mongóis existem como povo pelo menos desde o século VIII, formaram uma poderosa federação de tribos chamada Khamag Mongol por volta de 1120 e se impuseram sobre grande parte do mundo medieval a partir de Genghis Khan, que reinou de 1206 a 1227. Originalmente pagãos ou cristãos nestorianos, os mongóis do Oriente e da Mongólia original, a partir de Kublai Khan, converteram-se ao budismo, enquanto os ocidentais tornaram-se muçulmanos e transmitiram parte de seu sistema de títulos aos impérios muçulmanos que formaram nos atuais Irã, Ásia Central, Índia e Rússia.

Os títulos de seus chefes supremos era **khagan** ("cã dos cãs"), *khaan* em mongol moderno, superior aos demais grandes chefes tribais chamados **khan** ("cã"), feminino **khatun**. Já vinham sendo usados desde 330 d.C. por povos precursores dos mongóis em sua região. Primeiro pelos *rourans*, que a dominavam entre 330 e 555, e pelos avaros, que, vindos dessa região, invadiram as atuais Romênia e Hungria e criaram um Estado que durou de 567 a 804 e cujo governante teve o título traduzido em latim como *Gaganus*, *Caganus* ou *Cacanus*. Depois pelos *goktürks* ("turcos celestiais") que dominaram a atual Mongólia e Ásia Central de 552 a 744 e pelo seu ramo ocidental, que ao se separar criou o Estado Khazar, que durou de 618 a 967, cuja elite se converteu ao judaísmo por volta de 800. O governante nominal khazar tinha o título de Khaghan, mas o chefe administrativo e militar de fato era o **Bek** ("chefe", análogo ao turco *bey* e ao mogol *baig*) ou **Khagan bek**. Entre 830 e 899, também se intitularam khagan os líderes dos *rus*, povo de origem nórdica que dominou parte da atual Rússia e lhe deu o nome.

De 1206 a 1259, o chefe supremo dos mongóis, da dinastia

fundada por Genghis Khan, era o **khagan** ("cã dos cãs"), *khaan* em mongol moderno, que se sobrepôs aos demais chefes locais chamados **khan** ("cã"). Em 1260, uma guerra de sucessão dividiu o mundo mongol, após a qual o império se dividiu entre quatro grandes Estados, governados por três netos e um bisneto (Alghu) de Genghis Khan:

Império Yuan, na Mongólia, China, Coreia e parte da Sibéria, com capital em Dadu ou Cambaluc (atual Pequim), governada por Kublai Khan e descendentes;

Horda Dourada ou Kipchak, na Rússia, a Ucrânia e norte do Cazaquistão, com capital em Sarai (perto da atual Volgogrado), governada por Berke e descendentes;

Ilkhanato, no Irã, Azerbaijão, Armênia, Turcomenistão, Afeganistão e partes do Iraque, Síria, Turquia e Paquistão, com capital em Maragheh, depois Tabriz e Soltanyeh (atual Irã) e governada por Hulagu Khan e seus descendentes;

Chagatai, na maior parte da Ásia Central, com capital primeiro em Almalik, atual Xinjiang, depois Qarshi, atual Usbequistão e governada por Alghu e descendentes.

Após o conflito, o soberano de Pequim passou a ser o khagan supremo com o título de **Ikh Kaghan**, ("grande cã dos cãs"), conhecido no Ocidente como o **Grão-Cã** e os outros três, vassalos nominais, mas independentes na prática, foram *khans* ou **cãs**. Após a desintegração do império e a queda da dinastia Yuan na China, os chefes mongóis voltaram a usar o título de khaghan até a derrota do último pela dinastia Qing (manchu) em 1634. O imperador otomano usou o título a partir da fundação de seu império em 1453 (*khakhan* ou *hakan*, na versão turca) e de 1911 a 1924, o *khutuktu* ou grande lama (tibetano) da Mongólia, ao proclamar a independência pela queda da monarquia chinesa, reinou sobre o país com o título de *bogd khaan*, ou "sagrado kaghan".

Jinong, derivado do chinês *qinwang*, era o título do herdeiro do grão-cã mongol e **Taihu** o de sua esposa principal. Membros da família imperial de descendentes de Genghis eram **Taiji** (do chinês *taizi*, "filho do imperador") e se detinham um território eram

Hongtaiji (do chinês *huang taizi*). Descendentes de irmãos de Genghis, principalmente Qasar, que governaram territórios tinham o título de **Wang** e senhores territoriais que não pertenciam ao clã Borjigin (de Genghis) eram chamados **Taishi**.

As autoridades militares superiores eram os **noyans** ou *noyons*, *tumetu-iin noyan*, que eram comandantes de *tumens* (unidades de 10 mil guerreiros) e *minggan-u noyan*, comandantes de *mingghans* (unidades de mil guerreiros). Uns e outros também foram chamados emires ou *beys* nos Estados mongóis ocidentais e *guanren* na China. Sob o domínio Qing da Mongólia (depois de 1694), *noyan* se tornou um título equivalente a "nobre" em mongol, usado após o nome pessoal (por exemplo, Jebe *Noyan*). Vinham em seguida os **dargas**, *jagutu-iin darga* (comandantes de 100 guerreiros) e *arban-u darga* (comandantes de 10 guerreiros). Além disso, os comandantes da guarda imperial Yuan (cerca de 2 mil soldados), chamada *Kheshig*, tinham o título de **cherbi**.

Os plebeus eram chamados *humun* e divididos em quatro categorias: *sain humun* ("homem bom" ou ricos), *dund humun* ("homem médio"), *magu humum* ("homem ruim", ou seja, pobre) e *hitad humun* ("escravo", mas com o sentido literal de "chinês").

CHINA

Como na maioria das sociedades asiáticas tradicionais, na China não existiu feudalismo propriamente dito, mas um Estado de caráter tributário: as aldeias eram autogovernadas, mas pagavam um tributo em bens, trabalho ou dinheiro que era recolhido por um nobre hereditário ou um burocrata, com maior ou menor autonomia, na base de uma hierarquia que tinha no ápice um rei ou imperador, com poder absoluto ou apenas uma supremacia simbólica. A sociedade chinesa era um típico estado tributário, com um imperador que ao longo da maior parte da história teve um poder centralizado e absoluto.

A história das duas primeiras dinastias é obscura, mas durante a terceira, a dinastia Zhou, o poder se fragmentou entre pequenos e médios Estados, às vezes impropriamente chamados "feudais", que reduziram o imperador a uma figura quase decorativa. Isso até que um desses estados, o Qin, conquistasse todos os outros e criasse o império chinês, cujas estruturas básicas duraram até a queda da monarquia em 1911.

Os títulos dos governantes do período Zhou foram reutilizados com sentido honorífico pela dinastia Han e posteriores, com uma equivalência aproximada a títulos ocidentais. Em geral, conferiam o direito a um estipêndio e podiam ser conferidos ou cassados pelo imperador a qualquer momento. Conforme a época e a natureza do título, podiam ser ou não hereditários. Títulos conferidos por graça do imperador costumavam decair um grau a cada geração, até chegar à base da nobreza.

Das origens à dinastia Shang

Aos primeiros três governantes lendários da China, as crônicas dão o título de **huang** ("augusto" ou "soberano", com conotações semidivinas) e aos cinco seguintes o de **di** ("imperador"), título que também é dado aos governantes das duas primeiras dinastias históricas, Xia (2070 a.C.-1600 a.C.) e Shang (1600 a.C. – 1046 a.C.). O imperador era também chamado **Tenzi**, "filho do céu".

Dinastia Zhou

Nesta dinastia (1046 a.C.-256 a.C.), sugiu uma hierarquia definida de títulos:

Wang ("rei"), o governante supremo da China e também dos Estados não chineses vizinhos.

Gong ("duque"), inicialmente parentes da casa de Zhou e ministros, que também recebiam terras para administrar longe da capital.

Hou ("marquês"), ao tomar o poder dos Shang, os Zhou deram esse título a famílias que os apoiaram, aparentadas ou não a eles e que receberam terras de fronteira para governar. Mais tarde, muitas delas ascenderam a *gong*.

Bo ("conde"), aliados dos Zhou que receberam terras de menor extensão e próximas da capital.

Zi ("visconde"), citados ocasionalmente, sem que seu exato papel seja conhecido. O termo também significa "criança" ou "filho".

Nan ("barão"), origens também pouco conhecidas. O termo também significa "macho" ou "varão".

O *wang* adotava um "nome de reinado" ou "nome de era" ao subir ao trono, costume que surgiu na China muito antes de se estabelecer no Ocidente. Muitos deles, após a morte, receberam também um "nome póstumo" e um "nome de templo" oficiais, elogiosos ou depreciativos, costume que se manteve até o início da dinastia Ming. Esses costumes foram imitados no Japão, na Coreia e no Vietnã.

Seus três principais auxiliares eram as "Três Excelências" (em chinês *gong*, "duque"): o Grande Secretário, o Grande Tutor e o Grande Protetor. Abaixo deles, a sociedade Zhou incluía ministros (*qing*), burocratas (*dafu*), pequena nobreza (*shi*) e plebeus (*shumin*).

Na decadência da dinastia, vários "duques" se proclamaram "reis" e deixaram de acatar o soberano Zhou, cujo papel se tornou puramente simbólico. Alguns deles desenvolveram sistemas próprios de títulos.

O visconde de Chu, no sul, se proclamou rei em 706 a.C. O sistema de seu reino incluía os título de *tonghou* (par-marquês) *zhigui* ("portador da tabuinha de jade") e *zhibo* ("portador da seda"). Esses graus eram acompanhados de um estipêndio do Estado; os de grau mais alto também recebiam territórios e o título de *jun* ("senhor"). Esses títulos eram conferidos principalmente como recompensa por serviços civis e militares e não eram, em princípio, hereditários.

> **Imperatrizes e consortes**
>
> A sociedade tradicional chinesa era poligâmica, mas os grandes senhores tinham uma esposa principal, cujo filho mais velho era o herdeiro legítimo. Na falta de filhos homens da imperatriz, um filho de outra esposa podia ser nomeado herdeiro, mas era legalmente filho da imperatriz, como todos os demais filhos do imperador. Na falta de progênie masculina, um irmão mais novo do imperador assumia o trono.
>
> Mulheres não herdavam o trono, mas podiam exercer o poder como imperatrizes viúvas, regentes em nome de filhos menores.
>
> Na dinastia Zhou, o imperador podia ter até 121 esposas, assim classificadas:
> - 1 **Huanghou** ("augusta soberana"), a imperatriz
> - 3 **Furen** ("senhoras")
> - 9 **Pin** ("cortesãs")
> - 27 **Shifu** ("excelsas esposas")
> - 81 **Yaqi** ("nobres consortes")
>
> Os nobres titulados podiam ter uma esposa principal e 8 de menor grau e os funcionários, uma esposa principal e mais outra consorte. Súditos comuns deviam ter só uma esposa.

Dinastia Qin

Qin, um pequeno marquesado da fronteira oeste, foi elevado a ducado em 771 a.C. após proteger e auxiliar o rei Zhou na fundação de uma nova capital após a anterior ser tomada pelo marquês de Shen. Proclamou-se reino em 338 a.C. Tinha um sistema de 20 graus de nobreza, cujos detentores tinham o privilégio de "ser alimentados" por certo número de famílias.

O rei de Qin criou um sistema de centralização e mobilização militar sem precedentes na história chinesa, que lhe permitiu conquistar todos os outros reinos entre 316 a.C. e 221 a.C. O rei Ying Zhen proclamou-se então Qin Shi Huang-Di, "primeiro imperador de Qin". Desde então os soberanos chineses usaram o título de **Huangdi**, "augusto imperador", ora abreviado como *Huang*, ora como *Di*. A imperatriz era *hou* e as demais consortes *furen* ("senhoras").

O governo central passou a ser formado por três excelências (*gong*) – Chanceler (*chengxiang*), Secretário Imperial (*yushidaifu*) e Grande Comandante (*taiwei*) – e nove ministros (*qing*): ministro das cerimônias, supervisor dos atendentes, comandante da guarda, ministro dos cocheiros, comandante da justiça, grande arauto, diretor do clã imperial, grande ministro da agricultura e pequeno tesoureiro.

Após sua morte, em 210 a.C., seus herdeiros mostraram-se incapazes e os cortesãos lutaram entre si. Explodiram revoltas populares e vários líderes locais proclamaram-se reis (*wang*). Entre estes destacou-se o líder rebelde do antigo reino de Chu, Xiang Yu, que derrotou as forças de Qin e se proclamou **bawang** ("rei déspota" ou "hegemon"), com autoridade suprema sobre outros 18 *wang*. Entretanto, coube a Liu Bang, o *wang* de Han, infligir a derrota final aos Qin e apoderar-se de sua capital, Xianyang, em 206 a.C. Isso deflagrou uma guerra entre ele e Xiang Yu, que foi derrotado em 203 a.C.

Quanto ganhava um mandarim?

Na dinastia Han, no século I d.C., o Império tinha cerca de 130 mil a 150 mil funcionários, 30 mil a 40 mil dos quais na capital, Luoyang. Seus proventos eram calculados em hu, unidade equivalente a 15,6 quilos de cereais não descascados. Um hu valia 100 wen (moedas chinesas, chamadas cash em inglês) na capital e 50 a 75 wen nas províncias. Os pagamentos anuais em hu eram os seguintes:
- Três Excelências: 4.200 cada uma, mais 100% em presentes
- Nove ministros: 2.160 cada um, mais 50% em presentes
- Burocratas: 96 a 1.080
- Governador de comarca: 1.440
- Vice-governador de comarca: 840
- Governador de distrito: 480 a 1.080
- Vice-governador de distrito: 360 a 600
- Capitão (*houshi*, chefe de 100 a 200 soldados): 360 a 720
- Soldado: 36 a 40 (mas familiares recebiam rações de grãos adicionais)

Dinastia Han

No período Han (203 a.C. – 220 d.C.), o imperador inicialmente deu o título de *wang* ("rei") a aliados, enquanto reservava para si mesmo o de *huangdi* ("imperador"), mas, depois que alguns desses "reis" se rebelaram, foram substituídos por parentes da casa imperial. Desde então, os que não eram parentes do imperador (incluindo parentes da imperatriz e eunucos) receberam apenas o título de *hou* ("marquês"), e os *wang* foram em geral filhos ou irmãos do imperador, razão pela qual esse título é geralmente traduzido em línguas ocidentais como "príncipe". Em chinês, os reis ocidentais são chamados *junwang* ("rei soberano"), enquanto os príncipes são *qinwang* ("rei parente").

Um *wang* podia ser um semi-independente "rei de estado" (*guowang*) ou mero "rei de comarca"[6] (*junwang*), os *hou* de distrito (*xianhou*), vila (*xianghou*) ou bairro (*tinghou*), sendo responsáveis pela

---

[6] *Jun*, "prefeitura", "comarca" ou "comanderia" foi originalmente uma das 36 divisões do Império Qin, depois aumentadas para 48. No Império Han, chegaram a 102, e no período seguinte o país era dividido em 200 províncias, 600 comarcas e 1.000 distritos. A partir dos Sui, essa subdivisão foi abolida, restando apenas províncias (*zhou*) e distritos (*xian*).

gestão e coleta de impostos. Havia dezenove subcategorias de *hou*, sendo as nove mais altas reservadas ao mérito militar. Títulos e territórios eram hereditários, mas revertiam ao imperador na falta de herdeiro masculino.

A imperatriz continuava a ser *hou* e as demais consortes *furen* ("senhoras"). Estas últimas chegaram a ser subdivididas em 19 subclasses, depois simplificadas para quatro. A esposa principal do herdeiro era *fei* ("dama") e suas esposas secundárias eram *liangdi* e *ruren*. As esposas principais dos netos de imperadores eram *furen* ("senhoras") e suas esposas secundárias não tinham títulos especiais, eram "gente do palácio".

Do período dos três reinos ao das dinastias do norte e do sul

Neste período (220 d.C. – 581 d.C.), a China oscilou entre períodos de divisão, conflito interno e reunificação. Os reinos ou principados governados por um *wang* frequentemente tinham seu próprio exército. Só filhos do imperador podiam ser *guowang*. Os *junwang* eram às vezes de fora da família imperial e eram divididos em primeira, segunda e terceira classe, conforme seu grau de parentesco. Surgiram também os *xianwang*, "príncipes de distrito".

Abaixo dos *wang*, voltaram a existir todos os cinco graus de nobreza do período Zhou, cada um deles subdividido em primeira e segunda classe. Duques e marqueses podiam também possuir seus próprios exércitos e administrações e tinham direito a usufruir de uma porcentagem dos impostos coletados em seus territórios.

Abaixo dos cinco graus, havia no sul os *liehou*, "nobres comuns", e no Norte os *guanneihou* (marquês dentro das passagens), *guanzhonghou* (marquês das passagens) e *guanwaihou* (marquês fora das passagens).

Mandarins

O termo "mandarim" para se referir aos funcionários chineses vem do português e deriva do sânscrito *mantri*, "ministro", com influência de "mandar". O povo se dirigia a eles como *laoye* ("velho pai").

Exames sobre os ensinamentos de Confúcio para testar os candidatos indicados pela aristocracia começaram a ser usados na dinastia Han e se tornaram sistemáticos a partir de 605 d.C. (dinastia Sui). Da dinastia Song ao final da monarquia, esses exames selecionaram a maioria dos funcionários.

Qualquer homem alfabetizado podia se candidatar, salvo certas categorias "infames" (artistas circenses e prostitutos, por exemplo). Na prática, a maioria dos candidatos vinha dos *shenshi* ("cavalheiros-eruditos"), proprietários de terras e mercadores ricos com tempo para o estudo e recursos para pagar professores. Apenas 5% passavam nos exames para cargos distritais e poucos chegavam aos concursos imperiais, mas isso bastava para abrir perspectivas para as elites regionais e garantir sua fidelidade ao imperador. Os que falhavam costumavam se tornar professores ou administradores de escolas, obras locais e institutos de caridade.

Os graus conferidos eram os seguintes:
- **Shengyuan** ou **xiucai**, "licenciado", conferido em exames distritais. O primeiro colocado era *anshou*.
- **Juren**, "recomendado", obtido em exames provinciais. Os primeiro lugar era *jieyuan*.
- **Gongshi**, "homenageado", obtido no exame nacional
- **Jinshi**, "admitido", aprovado no exame do palácio imperial, estes subdivididos em três classes conforme a nota. Os três primeiros colocados tinham títulos especiais: *zhuangyuan*, *bangyan* e *tanhua*.

Dinastias Sui e Tang

Nos períodos Sui (581-618) e Tang (618-907), a China voltou a ser um estado fortemente centralizado. Havia os *qinwang*, "reis parentes" ou "príncipes reais", exclusivamente filhos do imperador, e os *junwang*, "reis de prefeitura" ou "príncipes", inicialmente parentes da casa imperial, depois também não parentes.

Abaixo deles, havia nove categorias de duques e marqueses,

todos com o título adicional de *kaiguo*, "fundador", sinalizando que o título não era herdado. Esses nobres não mais detinham território, cargos ou exércitos próprios, mas apenas o direito à renda de uma extensão fixa de terra, não hereditária, que variava de 100 *qing* (614 hectares) para um *qinwang* a 5 *qing* (31 hectares) para um *xiannan* ("barão de distrito").

Na dinastia Sui e início da dinastia Tang, havia uma imperatriz, quatro *furen* (cada uma com um título específico), nove *pin* (também com títulos específicos) e 110 esposas de graus inferiores. Vale notar que, em 684, uma *furen*, Wu Zetian, assumiu o poder em nome do filho, e em 690 o fez abdicar em seu nome, tornando-se assim a única imperatriz (*huangdi*) reinante da história da China até sua morte em 705.

Mais tarde, o sistema passou a incluir uma imperatriz, uma *guifei*, "preciosa dama", três *fei*, "damas", cada uma com um título especial, seis *yi*, "admiráveis", também com títulos individuais, quatro *meiren*, "belas", sete *cairen*, "talentosas", duas *shanggong*, duas *shangyi* e duas *shangfu*.

A alta burocracia imperial formalizou uma nova organização, que começava a tomar forma desde o fim do período Han e perduraria até o fim da monarquia: o sistema dos *três departamentos e seis ministérios*. Os três departamentos eram o **Legislativo** (*zhongshusheng*, para formulação de políticas e decretos), o **Examinador** (*menxiasheng*, conselheiro do imperador e do secretariado) e o **Executivo** (*shangshusheng*, chefe dos ministros). Um dos três chefes dos departamentos (geralmente o do Legislativo) era o conselheiro-mor ou ministro-mor (*zaixiang*), o homem mais poderoso depois do imperador.

Os ministérios eram os de **Pessoal** (nomeações e promoções do pessoal civil e concessão de títulos), **Fazenda** (impostos, moeda e censo), **Ritos** (cerimônias de Estado, sistema de exames e supervisão das organizações budistas e taoistas), **Guerra** (pessoal militar, armas e bases militares), **Justiça** (processos civis e penais) e **Obras** (construções, manutenção de estradas e canais, produção de equipamentos para o governo e padronização de pesos e medidas).

Entre as peças fundamentais do Estado estava também o chamado **Censorado** (*yushi*, literalmente "escribas reais"), mais propriamente uma ouvidoria, criado na dinastia Qin, que supervisionava a burocracia, notificava o imperador de qualquer desvio de conduta e era chefiado por um ou dois censores-mores que não estavam subordinados ao ministério da Justiça. E a **Academia Imperial** (*hanlinyuan*, literalmente "pátio da floresta dos pincéis de escrever") que, criada no século VIII, era uma equipe de acadêmicos talentosos que o imperador podia convocar a seu serviço quando necessário.

> **Insígnias de mandarins**
>
> Nas dinastias Ming e Qing, cortesãos e mandarins de diferentes graus eram distinguidos pelo uso de insígnias especificadas em seus mantos. Segundo a forma final do sistema, a partir de 1759:
> - *Qinwang*: dragões imperiais (5 garras) de frente em quatro círculos (peito, costas e ombros)
> - *Juwang*: dragões imperiais de perfil dentro de quatro círculos
> - *Beile*: dragões (4 garras) de frente em dois círculos (peito e costas)
> - *Beizi*: dragões de perfil em dois círculos
> - *Guogong, Jiangjun, Efu, Mingong, Hou* e *Bo*: dragões de frente em dois quadrados
> - *Zi* e *Nan*: garças e faisões em dois quadrados, como os mandarins civis de primeira e segunda classes
> - Mandarins civis, conforme a classe:
>   1. Grou
>   2. Faisão dourado
>   3. Pavão
>   4. Ganso selvagem
>   5. Faisão prateado
>   6. Garça
>   7. Pato mandarim
>   8. Codorna
>   9. Papa-moscas do paraíso
> - Mandarins militares:
>   1. Unicórnio (*Qilin*)
>   2. Leão
>   3. Leopardo
>   4. Tigre
>   5. Urso
>   6. Filhote de tigre
>   7. Rinoceronte
>   8. Rinoceronte
>   9. Cavalo-marinho
>   10. Censores: Quimera (*Xiezhi*)
>   11. Músicos da corte: Papa-figo

Dinastia Song

No período Song (960-1279), havia doze graus de nobreza, seis concedidos apenas a parentes da casa imperial *qinwang, siwang, junwang, guogong, jungong* e *kaiguo gong*; e seis para não parentes, *kaiguo jungong, kaiguo xiangong, kaiguo hou, kaiguo bo, kaiguo zi* e *kaiguo nan*. Cada um desses graus conferia o direito a ser alimentado por um número determinado de famílias. A maior parte dos altos funcionários da corte possuía um desses títulos.

Dinastia Yuan (mongol)

Na era mongol (1279-1368), havia oito graus de nobreza: filhos do imperador eram *wang*, membros da casa imperial *junwang* e *guogong* e pessoas de mérito, *jungong, junhou, junbo, xianzi* e *xiannan*.

Dinastia Ming

Na era Ming (1368-1644), adotou-se um sistema de títulos decrescentes para cada geração de descendentes de um imperador:

1. **qinwang** ("príncipe real"), para os filhos do imperador

2. **junwang** ("príncipe"), para os netos

3. **zhenguo jiangjun** ("defensor-geral do Estado"), para bisnetos

4. **fuguo jiangjun** ("baluarte-geral do Estado), para trisnetos

5. **fengguo jiangjun** ("suporte-geral do Estado), para tataranetos

6. **zhenguo zhongwei** ("defensor-comandante do Estado"), para a sexta geração

7. fuguo zhongwei ("baluarte-comandante do Estado"), para a sétima geração

8. fengguo zhongwei ("suporte-comandante do Estado"), da oitava geração em diante

Os portadores dos títulos não tinham mais a renda de um número fixo de famílias, mas um salário fixo na forma de certa quantidade de grãos, mais o direito a um palácio, mausoléu e séquito apropriados. Além disso, alguns príncipes receberam territórios na fronteira norte com ordens de repelir as invasões mongóis e receberam os títulos de *fanwang* ("rei da fronteira") ou *saiwang* ("rei das passagens").

Para os não parentes da casa imperial, continuaram a ser usados os títulos de *gong*, *hou* e *bo*, com quatro subdivisões para cada um. Eram hereditários e davam direito a um provento fixo em grãos.

Dinastia Qing ou Manchu

Na última dinastia da China, havia 14 graus e 20 subgraus para membros da casa imperial e do clã manchu *Gioro* no qual ela se incluía. Os títulos eram concedidos por mérito militar, graça imperial, herança do posto ou aprovação em exame (para os filhos cadetes até 20 anos).

1. heshuo qinwang: "sereníssimo príncipe real", decai até *feng'en zhenguo gong*.

2. shizi: "herdeiro", filho de um *qinwang*, com três subgraus.

3. duoluo junwang: "nobre príncipe", decai até *feng'en fuguo gong*

4. zhangzi: "primogênito", herdeiro do *junwang*, com três subgraus

5. duoluo beile "nobre senhor", decai até *buru bafen zhenguo gong*

6. **gushan beizi** "senhor de bandeira", decai até *buru bafen fuguo gong*

7. **feng'en zhenguo gong,** "duque defensor por graça", decai até *zhenguo jiangjun* de primeira classe.

8. **feng'en fuguo gong** ,"duque baluarte por graça", decai até *fuguo jiangjun* de primeira classe

9. **buru bafen zhenguo gong**, "duque defensor menor", decai até *feng'en jiangjun*

10. **buru bafen fuguo gong**, "duque baluarte menor", decai até *feng'en jiangjun*

11. **zhenguo jiangjun**, "general defensor", com três subgraus, decai até *feng'en jiangjun*

12. **fuguo jiangjun**, "general baluarte", com três subgraus, decai até *feng'en jiangjun*

13. **fengguo jiangjun**, "general assistente", com três subgraus, decai até *feng'en jiangjun*

14. **feng'en jiangjun**, "general por graça", com três subgraus

Graus por mérito podiam ser transmitidos indefinidamente, mas os obtidos por graça ou exame caíam um grau a cada geração. Nesse caso, o filho de um *heshuo qinwang* era automaticamente *duoluo junwang*, a geração seguinte *duoluo beile* e por fim *feng'en zhenguo gong*, este então transmitido "eternamente".

Colaterais e descendentes dos filhos cadetes do primeiro a ser enobrecido podiam usar o título de *feng'en jiangjun* por seis gerações se o enobrecimento fosse por mérito militar e quatro gerações se fosse por graça imperial ou exame.

Os detentores de títulos recebiam proventos em dinheiro e espécie, propriedades e terras aráveis, pastagens, carruagens enfeitadas , residência, um guarda, vestes especiais e outros privilégios. Sua administração ficava a cargo do "Tribunal do clã Imperial".

As esposas do imperador eram classificadas em uma imperatriz, uma *huang guifei* (preciosa e augusta dama), duas *guifei*, quatro *fei*, seis *pin* e um número ilimitado de *guiren* ("valiosas"), *changzai* ("regulares") e *daying* ("atendentes").

Outros títulos femininos eram:

gulun gongzhu, "duquesa sob o céu", ou princesa de primeiro grau, dado às filhas da imperatriz

heshuo gongzhu, "duquesa dos quarto cantos", dado às filhas das demais consortes do imperador.

junzhu, "senhora de prefeitura", filha da esposa principal de um *qinwang*.

junjun "dama de prefeitura", filha de uma esposa secundária de um *qinwang*, ou filha da esposa principal de um *beile*.

xianzhu "senhora de distrito", filha de um *junwang* or *shizi*.

xianjun, "dama de distrito", filha de um *beizi*.

Maridos de princesas tinham o título de **efu** ou **fuma** ("príncipe consorte").

Outra série de títulos era concedida a nobres da minoria mongol, aliada dos manchus, cuja administração estava nas mãos do "Tribunal de Assuntos de Fronteira". Os mongóis podiam receber os títulos de *qinwang, junwang, beile, beizi, zhenguogong* e *fuguogong*. Abaixo desses cinco graus havia o de *daiji* ou *tabunang*, com quatro subgraus. Filhos de nobres mongóis também recebiam os títulos de *shiji* e *zhangzi*. Os proventos garantidos a esses nobres eram menores que os da casa imperial.

Para os que não eram da casa imperial nem mongóis, havia um sistema de nove graus e 27 subgraus de nobreza, administrado pelo Ministério do Pessoal. Os beneficiários incluíam funcionários do Estado, oficiais militares, soldados, parentes das imperatrizes e os descendentes de Confúcio e da antiga casa imperial Ming.

1. **mingong**, "duque do povo" (não de sangue imperial), com três subgraus

2. **hou**, "marquês", com quatro subgraus

3. **bo**, "conde", com quatro subgraus

4. **zi**, "visconde", com quatro subgraus

5. **nan**, "barão", com quatro subgraus

6. **qingche duwei**, "comandante de bigas", com quatro subgraus

7. **jiduwei**, "comandante da cavalaria", com dois subgraus

8. **yunjiwei**, "comandante da cavalaria ligeira"

9. **enjiwei**, "comandante da cavalaria por graça"

Havia uma regra para o cálculo dos proventos e indicação da estatura relativa do título. A "unidade" era o *yunjiwei*. O imperador concedia apenas um ou dois desses graus de cada vez. Alguém que recebia dois graus de *yunjiwei* se tornava, portanto, um jiduwei de segunda classe. Se recebia mais um grau, se tornava jiduwei de primeira classe.

As regras de hereditariedade eram complexas: um título de *gong* de primeira classe podia ser herdado 26 vezes, um *hou* de primeira classe mais *yunjiwei*, 23 vezes, um *bo* de primeira classe mais *yunjiwei* 19 vezes, um *zi* de primeira classe mais *yunjiwei* 15 vezes e um *nan* de primeira classe mais *yunjiwei* 11 vezes. Esgotadas as gerações, o herdeiro passava a ser um *enjiwei*. Outros títulos podiam ser herdados indefinidamente. Em caso de crime, o título podia ser cassado ou rebaixado pelo imperador, mas ainda assim o herdeiro podia herdar o grau original do pai.

JAPÃO

Na história do Japão, houve um período "clássico", no qual o país foi um império centralizado à semelhança da China; um período "feudal", no qual o país foi dividido entre chefes de clã sob o controle mais ou menos efetivo de um xógum que governava em nome de um imperador; e um período "moderno" em que o país se industrializou e assumiu uma forma de governo semelhante à das monarquias europeias.

O período chamado feudal do Japão foi provavelmente o que houve de mais parecido com a Europa medieval. Seus chefes se assemelhavam a senhores feudais, assim como os samurais aos cavaleiros europeus. Ainda assim, havia diferenças importantes. Embora um samurai pudesse decapitá-lo legalmente caso se recusasse a saudá-lo com uma reverência, o camponês japonês não era um servo no sentido europeu da palavra. Na sociedade tradicional, seu lugar era inferior ao dos samurais, mas superior ao dos artesãos, dos comerciantes e dos *eta*, os "intocáveis". Seu compromisso com seus senhores limitava-se a um tributo coletivo que os líderes hereditários de cada aldeia deviam arrecadar proporcionalmente à produção de cada ano ou à capacidade teórica das terras, conforme o arranjo local. Em média, correspondia a cerca de 40% da colheita real, caindo para um terço no final da era Tokugawa. Rebeliões eram comuns e muitas vezes forçaram os senhores a negociar a redução temporária ou permanente da taxa.

Na Europa, a relação entre suserano e vassalo era contratual: o senhor oferecia terra e proteção em troca de lealdade. No Japão, era uma questão de dever moral para com parentes e superiores: servia-se por nascer ou se casar no clã (*gozoku*, "família poderosa") ou ser aceito por ele como servidor ou agregado. Na Europa, os cavaleiros em geral eram pequenos senhores feudais de terras e servos, enquanto no Japão a maioria dos samurais não possuía terras, era paga em arroz pelos senhores aos quais servia e tinha de pagar seus auxiliares e servidores. Os samurais eram em geral cultos e muitas vezes se dedicavam à poesia e à caligrafia nas horas vagas, enquanto os cavaleiros medievais eram analfabetos e tinham a caça e as justas como principais passatempos. Outra diferença é que as mulheres de samurais aprendiam a se defender e deviam ser tão fortes e corajosas quanto os homens ante a morte, enquanto das mulheres da nobreza europeia se esperava que fossem frágeis e indefesas.

O poder não se media, como na Europa, pela extensão do território, mas pela capacidade de produção de arroz, parte da qual arrecadavam dos camponeses para pagar pelos serviços dos samurais. A unidade de medida do arroz era o *koku* (180,39 litros, cerca de 150 quilos), que é aproximadamente a quantidade necessária para alimentar uma pessoa durante um ano, cuja produção exige cerca de 900 metros quadrados de terra fértil. Uma aldeia do período Tokugawa somava 200 koku e idealmente 120 camponeses (24 famílias) e 12 comerciantes. Uma casa camponesa possuía tipicamente 3 ou 4 koku, mas camponeses ricos podiam ter 20 ou 30 koku. Um senhor em média tinha condições de manter 22 homens em armas para cada mil *koku*.

Período clássico

Os chineses registraram a existência de uma rainha xamã chamada Himiko que governou um Estado chamado Yamatai de 189 a 248 d.C., mas não se sabe se o relato se refere ao que mais tarde se chamou Yamato ou à ilha de Kyushyu.

Embora a lenda oficial estabeleça a fundação do império japonês em 660 a.C., os indícios arqueológicos sugerem que a sociedade japonesa começou a formar estados centralizados por volta de 300 d.C. O Estado surgido na região de Yamato (atual província de Nara) veio a impor sua hegemonia sobre os demais, mas existiram outros Estados independentes ou semi-independentes pelo menos até o século V.

O Japão só foi unificado na era clássica (538-1185), subdividida em períodos Asuka (538-710), Nara (710-794) e Heian (794-1185) segundo os nomes das sucessivas capitais, as instituições japonesas foram modeladas pelas chinesas, com um Estado centralizado no imperador, inicialmente **dai o** ("grande rei"), mas desde o final do período Asuka chamado **tenno**, "augusto celestial", enquanto imperadores estrangeiros são **kotei**, "augusto soberano", transcrição do chinês *huangdi*. Outros termos usados para se referir ao imperador foram **sumeramikoto**, "pessoa imperial" e **mikado**, "portal honroso". Um imperador que abdicasse em favor do herdeiro (caso da maioria antes da Restauração Meiji) era chamado **daijo tenno** ou **joko** ("imperador elevado") ou ainda **daijo hoo** ou **hoo**, "imperador enclaustrado", pois a regra era que se recolhesse a um mosteiro budista. Os imperadores usam um nome de reinado ao subir ao trono e, caso cheguem a reinar duas vezes, adotam um segundo nome para o novo reinado. Seguindo um antigo modelo chinês, o Japão data o calendário oficial segundo os nomes de reinado: assim, de 1926 a 1989 os anos eram numerados dentro da "era Showa" (nome de reinado de Hirohito) e depois na "era Kinjo" (Akihito).

A esposa principal do imperador tem o título de **kogo**, "augusta soberana", equivalente ao chinês *huanghou*, enquanto a imperatriz-mãe é **kotaigo**, "augusta grande soberana" e a avó **taikotaigo**, "grande augusta grande soberana". Nos casos em que uma mulher reinou como imperatriz, seu título foi **josei tenno**, literalmente "augusto celestial do sexo feminino". Muitos imperadores tiveram uma segunda esposa legítima, intitulada **chugu** ("de dentro do palácio", por viver com o imperador) e concubinas chamadas **nyogo** ("servidora" ou "cortesã"). A monogamia só foi imposta na era Meiji.

Até o século VII, os imperadores se casavam dentro da própria família imperial, às vezes com meias-irmãs, e mulheres de outros clãs podiam apenas ser concubinas. A partir de 701, porém, os imperadores passaram a se casar quase sempre com mulheres das famílias *sekke* (leia adiante) do clã Fujiwara, tradição que se tornou lei com a Restauração Meiji e só foi abolida após a II Guerra Mundial.

Filhos (e hoje também netos) do imperador são **shinno** ("rei parente"), equivalente ao chinês *qinwang* e suas esposas **shinnohi** ("esposa do rei parente"). Filhas (e hoje também netas) do imperador são **naishinno** ("rainha parente"). Outros descendentes masculinos do imperador são **o**, "rei", equivalente ao chinês *wang* e que também é o título dado à maioria dos reis estrangeiros e suas esposas **ohi**, enquanto outras descendentes femininas do imperador são **joo** ("rainhas").

A sucessão não seguia leis rígidas, além de que o herdeiro devia ser descendente de um imperador por linha masculina. Ora herdava o filho mais velho do imperador, ora um irmão mais novo ou mesmo um primo, o que tendia a acontecer depois de uma longa sequência de herdeiros de uma mesma linhagem direta. Às vezes uma mulher subia ao trono, como solução de compromisso entre linhagens rivais ou no lugar de um herdeiro masculino com idade suficiente para desempenhar os rituais esperados dos imperadores. Visto serem suas funções puramente cerimoniais, muitos imperadores subiam ao tronco com 6 a 8 anos de idade e abdicavam ao se tornarem jovens adultos, mais difíceis de manipular. O imperador dos tempos antigos foi, na maior parte do tempo, um adolescente dedicado a executar antigos ritos xintoístas.

O imperador Go-Saga (1242-1246) impôs uma regra formal de alternância entre os descendentes de seus dois filhos, que durou até o fim do período Kamakura, quando a casa imperial tentou restaurar seu poder. No entanto, os Ashikaga se aproveitaram da rivalidade entre as duas linhagens para dividir a casa imperial e se apoderar do poder como xóguns. De 1336 a 1392, a corte imperial se dividiu em duas casas, a do Norte em Kyoto, sob o controle dos Ashikaga e a do Sul em Yoshino, que reivindicava a supremacia de fato da casa imperial com o apoio de nobres legalistas. A corte do Sul acabou derrotada, mas após a Restauração Meiji os historiadores a trataram como legítima, relegando a do Norte ao papel de usurpadora.

A partir do fim do período Muromachi, a regra foi a sucessão de pai para filho, mas não necessariamente o primogênito. Ocorreram adoções pelo imperador de filhos de parentes ou de concubinas para legitimá-los como sucessores, até que a Restauração Meiji impôs uma "lei sálica" baseada na prussiana.

Durante grande parte do período Asuka e depois novamente no Heian, o governo de fato não foi exercido pelo imperador, mas por seu regente (**sessho**) durante a minoridade, que passava a chanceler (**kampaku**) quando se tornava adulto.

Como os dois cargos eram normalmente exercidos pela mesma pessoa – de 530 a 645 o chefe da família Soga e de 858, em diante, o da família Fujiwara – eram também conhecidos conjuntamente como **sekkan**. Após a aposentadoria, o *sekkan* se tornava **taiko**. Os cargos e títulos da corte imperial continuaram a existir, ainda que com muito menos importância, mesmo depois que o xogunato se apoderou do poder efetivo. Incluíam os seguintes:

kuge, "casa pública" eram desde o século VIII os membros da corte imperial, que continuou a existir durante o xogunato como centro de cultivo dos ritos, da música e das artes tradicionais, as quais ensinavam aos nobres da província e plebeus ricos e os certificavam como seus discípulos em troca de uma remuneração.

dojo, "da sala" eram os vinte ou trinta mais importantes dentre os *kuge*, que tinham acesso à sala do trono. Em ordem decrescente de hierarquia:

sekke – aqueles que podiam ser nomeados regentes (*sessho*) ou chanceleres (*kampaku*) e cujas filhas podiam ser imperatrizes: cinco famílias, descendentes de Fujiwara no Michinaga. Na era Tokugawa, sua renda era de 1,5 mil a 2 mil *koku*, inferior à de certos samurais.

seigake –nove famílias descendentes dos Fujiwara e Minamoto, que podiam ser nomeados para os cargos mais altos: *daijo-daijin* (ministro-mor ou secretário de Estado) e seus principais auxiliares, *sadaijin* ("ministro da esquerda") e *udaijin* ("ministro da direita"). Na era Tokugawa, tinham uma renda de 300 a 700 *koku*.

daijinke – aqueles que podiam ser nomeados conselheiros-mor (*dainagon*) e teoricamente também *naidaijin* ("ministro do meio" ou do Interior)

urinke – classe militar, que também podiam ser *dainagon*

meika – classe civil, também podiam chegar a *dainagon*

hanke – que podiam ser nomeados *chunagon* (conselheiros de médio escalão) ou *sangi* (conselheiros inferiores e administradores)

tenjobito, "pessoas do saguão" era um grupo de 25 a 100 cortesãos e servidores do imperador, admitidos no saguão dos cortesãos, que detinham cargos cerimoniais inferiores (como a guarda da sala do trono) e que tinham contato constante com personalidades imperiais.

jige, "plano inferior", eram os demais, que somavam cerca de mil, parte dos quais fazia o trabalho burocrático efetivo.

kokushi, "secretário de província" eram os funcionários responsáveis pela administração de províncias no período Heian, dos quais o mais importante era chamado **kami**. Se este não residia na própria província, seu representante local era chamado **zuryo**. No xogunato, seu poder foi esvaziado, mas mesmo na era Tokugawa o título de *kokushi* continuou a existir como honorífico.

Períodos Kamakura e Muromachi

O fim do período Heian viu a ascensão dos clãs militares e a fragmentação do país entre eles. Os chefes desses clãs – Minamoto, Taira, Fujiwara e Tachibana foram inicialmente os mais importantes – aceitaram eventualmente a liderança do mais poderoso, Minamoto no Yoritomo, intitulado **shogun**, "xógum" ou "generalíssimo", abreviação de **Sei-i Taishogun** "generalíssimo da força expedicionária contra os bárbaros", dado no período Heian aos militares que lideravam o exército na luta contra os ainos. No contato com estrangeiros, o xógum foi frequentemente referido como **taikun**, "grande senhor", palavra da qual deriva o inglês *tycoon* ("grande empresário"). O imperador continuava, porém, a ser formalmente o soberano e teoricamente nomeava o xógum, embora na prática esse cargo fosse hereditário. O palácio do xógum era chamado **bakufu**, termo que depois se tornou sinônimo de sua corte e governo, equivalendo a "xogunato".

No período chamado Kamakura (1185-1333), pelo nome da cidade que serviu de base aos xóguns e seus regentes, o xogunato foi detido primeiro pelos Minamoto (1192-1219), depois pelos Fujiwara (1226-1252) e por fim por príncipes imperiais (1252-1338). Na realidade, a partir de 1203, após a morte do primeiro xógum e a destituição de seu herdeiro, o próprio xógum se tornou uma figura decorativa e o poder de fato ficou nas mãos do responsável pelo golpe, o **shikken** ("regente") Hojo Tokimasa, sogro do primeiro xógum. Até o final do período Kamakura, a família Hojo foi a verdadeira governante. Em 1224, foi criado o posto de **rensho** ("fiador" ou "regente assistente") para o filho do *shikken*. Em 1256, o título de *shikken* foi separado do de **tokuso** (o chefe do clã Hojo) e o poder de fato passou para o segundo.

Em 1333, o imperador Go-Daigo liderou um levante contra o clã Hojo. A cidade de Kamakura foi tomada e os últimos regentes Hojo se suicidaram, juntamente com milhares de seguidores. Os caudilhos militares se levantaram, porém, contra a tentativa de estabelecer um governo civil. Liderados por Ashikaga Takauji, derrotaram Go-Daigo e aproveitaram as rivalidades dentro da casa imperial para escolher outro imperador sob o controle do xógum da família Ashikaga. A casa imperial se dividiu em duas, as de Kyoto e Yoshino, até a derrota final dos legitimistas da segunda em 1392.

O período seguinte (1337-1573) foi chamado Muromachi pelo nome do bairro de Kyoto onde os Ashikaga instalaram seu palácio. O xogunato agora mantinha a família imperial sob rédea bem mais curta, mas tinha menos poder sobre os senhores da guerra locais, que lutavam entre si e financiavam piratas para saquear seus inimigos. O final do período Muromachi (1467-1573), marcado pela desintegração da autoridade central, foi chamado Sengoku, "reinos combatentes", devido à constante guerra civil entre os chefes regionais.

O conflito foi agravado pelo contato com portugueses e espanhóis que acirraram as rivalidades ao introduzir armas de fogo, novas técnicas de guerra e o cristianismo, bem como ao tentar levar ao poder um xógum aliado e cristão. Esses primeiros europeus tomaram o xógum por um imperador como o do Sacro Império Romano, enquanto consideravam o *tenno*, reduzido a uma liderança simbólica, como um chefe espiritual análogo ao papa.

Durante esses períodos "feudais", surgiram vários títulos aristocráticos, cuja importância variou com o tempo:

> **gokenin**, "servidor ilustre" era, nos períodos Kamakura e Muromachi, um dos samurais do xógum, com a obrigação de colocar suas forças a seu serviço quando necessário. Em troca, poderia ser nomeado *jito* ou *shugo*. Foram cerca de 2 mil famílias, divididas em duas subclasses: *hokoshu*, sob controle direto do xógum e *jitogokenin*, sob a autoridade de um *shugo*.

jito, "chefe da terra" era um administrador local de terras sob a autoridade do *kokushi*, comparável a um senescal ou lugar-tenente ocidental. Criado em 1184, o cargo tornou-se depois hereditário, mas foi abolido no período Tokugawa.

shugo, "governador", literalmente "guardião", nomeados a partir de 1185 pelos xóguns para administrar uma ou mais províncias. Inicialmente residiam em uma delas, mas no período Ashikaga, deviam residir na capital e delegar a administração a um *shugodai*. No período Sengoku, passaram a reclamar poder direto sobre as províncias, em vez de administrá-las em nome do xógum. Os que o conseguiram tornaram-se *daimyo*.

shugodai, "vice-governador" ou "vice-guardião" eram representantes locais do *shugo*, quando este estava ausente da província. No período Sengoku, alguns deles foram suprimidos e outros se rebelaram contra seus *shugo* e se apossaram de fato das províncias, tornando-se também *daimyo*.

ji-zamurai ("samurai com terra") ou **kokujin** ("proprietários") eram senhores de pequenos domínios, geralmente resultado do fracionamento de domínios maiores pelo declínio da primogenitura e tendência à divisão da herança entre irmãos a partir do fim do período Kamakura. Para se proteger das tentativas dos *shugo* de se apropriarem de suas terras, formaram ligas conhecidas como *ikki*. Tinham propriedades de em média 50 *koku*, grandes o suficiente para que precisassem manter a seu serviço várias famílias de camponeses, chamados *hikan* ou *nago*, que eram pagos com parte da produção e às vezes tinham suas próprias pequenas propriedades.

daimyo ("grande nome") foram os senhores de terra semi-independentes que emergiram da desintegração da autoridade do xogunato durante o período Sengoku, que originalmente foram *shugo*, *shugodai*, *ji-samurai*, *ronin* ou aventureiros bem-sucedidos entre funcionários do xogunato, dos governos provinciais e da corte imperial.

Período Tokugawa

Oda Nobunaga, um *daimyo* convertido ao cristianismo, derrubou o último xógum Ashikaga em 1573 e iniciou a reunificação do Japão, completada após sua morte por um de seus generais, Toyotomi Hideyoshi, que também rompeu a aliança com os cristãos em 1587. Entretanto, ele foi morto ao tentar conquistar a Coreia e o poder tomado em 1603 por Tokugawa Ieyasu, um dos regentes designados para seu herdeiro.

De 1603 a 1867, o Japão vive o período Edo, nome dado à futura Tóquio, capital dos Tokugawa, enquanto a corte imperial continuava em Kyoto. Essa dinastia instalou o mais forte e centralizado dos xogunatos da história do Japão, pôs o cristianismo fora da lei, proibiu as armas de fogo e praticamente fechou o país ao contato com o exterior. Os Tokugawa tinham o controle direto da maior parte das terras do Japão e os demais clãs se tornaram praticamente seus reféns. Pelo sistema chamado *sankin-kotai*, em vigor a partir de 1635, todos os *daimyo* eram obrigados a passar ano sim, ano não na corte do xógum e manter esposa e herdeiro na corte quando retornavam a seu *han* (domínio), deslocando-se com todo o seu séquito de samurais e servidores.

Abaixo do xógum, que detinha diretamente 27,8% da capacidade produtiva do Japão, ou 6,8 milhões de *koku*, a hierarquia era a seguinte:

daimyo – eram os senhores que juravam lealdade ao xógum e estavam submetidos ao sankin-kotai. Deviam possuir um *han* de pelo menos 10 mil *koku*, por cuja administração eram responsáveis. Detinham cerca de dois terços da terra. Quanto ao relacionamento com o xógum, classificavam-se em:

shinpan daimyo ("*daimyo* parente") ou *kamon daimyo* ("*daimyo* da casa") – eram os mais próximos entre os parentes do xógum, parentes colaterais da linha de sucessão. No fim do século XVIII eram 23 e detinham um total de 2,7 milhões de *koku* (9,5%).

fudai daimyo – ("*daimyo* da lista") eram de famílias que serviam os Tokugawa desde antes de sua ascensão ao xogunato, das quais saíam seus funcionários administrativos. Em geral, tinham propriedades relativamente pequenas e próximas de Edo ou em locais estratégicos junto às grandes estradas. No fim do século XVIII eram 145 e possuíam 6,2 milhões de *koku* (25,3%).

tozama daimyo (*"daimyo* de fora") – eram os restantes, que aceitaram o domínio dos Tokugawa. No fim do século XVIII, eram 98, com 9,8 milhões de *koku* (40%) e incluíam os maiores domínios.

Quanto às dimensões de seus domínios, os daimyos dividiam-se em:

kunimochi ("senhores de província") – eram os daimyo de qualquer das três categorias cujos *han* eram de dimensões comparáveis a uma das províncias tradicionais, variando de 200 mil a 1 milhão de *koku*. Eram 20.

joshu ("senhores de castelo") – tinham domínios menores, de 20 mil a 200 mil *koku*, mas autorizados a possuir um castelo, num total de 140.

ryushu ("senhores de domínio") – eram 110, dos quais 49 detinham apenas o mínimo de 10 mil *koku*.

samurai – "servidor", subordinados a um *daimyo* ou diretamente ao xógum. No período Tokugawa, eram mais cortesãos, burocratas, servidores e policiais do que guerreiros. Constituíam 4%-6% da população e eram os únicos autorizados a portar duas espadas. Na corte do xógum estavam fundamentalmente divididos em duas categorias:

hatamoto – ("debaixo de bandeira") samurais de primeira classe a serviço do xógum, ao qual tinham direito de requisitar audiência e serviam como chefes de polícia, coletores de impostos, juízes e administradores (*wakadoshiyori*). Eram cerca de 5,2 mil e tinham direitos a proventos de 100 a 10 mil *koku* (um terço deles, com 500 *koku* ou mais, tinham direito às próprias terras).

gokenin – ("servidor ilustre") que não tinham acesso direto ao xógum e constituíam a maioria de seus servidores, em número de cerca de 17,3 mil. Só excepcionalmente eram promovidos a *hatamoto*. Recebiam de 15 a 230 *koku*.

> **Os *ronin***
>
> Um samurai que perdia o senhor, quer por este ter sido morto ou derrotado, quer por ter sido expulso, quer por ter desertado, tornava-se um *ronin*, "homem-onda" à deriva na sociedade japonesa. Nos períodos Kamakura e Muromachi, de guerras frequentes, era relativamente fácil encontrar novos senhores. Mas no período Edo, de forte imobilismo social, essa se tornou uma condição desonrosa, à qual o suicídio era preferível segundo o *bushido*, o código de honra dos samurais. Apesar disso, no início desse período os ronin se tornaram muito numerosos, devido ao grande número de senhores que tiveram suas terras confiscadas e à proibição de que samurais servissem a um novo senhor sem autorização do anterior. Muitos deles se tornaram mercenários a serviço de mercadores ou do crime organizado, ou ladrões e bandoleiros por conta própria.

Cada clã tinha sua própria hierarquia de samurais – 34 graus em Sendai, 59 em Yamaguchi, 100 em Nakatsu – sempre extremamente rígida, sendo raras as promoções. Mas os samurais podiam ser agrupados em três categorias gerais

Samurais superiores, que exerciam altos cargos administrativos e militares e eram pagos com um pedaço de terra que proporcionava 500 *koku* ou mais.

Samurais ordinários (*hirazamurai* ou *heishi*), a maioria, que ocupavam postos médios com acesso direto ao senhor e pagos com 20 a 500 *koku* em arroz.

Samurais inferiores e **semissamurais**, sem acesso direto ao senhor, que eram intermediários entre camponeses e verdadeiros samurais e conforme o clã eram catalogados numa classe ou noutra. Incluíam os **baishin**, vassalos dos *daimyo* com terras próprias que podiam variar de 4 a 150 *koku*, **goshi**, "samurais rurais", camponeses armados que não residiam na sede do *daimyo* e possuíam terras de 5 a 50 *koku* e os

ashigaru, peões, mensageiros, artesãos, pedreiros e escriturários, pagos com 3 a 12 *koku* em arroz.

ji-zamurais, médios proprietários armados semi-independentes, com terras em torno de 50 *koku* e eram administrados pelos *daimyo*, mas não o serviam.

Restauração Meiji

Em 1868, com a queda do xogunato e a restauração do poder da casa imperial, os nobres da corte imperial (*kuge*) e os *daimyo* foram unidos numa só classe de nobreza, chamada *kazoku* ("linhagem florida", originalmente 427 famílias e 2.666 indivíduos) com direito a estipêndios pagos em bônus do tesouro. Os samurais propriamente ditos (258.952 famílias, 1.282.167 indivíduos) se tornaram *shizoku* ("linhagem guerreira"), retendo parte de sua renda e, por algum tempo, o direito de portar espadas. Os samurais de segunda classe, (166.875 famílias, 659.074 indivíduos), incluindo *ashigaru*, *baishin* e *goshi*, passaram a ser *sotsuzoku* ("linhagem de soldados"). A população incluía ainda 646 famílias (3.316 indivíduos) de ji-zamurais ou *chishi*, 211.846 monges budistas, 9.621 monjas, 102.477 sacerdotes xintoístas e 30.837.821 cidadãos plebeus, incluindo 550 mil *burakumin*, casta inferior e discriminada encarregada de serviços "impuros".

Acima de todos eles estava a família imperial, com 29 integrantes, incluindo o imperador (*tenno*), os "reis parentes" (*shinno*) e "reis" (*o*, correspondente ao chinês *wang*, descendentes de mais de duas gerações). Este último título veio a ser dado também ao chefe da casa imperial coreana, quando seu país foi conquistado pelo Japão. A partir da Restauração Meiji, a sucessão imperial passou a ser regrada pela "lei sálica" (de pai para filho ou, na falta de filhos homens, para o parente masculino mais próximo, nunca uma mulher) de acordo com o modelo prussiano.

Em 1884, os *kazoku* foram classificados em cinco categorias, baseadas nos graus da nobreza britânica, mas com nomes derivados do sistema chinês. Aos detentores originais, outros foram gradualmente acrescentados por concessão do imperador e os príncipes de segunda classe também puderam se tornar *kozaku*, se desejassem.

koshaku (*gong* ou "duque"), os herdeiros dos *sekke* (casas regenciais) da corte imperial, o herdeiro do xogunato e os herdeiros dos clãs Mori e Shimazu, por seu papel na restauração Meiji. Inicialmente 11, passaram a 18 em 1928.

koshaku (*hou* ou "marquês", em japonês com pronúncia idêntica à do anterior, mas representada por logogramas diferentes), todos os demais chefes das casas *kuge* da corte imperial, os *shinpan daimyo*, todos os *daimyo* de mais de 150 mil *koku*, o chefe do clã Yamauchi e mais tarde o ex-rei de Okinawa, quando essa ilha antes independente foi anexada. Inicialmente 24, eram 40 em 1928.

hakushaku (*bo* ou "conde") – os chefes das casas secundárias do clã Tokugawa e os demais *daimyo* entre 50 mil e 150 mil *koku*. Originalmente 76, aumentaram para 108 em 1928.

shishaku (*zi* ou "visconde") – os daimyo de 25 mil a 50 mil *koku*. Passaram de 324 no início a 379 em 1928.

danshaku (*nan* ou "barão") – os daimyo de 10 mil a 25 mil *koku*. Originalmente 74, aumentaram para 409 até 1928.

Todos esses títulos foram abolidos pela constituição de 1946, continuando a existir apenas os da própria casa imperial.

Tailândia

A Tailândia, chamada Sião até 1949, é uma monarquia que se apoia numa estrutura chamada *sidka*, de caráter semifeudal. Os títulos são complexos e numerosos e, conforme o caso, são usados antes ou depois do nome, que no caso dos membros da realeza e da nobreza titulada (antes de 1932, semifeudal e hereditária) não é o nome de batismo e sim um "nome honorífico", comparável aos nomes de reinado ocidentais.

Realeza

Phrabat Somdet é o título abreviado do rei coroado, por extenso **Phrabat Somdet Phra Chao Yu Hua** (nome). Até ser coroado, seu título é **Somdet Phra Chao Yu Hua**.

Os reis da Tailândia eram polígamos até o início do século XX e só começaram a usar títulos equivalentes a "rainha" (**rajini**) e colocar uma das esposas no mesmo patamar do rei a partir do reinado de Rama V (1868-1910), como também fez seu sucessor Rama VI (1910-1925). A partir de Rama VII (1925-35), os reis passaram a ser monógamos, de modo que a distinção de rainha passou a ser automática:

Somdet Phra Nangchao (nome) **Boromarajininat** é o título de uma rainha que já foi regente. É uma prática comum que rainhas assumam a regência se o marido viaja ao exterior ou quando passa um ano como monge budista, como é costume para todos os homens budistas tailandeses, inclusive o rei.

Somdet Phra Nangchao (nome) **Phra Boromarajini** é uma rainha que não foi regente.

Somdet Phra Rajini (nome) é a esposa de um rei que ainda não foi coroado.

Antes da prática de nomear rainhas, as esposas do rei tinham um título equivalente ao de "princesas consortes" (e tratamento de Vossa Alteza em línguas ocidentais), com vários graus de prestígio, conforme a preferência do rei e o grau de parentesco com ele (os reis normalmente se casavam dentro da família real, inclusive com meias-irmãs, que eram as esposas de maior prestígio). Em ordem decrescente:

Somdet Phra Nangchao (nome) **Phra Boromarajadevi**

Phra Nangchao (nome) **Phra Akra Rajadevi**

Phra Nang Thoe (nome)

Phra Akra Chaya Thoe (título) (nome), o título refereindo-se neste caso ao título a que tinha direito antes de se casar com o rei.

Phra Raja Chaya (nome), para uma princesa consorte adotada pela família real (um caso único, de uma princesa vinda de uma família vassala).

Chao Chom Manda (nome), para uma consorte vinda de fora da família real ao ser mãe.

Chao Chom (título) (nome), para uma consorte não real e que não é mãe.

Os filhos do rei são chamados **Luk Luang** e os netos **Laan Luang**. Dividem-se nas seguintes categorias:

Chao Fa (nome) são os filhos do rei com mães de sangue real. Em línguas ocidentais, seu tratamento é "Vossa Alteza Real". As esposas têm o título de **Pra Chaya** (título) (nome) se são da realeza e de **Mom** (nome) **Na Ayudhya** se não.

1ª classe: **Tunkramomfa Chai** (nome masculino) / **Tunkramomfa Ying** (nome feminino), para filhos de uma rainha ou consorte que é *Luk Luang*.

2ª classe: Somdet Chai (nome masculino) / **Somdet Ying** (nome feminino), para filhos de uma rainha ou consorte que é *Laan Luang*.

3ª classe: Chao Fa (nome), para membros da família real de categoria inferior promovidos pelo rei.

Phra Ong Chao são netos e netas do rei ou filhos e filhas do rei com esposas não reais. As esposas têm o título de **Pra Chaya** (título) (nome) se são reais e de **Mom** (nome) **Na Ayudhya** se não o são.

Phra Chao Boromawongse Ther Phra Ong Chao (nome) é o filho ou filha de uma *Chao Chom Manda* ou foi equiparado a essa categoria por graça real. Em línguas ocidentais, seu tratamento é "Vossa Alteza Real".

Phra Chao Worawongse Ther Phra Ong Chao (nome) é neto ou neta de um rei ou equiparado a essa categoria por graça real. Em línguas ocidentais, seu tratamento é "Vossa Alteza Real".

Phra Worawong Ther Phra Ong Chao (nome), título vitalício concedido por graça real a descendentes que normalmente seriam *Mom Chao* (ler adiante), principalmente filhos de *Chao Fa* com uma mulher não real. Em línguas ocidentais, seu título é "Vossa Alteza".

Mom Chao (nome masculino) / **Mom Chao Ying** (nome feminino) são filhos de um *Chao Fa* e uma mulher não real ou de um *Phra Ong Chao*. Em línguas ocidentais, seu título é "Vossa Alteza Sereníssima". As esposas têm o título de **Chaya** (título) (nome) quando reais e de **Mom** (nome) **Na Ayudhya** quando não.

Mom (nome) é um título vitalício concedido a um *Mom Rajawongse* por mérito, juntamente com um nome honorífico, ou um título retido por um príncipe de grau superior que foi rebaixado como punição.

Outros descendentes do rei

Descendentes mais distantes do rei, que não são mais considerados parte da realeza, têm os seguintes títulos:

Mom Rajawongse (nome) é filho ou filha de um *Mom Chao* do sexo masculino. Tem o tratamento de *The Honourable* em inglês, aproximadamente equivalente a "Excelentíssimo Senhor" em português.

Mom Luang (nome) é filho ou filha de um *Mom Rajawongse* do sexo masculino. Tem o tratamento de *The Honourable* em inglês, aproximadamente equivalente a "Excelentíssimo Senhor" em português.

(nome) **Na Ayudhya** é descendente de um *Mom Luang* pela linha masculina.

Títulos de príncipes

Os membros da realeza recebem os seguintes títulos, associados ao nome de uma cidade X e traduzidos em línguas ocidentais como "príncipe/princesa de X", usados depois do título de nascença (*Chao Fa*, por exemplo) e nome honorífico. A sílaba *Krom*, contida na maioria deles, significa, aproximadamente, "cargo".

Somdet Krom Phraya (masculino, a partir de Rama VI), **Krom Somdet Phra** (masculino até Rama V) e **Somdet Phra** (feminino, geralmente dado à mãe do rei)

Kromma Phra

Kromma Luang

Kromma Khun, o menor título dado a um *Chao Fa*

Kromma Muen, o menor título dado a um *Phra Ong Chao*

Títulos da nobreza semifeudal

Estes são títulos originalmente semifeudais e hereditários (os equivalentes tailandeses a duques, marqueses etc.), que a partir de 1932 passaram a ser honoríficos e vitalícios. Em ordem decrescente de prestígio:

Somdet Chao Phraya, dado a apenas quatro pessoas na história da Tailândia.

Chao Phraya, geralmente dado a ex-ministros.

Phraya

Phra

Jamuen, equivalente a *Phra,* mas reservado ao chefe dos servidores do rei.

Luang

Khun, outrora dado a chefes de vilas fortificadas.

Muen, originalmente "supervisor de dez mil (servos)".

Phan, funcionários de médio escalão em áreas rurais, originalmente "supervisor de mil (servos)".

Nai, feminino **nang,** homem livre não nobre. Hoje usado como tratamento de respeito, como "senhor" ou "senhora" em português.

Phrai, servo, outrora sujeito a três meses de corveia por ano a serviço de um senhor, com as categorias *Phrai Luang,* a serviço de um grande senhor; *Phrai Som,* sob um *nai*; *Phrai Tahan,* soldado; e *Phrai Suay,* que troca o serviço por pagamento em gado. Após a abolição da servidão em 1905, passaram a ser *khon saman* (plebeu), *khon thammada* (ordinário) ou *khon pokati* (normal).

Thas, escravo, com sete categorias: resgatáveis (vendidos pelos pais ou maridos, que podiam resgatá-los de volta), nascidos (de mãe escrava), herdados, presenteados, adquiridos por penas judiciais (quando o punido não era capaz de pagar uma multa ou indenização), adquiridos pela fome (que se vendiam a si mesmos para sobreviver) e cativos de guerra. A escravidão foi abolida em 1905.

BUDISMO

O budismo, tal como foi instituído por Sidarta Gautama e se pratica na maior parte da Ásia, é estruturado de maneira descentralizada e pouco hierárquica. O núcleo do budismo é a *sangha* ("congregação" ou "associação"), formada pelos monges (*bhikshu* em sânscrito, *bhikku* em páli, "mendicante") ou monjas (*bikshuni* ou *bhikkuni*), também chamados em português "bonzos", que preservam e transmitem os ensinamentos e vivem em mosteiros (*vihara* ou *sangharama*), em torno dos quais vive a *parisha* ("o povo" ou "os leigos").

Os monges podem possuir apenas objetos de uso diário (tradicionalmente um manto de três peças, uma agulha, uma navalha, um filtro d'água e uma tigela para esmolas), mas os mosteiros, propriedade coletiva da comunidade dos monges, podem possuir terras, lojas, casas de penhores, bancos e até exércitos. A cor dos mantos varia conforme o país, mas mais geralmente é alaranjado ou açafrão na tradição theravada (sul da Ásia, exceto Vietnã), vermelho ou grená no Tibete, cinzento na Coreia, preto no Japão e de diferentes cores na China, conforme a escola e o grau de ordenação – amarelo, marrom, cinza, azul, roxo ou preto.

A posição das mulheres é algo inferior à dos homens, pois, enquanto um monge do sexo masculino pode ser ordenado ou punido por uma comissão de monges homens, é preciso uma comissão mista para fazer o mesmo com uma monja mulher; um noviço precisa apenas de um monge pleno como mestre, enquanto uma noviça precisa de uma monja e um monge. As monjas sempre foram minoria e no budismo theravada (do sul da Ásia) desapareceram completamente no século XII. Em 1996, pela primeira vez em 980 anos, um grupo de onze monjas de Sri Lanka foi ordenado por monges theravada e monjas coreanas no mosteiro de Sarnath, Índia, mas na Tailândia não são reconhecidas.

Os mosteiros costumam ser abertos ao público e foram tradicionalmente o lugar onde as crianças aprendiam a ler e escrever, além de receberem os ensinamentos básicos do budismo. Em alguns países, é costume que os jovens, depois de terminar a escola e antes de se casarem ou começarem uma carreira, passem alguns meses vivendo com os monges. Associados ao mosteiro, frequentemente há um templo (*chaitya,* páli *cetiya*), cujos principais elementos são um portal, uma câmara ou edifício com imagens e estátuas de Buda, outra onde as escrituras budistas são lidas para os leigos e uma estupa (*stupa*), também chamada dágaba no Sri Lanka e pagode quando construída ao estilo da Ásia Oriental, pequena torre simbólica onde se guarda uma relíquia ou escritura sagrada. Na linguagem comum, templo e mosteiro são praticamente sinônimos.

Para entrar em um mosteiro, é preciso cumprir os cinco preceitos (não matar, não roubar, não mentir, não se entregar à luxúria e não se embriagar) e pedir a permissão de um monge que esteja na *sangha* há pelo menos dez anos para entrar na comunidade monástica e usar os mantos de monge ou monja. O passo seguinte é ser ordenado por um preceptor (sânscrito *upadhyaya*, páli *upajjhaya*) como "noviço" (sânscrito *shramanera*, páli *samanera*) ou noviça (*shramaneri, samaneri*) que deve cumprir mais cinco preceitos: não comer depois do meio-dia, não cantar ou dançar, não usar perfumes ou adornos, não usar assentos luxuosos e não aceitar ou guardar dinheiro. Meninos podem ser noviços se têm "idade suficiente para assustar um corvo" (sete ou oito anos), moças com 12 anos e autorização do marido, se casadas, ou 20 anos e autorização dos pais, se virgens.

Para se tornar um *bikshu*, é preciso pelo menos um ano como noviço e um mínimo de 20 anos de idade. No caso das *bhiksuni*, havia tradicionalmente um estádio intermediário entre o de noviça e o de monja: o de "discípula" (sânscrito *siksamana*, páli *sikkhamana*), para o qual é preciso ter pelo menos 18 anos e que deve durar pelo menos dois anos. Essa tradição não tem sido mais seguida na escola theravada, mas as mulheres ainda devem cumprir um mínimo de dois anos como noviças.

O noviço deve se apresentar a uma assembleia de cinco a dez monges, um dos quais com mais de dez anos, que lhe fazem onze perguntas rituais. O requerente deve responder satisfatoriamente e pedir ordenação três vezes. Se não houver objeção dessa assembleia, é aceito como monge ou monja. Nos primeiros cinco anos, o monge é considerado "novato" (*navaka*), sob a proteção (sânscrito *nisraya*, páli *nissaya*) de um mestre (*acariya*). Aos cinco anos se torna livre de supervisão (sânscrito *nisraya-muktaka*, páli *nissaya-muttaka*) e é chamado "médio" (sânscrito *madhyama*, páli *majjhima*). Aos dez anos, se torna um "ancião" ou "venerável" (sânscrito *sthavira*, páli *thera;* femininos *sthaviri* e *theri*) ou monge pleno, capaz de aceitar noviços e com os requisitos para se tornar um mestre ou preceptor do "ensinamento dos veneráveis" (*theravada*) e chefiar um mosteiro. Aos vinte anos, é um "grande venerável" (*mahasthavira* ou *mahathera*).

Monges budistas fazem votos por toda a vida, comprometendo-se na tradição theravada com 227 preceitos (311 no caso das monjas), mas ao contrário dos seus equivalentes cristãos, podem desistir deles até três vezes. Isso é geralmente bem aceito, ao passo que quebrar os votos dentro da vida monástica implica confissão ante uma comissão de monges e punição. O celibato foi originalmente prescrito, mas várias escolas do budismo abandonaram essa exigência, principalmente no Tibete, Coreia e Japão.

Entre os monges e a comunidade laica, existem os devotos leigos, que prometem cumprir com rigor os cinco preceitos. Numa cerimônia regular, presidida pelo chefe do templo, o monge faz perguntas ao candidato para verificar se está apto, o instrui sobre os mandamentos e observa seu cumprimento por seis meses antes que possa fazer os votos formais para tornar-se *upasaka* (servidor) ou *upasika* (servidora). Estes vestem roupas especiais, que são brancas na tradição Theravada (e podem ser usadas continuamente), preta e marrom na chinesa (usadas apenas no mosteiro, em ocasiões cerimoniais), ou um avental marrom curto sobre as vestes, chamado *rakusu*, no Japão. Um estádio além do upasaka é o *anagarika* ("sem lar") ou *dhammacari* (seguidor do *dhamma* ou *dharma*) que cumpre todos os preceitos dos noviços menos o de não manipular dinheiro e vive no templo como servidor, frequentemente encarregado das transações com o mundo exterior. Em algumas tradições, exige-se que o postulante cumpra um ano como *anagarika* antes de ser aceito como noviço.

Na maioria dos mosteiros, não há uma hierarquia formal, mas apenas relações de respeito e obediência entre mestre e discípulo, preceptor e noviço e entre mais antigos e mais novos no templo. Há um mestre ou mestra do templo (*viharasvami*, "mestre do mosteiro", feminino *viharasvamini,*), cujos títulos são às vezes impropriamente traduzidos como "abade" e "abadessa", que, conforme a tradição da escola ou do mosteiro, pode ser nomeado por seu antecessor, eleito pelos monges, eleito pela comunidade local, sorteado, escolhido por ser identificado como a encarnação de um mestre anterior ou ainda ser simplesmente o monge mais antigo. O mestre do templo nomeia seus principais auxiliares, dos quais o mais importante é o *karmadana*, "executivo" ou "diretor" do mosteiro, responsável pela conservação do lugar e pela manutenção da ordem nas reuniões e refeições.

Pela ênfase na doutrina e na iluminação e não na regra e na salvação buscadas pelos mosteiros cristãos e pela falta de um voto de obediência, é mais apropriado chamar as organizações budistas de "escolas" do que de "ordens", como se chama às congregações cristãs. Em geral, o mestre do mosteiro mais importante ou mais antigo de uma escola é também o mestre espiritual da escola ou *anekaviharasvami* ("mestre dos mosteiros").

As instituições budistas tendem a ser hierárquicas e centralizadas nos países onde o budismo é religião de Estado (como na Tailândia e no Butão) ou desempenhou o papel do próprio Estado (caso do Tibete) e mais democráticas e descentralizadas naqueles em que é independente ou religião minoritária.

Na tradição chinesa, a partir dos Song, houve uma distinção entre os cerca de 100 mil pequenos "mosteiros hereditários", de até 30 membros, cuja chefia é passada "hereditariamente" de mestre a discípulo favorito e 300 grandes "mosteiros públicos" patrocinados pelo Estado, de vinte a mil membros, centros de estudo em locais isolados com grandes propriedades e cujos mestres eram eleitos teoricamente com base em seus méritos espirituais, mas na prática com grande interferência do Estado.

Tailândia

Na Tailândia, o budismo se associou mais fortemente com a monarquia e o Estado e desenvolveu um complexo sistema hierárquico de 62 graus, regulado pelo Departamento de Assuntos Religiosos do governo.

Sangharaja, "chefe da *sangha*" ou sumo patriarca, é o chefe do budismo no país, nomeado pelo rei após ser eleito por um conselho de monges.

Somdet phra ratchakhana, ou **Somdet**, é o título mais alto, reservado a seis monges e abrante os graus 1 a 3.

Phra ratchakhana, (sânscrito *rajagana*, "hóspede do rei") ou **chao khun**, abrange os graus 4 a 9:

    4: **chan hiranyabat** – seis monges

    5: **chan sanyabat** – seis monges

    6: **tham** *(*sânscrito *dharma)*– cerca de 15 monges

    7: **thep** *(*sânscrito *deva)* – cerca de 46 monges

    8: **raj** (sânscrito *raja*) – cerca de 107 monges

    9: **saman** (sânscrito *sramana*) – 313 monges

Phra khrusanyabat, graus 10 a 62, cerca de 250 mil monges (*phra*) em todo o país.

As posições administrativas abaixo do Sangharaja são chamadas *Jau Khana* ou "governadores da *sangha*". Há quatro governadores-gerais, um para cada grande região da Tailândia, 18 governadores regionais e 73 governadores provinciais, abaixo dos quais estão os *sayadaw*, governadores de mosteiros ou "abades".

Ao contrário de muitas outras tradições budistas, a da Tailândia não aceita monjas e a lei nacional proíbe expressamente a ordenação de mulheres. Há apenas um templo-mosteiro (*wat*) feminino no país, fundado em 1960, que não é reconhecido pela lei e é chefiado por uma mulher ordenada em Sri Lanka. Há, porém, uma tradição de "devotas leigas" chamadas *mae ji*, que raspam a cabeça, usam roupas brancas, são servidoras dos templos (cozinham, fazem limpeza e vendem incenso e outros itens a visitantes) e seguem os mesmos preceitos dos noviços, exceto que podem manusear e guardar dinheiro. Existe tradição semelhante na vizinha Birmânia ou Myanmar, onde são chamadas *thilashin* e tratadas de forma mais respeitosa, no Sri Lanka, onde são *dasa sil mata*, e no Camboja, onde são *donchees*.

Tibete

No Tibete, os mosteiros não só se associaram ao Estado como exerceram um poder teocrático. Na prática, governaram o país de 1260 até 1959, na maior parte do tempo como vassalos da China, mas em certos períodos com virtual independência.

A sociedade tibetana leiga tinha a seguinte estrutura:

Classe superior (cerca de 5% da população)

    Nobreza, formada de três camadas

        Yabshi, descendentes de Dalai Lamas

        Depon, descendentes das antigas famílias reais do Tibete

        Midak, a pequena nobreza (cerca de 170 famílias)

    Funcionários do governo, nomeados pela aristocracia

    Funcionários dos mosteiros, recrutados das famílias de outros funcionários ou dos filhos menores da aristocracia

Classe intermediária (90%)

    Treba ("pagadores de tributos"), famílias camponesas relativamente abastadas que coletivamente arrendavam terras de 8 a 120 hectares, pagas com tributos e serviços à autoridade do distrito. Costumavam praticar a poliandria para evitar o parcelamento das terras, ou seja, os irmãos se casavam com a mesma mulher.

    Dujung ("chefes de família"), tinham a posse da terra a título individual e eram onerados com menos impostos e serviços que os treba, mas corriam o risco de não legá-las a seus filhos, pois os senhores (nobres, mosteiros ou governo) decidiam sobre seu destino.

    Mibo ("gente de aluguel"), pagavam uma taxa anual a seus senhores para ter liberdade para trabalhar onde e como quisessem, sub-arrendando terras dos *treba* ou trabalhando como artesãos ou comerciantes.

Classe inferior (5%)

Ragyabpa ("intocáveis"), desempenhavam funções consideradas impuras, incluindo pescadores, açougueiros, carrascos, cremadores de corpos, ferreiros, ourives e prostitutas.

Nangzan, servos domésticos hereditários dos senhores.

Os monges, cerca de 10% da população, eram também divididos em classes:

Classe superior

Superior suprema: o Dalai Lama e o Panchen Lama

Superior média: *kampus* e *tulkus* (ver adiante) de grandes mosteiros

Superior baixa: mestres de *zhacang*, outros *tulkus* e *geshi* (ver adiante)

Classe intermediária

Intermediária superior: *karmadana* e monges anciãos

Intermediária média: monges comuns

Intermediária inferior: noviços

No século XVII, os mosteiros possuíam 39,5% da terra arável do Tibete, enquanto os nobres detinham 29,6% e o governo, 30,9%.

Há seis escolas monásticas, Gelug, Nyingma, Kagyu, Sakya, Jonang e Bön, cujas lideranças são escolhidas de diferentes maneiras.

O **Dalai Lama** ("lama oceânico") foi a figura política dominante do Tibete desde Lobsang Gyatso (1617–1682) e o governante praticamente absoluto de 1913 a 1950. Em 1959, o último Dalai Lama, Tenzin Gyatso, fugiu do país após uma rebelião derrotada contra a China e continuou a reivindicar o título de chefe de Estado no exílio até 2011, quando o cedeu ao parlamento eleito pela diáspora tibetana. Sua sede era o palácio do Potala em Lhasa, capital do Tibete, mas está refugiado em Dharamshala, na Índia.

Segundo a doutrina do Gelug ("tradição virtuosa", também conhecida como "chapéus amarelos"), a mais poderosa das seis escolas do budismo tibetano, o Dalai Lama é a reencarnação do bodisatva ("ser iluminado") Avalokitesvara, na tradição budista um monge que viveu em outro eon (*kalpa*) e retornou como uma divindade da compaixão que vive no lendário monte Potalaka, ao sul da Índia (do qual vem o nome do Potala). Parece ser uma versão sincrética budista do deus hindu Harihara ou Shankaranarayana, que por sua vez é a fusão de Vishnu (Hari ou Narayana) e Shiva (Hara ou Shankara).

A linhagem dos Dalai Lama se iniciou em 1391 com Gendun Drup, que se dizia a reencarnação do monge Drogön Chögyal Phagpa, que converteu Kublai Khan ao budismo em 1260. Quando um Dalai Lama morre, sua comitiva, a *labrang*, percorre o país em busca de sua reencarnação, um menino nascido logo após sua morte (geralmente com dois a três anos ao ser selecionado) que deve passar em certos testes, como mostrar familiaridade com os objetos pessoais do antecessor antes de ser reconhecido pelo Panchen Lama. Em seguida, é levado a Lhasa para ser entronizado e iniciar seu treinamento. Exceção a esse procedimento foi o sorteio entre nomes de crianças depositados numa "urna de ouro", imposta pelos chineses na seleção do 10°, 11° e 12° Dalai Lamas (1823, 1840 e 1858, respectivamente).

O **Panchen Lama** ("lama eruditíssimo") é o segundo na hierarquia do Gelugpa e é tido como uma reencarnação do bodisatva Amitaba, tido no budismo como um rei e depois monge de outro eon que retornou como uma divindade da sabedoria e possivelmente é uma versão sincrética budista da divindade persa Mitra. Sua sede tradicional é o palácio Gudong, no mosteiro Tashilhunpo (nome tibetano do lendário monte Meru, centro do universo e morada dos deuses na mitologia hindu), perto da cidade de Shigatse.

Sua linhagem se iniciou em 1385 com Khedrup Gelek Pelzang e uma de suas encarnações anteriores teria sido Subhuti, discípulo do buda Sidarta Gautama que teria sido o fundador do Vajrayana, a doutrina do budismo tibetano (em contraste com a Theravada, do budismo do sul da Ásia, e a Mahayana, da China, Coreia, Japão e Vietnã).

O Panchen Lama é tradicionalmente o representante espiritual do Dalai Lama após sua morte e o responsável por reconhecer sua reencarnação e ordená-lo. É seu igual em autoridade religiosa, mas sem poderes ou responsabilidades políticas além do governo de uma pequena região em torno de Shigatse (mas não sobre a cidade em si, que era governada por um prefeito nomeado pelo Dalai Lama).

É selecionado da mesma forma que o Dalai Lama, ao qual cabe, por sua vez, reconhecê-lo e ordená-lo. Ao contrário do Dalai Lama, Choekyi Gyaltsen, o décimo Panchen Lama, permaneceu no Tibete após a revolta de 1959 e apoiou o governo chinês. Apesar de períodos de atrito e de prisão, foi reabilitado, casou-se com uma chinesa e chegou a vice-presidente do Congresso. Com sua morte, em 1989, o governo no exílio do Dalai Lama e o da China divergiram sobre o sucessor. Os chineses rejeitaram a escolha da comitiva autorizada pelo Dalai Lama e escolheram outra criança por sorteio da "urna de ouro" em 1990. Desde 1995, o escolhido do Dalai Lama está oculto pelo governo chinês em local ignorado.

A **Dorje Pakmo** ("Javalina de Diamante") é a terceira figura em importância do budismo Gelug e a mestra do mosteiro feminino Samding ("meditação ascendente"). É tida como a reencarnação de Vajravarahi, esposa de Heruka, uma divindade feroz, versão budista de Varahi, esposa de Varaha, avatar de Vishnu na forma de um javali. A linhagem foi iniciada por Chokyi Dronma (1422-1455), princesa do antigo reino tibetano de Gungthang. A atual Dorje Pakmo, reconhecida pelo Dalai Lama, permanece no Tibete e apoia o governo chinês.

O **Jebtsundamba** ("Santo e venerável senhor", em tibetano) ou **Khutuktu** (em mongol) era o chefe da escola Gelug na Mongólia e a mais alta autoridade do budismo nesse país. Sua linhagem começou com Zanabazar (1635–1723), identificado como reencarnação do mestre Taranatha (1575–1634) da escola Jonang, declarada herética por razões políticas e anexada à Gelug pelo quinto Dalai Lama em 1650.

Os dois primeiros Khutuktus foram nobres mongóis, descendentes de Genghis Khan, mas após uma rebelião em 1756-57, o imperador chinês exigiu que seus sucessores fossem escolhidos entre meninos tibetanos e assim foi feito a partir de 1758. Com a queda da monarquia chinesa em 1911, o Khutuktu assumiu o governo teocrático como Khan da Mongólia, mas uma revolução comunista tomou o poder em 1921 e declarou a linhagem encerrada com sua morte em 1924.

O Dalai Lama reconheceu, porém, um novo Jebtsundanga num monge nascido em Lhasa em 1932 e o entronizou em 1990, para assumir a liderança da escola Jonang, com a qual se reconciliou. Apesar de proibida, continuara a existir em regiões além do alcance da autoridade do Dalai Lama e tinha seu mosteiro principal, o Tsangwa, na província chinesa de Sichuan. Em 2011 o Khutuktu mudou-se para a Mongólia e assumiu a liderança do budismo no país no mosteiro de Gandantegchinlen, em Ulan Bator. Morreu, porém, no ano seguinte e ainda não tem sucessor.

O **Karmapa** ("homem do Karma") é o chefe da subescola Karma, a principal da escola Kagyu ("transmissão oral"), também chamada do "chapéu preto" pela coroa usada por seu líder. Essa escola governou o Tibete antes dos Dalai Lamas. Como o Dalai Lama, é tido como como reencarnação de Avalokitesvara e dos seus antecessores, cuja linhagem começa com Düsum Khyenpa (1110–1193). A sede tradicional é o mosteiro de Tsurphu, no Tibete, mas atualmente a liderança está refugiada no mosteiro de Rumtek, na Índia e há dois pretendentes, um reconhecido pelo Dalai Lama e pelo governo chinês, o outro reconhecido pelo Shamarpa (leia adiante).

O **Shamarpa** ("homem da coroa vermelha") é o equivalente ao Panchen Lama na escola Karma Kagyu e igualmente considerado uma reencarnação de Amitaba. Sua linhagem se iniciou com Khedrup Drakpa Senge (1283–1349) e sua sede tradicional era o mosteiro de Yangpachen, no Tibete.

O **Tai Situpa** ("comandante") é o terceiro em importância da escola Karma Kagyu, considerado uma reencarnação de Maitreya, bodisatva destinado a se encarnar como um novo buda quando o budismo for esquecido pela humanidade e que parece ser uma versão sincrética de Kalki, futuro avatar de Vishnu (embora o nome pareça derivar de Mitra). Sua linhagem começou em 1407 e sua sede é o monastério de Palpung.

Je Khenpo ("mestre central") é o chefe da escola Drukpa Kagyu no Butão, onde essa é a religião de Estado. No passado, governava o país juntamente com o **Druk Desi** (regente), seu braço secular, mas em 1907, com a instauração da monarquia, passou a ser apenas o conselheiro do rei e o chefe do Dratshang Lhentshog, a comissão de assuntos monásticos, que o elege vitaliciamente.

Shabdrung ou **Zhabdrung** ("aos pés de") é no Tibete um titulo para vários grandes lamas, principalmente tulkus, mas no Butão se refere em especial às supostas reencarnações de Shabdrung Ngawang Namgyal, monge que unificou o país e lá é considerado como o terceiro nome mais importante do budismo, depois do Buda Sidarta Gautama e do Guru Rimpoche ou Padmasambhava, o fundador do budismo Vajrayana. Ngawang Namgyal construiu e liderou o país de 1616 à sua morte em 1654 e estabeleceu o sistema de governo dual pelo *Je Khenpo* e *Druk Desi*. Quando morreu, os **penlops** e **dzongpens** (oito grandes senhores locais, tornados "governadores" em nome do Druk Desi) ocultaram sua morte até 1705 (quando teria feito 111 anos) para evitar a volta das guerras internas e depois decidiram, juntamente com os dois chefes do país, que sua "reencarnação" seria dividida em três para evitar que ofuscasse seu poder.

Assim, Ngawang Namgyal teve uma "encarnação do corpo" (*Ku Tulku*), uma "encarnação da mente" (*Thu Tulku* ou *Thugtrul*) e uma "encarnação da fala" (*Sung Tulku* ou *Sungtrul*). A linhagem do *Ku Tulku* se extinguiu no século XVIII, mas as outras duas continuam até o século XX. O Thu Tulku é geralmente considerado como o *Shabdrung*, mas, com a instauração da monarquia em 1907, passou a ser visto como uma ameaça ao novo governo e confinado num mosteiro, onde morreu em 1931. A "reencarnação" seguinte não foi reconhecida pelo governo e seu sucessor se exilou em 1962 na Índia, onde faleceu em 2003. Uma criança teria sido proclamada como sua reencarnação em 2005, mas estaria sob prisão domiciliar no Butão.

O **Sakya Trizin** ("dono do trono Sakya") é o chefe da escola Sakya ("Terra Pálida", nome da região onde se originou), de "chapéu vermelho". O cargo que é hereditário na família Khön desde a fundação do mosteiro de Sakya em 1073. Depois de Wangdu Nyingpo (1763-1806), a sucessão passou a se alternar entre as linhagens de seus dois filhos casados, senhores dos palácios de Phuntsok e Dolma.

O chefe da escola **Nyingma** ("antiga", por ser a primeira do budismo tibetano), também de "chapéu vermelho" é um cargo administrativo, eletivo e vitalício, criado no exílio a pedido do Dalai Lama. Tradicionalmente, essa escola, cujo centro é o mosteiro de Samye, o mais antigo do Tibete, foi descentralizada e alheia à política.

O chefe da escola **Bön** ("encantamento" ou "invocação") foi também definido no exílio, por sorteio entre os monges refugiados do seu principal mosteiro, o Menri, após a morte do seu mestre. Essa escola, à qual aderem 10% dos tibetanos e 1% dos refugiados na Índia, é uma sobrevivência do xamanismo pré-budista dos *bönpo* ("bardos" ou "invocadores") do Tibete. Mesmo assim, foi aceita em pé de igualdade com as escolas budistas pelo atual Dalai Lama, em 1977.

Tulku ("corpo de encarnação"), em mandarim **Huofo** ("buda vivo") é uma pessoa considerada como reencarnação de seu antecessor, tradição originada no budismo tibetano com a suposta descoberta da reencarnação do primeiro Karmapa (1204-1283). Todos os tulkus são selecionados na infância, em tese com base em oráculos, suposto reconhecimento de objetos ou pessoas ligadas ao antecessor ou sorteio de nomes colocados em uma urna, mas na prática muitas vezes escolhidos dentro de famílias poderosas após conflitos e intrigas de facções e sujeitos a veto do Dalai Lama (ou, atualmente, do governo chinês). Estima-se que existam hoje cerca de 500 tulkus, na grande maioria homens. Alguns grandes mosteiros abrigam vários tulkus.

O **Ganden Tripa** ("Dono do trono do Ganden", nome do principal mosteiro da escola Gelugpa) é o chefe nominal da escola Gelug. Exerce um mandato de sete anos e em tese é escolhido por um exame competitivo entre os monges. Na prática, era indicado pelo Dalai Lama, na época em que este exercia o poder no Tibete.

Dorje Lopön ("mestre de diamante") é o monge que preside rituais tântricos.

Tertön ("revelador de tesouros") é um descobridor e estudioso dos *terma*, documentos e objetos sagrados que contêm segredos, principalmente sobre a tradição tântrica, e que supostamente foram escondidos para que sejam descobertos no momento propício. Podem ser homens ou mulheres, mas precisam da companhia do sexo oposto, pois se acredita que a prática de ioga sexual é fundamental para estimular a clarividência que lhes permite encontrar tais tesouros.

Rinpoche ("precioso") é um mestre particularmente reverenciado, geralmente mestre de um mosteiro tibetano, que pode ser um tulku ou ter esse título concedido pelo chefe de sua escola, destacando-o como um instrutor especialmente digno de confiança.

Kampus é o mestre ou "reitor" de uma *zhacang*, uma academia de estudos budistas. São de quatro tipos: **channi** ("escola aberta") no qual se estudam cinco clássicos budistas e se recebe um grau chamado *gerinba*, que qualifica o portador para prestar o exame para receber o grau de *geshi*; **juba** (escola tântrica), na qual se aprendem rituais de encantamento e estudantes que completaram a *channi* se aprofundam nos estudos tântricos; **manba** (medicina), na qual se aprende a teoria médica e farmacêutica tradicional tibetana e se recebe o *manrinba*, equivalente a um bacharelado em medicina; e **dingker** ("roda do tempo") na qual se aprende calendário, astronomia e astrologia e se recebe um título denominado *zerinba*.

Geshi é o grau acadêmico conferido ao monge estudioso de filosofia budista na tradição Gelug, após 12 a 20 anos de estudos e a prestação de um exame mediante o pagamento de uma taxa substancial. Até recentemente era concedido apenas a homens, mas em 2011 foi, pela primeira vez, concedido a uma mulher.

Khenpo, nas tradições Nyingma, Kagyu e Sakya, é um mestre que recebe o equivalente a um bacharelado após três anos em estudos budistas. Na tradição Gelug, é um mestre de mosteiro, autorizado a ordenar novos monges. Na Mongólia, é chamado *Khambo*.

Lama, "superior", é na tradição Gelug um título honorífico para o mestre de um mosteiro ou o chefe espiritual de uma aldeia e nas tradições Nyingma, Kagyu e Sakya é um praticante avançado do budismo esotérico (tantrismo ou Vajrayana). Não é necessariamente um monge e pode ser um homem casado ou uma mulher.

Trapa, "estudante", é o monge tibetano em geral.

Zen-budismo

Na tradição Soto Zen – a maior escola do Zen japonês, com 8 milhões de seguidores e 15 mil templos (a maioria deles com menos de 10 monges), incluindo 30 centros de treinamento e dois templos femininos – há quatro graus (*hokai*) de *dharma* (conhecimento da doutrina):

Joza – noviço que recebe o manto negro de *unsui* (monge aprendiz) e os preceitos (chamado **sami** se tiver menos de dez anos).

Zagen – depois de três anos como monge e com idade mínima de 16 anos, recebe esse grau, que comprova a estabilidade no cumprimento dos preceitos.

Shiho – após oito ou nove anos, quando o monge recebe a "transmissão do dharma" de seu mestre e o certificado que lhe permite instruir e receber votos de leigos.

Osho – o monge (se tiver pelo menos vinte anos) é autorizado a usar o manto marrom-amarelado de "mestre", que ainda pode receber qualificações adicionais:

> **Dai-osho**, "grande mestre", monge chefe de um templo Zen.
>
> **Shike, roshi** ou **soryo**, o "mestre Zen" propriamente dito, que supervisiona a formação de outros monges, o que exige três anos de experiência como assistente de um mestre e a aprovação dos conjunto dos demais *shike*.

Ao contrário de outras tradições budistas, no zen a vida monástica é em geral como um aprendizado (que atualmente dura em média dois anos), após o qual a maioria dos monges volta à vida social secular e serve nos templos como mestres budistas –"sacerdotes", como frequentemente se traduz, pois, embora no budismo tradicional não haja sacerdócio propriamente dito, neste caso o fato de serem casados, terem uma vida familiar e secular e se dedicarem a rituais públicos os aproxima mais dos sacerdotes de religiões tradicionais do que a monges. Há oito graus (*sokai*) na hierarquia dos *soryo*, os monges qualificados como mestres ou instrutores:

Santo-kyoshi (instrutor de terceira classe).

Nito-kyoshi (instrutor de segunda classe), após 6 meses a 3 anos, dependendo do grau de educação acadêmica anterior.

Itto-kyoshi (instrutor de primeira classe), após 2 anos e meio a 6 anos.

Sei-kyoshi (instrutor-mestre), após 4 anos e meio a 10 anos.

Gon-daikyoshi (instrutor-mor adjunto), por recomendação, tendo pelo menos 55 anos e sendo um *dai-osho*.

Daikyoshi (instrutor-mor) por recomendação, tendo pelo menos 60 anos. São no máximo 180 em toda a escola.

Gon-daikyojo (mestre-geral adjunto), por recomendação, sendo no máximo 30 em toda a escola.

Daikyojo (mestre-geral), reservado aos mestres dos dois principais templos do Soto Zen, Eihei-ji e Soji-ji, ao qual estão subordinados todos os demais (150 ao primeiro e 13.850 ao segundo).

A escola é dirigida por um parlamento de 72 monges, dois de cada um dos 36 distritos do Japão, cujo presidente é chamado *Shumusocho* ("presidente de assuntos religiosos"). Há também o *Kancho*, que é o mestre de um dos dois principais templos e o chefe cerimonial de toda a escola.

Outras das 23 escolas do Zen japonês usam sistemas diferentes de graduações, mas geralmente reconhecem certo número de graus para os monges aprendizes (*unsui*) em geral e depois como mestre ou monge instruído (*soryo*).

POLINÉSIA

A elite nas culturas da Polinésia inclui vários tipos de chefia, na maioria ocupados por homens, mas às vezes também por mulheres:

Ariki (ali'i em Samoa e Havaí, **ari'i** em Tahiti, 'eiki em Tonga) é o chefe de uma *iwi* ou *ivi* (tribo), com um território (*rohe* na Nova Zelândia, *puna* nas ilhas Cook) de tamanho muito variável. A maior delas, a Ngapui da Nova Zelândia, tem 122 mil integrantes, 150 hapu (subdivisões) e 55 *marae* (lugares sagrados, monumentos ou templos). Os *ariki* ou *ali'i* eram considerados portadores de *mana*, intocáveis pelos súditos plebeus, e tinham o poder de pôr ou retirar o tabu (palavra originária do fijiano, que tem a forma *tapu* em maori e *kapu* em havaiano) sobre uma coisa ou pessoa. Em Samoa, a esposa de um *ali'i* é chamada *faletua*.

No Havaí, os *ali'i* formavam uma hierarquia:

Mo'i era o chefe mais poderoso, ao qual os demais chefes prestavam algum tipo de vassalagem formal. Após a unificação das ilhas do Havaí por Kamehameha I, esse se tornou o título dos reis do arquipélago.

Ali'i nui eram os chefe mais poderosos dos quatro reinos insulares (*mokupuni*), Havaí, Maui, Kauaí e Oahu.

Ali'i ai moku eram os chefes dos *moku*, subdivisões das ilhas principais ou ilhas menores dependentes, em número variável (seis em Oahu, 12 em Maui).

Ali'i eram os chefes dos *ahupu'a*, subdivisões do *moku*. Cada *ahupu'a* era administrado por um *konohiki* escolhido pelo chefe e subdividido em dois ou mais `ili.

Ali'i Pio era, no Havaí, um chefe filho de um casal de irmãos, considerado de nobreza mais elevada. ***Ali'i Naha*** era filho de um casal de meios-irmãos, de categoria intermediária e ***Ali'i Wohi*** eram filhos de parentes próximos que não irmãos, de categoria algo inferior. ***Kaukauali'i*** era um chefe de categoria mais baixa, nobre apenas pelo lado do pai, que servia o *ali'i* e era seu conselheiro.

Mataiapo é nas ilhas Cook o chefe de uma divisão da tribo, praticamente independente, mas cerimonialmente ligado ao *ariki* que é o investe no cargo e que segundo a tradição concedeu a chefia de uma aldeia e seu território (*tapere* nas ilhas Cook) a seus antepassados por bravura ou em troca de algum serviço.

Rangatira ou ***komono*** são chefes de *hapu*, subdivisões menores de uma tribo, geralmente com centenas de membros.

Tohunga (maori) ou ***kahuna*** (havaiano) é um perito em alguma arte ou ciência tradicional (sacerdote, curandeiro, navegador, tatuador, adivinho etc.) e conhece tabus, encantamentos e cerimônias religiosas que o tornam um líder e conselheiro espiritual.

Kaumatua são anciãos, guardiães da história e das tradições das comunidades e chefes de suas famílias extensas (*whana* em maori, *uanga* nas ilhas Cook, *'ohana* em havaiano) que abrangem três ou quatro gerações e possuem propriedade comum.

Tulafale, em Samoa, é um chefe orador, porta-voz de um *ali'i* e registro vivo da história e genealogia das famílias. Suas esposas são chamadas *tausi*. Juntamente com os *ali'i*, constituem os ***matai***, a nobreza nativa de Samoa, que inclui cerca de 15% dos homens e 2% das mulheres. Os *matai* recebem nomes tradicionais chamados *suafa*, que representam sua autoridade sobre uma família ou grupos maiores. A transmissão não é automaticamente hereditária, mas por consenso das famílias extensas a que pertencem.

Malásia

A Malásia é uma federação de 13 estados, nove dos quais são monárquicos. Destes, um (Perlis) é governado por um rajá, sete (Johor, Kedah, Kelantan, Pahang, Perak, Selangor e Terengganu) por sultões e um (Negeri Sembilan) por um *Yang di-Pertuan Besar* ou *Yamtuan Besar* ("Grande Senhor Eleito", *Great Lord* em inglês).

O *Yamtuan Besar* é desde 1854 escolhido entre os descendentes do Rajá Radin (1824-1854) por um conselho de quatro chefes, os *undang* ("lei") dos *lakau* (distritos) mais importantes: Sungai Ujong, Jelebu, Johol e Rembau. Os chefes de distritos menos importantes, que não participam da eleição, são os *penghulu*. O *undang* de Sungai Ujong é escolhido entre as duas famílias dominantes e denominado *Dato' Kelana Petra Seri Jaya*. O de Jelebu é eleito por quatro famílias nobres e chamado *Dato' Mendelika Mentri Akhir ul-Zaman*. O de Johol é hereditário por linha feminina (herda o filho da filha mais velha do undang) e tem o título de *Dato' Johan Pahlawan Lela Perkasa Setiawan*. O de Rembau é hereditário, herdado alternadamente por duas famílias nobres pela linha feminina. As esposas principais dos *undang* têm o título de *to» puan*.

A constituição da Malásia como um todo foi baseada na de Negeri Sembilan. Os nove monarcas escolhem entre si um *Yang di--Pertuan Agong* ("Chefe Supremo Eleito", *Paramount Ruler* em inglês) para ser o monarca da federação por cinco anos. Na prática, o cargo é rotativo entre os nove monarcas, seguindo uma ordem fixa. Os governadores dos quatro estados não monárquicos (Málaca, Penang, Sarawak e Sabah) têm o título de *Yang di-Pertua Negeri* ("Chefe de Estado Eleito") e não participam da eleição do Chefe Supremo.

Tuanku ("Meu Senhor") é o tratamento dado aos nove monarcas e *tengku* aos seus descendentes. *Yang Teramat Mulia* são os filhos de um monarca reinante (exceto os de Negeri Sembilan) e o *undang* de Sungai Ujong. Os filhos do Yamtuan Besar e os outros três *undangs* são *Yang Amat Mulia*. Outros descendentes são chamados *Yang Mulia*.

O *Agong* pode conceder títulos de distinção que em ordem decrescente de prestígio são *tun* (até 70 pessoas), *tan sri* (até 325) e *datuk* (até 400), cujas esposas têm os títulos de *toh puan*, *puan sri* e *datin* (uma mulher que recebe o título é chamada *datin paduka* ou *datuk*). Os chefes monárquicos conferem títulos, em ordem de importância decrescente, de *dato' sri* e *dato'* e os de estados não monárquicos os equivalentes *datuk seri* e *datuk*. Uns e outros também conferem o título inferior de e *JP* (juiz de paz honorário).

América Pré-Colombiana

México e América Central

A civilização asteca dividia sua população em

nobres ou *pipiltin* (singular *pilli*), que eram descendentes de tlatoanis por linha masculina ou feminina ou de plebeus elevados à nobreza. Divididos em *tlazohpilli* (filhos de esposas legítimas) e *calpanpilli* (filhos de concubinas).

cuauhpipiltin, plebeus elevados à nobreza por seus feitos militares, que recebiam vitaliciamente terras, podiam entrar para as ordens guerreiras e tinham muitos dos privilégios dos nobres, embora não pudessem vender ou arrendar suas terras. Desempenhavam o papel de armeiros, treinadores e carrascos. Seus filhos eram elevados a *pipiltin*, embora as origens humildes não fossem esquecidas.

plebeus ou *macehualtin* (singular *macehualli*), que pagavam tributo em trabalho ou alimento aos nobres.

servos ou *tlalmaitin* ou *mayehqueh* (singular *tlamaitl* ou *mayeh*), trabalhadores permanentes em terras da nobreza, que eram isentos de tributos (salvo serviço militar).

escravos ou *tlatlacohtin* (singular *tlacohtli*), reduzidos a esse estado como punição ou que vendiam a si mesmos por dificuldade em se sustentar. Diferentemente do que ocorria em outras culturas, escravos podiam casar e possuir propriedade e filhos de escravas nasciam livres.

A hierarquia asteca incluía os seguintes títulos, em ordem decrescente de importância:

Huey tlatoani, "Grande Orador", era o soberano supremo dos mexicas (astecas de Tenochtítlan, a atual Cidade do México), chamado "imperador" pelos espanhóis. Era eleito pelos parentes masculinos do *huey tlatoani* entre os que haviam sido **tlacateccatl**, os membros do conselho militar supremo, estes por sua vez nomeados entre os parentes mais próximos do falecido: irmãos, filhos, sobrinhos ou netos. Era visto como porta-voz do deus Huitzilopochtli e era comandante militar supremo, recebia tributo dos súditos e vassalos, supervisionava os mercados e templos e atuava como juiz em última instância de processos não resolvidos em cortes inferiores. Seus filhos eram chamados *tlahtohcapilli*.

Cihuacóatl, "Mulher Serpente", nome de uma deusa (embora fosse um homem), era o segundo em comando do *huey tlatoani* e era em parte primeiro-ministro e em parte prefeito da capital, lidando com assuntos financeiros e quotidianos, nomeando comandantes e substituindo o soberano quando este estava em campanha.

Tlatoani, "Orador", plural *tlatoque*, eram os soberanos das *altepetl* (cidades-estados) aliados (Texcoco e Tlacopan) e tributários (cerca de 500 deles) dos mexicas, que também tinham seus próprios *cihuacoatl*. Um *tlatoani* tributário, subordinado ao *huey tlatoani* ou outro superior, era chamado *teuctlahtoh* (plural *teuctlatohqueh*)

Cuauhtlahtoani, "que fala como a águia", era originalmente título do chefe dos mexicas quando eram um grupo nômade, antes de se fixarem em Tenochtítlan. Mais tarde, foi o título de governantes militares impostos pelos mexicas a cidades anexadas, a começar pela vizinha cidade de Tlatelolco, ou cujos governantes haviam se rebelado.

Quetzalcoatl totec tlamacazqui "Quetzalcóatl, sacerdote do Senhor", era o sumo sacerdote de Huitzpolchotli, deus da guerra. Como todos os sacerdotes, podiam tanto ser nobres quanto jovens plebeus selecionados por mérito para estudar na *calmecac*, a escola da nobreza.

Quetzalcoatl tlaloc tlamacazqui "Quetzalcóatl, sacerdote de Tlaloc", era o sumo sacerdote de Tlaloc, deus da chuva, que dividia com Huitzpolchotli o principal templo-pirâmide de Tenochtítlan. Os dois sumos sacerdotes eram iguais em prestígio.

Mexicatl teohuatzin era o supervisor geral dos rituais e da *calmecac*, a escola da nobreza e dos sacerdotes. Era assistido pelo **huitznahua teohuatzin**, responsável por rituais e pelo **tecpan teohuatzin**, encarregado da educação.

Tecuhtlamacazqui, "senhor dos sacerdotes" era o representante permanente dos sacerdotes (*tlamacazqui*) junto ao soberano.

Tlacochcalcatl, "homem da casa dos dardos", era o segundo no comando do exército de Tenochtítlan, abaixo do *huey tlatoani*.

Tlacateccatl, "cortador de homens" era um dos quatro generais subordinados ao *tlacochcalcatl*, entre os quais deveria ser escolhido o sucessor do huey tlatoani. Assim como o *tlacochcalcatl*, era um parente próximo do huey tlatoani e membro da mais prestigiosa ordem militar dos mexicas, os *cuachicqueh*, "tosquiados", porque raspavam o cabelo. As outras ordens militares mexicas, às quais deviam se filiar todos os guerreiros nobres, eram os *cuauhtli*, "águias", *ocelotl*, "jaguares" e *otontin*, "otomis", nome de um povo do México famoso por sua bravura (embora neste caso fosse o nome de uma ordem de guerreiros mexicas).

Petlacalcatl era o supervisor geral do sistema de arrecadação de tributos, formado pelos *huey calpixqui* e *calpixqui*.

Huey calpixqui, "grande despenseiro", eram dois encarregados da cobrança de tributo em cada uma das 38 províncias do império – um na própria província para supervisionar a arrecadação, outro na capital, para recebê-la e armazená-la.

Calpixqui eram os encarregados da cobrança de tributo em cada cidade-estado, subordinados a um *huey calpixqui*. Às vezes assumiam tambérm o papel de *tlatoani* local.

Tecuhtli, plural *tetehcutin*, era um nobre (*pilli*), proprietário de terras, juiz ou comandante militar, eleito pelos nobres de um *calpulli* ("casa grande") ou nomeado pelo *huey tlatoani* para governá-lo, frequentemente um cargo hereditário na prática. Seus filhos eram chamados *tecpilli* ou *teucpilli*.

O *calpulli* era uma subdivisão étnica ou geográfica da *altepetl* ou cidade-estado com templos, escola para plebeus (*telpohcalli*) e certa especialização econômica (certos artesanatos ou cultivos), que eram de responsabilidade do *tecuhtli* e do *teccalli* ("casa dos senhores"), conselho de nobres locais. Em Tenochtítlan, havia 20 *calpullis*.

Quacuilli era o sacerdote principal do templo de um *calpulli*.
Calpoleh (plural *calpolehqueh*, chamado **calpoleque** em espanhol) era um plebeu eleito pelo povo do *calpulli* para distribuir as terras de cultivo entre as famílias de acordo com suas necessidades e representar seus interesses junto ao governo. Tendeu a se tornar um cargo, na prática, hereditário.
Tiachcauh (plural *tiachcahuan*) era o instrutor militar dos jovens plebeus de um calpulli, destinados por seus pais ao serviço militar. Eram entre 400 e 600 jovens de 15 a 20 anos em cada calpulli.

O rival mais poderoso do chamado Império Asteca era o *Iréchecua Tzintzuntzáni*, o reino dos tarascos, que ocupava a região do atual estado de Michoacán e tinha capital em Tzintzuntzán, às margens do lago Pátzcuaro. O título de seu soberano era **caconzi**.

A sociedade maia do Iucatã se dividia em *almehenob* (nobres, sendo "ob" a desinência de plural), *ajk'inob* (sacerdotes), *aj chembal winikob* (plebeus) e *p'entacob* (escravos).

Havia na época da conquista espanhola 18 cidades-estados (*ajawil* ou *ajawlel*), de três tipos. Nove delas eram governadas por um monarca intituldo **jalach winik** ("homem verdadeiro") ou **ajaw** ("rei", pronuncia-se *ahau*, com "h" aspirado), que correspondia a **ah po** entre os maias das terras altas (na atual Guatemala). Era um cargo hereditário, mas podia ser herdado pelo irmão mais novo antes de passar ao primogênito. O herdeiro do trono era **ch'ok ajaw** ou **baah ch'ok** e uma mulher da realeza era **ix ajaw**.

Abaixo do *ajaw*, estavam os **b'atab'ob**, parentes próximos por ele nomeados para governar aldeias e pequenas cidades, com ajuda de um chefe executivo chamado **aj kulel**. Em tempo de guerra, cada *b'atab'* era responsável pelo planejamento militar, mas o comando efetivo de sua unidade era deixado a um chefe guerreiro chamado **nakom**.

Abaixo do *b'atab'* havia os **aj kuch kabob,** chefes de bairros (equivalentes aos *calpulli* astecas), que formavam um conselho em cada vila ou aldeia, e os **jolpopob** ("chefes de tapete"), que os espanhóis consideravam um "cacique" e tinham uma função semelhante ao do *calpoleh* asteca, um chefe plebeu que tinha o papel de mediador entre o povo e a elite. Ainda abaixo na hierarquia estava o **tupil**, fiscal ou policial plebeu.

O segundo tipo de cidade-estado era governado por um conselho de **b'atab'ob** da mesma linhagem, chamado *multepal*. O terceiro era formado por uma aliança de aldeias e pequenas cidades semi-independentes.

O sumo sacerdote de um reino era chamado **ajaw kan mai** ou **ah kin mai** e os sacerdotes das vilas e aldeias de **ah k'in**. Estes eram auxiliados por quatro anciãos chamados **chac**. Os sacerdotes que executavam sacrifícios humanos eram chamados **ah nakom** e tinham baixo status; os mais prestigiados eram os adivinhos, chamados **chilan**.

Na época clássica, os reis mais poderosos usaram o título de **kaloomte'**, "guerreiro supremo" ou **kuhul ajaw** ("sagrado governante"). O de Tikal parece ter sido o **ochk'in kaloomte'**, "guerreiro supremo do oeste", título que parece ter sido originalmente do governante imperial de Teotihuacán, no centro do México, do qual os maias de Tikal haviam sido previamente tributários. O título passou a ser usado por seus chefes após a independência, quando pretendiam substituir a antiga metrópole como senhores dos maias. Havia ainda o **xaman kaloomte'** (provavelmente reinando em Cobá, incluindo Ek Balam e Chichen Itzá) "guerreiro supremo do norte", o **elk'in kaloomte'** (do leste, com sede não identificada) e **nohol kaloomte'** (do sul, provavelmente de Copán). Chefes subordinados eram **ajaw** ("governante") e **sajal** ("temeroso"). Um tributário, em relação ao suserano, era chamado **yajaw** ("seu governante") ou **usajal** ("seu temeroso").

Entre os quichés, maias do sul da Guatemala, o Estado era chamado *ajawarem*, dividido em três *winak* ("linhagens") e muitas *chinamitles* (divisões territoriais). O chefe hereditário supremo era o **ajpop** ("senhor da casa") e seu imediato e herdeiro era o **nim rajpop achij**, "grande chefe militar", ao qual estava subordinado um **ch'uti rajop achij**, "pequeno chefe militar". Abaixo do *ajpop* havia um chefe eleito intitulado **ajpop c'amja**, "senhor da casa anfitrião", que recebia visitantes e emissários em nome do soberano e o substituía em várias ocasiões oficiais.

No segundo nível do governo estavam os juízes chamados **k'alel** e conselheiros chamados **atzij winak** ("porta-voz") e um conselho de nobres chamados **ajaw** (como os chefes supremos no norte). Os sacerdotes eram chamados **ajcajb**, "sacrificadores" e havia ainda os **lolmet**, "coletores de tributos", **nim ch'ocoj**, "porta-vozes da corte", **popol winak**, "conselheiros do jogo de bola", **yacolatam**, "diretores de banquetes" e **uchuch c'amja** e **nima c'amja**, "assistentes". O terceiro nível incluía o **utzam chinamital**, "chefe dos membros do chinamital" e o **ajtz'alam**, "funcionário da muralha", que supervisionavam a administração local e mediavam entre o governo central e as populações locais.

Andes

O Estado que dominava a maior parte da região andina quando da conquista espanhola era o Tawantinsuyu "quatro partes", ou Império Incaico. *Inka*, "senhor", era, propriamente, um homem do clã governante de Cusco, enquanto *palla*, "senhora", eram as mulheres do mesmo clã. Constituíam a "nobreza de sangue" dos *intipchurin* ("filhos do sol"), dividida em duas categorias: *qhapaq ayllu*, nobreza principal, formada pelos descendentes de incas com mulheres nobres e *hatun ayllu*, nobreza secundária, de descendentes de incas com mulheres de elites locais. Abaixo destes, havia os *allikaq*, "promovidos" ou "incas por privilégio", etnias aliadas e assimiladas do Vale de Cusco ou de regiões distantes (também com acesso a cargos no Estado) e os *kuraka*, chefes de povos dominados. Os membros da elite eram chamados *orejones* ("orelhões") pelos espanhóis por terem as orelhas alargadas por cilindros de ouro.

Os incas não eram o mesmo que os quéchuas, mas acreditavam que a língua franca do seu império, o *runa simi*, era originária da etnia quéchua (*qeshwa*), povo conquistado que vivia no atual departamento de Apurímac, a sudoeste de Cusco. Só por isso esse nome veio a ser aplicado pelos espanhóis à língua e a todos os seus falantes, dispersos pela maior parte do antigo império. Na verdade, a língua é originária da região de Lima.

Um aspecto comum à cultura de todas as comunidades andinas, das menores unidades ao próprio império, é a divisão de cada grupo em uma metade superior, *hanan*, e uma inferior, *rurin* (também *lurin* ou *hurin* nos textos espanhóis) à qual a primeira era subordinada. A origem dessa divisão parece estar na topografia, uma vez que a área mais alta domina a mais baixa no aspecto militar e no controle das águas de irrigação, mas ao mesmo tempo depende dela para vários produtos, dada a necessidade de especialização dos cultivos por faixa de altitude.

A maioria das chefias, imperiais, regionais ou locais, funcionava como uma diarquia, com um chefe *hanan* e um chefe *rurin*, subordinado em alguns aspectos, mas que limitava o poder do governante supremo em outros. Geograficamente, o *hanan* tinha o poder "em geral", mas a metade *rurin* tinha autonomia. Essa dualidade é chamada *yanantin* é comparável à relação entre mão direita e mão esquerda: uma é mais forte ou hábil, mas são reflexo uma da outra.

Cada uma das metades ou *saya* eram, por sua vez, divididas em duas metades sob o mesmo princípio, resultando em quatro frações ou *suyu*, cujas relações de precedência eram 1) *hanan*, subdivisão *hanan*, 2) *rurin*, subdivisão *hanan*, 3) *hanan*, subdivisão *rurin* e 4) *rurin*, subdivisão *rurin*. Isso se aplicava, por exemplo, às quatro partes de Cusco (*Qosqo*) e do Império, que seguiam essa ordem hierárquica: Chinchaysuyu (norte), Qollasuyu (sul), Antisuyu (leste) e Qontisuyu (oeste). As quatro partes podiam ainda ser divididas em dois ou três categorias hierárquicas: neste último caso *qollana* (principal); *payan* (secundária ou intermediária) e *kayaw* (base), sendo a primeira constituída por descendentes endogâmicos do clã, a segunda por filhos de homens do clã com mulheres de fora e a terceira por membros da elite local que estabeleciam vínculos de parentesco com os incas.

Assim, a alta nobreza incaica, *qhapaq ayllu*, era dividida em *hanan* e *rurin*, subdividida em quatro *suyu* (Chinchay e Anti no setor Hanan; Qolla e Qonti no Rurin) que formavam os quatro bairros de Cusco (Quinticancha, Chumbicancha, Sayricancha e Yurumbuicancha) e os *suyu* eram subdivididos em *qollana*, *payan* e *kayaw* pela ordem hierárquica, formando 10 *panaka* ("descendência de irmãs", de um inca vivo ou morto) ou clãs nobres (11 ou 12, segundo algumas versões), cada um dos quais supostamente descendia de um dos incas supremos que tinham reinado até a conquista espanhola. A par destes, havia outros 10 (ou 12) *ayllu* ("linhagem"), de filhos de mulheres não incas. Segundo algumas interpretações, os *hanan* teriam sido originalmente conquistadores de língua puquina expulsos de Tiahuanaco pelos aimarás, enquanto os *rurin* seriam autóctones de língua quéchua, descendentes assimilados dos ayarmaca que dominavam o vale de Acamama e a futura Cusco e de outros povos menores.

Aparentemente, apesar dos mal-entendidos dos conquistadores espanhóis e cronistas mestiços, que interpretaram as instituições andinas do ponto de vista da Europa moderna, o Império Inca não era uma monarquia, mas uma diarquia. Governavam simultâneamente um **inka** de Hanan Cusco e outro de Rurin Cusco, "irmãos" simbólicos, embora de diferentes grupos da nobreza. A sede do primeiro era o templo-fortaleza de Sacsayhuamán, fora da cidade, enquanto a do segundo era o Qoriqancha, templo de Inti que era o centro simbólico de Cusco e do império.

Sapa inka, "grande inca", **sapan/sapallan inka**, "inca único" ou **qhapaq inka** "poderoso inca", geralmente chamado apenas **inca** e considerado um "imperador" pelos espanhóis era o Inca Hanan, que respondia pelas relações com as demais etnias andinas, distribuição de alimentos, convocação da mita (serviços ao Estado) e ações militares, permanecendo a maior parte do tempo fora da capital. Casava-se com muitas esposas – possivelmente 20, uma de cada panaka e ayllu – e a esposa principal, de sua própria panaka (portanto "irmã" na nomenclatura incaica, embora pudesse ser biologicamente prima), tinha o título de qoya e o papel ritual de mãe de todo o povo.

O Inca rurin, chamado pelos cronistas de "vice-rei" (**inkap rantin**) ou "grande sacerdote" (**willaq umu**, "sacerdote narrador", sumo sacerdote de Inti considerado suprema autoridade religiosa) era visto pelos espanhóis como uma espécie de "papa", porque suas funções eram em parte religiosas. Era ele quem concedia ao sapa inka o símbolo da soberania, a *maskaypacha*, uma borla de lã vermelha com fios de ouro e plumas de coriquenque (espécie de gavião, também chamado carcará andino). O *willaq umu* ("vilaomo", na corruptela espanhola) permanecia em Cusco, governava a cidade e respondia pelas relações com os seres sobrenaturais, organização das cerimônias religiosas, calendário, quipos (contabilidade) e organização da produção e em especial das *aklla* ("escolhidas") da capital, as mulheres selecionadas pela beleza ainda meninas, na população do império, para servir à nobreza como esposas secundárias, sacerdotisas e artesãs de tecidos e produtos rituais indispensáveis para o culto e para presentear os nobres. Sua esposa provavelmente também tinha o título de *qoya*.

Uma segunda diarquia era formada por um *hanan* e um *rurin* da geração seguinte, chamados "capitães" ou "segundas pessoas" pelos cronistas. O *hanan* da dupla era chamado de **awki inka** e usava também uma *maskaypacha*, mas de lã amarela. Eram descendentes de soberanos incas e mulheres da nobreza, mas não necessariamente filhos do inca reinante, e podiam ser substituídos se perdiam influência ou cometiam erros. Eram "candidatos" e potenciais sucessores, membros da alta nobreza julgados capazes e com boas relações matrimoniais e de parentesco dentro do clã. Se tinham idade suficiente e eram considerados preparados, deveriam assumir o comando quando da abdicação ou morte do *sapa inka*; caso contrário, o *willaq umu* podia assumir e reorganizar a sucessão a seu critério. Entretanto, a sucessão frequentemente era conturbada, com disputa violenta entre os dois (e às vezes também com o Willaq Umu) pelo cargo supremo. Waskar ou Huáscar (*hanan*) e Ataw Wallpa ou Atahualpa (*rurin*) estavam em meio à disputa que se seguiu à morte de Wayna Qhapaq ou Huayna Cápac quando foram surpreendidos pela invasão espanhola.

Os filhos de cada um dos quatro principais Incas com suas Qoyas eram chamados *churi* ("filhos" propriamente ditos) enquanto seus filhos com outras mulheres eram chamados *concha* (o que em outros contextos significava "sobrinhos"). As demais esposas da alta nobreza eram chamadas *palla* ("mulheres nobres") e as originárias das elites locais eram *mamakuna* ("mães"). As filhas solteiras eram chamadas simplesmente ñust'a quando sua mãe era da alta nobreza, mas esse título era associado ao da província de origem da mãe em caso contrário: *qolla ñust'a, wana ñust'a, yunka ñust'a, kitu ñust'a*, por exemplo. Ao se casar, uma ñust'a tornava-se uma *palla*.

Abaixo do Inca, havia um conselho de 16 nobres que representavam as regiões do império: 4 de Cusco, 4 de Chinchaysuyu, 2 de Kuntisuyu, 4 de Qollasuyu e 2 de Antisuyu. Vinham depois os **tokoyrikoq**, inspetores que informavam o governo central e os **apukuna**, comandantes do exército (*kuna* é um sufixo de plural). O comandante militar do exército em campo tinha o título de **apusquispay**. Um general no comando de 10 mil guerreiros era o **apusquin rantin** e um **hatun apu** comandava 5 mil.

Os governadores das quatro regiões ou *suyu*, parentes do Inca, tinham o título de **apu** e os das províncias, chamadas *wamani* (das quais havia pelo menos 86), eram os **toqrikoq**, também membros do clã inca. Estes tinham como subordinados os **michoq**, assistentes, os **khipu kamayuq**, que mantinham os registros no sistema de cordas e nós chamados quipos, e os **chaski**, mensageiros. Os nobres tinham também a seu serviço os *yanakuna*, servos hereditários, mas não escravos, pois não eram comprados nem vendidos e, como artesãos ou funcionários, tinham um status superior ao do povo comum.

Cada *wamani* tinha em média 40 mil homens em idade de trabalhar (casados ou solteiros) e correspondia aproximamente à área ocupada por um dos grupos étnicos principais. Normalmente era dividida em duas *saya*, mas podia haver uma terceira, formada por um grupo étnico menor incluído na *wamani*.

A *wamani* também se dividia em unidades administrativas decimais e metades baseadas no número de homens, que serviam de base para a arrecadação de tributos e a convocação para o exército, obras imperiais e o serviço dos governantes. Assim, o *hunu kuraka*, chefe de uma unidade de dez mil homens (na prática, geralmente algo maior, às vezes quase o dobro), aproximadamente correspondente à *saya* da província, fornecia determinada quantidade de produtos como tributo e um determinado número de homens a cada requisição, sendo seu administrador o responsável por arrecadar os produtos e escolher os homens a serem enviados ao exército ou às obras imperiais. Este, por sua vez, cobrava os administradores de menor categoria.

O **kuraka** (literalmente "primogênito") ou **sinchi** ("poderoso"), **curaca** em espanhol, não era em geral inca, mas um dos chefes tradicionais das etnias submetidas, cuja sucessão seguia um modelo semelhante ao do próprio *Sapa Inka*, mas o *kamayoq* ("encarregado") era um funcionário nomeado.

chefe	unidade	Número de homens
hunu kuraka	hunu	10.000
pichqa waranqa kuraka	pichqa waranqa	5.000
waranqa kuraka	waranqa	1.000
pichqa pachaq kuraka	pichqa pachaq	500
pachaq kuraka	pachaq	100
pichqa chunka kuraka	pichqa chunka	50
chunka kamayoq	chunka	10
pichqa kamayoq	pichqa	5

Essas unidades eram "casadas" em pares de *hanan* e *rurin*. Assim, um *waranqa kuraka hanan* tinha outro *waranqa kuraka, rurin*, associado, com o qual dividia a *marka* (território) de sua comunidade tradicional. Além disso, o curaca tinha sua própria *waranqa* dividida em duas *pichqa pachaq*, uma *hanan* e outra *rurin*, das quais uma governava diretamente e a outra por meio de um subordinado.

Paralelamente, a *wamani* era formada por um número variável de *ayllukuna*. O *ayllu* é a célula social fundamental das civilizações andinas, muito anterior ao Império Inca e ainda presente em muitas áreas rurais. É geralmente formado de famílias que acreditam ter um ancestral comum que um mito descreve como "nascido da terra", têm a mesma cultura e possuem em comum um território chamado *marka*.

Um *ayllu* de base é tipicamente equivalente, em termos numéricos, a uma *pachaq*, dividida em duas *pichqa chunka*, *hatun* e *rurin*, cada uma com um chefe tradicional, que entre os aimarás, independentemente da nomenclatura incaica, se chama *jilaqata*. Seus habitantes podem viver em uma só aldeia, chamada *llaqta*, ou dispersos em aldeolas, ou ainda uma povoação maior podia conter vários *ayllukuna*. Cusco se dividia em pelo menos 20 *ayllukuna*, incluindo as *panakakuna* (ayllus nobres).

Grupos de *ayllu* de base formam um grande *ayllu*, também dividido em duas metades *hatun* e *rurin* (para os aimarás, *alasaya* e *maasaya*), cujos chefes são chamados pelos aimarás de *mallku* ("condor") e que, em termos incaicos, eram tipicamente chefes de *waranqa*, cada uma a metade da *marka* tradicional do grande *ayllu*.

Antes da conquista inca, os *mallku* aimarás formavam federações, também divididas em metades chamadas *urqusuyu* (*hanan*) e *umasuyu* (*rurin*), cada uma governada por um *qhapaq* ("poderoso"). As principais federações eram a Qolla (norte e nordeste do Titicaca), Lupaqa (oeste) e Pacaxe (sul). Assim, o chefe de Hatun Qolla era o **Qolla Qhapaq**. Outros estados conquistados pelos incas também tiveram chefias análogas: o chefe dos Ayarmaca que dominava o vale de Cusco antes dos incas tinha o título de **Tupay Qhapaq** e seu *rurin* era o **Pinaw Qhapaq**.

O soberano do império de Chimor, conquistado pelos incas em 1470, era **Chimu Qhapaq** para os incas e "Grão-Chimu" para os cronistas, mas seu título nativo era *ciquic*. A ele respondiam os *alaec*, chefes regionais e os *fixlla*, senhores locais, sob os quais estavam os *paraeng*, povo tributário, e *yana*, servos pessoais.

Dentre os povos andinos fora do alcance dos incas, os muíscas da atual Colômbia (um dos povos de língua chibcha) eram os que possuíam uma cultura independente mais complexa à época da chegada dos espanhóis. Estavam organizados em duas federações: uma no norte, com capital em Hunza (atual Tunja), liderada por um chefe com o título de **Zaque,** cujos súditos eram considerados descendentes de Sua, o Sol; e outra no sul, cujo chefe era chamado **Zipa**, cuja capital era Funza (perto da atual Bogotá) e cujos súditos eram tidos como descendentes de Chia, a Lua. Havia ainda três confederações menores, cujos chefes eram o **Tundama**, o **Iraca** e o **Guanentá** (esta formada por outro povo de língua chibcha, os guanes), além de tribos independentes.

Abaixo desses dois governantes, os muíscas estavam divididos em tribos ("cacicados", para os espanhóis) cujos chefes eram chamados **uzaques**, subdivididos em "capitanias maiores", *sybyn*, lideradas por *sybyntiba* e "capitanias menores", *uba*, chefiadas por *ubatiba* ou *tibaroque*. Os sacerdotes se chamavam *chyquy*.

Antiguidade Oriental

Mesopotâmia

Os títulos mais antigos de governantes conhecidos são os de reis sumérios, conhecidos como **lugal** ("grande homem"), **ensi** ("senhor da terra arada") e **en** ("senhor"). É possível que originalmente *lugal* e *en* tenham sido cargos eleitos e paralelos, referindo-se o primeiro ao chefe militar e o segundo a um administrador interno, mas a relação exata entre os três títulos parece ter variado com o tempo.

No início do período dinástico (2800-2350 a.C.) eram praticamente sinônimos, sendo *lugal* usado em Ur e na maior parte da Suméria, *en* usado em Uruk e *ensi* nas cidades de Lagash e Umma, onde só deuses eram chamados de *lugal*. Em períodos posteriores, *lugal* parece ter sido o título dos reis mais poderosos, chefes de federações e *ensi* dos tributários que governavam apenas uma cidade-estado. A partir da terceira dinastia de Ur, que unificou a maior parte da Suméria em 2100-2000 a.C., *lugal* era o título do soberano único, *ensi* era um governador de província, normalmente hereditário, mas que podia ser nomeado e demitido pelo soberano e *en* um título sacerdotal. *Nin* era o título das rainhas e grandes senhoras e *nintu* o das sacerdotisas.

Os títulos acadianos equivalentes foram *sharrum* (equivalente a *lugal*), *isshakkum* (*ensi*) e *eresh* (*nin*). Os poderosos reis da Assíria e Babilônia foram, porém, *sharru rabu* ("grande rei"), enquanto seus tributários eram meros *sharru*.

Hebreus

Um dos tributários de Babilônia, até o exílio, foi o rei de Judá, chamado *sharru* pelos babilônios. O título do rei dos judeus em sua própria língua era, porém, *melech*. Após a anexação, o chefe dos judeus em Babilônia, descendente dos reis, era chamado *rosh galut* ("chefe do exílio"), título traduzido em grego como "exilarca".

Antes da formação dos reinos, cada tribo hebraica era governada por um **shophet** (plural *shophtim*), termo traduzido na Bíblia como "juiz", embora também fosse um chefe militar. Esse termo corresponde a **shapitum** em acadiano, que se tratava de um funcionário encarregado do governo, justiça e defesa de uma cidade e seu distrito no reino mesopotâmico de Mari e *shephut* em fenício, que referia em alguns casos aos membros de um senado ou conselho de Estado e em outros a chefes de cidades-estados (*dikastai* em grego). No caso de Cartago foi inicialmente título do governador nomeado pela metrópole de Tiro e, após a independência, uma dupla de funcionários eleitos, equivalente aos cônsules romanos e chamados pelos romanos de **sufetas**.

Os sacedotes dos povos semitas, inclusive hebreus, eram chamados **kohen** (plural *kohanim*). Em Jerusalém, eram hereditários, considerados descendentes de Aarão e divididos em 24 grupos, cada um de seis famílias. Cada grupo servia por uma semana, cada família por um dia e as seis de um grupo juntas no *shabbat*.

O sumo sacerdote era chamado **kohen gadol**, "chefe dos sacerdotes". Tinha como atribuição principal o serviço do Dia do Perdão (*Yom Kippur*) e como principal auxiliar o **segan ha-kohanim** ("sub-chefe dos sacerdotes"), que supervisionava o trabalho no Templo e substituía o *kohen gadol* em caso de necessidade.

O cargo de sumo sacerdote foi hereditário entre os descendentes de Zadok (que teria sido nomeado por Salomão ao fundar o Primeiro Templo, no século X a.C.) até 153 a.C., quando o sumo sacerdote, helenista que apoiava os Selêucidas, foi depostos pelos irmãos Macabeus, cuja linhagem sacerdotal governou a Palestina de 164 a.C. a 63 a.C., acumulando os cargos de rei e sumo sacerdote na mesma pessoa. De 63 a.C. à destruição do Segundo Templo em 70 d.C., os sumos sacerdotes foram, na prática, escolhidos e destituídos pelo governante (Herodes e romanos).

Os *kohanim* hebreus estavam incluídos no grupo maior dos

levitas (*levi'yim*, literalmente "agregados" ou "adidos"), servidores hereditários do culto hebraico, divididos em três grupos hereditários com funções rituais específicas – gersonitas, meraritas e coatitas. A Bíblia os descreve como uma tribo, mas é mais provável que tenham se originado de elites sacerdotais de cada tribo gradualmente transformadas numa casta fechada. Na época do Primeiro Templo, recebiam coletivamente um décimo da produção agrícola e além das funções rituais, desempenhavam o papel de professores e juízes. Na época do Segundo Templo, o dízimo era recolhido pelos *kohanim* e os levitas eram principalmente servidores do Templo, tendo a seu serviço os natinitas (*nethinim*, "dedicados" ou "donatos"), supostamente descendentes de cananeus convertidos que lhes foram dados como servos desde a época do rei Davi e com os quais gradualmente se confundiram.

Depois da destruição do Segundo Templo, sacerdotes e levitas perderam suas funções tradicionais, mas continuam até hoje a ter papéis rituais menores no culto judaico ortodoxo. Um deles, por exemplo, é o *kohen* abençoar a congregação durante certas orações com um gesto característico, dedos separados dois a dois, o mesmo que foi imitado pelo ator judeu Leonard Nimoy ao criar a "saudação vulcana" de Spock ("vida longa e prosperidade"). Cada um desses grupos representa cerca de 4% dos judeus existentes no mundo e seus sobrenomes frequentemente recordam sua ascendência: Kohen, Kuhn, Cohen, Kaplan, Kagan, Cano (castelhano), Cão (português) etc. para os sacerdotes e Levi, Levy, Löwy, Halevi, Levine, Lewinsky, Lewycki etc. para os levitas.

A partir do reinado de Antíoco, o Grande (223-187 a.C.), foi decisivo entre os hebreus o conselho e tribunal chamado Sinédrio (do grego *synedrion*, "sentar junto", em hebraico *sanhedrin*). Tinha 71 membros (sacerdotes, nobres leigos e rabinos) chamados **presbíteros** (em hebraico **zaqenim**, literalmente "barbados") e servia como tribunal civil e religioso supremo e como legislativo, inclusive para autorizar declarações de guerra. Era presidido pelo **nasi** ("príncipe", plural *nesi'im*), cargo que até 191 a.C., era do sumo sacerdote, mas a partir dessa data foi eleito separadamente e a partir do fim do século I a.C. foi exercido pelo rabino Hilel, o Ancião, e seus descendentes. A segunda autoridade era o **av beit din** ("chefe do tribunal"), que o presidia na ausência do nasi ou quando a assembleia funcionava como tribunal criminal.

A partir de 57 a.C., com a divisão da Palestina em cinco províncias pelos romanos, foi criado um Pequeno Sinédrio de 23 membros em cada província e os poderes do Grande Sinédrio original foram reduzidos. Entretanto, os romanos continuaram a reconhecer o *nasi* como "patriarca dos judeus" mesmo após a destruição do Segundo Templo, em 70 d.C., quando a sede do Sinédrio foi transferida para Yavne, no litoral, e depois para Usha, Shefaram e Tiberias, cidades da Galileia. Só em 425 d.C. a instituição foi abolida pelo imperador cristão Teodósio, que executou o último *nasi*.

Já durante o exílio em Babilônia, o foco da vida religiosa judaica se transferira do destruído Templo para as casas de reunião ou sinagogas (*beit knesset* em hebraico, *synagoge* em grego), casas de oração (*beit tefilah* em hebraico, *proseuchai* em grego) e casas de estudo (*beit midrash*). E dos sacerdotes para os sábios e escribas (chamados **rab**, "grande" ou "mestre", ou **hakham**, "sábio") que dominavam o estudo, ensino e leitura da Torá nessas instituições e tinham como líder espiritual o *Rosh Galut* (*Reish Galuta* em aramaico) ou *Exilarca*, o "chefe do exílio", título que continuou a ser usado pelo chefe nominal da comunidade judaica da Mesopotâmia mesmo depois do fim do exílio e até o século XI, sob o domínio árabe

Mesmo após o fim do Exílio e a construção do Segundo templo, os sacerdotes tiveram de dividir a liderança espiritual dos judeus com essas novas instituições. Em meados do século II a.C., os dois grupos se tornaram partidos opostos; os saduceus, ligados à tradição sacerdotal e às elites judaicas, e os fariseus, vinculados às escolas de sábios e escribas, mais simpáticas ao povo.

Foi dos fariseus que surgiu, após a destruição do Segundo Templo, o judaísmo rabínico moderno, mas o título de **rabino** (hebraico *rabbi*, literalmente "meu mestre", plural *rabanim*), embora seja usado nos Evangelhos cristãos tanto para fariseus quanto para João Batista e Jesus, só começa a surgir nos textos judaicos por volta de 200 d.C., nas formas *rabban*, título aplicado na Mishná aos mais sábios e famosos dos *nasi*, patriarcas e presidentes do Sinédrio do passado, e *ribbi*, para juízes oficialmente ordenados pelo Sinédrio na cerimônia de imposição de mãos chamada *semikhah*.

Após a abolição do Sinédrio e proibição da ordenação por Teodósio, o título de *rab* ou *rabbi* passou a ser concedido informalmente aos mestres e eruditos reconhecidos pelas comunidades nos países cristãos.

Nos países muçulmanos, preferiram-se os títulos *hakham* ou *mori* ("*mestre*"), pois *rab*, em árabe, é um dos nomes de Alá e daria margem a mal-entendidos, mas o judaísmo tinha uma organização mais ampla e formal em torno de duas grandes academias de Sura e Pumbedita, na Mesopotâmia Abássida, cada uma das quais tinha uma organização semelhante à do antigo Sinédrio, com 70 sábios e um presidente chamado **gaon** ("brilhante", plural *geonim*) que era o líder espiritual da comunidade, cujo líder temporal e representante ante os califas tinha o título de *resh galuta* ("exilarca", como os seus precursores na Babilônia pagã).

A partir do século XVI, os sábios judeus europeus passaram a ter uma formação mais sistemática. A "ordenação" (*semikhah*) e o título de *rabbi* passaram a depender do equivalente a um doutorado, que qualifica para o ensino da lei mosaica. O rabino oficialmente escolhido por uma comunidade para dirimir as dúvidas sobre a lei e a religião é chamado **mara de atra** ("mestre do lugar" em aramaico. Alternativamente, há juristas especializados chamados **posek** (plural *poskim*), que emitem decisões de alcance mais geral, as quais podem ou não ser acatadas pela comunidade.

As comunidades *haredim* (também chamadas ultraortodoxas) fazem uma distinção entre *rebbe* ("rabino" em iídiche), guia espiritual e geralmente parte de uma linhagem hereditária, e *rav* ou *rov*, autoridade sobre dúvidas quanto à lei judaica.

Nas comunidades caraítas, corrente do judaísmo que rejeita a tradição rabínica, a Mishná e o Talmude e considera a *Tanakh* (o Antigo Testamento dos cristãos) como única fonte da lei judaica, os chefes das comunidades têm o título de *hakham*.

Rebbetzin (iídiche) ou *rabbanit* (hebraico) é a esposa de um rabino, que tradicionalmente teve um papel importante junto às mulheres da comunidade, como conselheira e mediadora de questões sobre a lei. Desde o século XVII, algumas delas atuaram na prática, embora informalmente, como "rabinas", mas só em 1935 a primeira mulher foi formalmente ordenada como tal. A partir de 1972 a formação de mulheres como rabinas (*rabba* em hebraico) se tornou sistemática nos ramos mais progressistas do judaísmo, mas ainda é rejeitada nas correntes conservadoras e ortodoxas.

Uma qualificação mais avançada é a de **dayan** (plural *dayanim*) que qualifica como juiz e membro de tribunais religiosos judaicos (*beth din*, formado de pelo menos três juízes), mas em geral os *dayan* continuam a ser chamados de *rabbi*. Desses tribunais, nos quais atuam advogados também especialmente qualificados chamados **toanot**, dependem a certificação do **mohel** (plural *mohelim*), encarregado das circuncisões, e do **shochet** ("magarefe"), que abate animais para consumo segundo as prescrições do ritual judaico. Outro cargo relevante no judaísmo é o de **hazzan** ("cantor", plural *hazzanim*), cantor litúrgico que guia a recitação das orações na sinagoga e geralmente é formado em cursos especializados.

Egito

Os soberanos do Egito usavam cinco títulos formais, cada um deles associado a um diferente nome e todos alusivos a seu papel de divindade encarnada. "**Hórus**" (*Haru*) data do período pré-dinástico, e os demais foram acrescentados gradualmente. **Nebty,** "das duas deusas", alude a Nekhbet (deusa-abutre) e Wadjet (deusa-naja), padroeiras do Alto e do Baixo Egito, e foi usado a partir de Aha, segundo soberano da primeira dinastia. **Nesut-biti** ("do papiro e abelha"), começou a ser usado no reinado de Den (o sexto da primeira dinastia) e se refere tanto ao poder sobre o Alto e Baixo Egito, do qual papiro e abelha eram símbolos, quanto a seu caráter divino e mortal, representado pelos mesmos elementos. "**Falcão de ouro**" (*bik-en-nebu*), alusão a Hórus e "**filho de R**á" (*sa Ra*, também referência a Hórus) ou "senhor das aparências" (*neb kha*), começaram a ser usados na IV Dinastia. Todos eram recebidos quando se subia ao trono, exceto o de "filho de Ra", dado ao herdeiro aparente ao nascer. O nome pelos quais os historiadores se referem ao monarca é geralmente o que acompanha o título de Hórus nas três primeiras dinastias e o de "filho de Ra" nas seguintes. Todos estes títulos foram usados até a época romana.

Informalmente, o soberano era também **neb tawi**, "senhor das duas terras". O termo **faraó** (grego *pharao*, hebraico *par'oh*, egípcio *par'o*), pelo qual o soberano do antigo Egito é hoje mais conhecido por meio da Bíblia, significava "casa grande" ou palácio real e no início aludia ao soberano no mesmo sentido em que "o Planalto" alude à presidência do Brasil ou "a Casa Branca" à dos EUA. Passou a ser a forma mais usual de se referir ao soberano a partir da XVIII dinastia, no reinado de Hatshepsut, que, assim como as outras mulheres que governaram o antigo Egito (quatro ou cinco das dinastias nativas e seis da dinastia dos Ptolomeus), usavam os mesmos títulos dos homens.

O título de **hemet nesut** ("consorte real", mas literalmente "consorte do papiro") era dado inicialmente às esposas legítimas do soberano e a partir da VI Dinastia, também às concubinas. A mãe do governante era **mut nesut**. A partir do segundo período intermediário (entre o Médio e o Novo Império) a esposa mais importante passou a ser destacada como a Grande Consorte Real (**hemet nesut-weret**). O título era geralmente da irmã ou meia-irmã mais velha e às vezes da mãe, mas raramente de uma mulher que não fosse da família real. No Médio e Novo Impérios, houve o título de **khekeret nesut**, "ornamento real", que não se sabe ao certo se eram damas de honra da casa real ou mulheres do harém do faraó, mas eram supervisionadas por um **imi-ra khekheret nesut**.

Os filhos do faraó eram chamados **sa nesut** e as filhas **sat nesut**. Normalmente, o filho mais velho do faraó (independentemente de qual fosse sua mãe), **sa nesut semsu**, era o herdeiro e a filha mais velha, **sat nesut semsu**, era destinada a ser Grande Esposa Real. O herdeiro também tinha o título de **Tjet** como sacerdote do deus Sem ou Setem e de **hem-bau-Nekhen**, "servidor da alma de Nekhen" como sumo sacerdote de Hórus em Nekhen (Hieracômpolis, "cidade do falcão", para os gregos). Parentes não reais do faraó eram chamados **iti netjer**, "pai do deus".

Abaixo da família faraônica estavam os nobres, **pat**, em contraste com os plebeus, **remetj**. No Antigo Império, os mais poderosos dos nobres eram os **iri pat**, "guardiães da nobreza", dos quais são conhecidos cem túmulos do Antigo Império e à qual normalmente pertencia o **tjati** ou grão-vizir, chefe dos administradores do faraó. Destes, o segundo em importância era o **imi-ra khetemet**, "supervisor do selo", que tinha o papel de chanceler, tesoureiro ou ministro da Fazenda, e o terceiro o **imi-ra-per-wer**, "supervisor da casa", mordomo-mor ou administrador do palácio. Outros títulos da corte eram **khetemti-biti** ("chanceler do Baixo Egito"); **imi-ra-akhenuti** ("supervisor do gabinete"); **imi-ra-kat-nebet--net nesut**, "supervisor das obras faraônicas" e arquiteto, inclusive das pirâmides; **imi-ra-meshta**, "supervisor do Exército", **imi-ra--ruiit**, "supervisor da Guarda", **imi-ra-sau-shemau**, "supervisor das tribos do Alto Egito", que parece ter sido título dos chefes das equipes de trabalho nas obras faraônicas, **sekhenu-akh**, "fornecedor da tumba real", **heri-khenit**, "chefe dos remadores" ou comandante da Marinha; e **heri-wedja**, "chefe dos armazéns".

No Novo Império, havia dois *tjati*, um do Alto e outro do Baixo Egito e *iri pat* se tornou o título do príncipe herdeiro.

Abaixo dos *iri pat* estavam os **hatia** (às vezes comparados a "condes") que eram mais numerosos (cerca de 150, sem contar os *iri pat*, também incluídos na categoria) e incluíam os vizires provinciais, chamados no Antigo Império **heri-tep-aa-sepat** ("grande chefe de sepat") e mais tarde simplesmente de **hatia,** título que também foi dado ao prefeito da capital (**hatia-en-Niut**), ao administrador subordinado da necrópole do outro lado do Nilo (**hatia-en-imentet-Niut**) e ao da cidade fenícia de Biblos (**hatia-en-Kupna**). Os chefes das províncias ou *sepat*, em número de 42 (22 no Alto Egito, 20 no Baixo) eram cargos hereditários da elite local, possivelmente continuação de governos independentes de antes da unificação e que voltaram a se tornar quase independentes em períodos de enfraquecimento do poder faraônico. Os *sepat* eram chamados *nomos* pelos gregos e seus governantes, **nomarcas** e eram divididos em distritos menores, cujos administradores eram chamados **adj-mer**, "chefes de canal".

O mais importante dos governadores egípcios era o **sa-nesut-en-Kush**, literalmente "filho real de Kush", que era o vice-rei da Núbia, com capital em Aniba.

O terceiro grau da nobreza era **semher-wati** (literalmente "amigo único"), em número de 350 e o quarto **shepes-nesut**, "nobre real", grau do qual havia centenas. Este último título surgiu entre cortesãos de Neferirkaré (V Dinastia), mas na VI e VII dinastias se aplicava a pequenos funcionários da capital e interior.

A hierarquia sacerdotal tinha no topo, durante o Antigo Império, o *wer-cherep-hemut* ("grande chefe dos artesãos"), que era o sumo sacerdote de Ptah na então capital Inebu-Hedju, "paredes brancas", conhecida no Médio Império como Ankh-Tawi, "vida das Duas Terras", e no Novo Império como Men-nefer, "antiga e bela" (Mênfis para os gregos, Moph or Noph na Bíblia). Do nome do complexo do culto a Ptah nessa cidade, chamado Hut-ka-Ptah, "cercado do *ka* (espírito) de Ptah", deriva o nome grego *Aigyptos*, que originou o nome moderno do país, Egito. Seguia-se o *wer-mau* ou *maa-wer* ("grande vidente"), sumo sacerdote de Rá em Awanu,

"Pilares" (Heliópolis, "cidade do sol", para os gregos, chamada On ou Awen na Bíblia).

Na XVIII dinastia o sacerdote mais importante passou a ser o *hem-netjer-tepi-en-Amun*, "primeiro servidor do deus Amon", em Ipet-isut (atual Karnak), junto à nova capital Waset, "cidade do cetro", ou Niut-Amun, "cidade de Amon" (Tebas para os gregos, Dióspolis Magna para os romanos e No'Amon ou No na Bíblia). A ele estavam subordinados o segundo, terceiro e quarto "servidores de Amon".

A *hemet-netjer-ent-Amun*, "consorte do deus Amon" era a suma sacerdotisa de Amon, que na XVIII Dinastia era a Grande Consorte Real. A partir da XX Dinastia, o título e a função passaram a ser da filha mais velha do faraó.

Outros cargos sacerdotais importantes eram o *kherheb* ou *kheri habet*, "sacerdote leitor", encarregado de acompanhar cerimônias do templo ou fúnebres com canções, ladainhas e orações; e *kheri-habet--heri-tep*, "sacerdote leitor supremo", chefe do templo ao qual eram atribuídos poderes mágicos. *Idenu en-per* ou *wab en-hat* era o adjunto do sumo sacerdote de um templo. *Sameref* era um sacerdote do culto dos mortos.

Império Persa

O soberano do império persa dos Aquemênidas (550 a.C. – 330 a.C.), que conquistou a Mesopotâmia e o Egito e ameaçou a Grécia, tinha o título de **khshayathiya khshayathiyanam**, "rei dos reis", do qual deriva o título medieval e moderno dos soberanos do Irã, *shahanshah*, frequentemente simplificado para *shah*, xá no Ocidente. Os gregos traduziam o título como *basileus basileon*, "rei dos reis" ou *megas basileus*, "grande rei".

Os governadores das províncias persas, 20 na época de Ciro, aumentadas por Dario para 23, eram chamados *kshatsapavan ou kshathrapavan*, "protetor do domínio", palavra traduzida pelos gregos como **sátrapa**. Eram reis hereditários submetidos, controlados por um conselho formado de persas e locais, por um secretário e um general nomeados pelo imperador e por emissários enviados periodicamente, como o *spasaka* ou *patiakhsha*, "olho do rei". As satrapias (domínios dos sátrapas) eram divididas em distritos menores, cujos administradores eram chamados pelos gregos de **hyparkhos** (subchefe).

O comandante do exército persa (*spada*) era chamado **spadapatish** ou **karana** *(karanos* para os gregos). O exército era dividido em unidades de 10 mil homens (*baivara*) comandadas por um **baivarapatish** (**miriarca**, para os gregos), de mil homens (*hazara*) sob um **hazarapatish** (**quiliarca**), de cem homens (*thata*) por um **thatapatish** e dez homens (*datha*) por um **dathapatish**.

A corte interna do imperador era supervisionada por um *hazarapatish*, comandante da guarda imperial que era parte dos *anushiya* ("companheiros"), corpo de infantaria de elite de exatamente 10 mil homens que os gregos chamavam de "imortais" (*athanatoi*) por confusão com o termo persa *anausha* ("imortal"). Outros funcionários da corte incluíam o **vithapatish**, "mordomo-mor", **arshtibara**, "portador da lança imperial" e **vachabara**, "portador do arco imperial".

Os persas livres eram chamados **azata**, mas esse termo era também usado para indicar os nobres, membros dos principais clãs (*vith*, chamados fratrias pelos gregos), chamados mais especificamente de **amata**, abaixo dos quais estavam os **tunuvant** ("homens fortes") e os **shkauthi** ("fracos" ou pobres), pequenos camponeses livres chamados *autourgoi* pelos gregos.

Os sacerdotes persas do período Aquemênida eram chamados **magos** (*magush*), palavra da qual derivam "magia" e "mágica" nas línguas ocidentais. Além de sacrifícios e cerimônias religiosas, de encantamentos e de interpretação dos sonhos e outras atividades divinatórias, desempenhavam funções administrativas no Império Persa e eram tutores e educadores da família imperial. O sumo sacerdote tinha o título de *atharvapati*, "chefe do fogo" e sacerdotes que velavam pelo fogo sagrado do templo eram *atarvahsha*, "banador do fogo" (*pyraithos*, "guarda do fogo", para os gregos).

Segundo Heródoto, os magos eram uma das seis tribos (*zantu*) medas e formavam uma casta hereditária. Há dúvidas sobre se eles eram zoroastristas: o Avesta (escrituras sagradas do zoroastrismo, que datam de um período anterior) chama os sacerdotes de *athravan*, e a origem dos magos sugere que cultuavam o deus solar Mitra e a deusa da fertilidade Anahita, divindades medas, e não Ahura Mazda, o deus dos persas e de Zoroastro. Segundo alguns intérpretes, os magos teriam sido empregados pelos Aquemênidas como profissionais, dispostos a executar todo tipo de tarefas técnicas e cultuar qualquer divindade por pagamento. Só a partir de 400 a.C. se tornaram zoroastristas e criaram a religião sincrética depois chamada masdeísmo.

No posterior Império Parta (247 a.C. – 224 d.C.), o imperador era **shahan shan Aryan**, "rei dos reis do Irã" e houve três níveis de governo, chamados *marzban, kshhatrap,* e *dizpat,* além de reinos autônomos tributários. O romano Sêneca chamava de **megistanes** a alta nobreza parta. Entre seus títulos estavam *bidakhsh* (vice-rei), *khshatradar* (rei tributário), *marzban* (governador de região da fronteira), *khshatrap* (sátrapa), *argbed* (coletor de tributos), *nakhudar* (chefe feudal), e *azad* (nobre ou proprietário livre). O *arteshtaran salar,* "chefe dos guerreiros", era o chefe do Exército; *herbedan herbed,* o chefe dos sacerdotes e o *wastaryoshan salar,* "chefe dos agricultores" era também o chefe da arrecadação de tributos. Os comandantes militares eram chamados *spahbed.*

No Império Sassânida (224 d.C. -651), o soberano era **shahanshah,** a imperatriz **shahr banbishn,** "rainha do Império" e uma de suas filhas tinha o título de **banebshenan banebshen,** "rainha das rainhas". O chefe da burocracia e chanceler era o *vazorg-framadar* ou **bozorg,** o chefe dos magos ou sacerdotes era **mobadan,** o comandante militar **Iran spahbod,** o chefe dos mercadores **ho tokhshan bod** e o chefe dos agricultores, arrecadador de tributos e segundo homem mais poderoso do império era o **vastrioshansalar.** Os governadores das províncias continuaram a se chamar **marzban** e a eles estavam subordinados os generais ou chefes militares chamados **spahbod.**

Houve nesse período cinco categorias de nobreza: **sharyar,** "dinasta", governadores de províncias, com sua própria corte e exército; **wispur,** "filho do clã", chefes das grandes famílias que possuíam direitos feudais e propriedades espalhadas pelo Império, dentre os quais se destacavam "Os Sete"; **wuzurg,** "grandes" ou altos funcionários, incluindo vizires, coletores de tributos e secretários ou escribas (*dapir*); **katag khwatay,** "proprietários"; e **azad,** "bem-nascidos" (*ahrar,* em árabe, *azatk'* em armênio), a pequena nobreza que incluía oda qual se escolhiam os cavaleiros (*aswar*) e guardas reais e que parece ter incluído **sharig,** chefes de distrito e **dihgan,** chefes de aldeia. Camponeses plebeus eram chamados *shinakank'.*

Antiguidade Ocidental

Grécia Micênica

No período "heroico" no qual é ambientada a maior parte da mitologia grega, a Idade do Bronze, o supremo governante grego era chamado pelo título de *wanax* (feminino *wanassa*) que em grego clássico se tornou *anax*. O termo parece ter significado inicialmente "portador da pilhagem". A eles estavam subordinados o *lawagetas* (chefe do Exército), os *telestai*, proprietários de terras e os *ekwetai*, "companheiros", que eram os guerreiros.

O reino de Pilos, sobre o qual há mais informação, era dividido em duas províncias (*koraiya*), uma com capital e Pilos e outra em Leuktron, subdivididas em 16 ou 17 distritos (*koros*), cada um deles administrado por um governador (*koreter*) e um vice (*prokoreter*). Estes, por sua vez, se subdividiam em povoados (*damos*), administrados por um *damokoros* e um *kwasileus* (*basileus* em grego clássico) que chefiavam o conselho local de anciãos ou chefes de clãs, a *kerosiya* (*gerousia* em grego clássico). O título de *kwasileus* também era dado ao chefe de certos ofícios na capital.

Não se sabe ao certo quantos reinos existiram na Grécia micênica, mas a arqueologia atesta pelo menos 13: Iolcos, Orcômenos, Tebas, Atenas, Salamina, Micenas, Lacedemônia, Pilos, Mileto, Lazpa (Lesbos), Élis, Kythera (Cítera) e Knossos. A *Ilíada* e algumas inscrições hititas dão a entender que havia um "grande rei dos aqueus" (*Ahhiyawa*, para os hititas), chefe de uma federação que teria incluído pelo menos o Peloponeso, a Tebaida e algumas ilhas, que na obra atribuída a Homero seria o *wanax* de Micenas, mas a questão é controversa entre os especialistas. Também não se sabe ao certo como era definida a sucessão, embora a mitologia sugira que era hereditária.

Grécia Arcaica

Com a desintegração dos reinos micênicos, o *basileus* e a *gerousia* de cada *demos* ou povoado parecem ter sido as principais autoridades que restaram e a partir das quais se ergueram as cidades-estados (*poleis*) clássicas, pelo processo chamado pelos gregos de sinecismo (*synoikismos*, "juntar na mesma casa"), agregação pacífica ou violenta dos povoados em torno de um centro (*asty*, a cidade propriamente dita, sede da *polis*). O trono era normalmente herdado de pai para filho primogênito. Mulheres nunca governavam: na falta de filho homem, o basileus podia adotar um genro (geralmente um sobrinho em segundo grau) como filho, ou legar o reino diretamente a um neto.

A *polis* arcaica era dividida em filos (equivalentes às tribos romanas), que nas cidades jônicas eram originalmente quatro (Geleontes, "brilhantes", Hopletes, "armados", Árgades, "trabalhadores" e Aigícoras, "pastores de cabras") e nas dóricas três (Hylleis, Pamphyloi e Dymanes, segundo o nome dos heróis dos quais supostamente descendiam, Hyllas, Pamphylos e Dymas), cujos chefes eram chamados *phylobasileus*, "rei de tribo". A visão mítica e convencional era que a *polis* havia sido formada pela fusão de tribos, mas a análise histórica indica que, pelo contrário, estas foram divisões funcionais da *polis*, criadas para organizar a partilha do poder e das responsabilidades.

Os filos, ou pelo menos suas elites, eram divididos em fratrias (*phratriai* ou *phratrai*, clãs), por sua vez subdivididos em *gene* (singular *genos*, conjunto de famílias nobres relacionadas pelo parentesco) e estes em *oikoi* (singular *oikos*, casa, ou família nuclear com seus escravos e agregados).

O basileus cercava-se de *therapontes*, nobres que o serviam no palácio, dos quais os principais eram o **arconte** ("autoridade", chefe dos funcionários ou mordomo-mor), o **polemarca** ("chefe da guerra" ou comandante militar) e **cérix** (*keryx*, literalmente "cantor"), seu arauto, mensageiro e embaixador.

Os patriarcas de gene ou clãs eram os gerontes e formavam a *gerousia*, senado que se reunia no palácio do basileus. Falavam por ordem de idade, a começar pelo mais velho, mas não votavam: o basileus apenas levava em conta seus conselhos ao decidir. Podiam também julgar disputas judiciais, por delegação do soberano.

Quando a questão era importante, o basileus ouvia também o povo, reunido em assembleia (*thokos* ou *agora*), na qual, em princípio, qualquer um (na prática, quase só os chefes de clã) podia falar uma vez que o arauto do rei lhe emprestasse o cetro de arauto ou caduceu (*kerykeion skeptron*), que lhe garantia a inviolabilidade ao falar, assim como garantia a sua própria ao transmitir mensagens do basileus e a de Hermes ao levar mensagens de Zeus.

Atenas

Na Atenas da era aristocrática, segundo Aristóteles, cada um dos quatro filos era dividido em três fratrias e cada fratria em 30 *gene*, cada um dos quais composto por 30 *oikoi*[7], o que sugere uma rotação anual de responsabilidades. Ao mesmo tempo cada filo se dividia em três trítias e doze naucrárias. Estas, chefiadas por um **naucraro**, aparentemente eram unidades territoriais com a obrigação de financiar um navio de guerra para a marinha cada uma. Os cidadãos eram divididos em três classes: *eupátridas* ("bem-nascidos", nobres), *geômoros* ("parceleiros", camponeses livres) e *demiurgos* ("trabalhadores do *demos*", artesãos). Os eupátridas parecem ter sido originalmente chefes de *demos*, condição que lhes permitiu apropriar-se das maiores parcelas de terra e monopolizar a cidadania e os cargos civis, judiciais, militares e religiosos.

A partir do século VIII a.C., os eupátridas restringiram o poder do *basileus*, reduzido a mero chefe religioso e em 712 a.C. o *basileus* tornou-se um cargo eletivo entre os eupátridas, então no auge do poder. O governo era então exercido por nove arcontes, "chefes", inicialmente vitalícios e a partir de 753 a.C. eleitos por dez anos, que incluíam o arconte propriamente dito, chefe do governo, o polemarca, chefe militar, o basileu, chefe das cerimônias religiosas e presidente do Areópago (Senado) e seis tesmotetas, que denunciavam as violações das leis e presidiam os tribunais. Em 683 a.C., as eleições passaram a ser anuais e o arconte principal passou a se chamar arconte epônimo, por dar seu nome ao ano em que governava.

Em 621 a.C., a nobreza começou a ceder poder político com

---

7   Na época clássica, as fratrias eram muito menores. É provável que esses números incluíssem famílias plebeias vassalas das fratrias aristocráticas, como os "clientes" em Roma.

a reforma de Draco, que substituiu as leis orais tradicionais, interpretadas pela a aristocracia conforme seus interesses, por leis escritas. Com a reforma de Sólon (594 a.C.), o governo civil passou a ser dividido entre dez arcontes (um secretário somou-se aos originais), dos quais cinco eupátridas, três geômoros e dois demiurgos. Arcontes e estrátegos eram necessariamente eleitos dentro da classe dos *pentacosiomedimnoi*, aqueles cuja renda anual era igual ou superior a 500 medimnos[8]. Abaixo havia os *hippeis* ("cavaleiros", 300 medimnos), ricos o suficiente para se equiparem como cavaleiros, *zeugitai* ("donos de juntas de bois", 200 medimnos), com recursos suficientes para se armarem como hoplitas e *thetai* ("trabalhadores" abaixo disso), que não tinham propriedades, representavam cerca de metade da população e serviam como infantaria leve ou remadores. Os *hippeis* e *zeugitai* tinham acesso a cargos públicos secundários.

Segundo a tradição, logo após completar suas reformas, Sólon deixou Atenas para uma viagem de dez anos e a cidade se comprometeu a manter a constituição inalterada nesse período. Quatro anos depois, explodiu, porém, um sério conflito interno entre três partidos: *pedieis* (ricos proprietários rurais das planícies do interior), *paralioi* (povo do litoral, que vivia do comércio e pesca) e *hyperakrioi* (pequenos proprietários pobres das colinas). Graças ao sistema político que privilegiava os mais ricos, os primeiros dominavam a política e as instituições, mas Pisístrato, parente de Sólon que se tornara popular ao vencer a guerra contra Mégara e assumira a liderança dos *hyperakrioi*, tomou o poder por um golpe de Estado, tornando-se o primeiro **tirano** (*tyrannos*) de Atenas.

A palavra não tinha o caráter pejorativo que mais tarde lhe foi dado pela obra de Platão: significava um soberano absoluto que se punha acima da lei e tradição ao tomar o poder, como o herói mitológico Édipo (*Oidípous Tyrannos* no original em grego e não *Oidípous Basileus*). O próprio Zeus era *tyrannos*, uma vez que se apossara do Olimpo pela força, assim como Ares, Eros, as Moiras e Afrodite, que não respeitavam leis. O conceito se opõe ao de **aesimneta** (*aesymnetes*, "repartidor"), que era um homem nomeado legalmente para exercer

---

8 Um medimno valia 52 litros e media cereais (40 quilos de trigo ou 32 de cevada), azeite, vinho e gado eram avaliados com base no medimno de cevada. Para comerciantes sem terra, o equivalente era uma dracma de 4,34 gramas de prata. 8 medimnos alimentavam um homem por um ano; 25 medimnos, uma família.

um poder absoluto e reformar as leis para dar fim a um conflito interno, como havia sido o caso de Draco e Sólon, entre outros.

O governo de tiranos, geralmente apoiados pelo povo contra uma aristocracia tradicional, foi comum na Grécia dos séculos VII a.C. ao V a.C. devido ao acirramento das lutas de classes pelas mudanças sociais e econômicas da época e muitas vezes trouxe melhorias e prosperidade às cidades, como foi o caso da tirania de Pisístrato. Mas Hípias, filho de Pisístrato, foi deposto por aristocratas com ajuda de uma intervenção espartana. Do conflito interno que se seguiu, o partido popular, liderado por Clístenes, do *genos* dos Alcmeônidas, saiu vitorioso.

A partir de 508 a.C., as reformas mais radicais de Clístenes instituíram a democracia ateniense do auge clássico. Todos os cargos (exceto os financeiros) tornaram-se acessíveis a todos os cidadãos livres, a maioria deles por sorteio e os restantes por eleição. Os quatro filos tradicionais foram abolidos (exceto para certos fins rituais) e substituídos por dez novos, cada um com um herói mitológico como padroeiro.

O território foi reorganizado em 139 demos (povoados e bairros da capital), agrupados em três categorias: *asty*, cidade, *paralia*, litoral e *mesogeia*, interior, cada uma delas subdividida em dez trítias, que podiam conter um a dez demos cada uma. Cada um dos dez novos filos era formado por uma trítia da cidade, uma do litoral e uma do interior e dentro de cada filo eram sorteados 50 cidadãos como *bouleutai*, de maneira a formar a *boule* (Conselho) de 500, que controlava a rotina da administração e preparava a agenda da *ekklesia* (Assembleia), que se reunia dez vezes por ano para tomar as decisões mais importantes e da qual em teoria participavam todos os cidadãos que tivessem prestado o serviço militar de dois anos. Na prática, dos 42 mil cidadãos que a *polis* tinha em 431 a.C., dois mil ou três mil, principalmente artesãos e comerciantes dos subúrbios e do porto do Pireu, participavam da maioria das decisões. Para as mais importantes, exigia-se um quorum de seis mil, considerado "o povo completo" (*ho demos plethuon*).

Os arcontes passaram também a ser sorteados entre os candidatos apresentados por cada tribo, assim como a maioria dos cargos públicos, com exceção dos cargos militares e financeiros e do superintendente das fontes, que eram eleitos. No caso dos cargos financeiros, era requerido que os candidatos fossem *pentacosiomedimnoi*, para que tivessem condições de indenizar o Estado em caso de peculato. Os eupátridas continuaram a existir e influir sobre a Boulé e os tribunais em função de sua riqueza e prestígio, mas sem ter privilégios legais. O Areópago, com poderes limitados ao de tribunal para homicídios, passou a ser formado por todos os ex-arcontes.

O exército ateniense era formado a partir de cada uma das dez tribos. Cada uma fornecia uma *taxis* (unidade de infantaria pesada, que podia chegar a 1.300 hoplitas numa mobilização plena) comandada por um **taxiarca** da própria tribo, eleito pelo conjunto da Assembleia; um corpo de cavalaria, comandado por um **filarca** eleito da mesma maneira; e cinco navios de guerra, cada um comandado por um **trierarca** (um homem rico, pois tinha a responsabilidade de cuidar da manutenção do navio). O conjunto das forças armadas era comandado por dez **estrátegos** (generais) eleitos pela Assembleia, originalmente um de cada tribo, depois sem essa restrição, que podiam comandar o exército em conjunto (tomando decisões por consenso ou pelo voto) ou dividir responsabilidades entre si. A cavalaria era comandada por dois **hiparcos** eleitos, subordinados aos estrátegos. Cada *taxis* era dividido em *lokhoi* de cerca de 100 hoplitas cada um, comandados por *lokhagoi* escolhidos pelo taxiarca e geralmente formados por homens de um mesmo *demos*.

Em 478 a.C., Atenas fundou e liderou a Liga Délica, uma federação de 150 a 173 cidades-estados com o propósito declarado de defesa comum contra o Império Persa, cuja sede, para fins de reunião e administração do tesouro comum, era inicialmente a pequena ilha sagrada de Delos, da qual veio o seu nome. Entretanto, a cidade mais poderosa logo começou a manipular a federação para seus próprios fins. Em 454 a.C., Péricles transferiu o tesouro para Atenas e a Liga tornou-se, na prática, um império. Atenas deixou de aceitar contribuições em homens e navios para exigir tributo em dinheiro, puniu violentamente as tentativas de secessão e fundou pelo território da Liga várias cleruquias, colônias de cidadãos atenienses, concedendo a cidadãos pobres terras suficientes para que se armassem como hoplitas e ajudassem a defender o império. Atenas interveio em várias poleis para impor sistemas de governo semelhantes ao seu, nomeou *proxenoi* (embaixadores) para negociar com os vassalos, *episkopoi* (supervisores) para fiscalizar a arrecadação de tributos e *hellenotamiai* (tesoureiros helênicos) para recebê-los e administrá-los. O crescimento excessivo de seu poder gerou, porém, revoltas que ao serem apoiadas por Esparta levaram à Guerra do Peloponeso, na qual Atenas saiu derrotada em 404 a.C.

Após a expulsão dos espartanos e seus aliados, Atenas criou contra Esparta uma segunda Liga que durou de 378 a.C. a 355 a.C., mas nesta seu predomínio foi menos agressivo. Houve um sinédrio (conselho) em Atenas no qual cada cidade tinha um voto; não havia tributos regulares, mas apenas contribuições extraordinárias em tempo de crise, e Atenas foi proibida de fundar colônias e intervir nos assuntos internos dos membros.

Esparta

A *polis* da Lacedemônia, mais conhecida pelo nome da sua capital, Esparta, era formalmente uma diarquia, com dois reis simultâneos de duas dinastias, os Agíades e os Euripôntidas. Eram chefes religiosos, comandantes em tempo de guerra (normalmente um comandava o Exército e outro permanecia na cidade) e membros natos da *Gerousia*, senado composto pelos dois reis e 28 gerontes, espartanos de 60 anos ou mais, na maioria parentes das duas famílias reais, eleitos vitaliciamente pela *Apella*, assembleia formada pelos cidadãos com mais de 30 anos e 10 anos de serviço militar completos.

À divisão original do povo em três filos dóricos, subdivididos em 27 fratrias, foi sobreposta uma divisão territorial em 5 *obai*, correspondentes aos quatro bairros de Esparta e à vizinha aldeia de Amiclas. Cada *oba* elegia um dos éforos, os cinco magistrados que normalmente exerciam o poder executivo e eram eleitos anualmente pela *Apella*.

Os habitantes da Lacedemônia eram divididos nas seguintes classes:

Esparciatas ou **homoioi** ("pares" ou "iguais") eram os cidadãos espartanos propriamente ditos, que eram isentos de trabalho braçal e dedicados inteiramente à guerra. Apesar de serem teoricamente iguais do ponto de vista legal (salvo os dois *basileis* e seus herdeiros), havia entre eles importantes diferenças de riqueza e status. Cada esparciata recebia do Estado um *kleros*, uma porção de terra cultivada por hilotas (ler adiante) para seu sustento, mas essas parcelas não eram exatamente iguais e as famílias espartanas podiam também possuir propriedades privadas de qualquer tamanho. No início do século IV a.C., esse sistema foi abolido e as terras se tornaram inteiramente propriedades privadas, concentradas em cerca de 100 famílias.

Hypomeiones ("inferiores") eram descendentes de cidadãos espartanos que tinham perdido seus direitos civis, geralmente por incapacidade de suas famílias de pagar por sua formação na *Agoge* (escola dos cidadãos) ou pela participação na *syssitia*, refeições comunais nas quais todos os cidadãos eram obrigados a participar diariamente.

Mothakes ("irmãos adotivos") eram filhos de cidadãos empobrecidos, ou filhos de cidadãos com mães hilotas que tinham sua educação patrocinada por cidadãos mais ricos como se fossem "irmãos adotivos" de seus filhos. Eram livres e participavam do exército, mas não tinham direitos políticos, por não poder pagar pela *syssitia*.

Trophimoi ("alimentados") eram periecos ou estrangeiros adotados por famílias esparciatas ricas que pagavam sua educação de modo a abrir caminho a sua integração ao corpo de cidadãos, possibilidade aberta em 245–241 a.C. como tentativa de reforçar a classe governante decadente e a caminho de extinção.

Syntrophoi ("que comem juntos") eram hilotas criados da mesma maneira, mas cuja incorporação como cidadãos dependia de um desempenho excepcional.

Periecos (*perioikoi*, "que moram em volta") eram vassalos livres de Esparta, que viviam em centenas de aldeias espalhadas por seu território. Não tinham direitos civis nem podiam se casar com mulheres esparciatas, mas podiam possuir terras e ter atividades comerciais (proibidas aos cidadãos) e mudar de cidade se desejassem, o que era proibido aos esparciatas.

Neodamodeis eram hilotas libertados em troca da prestação de serviço militar como tropas auxiliares no Exército espartano, mas que mesmo assim não tinham direitos políticos.

Hilotas eram servos ligados à terra, obrigados a cultivá-las para os esparciatas que as possuíam como seu *kleros* ou como propriedades privadas. Não podiam, porém, ser comprados ou vendidos e retinham 50% da produção agrícola para seu próprio consumo.

Escravos (*douloi*) eram comprados e vendidos como gado e existiam também em Esparta, embora tivessem um papel menos importante que em outras cidades.

Originalmente, cada *oba* devia fornecer os cidadãos que integravam um dos *lokhoi* ("emboscada" e também "nascimento"), os regimentos do exército espartano, que na época das guerras médicas tinham cerca de mil hoplitas cada um. A estes cinco *lokhoi* se somavam, em caso de necessidade, mais dois *lokhoi* formados por *neodamodeis* (hilotas libertos, que recebiam terras próprias para se assentarem) e um de periecos chamados *skiritai*, de uma comunidade da Arcádia favorecida pelos espartanos. Cerca de 300 soldados mais experientes, casados e com filhos, eram escolhidos para a guarda real e chamados *hippeis* ("cavaleiros"), embora fossem hoplitas.

A partir de 413 a.C., o exército espartano foi reorganizado em 6 *morai* comandadas por **polemarcas** eleitos pela Apella, que se dividiam em 24 *lokhoi*. Quando todas as classes de idade eram convocadas, cada *lokhos* era teoricamente formado por 144 hoplitas comandados por um **lokhagos**, divididos em duas *pentekostyes* ("grupo de 50") de 72 hoplitas, comandadas cada uma por um **pentekonteres** e subdividido em oito *enomotiai* ("grupos jurados") de 36, comandadas por **enomotarcas** que tinham como auxiliar um oficial chamado *ouragos* ("condutor da cauda"), que mantinha a ordem na retaguarda da unidade.

Do século VI a.C. ao IV a.C., Esparta liderou a Liga do Peloponeso, formada pela maioria das cidades da região. Por meio dela, se defendiam de Atenas e dos persas e protegiam mutuamente suas oligarquias de revoluções democráticas. Não havia tributo, mas apenas uma contribuição em tempo de guerra. As decisões eram tomadas por um conselho de aliados, no qual cada cidade tinha um voto, e pela assembleia dos esparciatas, que não era obrigada a aceitar as decisões dos aliados.

Tebas

Tebas, que exerceu a hegemonia na Grécia por um curto período após a derrota de Esparta, era a principal cidade e sede da anfictionia (federação) da Beócia, formada por 11 *poleis*, todas elas com governos oligárquicos, nos quais só aqueles que tinham propriedade acima de certo valor participavam das decisões políticas.

Em 424 a.C., cada cidade fornecia mil hoplitas e cem cavaleiros e elegia 60 delegados para o conselho da federação (*synedrion koinon*), além de um **beotarca** (*boiotarkhos*, "chefe da Beócia"), com exceção da própria Tebas, que elegia dois beotarcas. O conselho dos 12 beotarcas, eleito anualmente e presidido por um dos tebanos, dirigia a guerra e as relações exteriores da federação, cujas medidas precisavam, porém, ser aprovadas pelos conselhos das cidades-estados integrantes.

Em 395 a.C., Tebas havia anexado várias pequenas cidades-estados e passara a eleger quatro beotarcas, dois deles para representar os novos territórios. Três cidades menores forneciam um beotarca cada uma, três outras elegiam dois beotarcas em conjunto e dois outros grupos de três pequenas poleis elegiam um beotarca cada um. Assim, passou a haver ao todo 13 cidades-estados e 11 beotarcas, até a destruição da federação pelos macedônios.

O *synedrion koinon*, de 660 integrantes, era dividido em quatro seções de 165, cada uma das quais funcionava rotativamente como *boulé*, preparando a agenda para a reunião geral sob a presidência de um arconte.

O mesmo sistema funcionava nas assembleias de cada cidade, que também tinha um arconte como presidente da boulé e um polemarca, responsável por prisões e recrutamento tropas. A *boulé* de Tebas reunia 3 mil cidadãos, divididos em quatro conselhos de 750.

Uma peculiaridade do exército tebano era o Batalhão Sagrado de Tebas (*hieros lokhos ton Thebon*), tropa de elite formada por 150 casais homossexuais, cada um formado por um soldado mais velho e outro mais jovem, que existiu de 378 a.C. a 338 a.C.

Macedônia

Até o século V a.C., a Macedônia era governada por nobres dos quais o rei, a eles ligado por laços familiares, era apenas um comandante militar supremo, obedecido em tempos de crise. Era vista pelos gregos como uma federação e não um Estado (*polis*).

A unificação foi iniciada por Amintas III (c. 393–370 a.C.) e completada por seu filho Filipe II (359-336 a.C.), baseando-se na hegemonia da Baixa Macedônia, planície conquistada e controlada pelo rei e cultivada por pequenos proprietários, sobre os senhores semifeudais da montanhosa Alta Macedônia.

A Macedônia era governada por um rei (*basileus*), cujo principal auxiliar era o secretário ou escriba real (*basilikos grammateus*). Um conselho chamado sinédrio (*synedrion*), do qual participavam o rei e notáveis por ele nomeados para aconselhá-lo com liberdade de palavra, preparava a discussão de leis e decisões de Estado. Era formado por sete *somatophylakes* ("guarda-costas"), nobres escolhidos pelo rei como guardas honorários e conselheiros, aristocratas que participavam por direito de nascimentos chamados "amigos" (*philoi*) ou "companheiros do rei" (*basilikoi hetairoi*) e os generais do Exercito (*hegemones ton taxeon*) nomeados pelo rei. O herdeiro era normalmente um filho do rei, geralmente o mais velho, mas dependia da aceitação do Sinédrio, que em várias ocasiões apoiou e entronizou outro membro da família real.

A Assembleia (*koine ekklesia* ou *koinon makedonon*), formada pelos soldados-cidadãos, normalmente apenas ratificava o que fosse decidido no Sinédrio. Filipe II dividiu a Macedônia em seis regiões (*merides*), cada uma com sua Assembleia e agrupando numerosas *poleis* semi-autônomas, que serviam como base para o recrutamento das unidades militares.

Após derrotar Tebas na batalha de Queroneia, Filipe II unificou a maior parte da Grécia (exceto Esparta e Creta) na chamada Liga de Corinto, que governava com os títulos de *hegemon* ("líder") e *strategos autokrator* (comandante militar com poder autônomo). A Liga tinha também um Sinédrio e fornecia tropas ao exército de Filipe II e seu filho Alexandre proporcionalmente à sua população.

O núcleo do exército da Macedônia que invadiu o Império Persa (sem incluir as tropas dos aliados) foi organizado por Filipe II e Alexandre a partir de modificações do modelo tebano, nas seguintes unidades:

Seis *ilai* (singular *ile*) de cavalaria pesada (*hetairoi*, ou "companheiros", recrutados na aristocracia macedônia), cada um formado por 150 cavaleiros e comandado por **ilarcas**, e um *ile* real (*ile basilike* ou *agema*), que tinha 300.

Seis *ilai* de cavalaria leve (*prodromoi*, "precursores", por irem à frente como batedores), cada uma com 100 cavaleiros.

Seis falanges ou *taxeis* (singular *taxis*) de infantaria média, os *pezhetairoi* ("companheiros a pé"), cada uma com 1.500 hoplitas; cada uma era recrutada numa das seis regiões e comandada por um estrátego ou **taxiarca** da mesma região. A subdivisão básica era o *lokhos* (neste contexto, uma fileira de 16 soldados), também chamado *synomotia* ou *dekania*, cada uma com um *lokhagos* à frente e um *ouragos* atrás. Quatro *lokhoi* formavam uma tetrarquia, comandada por um tetrarca, duas tetrarquias uma taxiarquia, comandada por um taxiarca e duas taxiarquias um sintagma ou *xenagio*, comandada por um sintagmatarca ou *xenagos*.

Três quiliarquias, unidades de infantaria pesada de 1.000 hoplitas cada uma (*hypaspistai*, "escudados"), comandadas por **quiliarcas,** uma das quais formava a *agema*, ou guarda real.

Com exceção das guardas reais de hoplitas e cavaleiros, que acompanharam Alexandre em sua totalidade, as demais forças representavam metade do exército macedônio. A outra metade permaneceu no país.

Nos Estados dos diádocos ("sucessores"), nos quais foi dividido o império de Alexandre após sua morte – os maiores foram Macedônia, Egito e Selêucia –, os sintagmas de 256 homens foram agrupados em unidades maiores: dois sintagmas formavam uma *pentakosiarchia*, quatro uma *chiliarchia*, oito uma *merarchia*, *keras* ou *telos* comandada por um **kerarkhos**, 16 uma *apotome* ou falange propriamente dita, comandada por um **falangiarca**, 32 uma *diphalange*, comandada por um **difalangiarca** e 64 (num total de 16.384 homens) uma *phalangarchia*, comandada por um **tetrafalangiarca**.

A organização desses impérios em geral refletiu a dos precursores e a Macedônia manteve a organização em *merides*. O Império

Selêucida manteve as satrapias dos imperadores persas, subdivididas em eparquias e estas em hiparquias. O Egito dos Ptolomeus manteve a divisão em nomos herdada dos faraós, mas cada nomo era agora governado por um estrátego e o nomarca era apenas o responsável pela irrigação. Cada nomo foi divido em toparquias, governadas por toparcas e unidades menores governadas por ***myriarouroi***, cada um dos quais supervisionava o equivalente a 25 quilômetros quadrados. Abaixo destes estavam o ***komarkhes***, chefe de aldeia, e o ***komogrammateus***, escriba de aldeia, que eram geralmente nativos egípcios.

Esses sucessores desenvolveram cortes complexas, com base num sincretismo entre a cultura grega e a dos povos conquistados. Aos cortesãos ou áulicos eram concedidos vários títulos, que também serviam para distinguir honorariamente funcionários civis e militares fora da corte (*aula*). Em ordem decrescente: ***syngenes***, "parente", *(syngenes)* ***homotimos***, "equivalente em honra (a parente)", ***ton proton philon***, "dos primeiros amigos", *(ton proton philon)* ***homotimos***, "equivalente em honra (a primeiro amigo)"; ***archisomatophylax***, "guarda-costas chefe", ***ton philon***, "dos amigos", ***ton diadochon***, "da classe dos sucessores" e ***ton somatophylakon***, "dos guarda-costas".

Reino de Roma

Monarquia latina

Roma foi originalmente uma monarquia eletiva. O **rei** (*rex*) era eleito por toda a vida por um senado de 100 membros, correspondentes aos *patres*, representantes das *gentes* (singular *gens*[9], "clã") da nobreza, cujos membros eram os **patrícios** (descendentes de *patres*), dos quais dependiam os **clientes**, numa relação de clientela e patrocínio.

O cliente tinha com o seu patrono obrigações comparáveis às de um vassalo para com seu suserano. Tinha a posse da terra que trabalhava e do fruto do seu trabalho e normalmente os legava para os filhos, mas isso era considerado, em última instância, uma concessão do patrono. Se morresse sem herdeiros, sua terra e posses eram herdadas pelo patrono e em caso de necessidade grave (por exemplo, para pagar o resgate do patrono feito prisioneiro), a família do patrono podia exigir sua contribuição. Além disso, o cliente devia lutar sob o comando do patrono na guerra, apoiá-lo nas disputas políticas e prestar-lhe serviços pessoais quando solicitado.

Patrono e cliente não podiam testemunhar ou mover processos um contra o outro. O cliente era considerado um membro menor da *gens* do patrono, sujeito à sua jurisdição e disciplina, mas com direito a participar do culto religioso da *gens* (e obrigação de contribuir para o mesmo) e a ser enterrado em sua sepultura comum. Um escravo liberto (*libertinus*) se tornava automaticamente cliente do seu antigo dono pelo resto da vida e podia perder a liberdade caso se mostrasse "ingrato", embora seus filhos fossem livres.

A plebe (*plebs*, 'multidão") era formada ainda por famílias e *gentes*

---

9 O nome de um homem romano tinha três partes: *praenomen*, nome pessoal, *nomen*, nome da gens e *agnomen*, alcunha. Assim, o herói Publius Horatius Cocles tinha Publius por nome pessoal, pertencia à gens Horatia e era chamado Cocles (Caolho) por alcunha. A partir do século IV a.C., muitas antigas alcunhas tornaram-se hereditárias como nomes de famílias, subdivisões da *gens* original, passando a se chamar *cognomen*. Um *agnomen* podia ainda ser acrescentado, como a Publius Cornelius Scipio Africanus, conhecido por suas façanhas na África. Mulheres eram chamadas simplesmente pelo nome da gens – Horatia ou Cornelia, por exemplo, distinguindo-se das irmãs, quando necessário, como Maior e Minor, ou Prima, Secunda, Tertia etc. e eventualmente um *agnomen*.

livres, não incluídas no sistema de clientela. Os **plebeus** eram também chamados *terrae filii*, "filhos da terra", por não terem ancestrais ilustres, enquanto patrícios eram *ingenui*, "nascidos dentro (de um clã ilustre)", palavra que depois significou "nascido livre".

O rei nomeava o **tribunus celerum**, comandante dos cavaleiros (chamados *celeres*, "velozes") e imediato em assuntos militares, que era o segundo cargo mais importante do Estado. Também indicava os **senadores** dentro das famílias patrícias e podia destituí-los. O Senado era um conselho consultivo convocado pelo rei e cujas decisões podiam ser por ele ignoradas. Era no início dividido em dez decúrias, cada uma das quais presidida por um dos *decem primi*, os "dez primeiros". Um destes era nomeado pelo rei como **príncipe do senado** (*princeps senatus*), que além de ser o primeiro a falar e servia como guardião da cidade (*custos urbis*), encarregado de fazer justiça e defender a cidade em sua ausência.

Quando da morte do rei, cada um dos *decem primi* exercia por cinco dias o cargo de **interrex** (rei interino ou regente) com direito de designar um candidato a soberano. Depois de indicado pelo senado, o candidato era aprovado pelo Comício por Cúrias (*Comicia Curiata*) antes de ratificado pelo Senado.

Ao contrário do Senado e das assembleias gregas, o Comício não discutia nem deliberava: limitava-se a votar sim ou não às leis ou candidatos apresentados. Era formado pelas três tribos romanas divididas dez a dez em 30 cúrias (*covirias*, "comunidades de homens"), agrupamento provavelmente geográfico de famílias. A tribo correspondia ao filo grego, a cúria à fratria, a *gens* ao *genos* e a família ao *oikos*. Os clientes podiam estar presentes no comício, mas o voto era decidido pelos patronos.

Tribos e cúrias estavam relacionadas à organização militar. Cada cúria armava uma decúria de patrícios como cavaleiros e uma centúria de 100 clientes como hoplitas, resultando num Exército de 3.300 homens. As três centúrias de cavaleiros tinham os mesmos nomes das três tribos e as turmas de 30 cavaleiros eram formadas por uma decúria de 10 cavaleiros de cada tribo. O chefe da tribo a comandava na guerra e era chamado **tribuno** (*tribunus*), termo que os gregos traduziam como *khiliarkhos* ("comandante de mil"). O chefe militar da cúria era o **curião** (*curio*, plural *curiones*).

Os sacerdotes tinham um papel tanto religioso quanto político, pois fixavam datas e procedimentos dos negócios públicos, podiam interferir na tomada de decisões de Estado e eram os depositários das leis, que não existiam em forma escrita e eram parcialmente secretas. Os mais importantes desde a monarquia eram:

Colégio dos Pontífices, que dirigia o culto estatal e aconselhava o rei em assuntos religiosos. Na monarquia eram cinco, sendo um deles o **Sumo Pontífice** (*Pontifex Maximus*) e os demais, **pontífices menores** (*pontifices minores*). Os remanescentes escolhiam um novo pontífice a cada vez que um deles morria. Exerciam uma supervisão geral sobre a religião do Estado e as cerimônias públicas e a regulação do calendário. Fixavam a duração dos meses e anos e festas religiosas a seu critério, anunciando-as a cada mês, os "dias fastos", nos quais negócios públicos e privados podiam ser conduzidos, e os "nefastos", nos quais essas atividades tinham de ser suspensas. Além disso, determinavam como cada processos legal devia ser conduzido. O Sumo Pontífice presidia as reuniões e anunciava as decisões, mas estas eram tomadas por maioria. Cabiam exclusivamente a ele, porém, escolher e punir as vestais (ler adiante).

Colégio dos Áugures, encarregado de interpretar a vontade dos deuses pelos augúrios "(sinais de) aumento" (no sentido de sucesso), obtidos pelo auspício ("observar aves", pelo voo, voz e alimentação), complementado por eventuais sinais do céu (relâmpagos e trovões) e portentos (acontecimentos anormais). Os auspícios eram tomados pelos magistrados antes de qualquer reunião ou decisão de Estado e por ocasião de sua eleição e, se fossem negativos, a reunião devia ser suspensa, a decisão cancelada ou adiada ou a eleição anulada. A responsabilidade da interpretação era do magistrado, mas cabia aos áugures, como especialistas, testemunhar que o ritual estava sendo corretamente efetuado – se o declarassem inválido, vetavam na prática a decisão. Eram originalmente três, um de cada tribo, escolhidos pelos remanescentes quando um deles morria. O mais velho, chefe do colégio, era chamado *magister collegii*.

Flâmines maiores ("sacrificadores maiores"), três sacerdotes patrícios, escolhidos para cultuar os três deuses mais importantes da religião de Estado: Júpiter (*flamen dialis*), Marte (*flamen martialis*) e Quirino (*flamen quirinalis*) com sacrifícios diários. O *flamen dialis* tinha automaticamente assento no Senado e o poder de asilar condenados, mas não podia deixar a cidade nem por uma noite. Ele e sua esposa (*flaminica dialis*, que era sua assistente nos sacrifícios) eram sujeitos a numerosos tabus e não podiam sair de casa sem os trajes rituais. Em caso de morte da flamínica, ele perdia o cargo.

Vestais, que originalmente teriam sido inicialmente duas, da tribo Ramnes, às quais teriam sido acrescentadas mais duas, dos Tities, por Sérvio Túlio e posteriormente mais duas, dos Luceres, no final da monarquia. Eram escolhidas pelo rei ainda meninas (seis a dez anos) e serviam por 30 anos, durante os quais deviam cuidar do templo de Vesta, do Paládio (estátua de madeira de Minerva, supostamente trazida de Troia por Eneias) e dos documentos ali custodiados, permanecer virgens e jamais deixar que se apagasse seu fogo sagrado. Eram respeitadas e tinham o poder de perdoar um condenado à morte se os encontrassem a caminho da execução, mas estavam sujeitas a penas terríveis se tivessem relações sexuais ou deixassem o fogo sagrado se apagar.

Arvais (*fratres arvales*, "irmãos dos campos"), doze sacerdotes que faziam sacrifícios anuais aos deuses para pedir boas colheitas.

Feciais (*fetiales*, "fundadores"), vinte sacerdotes que realizavam as cerimônias relacionadas às declarações de guerra e ratificações da paz e eram enviados como embaixadores para exigir reparações por ofensas ou danos. Eram chefiados por um porta-voz com o título de *Patres Patratus*.

Flâmines menores ("sacrificadores menores"), doze sacerdotes que podiam ser plebeus, dedicados ao culto de doze deuses menores: Ceres (*flamen cerialis*), Flora (*flamen floralis*), Vulcanus (*flamen volcanalis*), Pomona (*flamen pomonalis*), Volturnus (*flamen volturnalis*), Carmentis (*flamen carmentalis*), Falacer (*flamen falacer*), Furrina (*flamen furrinalis*), Palatua (*flamen palatualis*), Portunes (*flamen portunalis*) e outras duas divindades cujos nomes foram perdidos.

Saliares (*salii*, "saltadores") eram doze jovens patrícios que, vestidos em trajes de guerreiros arcaicos, cantavam e dançavam em honra a Marte para abrir a estação da guerra em março (*salii palatini*) e outros doze que faziam o mesmo em outubro para fechá-la em honra a Quirino (*salii collini*). Eram nomeados vitaliciamente, mas renunciavam ao sacerdócio quando eleitos ou nomeados para outro cargo. Usavam doze escudos, um dos quais seria um escudo de Marte caído do céu e os outros cópias para proteger a identidade do original, que garantiria a vitória de Roma nas guerras.

Monarquia etrusca

Segundo a tradição romana, Lucius Tarquinius Priscus, o quinto rei de Roma (616 a.C. – 579 a.C.), também conhecido em seu tempo como **lucumo** ou *lauchume* ("rei", em etrusco), teria sido um imigrante da cidade etrusca de Tarchuna ou Tarquinii que se tornou favorito do rei Ancus Marcius e se fez eleger rei após sua morte. A evidência histórica e arqueológica é que nessa época, Roma crescia sob forte influência etrusca. As instituições romanas posteriores mostram fortes influências etruscas, que incluem o nome das três tribos – *ramnes*, *tities* e *luceres*[10] – a toga, os litores e a cadeira curul. Até o nome de Roma pode ser etrusco e originário desse período: o historiador Varrão alude a *Septimontium* ("Sete Montes") como o nome latino original.

Outra palavra importante de origem etrusca é *populus*, originalmente "exército", cujos elementos, os cidadãos, eram também chamados *quirites*, "lanceiros". Provavelmente significava na origem o conjunto dos cidadãos não patrícios, mas com recursos para se armar e participar da Legião e do Comício por Centúrias (ler adiante), com exclusão dos proletários livres. Mais tarde passou a significar, conforme o contexto e a retórica política, o conjunto dos cidadãos ou o conjunto dos plebeus, incluídos os proletários.

Tarquinius Priscus teria aumentado o Senado para 300 membros

---

10 Segundo a tradição, essas tribos teriam se originado dos três povos fundadores de Roma, respectivamente latinos, sabinos e etruscos, instalados nos montes Palatino, Quirinal e Célio, mas é mais provável que, como os filos gregos, fossem divisões convencionais para organização militar e divisão de funções e poder no Estado e que existissem com os mesmos nomes nas cidades etruscas.

incorporando *patres* de *minorum gentium* ("gentes menores"), além de dobrar o número de cavaleiros e soldados, ampliando as dimensões do Exército romano para o que mais tarde foi chamado de legião (palavra que na origem significava "convocação"). Nesta ocasião, se não antes, os tities e luceres foram incorporados ao Senado, que, segundo a tradição, no início era formado apenas pelos ramnes. Estes mantiveram até o fim da monarquia o privilégio de votar primeiro, encabeçados pelo *princeps senatus* e por seus *decem primi*.

Sérvio Túlio, rei de 578 a.C. a 535 a.C., reorganizou o povo romano em classes de fortuna, cada uma das quais compreendia um número variável de centúrias, unidades militares formadas por aproximadamente 100 homens, divididos em juniores (17 a 45 anos), que serviam em campo como cidadãos-soldados, seniores (46 a 60 anos), que serviam de reserva e milícia de defesa urbana, mais algumas unidades especializadas.

Essas centúrias se reuniam num novo órgão, o Comício por Centúrias (*Comicia Centuriata*), que absorveu as principais atribuições do Comício por Cúrias, especialmente a guerra, as eleições e as questões de política externa. Também lhe cabia julgar em segunda instância certas questões, principalmente de direito de família. Tal como no comício por Cúrias, não havia deliberação, apenas voto nas propostas ou candidatos apresentados, mas os plebeus ricos ganharam representação efetiva e os pobres uma teórica. Plebeus e clientes se confundiram nas centúrias, nas quais eram chefiados por gente de sua própria classe social, sem interferência dos patrícios.

Ao ser convocado o comício, os cidadãos se apresentavam (inicialmente armados) no Campo de Marte, formados por centúrias, cada uma com seu centurião eleito e estandarte (*signum*) à frente, os cavaleiros ante uma bandeira verde e as demais classes ante uma vermelha. Como votavam por ordem decrescente de prestígio e havia 18 centúrias de cavaleiros e 80 de hoplitas de primeira classe, se estes dois grupos estivessem de acordo (o que, segundo Tito Lívio, geralmente acontecia), a questão era dada por decidida e as demais classes deixavam de votar.

As classes eram assim definidas:

Equites (cavaleiros), 18 centúrias,

> seis de patrícios cavaleiros que recebiam do Estado 10 mil asses para comprar um cavalo e 2 mil asses anuais

para pagar uma *vidua* (viúva ou solteirona) para cuidá-lo, cada uma com um nome: ramnes priores, ramnes posteriores, tities priores, tities posteriores, luceres priores, luceres posteriores.

12 centúrias de plebeus ricos que não recebiam cavalos. Talvez servissem com os próprios cavalos ou fossem équites apenas num sentido honorário.

Classici ("clássicos", infantaria pesada ou hoplitas), 82 centúrias dividas em:

> Primeira classe, com fortuna de ao menos 100 mil asses[11] segundo o censo. Formavam 80 centúrias (40 seniores, 40 juniores), com equipamento equivalente ao hoplita grego e 2 de artesãos desarmados (carpinteiros e metalúrgicos) encarregados de armar máquinas de guerra.

Infra classem ("subclasse", infantaria leve), 92 centúrias divididas em:

> Segunda classe, com ao menos 75 mil asses. 20 centúrias (10 seniores, 10 juniores), com escudo mais leve e sem cota de malha.
>
> Terceira classe, com ao menos 50 mil asses. 20 centúrias (10 seniores, 10 juniores), iguais aos anteriores, mas sem grevas.
>
> Quarta classe, com ao menos 25 mil asses. 20 centúrias (10 seniores, 10 juniores), sem armadura e espada, usavam dardos.
>
> Quinta classe, com ao menos 11 mil asses. Formavam 30 centúrias (15 seniores, 15 juniores) que usavam fundas e pedras, mais duas de corneteiros.

---

11 Um dracma valia um denário ou 10 asses. Em Atenas convertiam-se receitas em capital tributável na proporção de 1 para 12 para o pentacosiomedimno, 1 para 10 para o hippeis e 1 para 6,67 para o zêugita. Assim, o limite da primeira classe ateniense equivalia a 60 mil asses, o da segunda a 30 mil e o da terceira a 13,3 mil (não consideradas as possíveis diferenças de custo de vida).

Immunes ("isentos" de serviço militar), uma só centúria formada pelos *proletarii* ("proletários") ou *capite censi* ("cabeças do censo"), talvez carregadores no exército.

Classici e *infra classem* eram coletivamente chamados *assidui* ou *locupletes*, em contraste com os *immunes*.

A legião passou a somar, portanto, 18 centúrias de cavaleiros, 60 de hoplitas, 20 de infantaria leve e 5 de especialistas e auxiliares. A estes se somavam 80 centúrias de seniores, listados na reserva.

Sérvio Túlio sobrepôs às três tribos originais, teoricamente baseadas na ascendência, novas tribos territoriais: quatro urbanas, cada uma formada por vários *vici* (bairros) da cidade, e 17 rurais, cada uma formada por vários *pagi* (aldeias) da zona rural. Cada *vicus* tinha seu chefe, o *magister vici* e cada *pagus* seu *magister pagi*. O cidadão, plebeu ou não, pertencia à tribo na qual tinha suas terras, se fosse proprietário, ou a uma das quatro tribos urbanas – Palatina, Colina (monte Quirinal), Esquilina e Suburana (monte Célio) – se não o fosse. As tribos votavam no Comício por Tribos (*Comitia Tributa*) em questões administrativas e processos judiciais. Nessa assembleia, os patrícios tinham menos influência, dada a superioridade numérica dos plebeus proprietários.

O Comício por Cúrias teve as atribuições reduzidas ao direito de família e funções cerimoniais, inclusive eleger os **curiões,** que deixaram de ser chefes militares para se tornarem chefes religiosos de cada cúria. Passou a ser mais um cargo sacerdotal reservado a patrícios maiores de 50 anos, fisicamente perfeitos e saudáveis que não detivessem outros cargos civis ou militares. O chefe do colégio dos 30 curiões era o *curio maximus*.

República Romana

Início da República (509 a.C. – 495 a.C.)

Com a derrubada da monarquia, o Senado se tornou o poder supremo, que dirigia a política externa e interna e a princípio ditava ordens e limites a todos os funcionários do Estado. Não era um legislativo no sentido moderno, pois não votava leis, mas resoluções e conselhos (*senatus decretum* e *senatus consultum*, que podia ser um conjunto de decretos). Também determinavam receitas e despesas da República e taxas e tributos a serem arrecadados de súditos e aliados, além de arbitrar disputas entre estes e negociar com delegações estrangeiras. Tecnicamente, o Senado não tinha *imperium* (poder militar) nem *potestas* (poder civil), mas apenas *auctoritas* ("autoridade", proveniente de superioridade moral, intelectual ou religiosa). O nome oficial da República romana era *Senatus Populusque Romanus*, "o Senado e o Povo Romano", abreviado como SPQR.

Segundo a tradição, no início da República foram incorporados 164 novos senadores de origem plebeia, escolhidos entre os équites para substituir as vítimas do último rei, Lucius Tarquinius Superbus, e completar o número de 300. Por isso o Senado teria passado a se chamar *patres et conscripti*, "pais e listados". Mas dada a dura luta entre plebeus e patrícios, quinze anos depois, e o fato de que o Senado esteve inteiramente do lado dos patrícios, conclui-se que se foram admitidos senadores plebeus nessa ocasião, devem ter sido uma minoria e houve depois um retrocesso na sua participação. É possível que os *conscripti*, plebeus ou patrícios, tenham sido senadores vitalícios ou temporários e destituíveis, enquanto os *patres* eram hereditários.

Litores e *fasces*

Um importante símbolo de poder em Roma eram os litores (*lictores*), guarda dos magistrados com *imperium*, poder militar. Portavam *fasces*, feixes de varas de bétula para simbolizar o poder de punir, amarradas por correias vermelhas, símbolo de união. Se usados fora do *pomerium* (limite sagrado da cidade) ou por um ditador, eram ligados a machados de bronze, sinal de poder de vida e morte. Nesta forma, foram o símbolo do fascismo italiano do século XX.

Escolhidos na plebe, os litores precediam essas autoridades onde quer que fossem – no Foro, em casa, nos templos ou nos banhos públicos –, lhes abriam caminho na multidão, ficavam a seu lado quando falavam em público e prendiam ou puniam cidadãos à sua ordem. Eram dispensados quando o magistrado se dirigia a um superior ou visitava uma cidade livre. O grau de *imperium* era expresso pelo número de litores:
- Rei: 12 litores
- Pretor (início da República) ou Cônsul (mais tarde): 12 litores
- Magister populi ou ditador: 24 litores fora do *pomerium*, 12 no interior
- *Magister equitum*: 6 litores
- Tribuno consular: 12 litores (provavelmente)
- Pretor (subordinado ao consulado): 6 litores fora do *pomerium*, 2 dentro
- Edil curul: 2 litores
- Questor: 1 litor
- Procônsul: 11 litores
- *Propraetor* e *Legatus*: 5 litores
- Imperador: Originalmente 12 litores, 24 a partir de Domiciano (81-96 d.C.)

O Comício por Tribos se limitava, neste período, a servir de corte de recurso para processos que não envolvessem pena de morte e votar questões administrativas. O principal legislativo era o Comício por Centúrias, que além de votar as leis e declarações de guerra e julgar crimes passíveis de pena capital, passou a eleger anualmente os dois **pretores**[12] (*praetores*, "chefes", "que vão à frente") que substituíram o rei em suas atribuições executivas e judiciárias e davam seu nome ao ano no qual exerciam o cargo. Eram de início os únicos magistrados **curuis**, com direito a um cortejo de litores, à toga

---

12 Historiadores frequentemente se referem a esses magistrados como cônsules, mas esse título foi adotado mais tarde, provavelmente depois de 445 a.C.

pretexta (com bordas de púrpura) e ao uso da curul, cadeira portátil, dobrável, de pernas curvas e incrustada de marfim. Etam também os únicos que detinham *imperium*. Cada um deles tinha o comando de uma das duas legiões. Ao terminar seu mandato, o pretor tornava-se automaticamente membro do Senado. Se um deles morresse antes do fim do mandato, um *praetor suffectus* (substituto) era eleito para completar o mandato, mas o ano continuava a ser nomeado pelos pretores originais.

O pretor podia nomear homens de confiança como **legados** (*legati*, singular *legatus*), auxiliares para comandar o Exército, geralmente três, que precisavam ser confirmados pelo Senado. Normalmente, o pretor presidia a eleição dos sucessores. Se estivesse morto ou ausente, os *patres* do Senado (sem os *conscripti*) elegiam para esse fim um **interrex** ("rei interino", plural *interreges*) com mandato de cinco dias. O primeiro interrex era o *curio maximus*, chefe dos curiões, mas a eleição jamais era efetuada com ele. Era com o segundo ou terceiro *interrex* que o Comício das Centúrias era celebrado, às vezes até com o 11° ou 14°.

Foi também criada a figura do **magister populi** ("mestre do povo", no sentido de infantaria), mais tarde chamado **ditador** (*dictator*), a ser nomeado pelos pretores por ordem do Senado para assumir o poder absoluto em situações de emergência. Ao assumir o poder, o *magister populi* devia nomear um **magister equitum**, "mestre da cavalaria", tanto para comandar os cavaleiros quanto para representá-lo em sua ausência. Um e outro deveriam ser ex-pretores.

Ao contrário dos pretores, o ditador não estava sujeito aos decretos do Senado e não podia ser julgado por seus atos no exercício do cargo, mas seu mandato era limitado a seis meses, então duração máxima de uma campanha militar. Se a missão fosse cumprida antes desse prazo, deveria renunciar. Mais tarde também se nomeou ditadores para convocar comícios ou efetuar certos cerimoniais religiosos quando os magistrados regulares, por qualquer razão, estavam impossibilitados de fazê-lo, mas neste caso com mandato restrito a essa missão. Os demais cargos continuavam a existir durante a ditadura, mas submetidos às suas ordens, com exceção dos tribunos da plebe (ler adiante). Era comandante máximo do Exército, seus julgamentos eram inapeláveis e podia impor leis sem necessidade de ratificação por qualquer assembleia, embora estas pudessem ser revogadas após o fim de seu mandato.

Ao ser eleito pelas Centúrias entre os candidatos indicados pelo pretor que as convocava (único, no caso do ditador), o pretor ou ditador precisava ser empossado pelo Comício por Cúrias[13], que votavam a *lex de imperio* que conferia o mando militar e o *auspicium*, ou poder de consultar os deuses em nome da República, já que as Centúrias conferiam apenas *potestas*, poder civil limitado que não podia ser usado sem *imperium*. O eleito precisava então tomar seu *auspicium*, pelo qual era religiosamente legitimado. Se este fosse negativo, deveria em tese renunciar e o processo teria que ser reiniciado.

Em alguns casos raros de extrema urgência, em perigosas situações de guerra, os eleitos foram despachados sem essas formalidades. Nesses casos eram chamados **promagistrados** (magistrados provisórios ou substitutos – propretor ou proditador) e suas atribuições cessavam assim que cumprissem a missão para as quais foram enviados (conduzir o exército numa batalha, por exemplo).

Quando estavam ambos na cidade, os dois pretores se alternavam mensalmente na direção dos assuntos públicos (incluindo a presidência do Senado, a convocação de Comícios e a nomeação de senadores). Havia um pretor maior (provavelmente o mais idoso) e outro menor, mas a precedência do primeiro se limitava a exercer o comando no primeiro mês. O que estava no comando levava seus litores à frente, enquanto o outro os levava atrás de si e era precedido apenas por um *accensus* (mensageiro). Na ausência dos dois pretores, um ex-pretor era nomeado pelo Senado como **prefeito** (*praefectus urbis*) para exercer seus poderes, com os mesmos privilégios.

Cabia também ao Comício por Centúrias escolher o sumo pontífice entre os cinco candidatos, a cada vez que o antecessor falecia e os remanescentes escolhiam um novo sacerdote. O sumo pontífice, por sua vez, escolhia o **rex sacrorum** ("rei dos sacrifícios"), patrício que substituía o rei deposto em suas atribuições rituais e não podia exercer nenhum outro cargo, mas não detinha autoridade civil ou religiosa. Sua esposa era **regina** ("rainha") e também participava de certos rituais.

Outra sobrevivência da monarquia foram os ritos da aclamação do **imperador** (*imperator*) e celebração do triunfo. No sentido amplo, imperador, na república, era todo magistrado com *imperium*,

---

13 Além dessa função ritual, as Cúrias mantiveram jurisdição sobre adoção, transferência de famílias entre gentes e mudança de status de plebeu para patrício e vice-versa.

mas este poder militar só podia ser exercido fora do *pomerium*[14]. Entretanto, um pretor, cônsul (ler adiante) ou ditador que obtivesse uma grande vitória[15] e fosse aclamado *imperator* por suas tropas podia solicitar ao Senado o reconhecimento de seu direito ao triunfo (*triumphus*). Se concedido, ele podia entrar na cidade com suas tropas, cetro e toga picta, atributos da realeza, e conduzir uma quadriga e à frente da procissão triunfal, acompanhada pelos senadores e pelo povo, até o templo de Júpiter no Capitólio. Era a retomada de uma cerimônia etrusca pelo qual os reis vitoriosos eram recebidos como semideuses (o grito de *triumpe*! que dava nome à cerimônia era cognato do grego *thriambos*! que invocava Dioniso) e que na república permitia aos chefes vitoriosos serem "reis por um dia" e exercerem simbolicamente o *imperium* dentro do *pomerium*. Depois da cerimônia, o vitorioso tinha o título de **vir triumphalis** ("homem triunfal") ou **triumphator** pelo resto da vida. Após a morte, era representado no seu funeral e nos de seus descendentes por um ator que usava sua máscara mortuária (imago) e a toga picta, como que elevado a herói semidivino.

Para uma vitória de menor calibre – contra inimigos vistos como inferiores (piratas, escravos rebelados) ou com pouco derramamento de sangue –, o Senado concedia em vez do triunfo uma simples ovação (*ovatio*): o vencedor deveria conduzir uma simples biga, usar toga pretexta, usar uma coroa de mirto em vez de louros e não era acompanhado por senadores e soldados na procissão.

Surgiu mais um colégio sacerdotal, o dos **viri sacris faciundis** ou **viri sacrorum**, guardiães (inicialmente dois) dos *Livros Sibilinos* que supostamente continham profecias sobre o futuro de Roma e tinham sido comprados pelo último rei, Lucius Tarquinius Soberbus, à Sibila (profetisa de Apolo no templo de Cumas, cidade grega perto de Nápoles). Quando ordenado pelo Senado, os *sacris faciundis* deviam consultar e interpretar esses livros.

Em 498 a.C. ou 496 a.C., a República Romana derrotou a Liga

---

14 Limite sagrado da cidade, área dentro das muralhas servianas menos o Aventino e o Capitólio.
15 Vitória que não fosse mera compensação de derrota anterior nem parte de uma guerra perdida, destruísse muitos inimigos (pelo menos 5 mil na era imperial) com poucas perdas romanas, em guerra "declarada contra um inimigo externo com todas as formalidades civis e religiosas e em que o vitorioso tivesse *imperium* e *auspicium*. O triunfo era um ato religioso e exigia plena legitimidade, com aprovação prévia do povo e dos deuses. Uma vitória obtida por um subordinado, legado ou substituto estava "sob os auspícios" do magistrado que o nomeou, a quem cabiam a aclamação e o triunfo.

Latina que, liderada pelo ditador de Tusculum, respaldava a tentativa do idoso Tarquinius Superbus de recuperar o trono. Após a vitória, Roma estabeleceu com as cerca de 30 cidades-estados da Liga um pacto chamado *Foedus Cassianum* ou Tratado de Cassius, que pôs Roma à frente dos exércitos federados, num total de 18 mil homens, metade de Roma, metade da Liga. Neste período, a hegemonia romana não era absoluta e o comando das tropas foi provavelmente dividido ou alternado entre romanos e latinos.

Luta das ordens e conquista do Lácio (494 a.C. –339 a.C.)

Em 494 a.C., a plebe romana abandonou em massa o trabalho e a capital e ameaçou fundar uma nova cidade no Monte Sacro (a 10 quilômetros do Foro Romano) e deixar os patrícios entregues a si mesmos. Estes aceitaram perdoar parcialmente as dívidas dos plebeus e lhes concederam o direito de eleger anualmente magistrados dedicados a proteger seus direitos, os **tribunos da plebe** (*tribuni plebis*) e os **edis da plebe** (*aediles plebeii*). Além disso, os plebeus passaram se reunir em separado no Conselho da Plebe (*Concilium Plebis*), o Comício por Tribos sem os patrícios, convocados pelos tribunos para deliberar sobre seus interesses e votar plebiscitos, "decretos da plebe", que de início eram aplicáveis apenas aos plebeus.

Os plebeus ganharam um templo no Monte Aventino para seus deuses mais importantes, Ceres, Líber e Líbera, e seu próprio festival, a *Liberalia*, em contraposição ao templo máximo dos patrícios, o do Monte Capitolino, dedicado a Minerva, Júpiter e Juno[16], como se fundassem uma cidade plebeia junto à Roma patrícia, dedicada ao gêmeo derrotado de Rômulo (segundo o mito, foi no Aventino que Remo perdeu o augúrio que decidiria quem fundaria a cidade para o irmão, que foi ao Palatino).

Eleitos inicialmente no Comício por Cúrias e a partir de 472 a.C. pelo Comício por Tribos, os tribunos da plebe, obrigatoriamente plebeus, não eram obrigados a acatar ordens nem mesmo de um ditador e eram "sacrossantos", o que significa que quem os agredisse ou tentasse impedi-los de cumprir seu dever poderia ser morto impunemente. O tribuno podia vetar qualquer procedimento que

---

16 Essa trindade de origem etrusca teria substituído a trindade latina original, Marte, Júpiter e Quirino.

prejudicasse a plebe (o que incluía o poder de paralisar o Senado, a máquina do Estado e até uma mobilização militar se suas exigências não fossem atendidas), interceder em favor de qualquer plebeu que considerasse vítima de injustiça de patrícios e dar ordem de prisão a quem violasse os direitos da plebe em sua presença (sendo para isso acompanhado de um funcionário, o *viator*). Sua jurisdição terminava, porém, a uma milha dos limites da cidade. Não podia sair dela e devia manter as portas de sua casa abertas para que qualquer plebeu necessitado pudesse encontrá-lo. Foram inicialmente dois, depois cinco e, a partir de 457 a.C., dez, dois para cada uma das cinco classes de centúrias. Nessa data também ganharam o direito de convocar o Senado e falar aos senadores. Uma limitação importante era, porém, a necessidade de consenso dos tribunos para que seus poderes de veto e intercessão fossem exercidos, e quando seu número foi aumentado para dez, havia sempre o risco de patrícios subornarem um deles para anular sua interferência.

Os dois edis da plebe eram inicialmente assistentes dos tribunos, mas a partir de 446 a.C., ganharam atribuições complexas e independentes, incluindo guardar os textos escritos das leis e decretos do Senado para evitar que fossem suprimidos ou adulterados pelos patrícios e cuidar da polícia e manutenção dos espaços públicos, aplicação de regulamentos urbanos (inclusive fiscalização de banhos, tavernas e refeitórios), normas comerciais (inclusive pesos e medidas) e organização de jogos e espetáculos.

Em 452 a.C., a plebe novamente ameaçou com secessão e exigiu dos patrícios, que até então se baseavam em leis orais guardadas por sacerdotes e parcialmente secretas, a adoção de um sistema de leis objetivas e escritas, expostas no Foro Romano. Em 451 a.C, as magistraturas ordinárias foram suspensas e o poder foi exercito por dez **decênviros** eleitos pelo Comício por Centúrias – dois pretores e oito outros magistrados com iguais poderes que governavam um a cada dia, em rodízio, enquanto redigiam as novas leis. No ano seguinte, um novo conjunto de decênviros completou a redação das leis (as "Doze Tábuas"), mas se recusou a deixar o poder e foi deposto à força no ano seguinte. Possivelmente neste período foram instituídos dois **questores de homicídios** (*quaestores parricidii*, mas neste período "parricídio" significava matar um homem livre, não necessariamente o próprio pai), escolhidos anualmente pelo Comício por Cúrias para investigar e julgar tais crimes.

Em 445 a.C., nova revolta forçou os patrícios a fazer mais uma concessão, a Lei Canuleia, que tornou possível o casamento entre patrícios e plebeus (com os filhos herdando o status do pai) e aos plebeus serem eleitos pelo Comício por Centúrias para **tribunos** (os tradicionais chefes militares das três tribos) aos quais foram dados poderes equivalentes ao dos antigos pretores, sendo chamados nesta acepção de **tribunos consulares** (*tribuni militum consulari potestate*), por terem o poder de consultar o Senado, mudança que também serviu para dar conta do crescimento do exército e do Estado. Sua eleição foi nas primeiras décadas irregular, alternando-se ao sabor de decretos do senado com a de duplas de **cônsules**, "consultantes", que eram patrícios e governavam como pretores tradicionais, não se sabe se por necessidade militar ou pelas vicissitudes do conflito entre patrícios e plebeus.

Os tribunos consulares governaram em número de três nos quatro anos em que governaram de 444 a.C. a 427 a.C., três ou quatro nos 13 anos em que governaram em 426 a.C. e seis de 405 a.C. a 366 a.C., quando governaram seguidamente (exceto no período de 375 a.C. a 371 a.C., quando o *imperium* parece ter ficado vago). Pelo menos um tribuno permanecia na cidade como prefeito (*praefectus urbi*) para administrar a justiça, convocar o Senado e os Comícios e desempenhar outras funções civis quando os demais estavam em campanha, que os patrícios provavelmente exigiam que este fosse um dos seus. Além disso, o poder dos tribunos consulares plebeus foi limitado por novos cargos eleitos pelo Comício por Cúrias, que absorveram parte das anteriores atribuições dos pretores e foram no início reservados aos patrícios: censores e questores.

Os dois **censores**, eleitos a cada cinco anos, tinham como atribuição principal o censo, o que implicava identificar todos os pais de famílias (*patres familias*), dependentes, libertos, escravos, terras, gado e outras propriedades, fixar o imposto a pagar (geralmente um milésimo do valor da fortuna, eventualmente com sobretaxas punitivas sobre o luxo excessivo), para então determinar o lugar de cada um nas tribos, classes e centúrias. De início, seu mandato durava cinco anos, mas, a partir de 434 a.C., renunciavam após um ano e meio, ao terminar o trabalho de recenseamento (embora continuassem a ser eleitos a cada cinco anos). Além disso, ao fazer a lista quinquenal dos senadores, nomeavam quem ocuparia as vagas abertas, podiam destituir os que julgassem indignos e faziam do primeiro da lista o **príncipe do senado** (um ex-cônsul, geralmente o mais velho dos ex-censores), que tinha o direito de ser o primeiro senador a falar depois que o magistrado que presidia o Senado (cônsul, tribuno consular ou pretor) apresentava o tópico do debate, abria e fechava sessões, impunha ordem e regras, representava o Senado ante embaixadas estrangeiras e redigia cartas e despachos em seu nome. Os seguintes eram os *decem primi*, que deixaram, portanto, de ser automaticamente os descendentes das mais antigas das "gentes maiores".

Em outras palavras, os censores determinavam o lugar social e as perspectivas políticas de cada cidadão. Por extensão, lhes cabia supervisionar a moral pública e censurar aqueles que a violassem. Se os dois censores concordassem com uma nota formal de censura, o cidadão podia perder privilégios (como o cavalo concedido pelo Estado aos équites), ser degradado de tribo (das rústicas para as urbanas, como se não tivesse propriedades) ou ser excluído das centúrias e posto na lista dos *aerarii* (sem direito de voto), embora essas punições pudessem ser revertidas pelos censores que os sucedessem. Censores também contratavam a coleta de impostos, supervisionavam as obras públicas ordenadas pelo Senado e podiam convocar o Comício por Cúrias. Não tinham *imperium* nem direito a litores, mas sua dignidade era a mais alta do Estado. Em vez da toga pretexta, usavam a toga picta, toda tingida de púrpura.

Os **questores do erário** (*quaestores aerarii*)[17], que antes existiam como simples auxiliares nomeados pelos pretores, passaram a ser dois patrícios eleitos para administrar o tesouro público e pagar os soldados. Em 421 a.C. passaram, porém, a ser quatro – dois ficavam na cidade como **quaestores urbani** e dois acompanhavam as legiões, cuidando de pagar o exército e de contabilizar e administrar a pilhagem – e os cargos foram abertos a plebeus, embora só em 409 a.C. três deles tenham de fato sido eleitos.

Em 387 a.C., após a anexação da cidade etrusca de Veii, o número de tribos foi aumentado das 21 originais para 25 e mais duas foram criadas em 357 a.C.

Em 369 a.C., o número dos **viri sacrorum** (guardiães dos Livros

---

17 Segundo Tito Lívio, os soldados começaram a ser pagos regularmente a partir de 405 a.C., mas há indicações de terem sido pagos antes, provavelmente como forma de convencer os plebeus a apoiar campanhas militares. Legionários recebiam 100 asses mensais, centuriões 200 e cavaleiros 300.

Sibilinos) foi aumentado de dois para dez, metade dos quais escolhidos entre plebeus a partir de 367 a.C., a fim de evitar que os livros fossem interpretados de maneira a prejudicá-los, o que acompanhou uma reforma importante, chamada Lex Licinia Sextia por ter sido proposta por dois tribunos da plebe chamados Licinius Calvus e Sextius Lateranus. Os seis tribunos consulares foram abolidos e substituídos por cinco novos cargos eleitos pelo Comício das Centúrias: dois **cônsules**, dos quais um teria de ser plebeu e um **pretor** e dois **edis curuis**, a princípio patrícios.

Os **cônsules** assumiram os principais poderes executivos e militares dos antigos pretores: comandar o exército em campo com poder absoluto sobre os legionários, presidir o Senado e os Comícios, convocar qualquer cidadão à sua presença e ordenar a prisão de quem se recusasse a comparecer.

O novo **pretor** (*praetor*) devia presidir o Senado ou os Comicios na ausência dos cônsules e organizar a defesa da capital em emergências, mas sua atribuição principal era a de chefe de justiça com *imperium* (sujeito ao veto consular) em substituição ao tribuno consular que permanecia na cidade. Com isso, deixou de existir o *praefectus urbi*, a não ser como cargo cerimonial durante as *Feriae Latinae*, festa durante a qual todos os senadores e magistrados, incluindo o pretor, iam à celebração no Monte Albano, fora da cidade. Enquanto os cônsules nomeavam três ou mais legados (até 10, dependendo da necessidade), o pretor escolhia apenas um.

Os ex-cônsules, assim como o ex-pretor, retiveram o direito dos antigos pretores de se tornarem senadores ao terminar seu mandato. Assim, Licinius Calvus, o primeiro plebeu a ser eleito cônsul sob a nova lei – duas vezes, em 364 a.C. e 361 a.C. – foi também, automaticamente, o primeiro a se tornar senador. Em 356 a.C., outro plebeu, Gaius Marcius Rutilus, foi nomeado ditador para enfrentar uma invasão etrusca e celebrou seu triunfo como *imperator*, mesmo contra a vontade do Senado.

Os outros **edis curuis** (*aediles curules*) dividiam a administração dos quatro setores da cidade com os edis da plebe (partilha decidida entre os quatro a cada eleição) e, embora tivessem praticamente as mesmas atribuições, tinham direito a todas as regalias dos cargos curuis, antes reservadas aos cônsules. A única diferença é que os edis curuis eram encarregados de celebrar às próprias custas os *Ludi*

Romani (Jogos Romanos) em honra da reconciliação entre as classes, o que exigia que fossem ricos.

Possivelmente também nesta ocasião, o cargo de censor também foi aberto aos plebeus (o primeiro foi eleito em 351 a.C.), os questores passaram a ser eleitos no Comício por Tribos. Além disso, começaram a ser eleitos anualmente no Comício por Cúrias os **tribunos militares** (*tribuni militum*), inicialmente 12, que não mais tinham relação com as tribos e eram escolhidos entre soldados que tinham completado cinco anos de serviço na cavalaria ou dez na infantaria para comandar as legiões sob as ordens dos cônsules.

O monopólio desses novos cargos civis pelos patrícios não durou muito. Os edis curuis logo puderam ser eleitos também entre plebeus ricos. Em 339 a.C. novas leis abriram o cargo de pretor aos plebeus, exigiram que pelo menos um dos censores fosse plebeu e proibiram que um indivíduo fosse eleito duas vezes para o mesmo cargo antes de dez anos. Além disso, a Lex Publilia Philonis determinou que os plebiscitos valeriam como lei para todo o povo se não fossem vetados pelo Senado, uma vez que fossem confirmados pelo Comício por Centúrias.

Isto aconteceu durante a Guerra Latina de 340 a.C. – 338 a.C., A Liga Latina se revoltou contra Roma e foi derrotada. Algumas cidades foram anexadas, outras se tornaram súditas dos romanos sob o chamado *ius latinum*, que concedia a seus cidadãos o reconhecimento sob a proteção da lei romana de suas propriedades e do direito de casamento com famílias de outras cidades latinas e migração entre essas cidades.

Luta das ordens e conquista da Itália (338 a.C. a 264 a.C.)

Entre 338 a.C. e 264 a.C., a República Romana e seus aliados conquistaram toda a península da Itália, submetendo 150 cidades-estados e tribos numa aliança mais centralizada, cuja política externa e militar era totalmente dirigia por Roma. Cada cidade derrotada era obrigada a se integrar à federação e ceder partes de seu território, não só à cidade-estado de Roma, como também para a instalação de colônias de romanos, que trocavam a cidadania romana por um pedaço de terra e a condição de sócios, que vigiavam as cidades submetidas e forneciam tropas auxiliares. O número de legiões passou de dois para quatro e o número de tribunos militares para 16 em 311 a.C.

Cada cônsul comandava duas legiões de 4.200 homens, duas alas laterais de igual número formadas por sócios (colônias e cidades submetidas, sendo o grupo fornecido por cada uma, de tamanho variável, chamado de *coorte*) e duas alas mais externas de cavaleiros, 600 romanos à direita e 1.800 sócios à esquerda. As tropas de cada cônsul somavam, portanto, 19.200 homens e podiam duplicadas em caso de emergência.

Cada uma das quatro legiões tinha no seu comando seis tribunos militares que comandavam dois por vez, por períodos de dois meses. O Cônsul nomeava entre patrícios romanos três *praefecti sociorum* ("prefeitos dos aliados") para cada ala (um comandante e dois substitutos eventuais), os tribunos de legiões adicionais, se fosse preciso criá-las e os *praefecti equites* ("prefeitos dos cavaleiros"), que comandavam as alas de cavalaria.

A partir de 315 a.C., o exército romano abandonou a formação em falange herdada dos gregos e etruscos e adotou um novo sistema, mais flexível, de manípulos que podiam se movimentar de forma independente e eram formados de três linhas: *hastati*, *principes* e *triarii*. Eram armados de maneira semelhante, respectivamente, à terceira, segunda e primeira classes de Sérvio Túlio, mas agora o equipamento era fornecido ou pelo menos financiado pelo Estado e a divisão se baseava mais em idade e experiência do que na riqueza. Os *hastati*, que combatiam na frente com lança e escudo, eram os mais jovens e os primeiros a enfrentar o inimigo, os *principes* vinham a seguir e os *triarii*, mais experientes e bem armados, entravam em combate se as duas primeiras linhas falhassem em romper as do inimigo. Os manípulos (dez manípulos de 120 *hastati* cada um, dez de 120 *principes* e dez de 60 *triarii*) eram apoiados na retaguarda por forças auxiliares de *rorarii* (derivados da antiga quarta classe, com dardos) e *accensi* (derivados da quinta classe, armados de fundas), que formavam dez grupos de 120 cada um, comandados por centuriões *hastati*.

Cada manípulo, de qualquer das categorias, tinha dois centuriões eleitos pelos soldados (60 por legião), um dos quais, prior, tinha o comando e o outro, posterior, era seu eventual substituto. Cada um deles escolhia um *optio* para supervisionar a retaguarda, um *signiferus* como porta-estandarte (embora houvesse um só *signum* no manípulo) e, provavelmente, um trombeteiro. Além disso, os cavaleiros elegiam três decuriões (um comandante e dois substitutos eventuais) para cada turma de 30 cavaleiros, cada um dos quais também escolhia um *optio*.

Os plebeus, que já tinham acesso a todas as magistraturas importantes, ampliaram também seu acesso a funções sacerdotais e religiosas. Em 300 a.C., o número de pontífices foi aumentado de cinco para nove, quatro dos quais teriam de ser plebeus. O colégio de áugures também foi ampliado para nove, sendo cinco plebeus, de modo que ritos e presságios não fossem manipulados contra seus interesses.

Em 287 a.C., a *Lex Hortensia* determinou que os plebiscitos do Conselho da Plebe, até então aplicáveis apenas à plebe, a menos que fossem ratificados pelo Senado, tivessem força de lei. Com isso, o Conselho da Plebe tornou-se o principal órgão legislativo e caiu a última restrição significativa ao poder dos plebeus, de forma que essa data marca o fim convencional da "República dos Patrícios" e o início da "República dos Nobres".

Em 280 a.C., o sacrifício solene do lustrum, que encerrava cada período de censo pedindo a proteção dos deuses para as famílias recenseadas e suas posses, pôde ser feito por um censor plebeu. Em 255 a.C., um plebeu foi eleito rex sacrorum; no ano seguinte, outro foi pontifex maximus, e em 209 a.C., um plebeu foi curio maximus. Os colégios dos flâmines, vestais e saliares continuaram, porém, exclusivos dos patrícios. Como não tinham nenhum papel político, não interessavam aos plebeus.

Outra inovação religiosa do período foi a incorporação crescente de práticas estrangeiras, resultado das conquistas na Itália e do maior envolvimento com o Mediterrâneo resultante das guerras Púnicas.

Durante a conquista da Etrúria (completada em 280 a.C.) foi a assimilada a tradição etrusca dos **harúspices** (*haruspices*, "observadores de entranhas"), que examinavam as entranhas de animais e aves sacrificadas para descobrir a vontade dos deuses, prática tida como inferior em dignidade à do auspício romano. Eram consultados apenas em caráter privado, mas se tornaram muito populares e influentes e formaram uma ordem de 60 membros, chefiada por um **summus magister** ("mestre supremo"). Também foi introduzido o culto dos deuses etruscos Summanus e Vortumnus.

Nesse mesmo período, a conquista das cidades gregas do sul da Itália incentivou o culto dos deuses gregos, a partir do deus da cura Asclépios[18], trazido de Epidauro para Roma em 291 a.C. para salvar a cidade de uma peste. A partir de então, cultos e ritos gregos foram introduzidos em escala crescente e começou o sincretismo entre deuses gregos e romanos, inicialmente bem diferentes (salvo por Zeus e Júpiter, que tinham uma origem comum). Muitos deuses romanos foi identificada com alguma divindade grega e sua mitologia, e aqueles que não o foram, como Janus e Quirinus, passaram ao segundo plano ou foram esquecidos.

Durante a segunda guerra púnica, uma consulta aos livros sibilinos recomendou a introdução do culto da deusa frígia Cibele para garantir a vitória contra os cartagineses e assim foi feito, entre 205 a.C. e 202 a.C. Com o nome de *Magna Mater* ("Grande Mãe"), foi considerada pelos patrícios romanos como a padroeira de Troia e de seus antepassados, que julgavam ser descendentes de refugiados dessa cidade. Os sacerdotes-eunucos da deusa, chamados ***galli***, foram muito influentes no século seguinte, apesar de seu aspecto efeminado e exótico contrariar as tradições romanas e embaraçar os patrícios.

Novas tribos foram criadas pelos censores com a expansão do território: duas em 332 a.C., duas em 318 a.C. e duas em 299 a.C., elevando o total de 27 para 33.

A partir de 327 a.C., com a expansão do território e da duração das campanhas militares, que não mais podiam ser restritas à estação marcial tradicional (março a outubro), tornou-se impraticável interromper abruptamente o mandato de comandantes em campo. Os magistrados cujos mandatos foram assim prorrogados por votação do Comício por Tribos a pedido do Senado eram chamados **promagistrados** – procônsules, propretores e proquestores – e seus poderes eram restritos a um mandato (*província*, palavra que inicialmente não tinha significado geográfico) restrito à continuação da campanha em curso, enquanto magistrados regulares eram eleitos e tomavam posse em Roma, encarregando-se das demais atribuições.

Em 289 a.C., foram instituídos os *triumviri capitales*, três

---

18   Hércules, bem como Cástor e Pólux, já estavam presentes em Roma desde o início da República, pelo menos, mas não vinham diretamente dos gregos e sim dos etruscos, sendo cultuados à maneira destes. Havia também um único templo de Apollo Medicus, construído após uma epidemia, desde 431 a.C., mas era um culto tão marcado como estrangeiro que era localizado fora da cidade, no Campo de Marte.

comissários de polícia subordinados aos edis que investigavam homicídios e crimes graves, administravam as prisões e execuções e julgavam escravos e estrangeiros. Aparentemente, substituíram os questores de homicídios, dos quais não mais se teve notícia. Eram os mais importantes dos magistrados menores, que incluíam também 3 *triumviri monetales*, encarregados da cunhagem de moeda, 3 *triumviri noturni* para cuidar da guarda noturna, 4 *quatuorviri viarum curandarum* para a administração das ruas e vias públicas, 2 *curatores viarum* para as estradas e 10 *decemviri stlitibus judicandis* para cuidar dos processos civis.

Em 267 a.C., o número de questores passou de quatro para oito, sendo os quatro adicionais encarregados da cobrança de tributos e administração de portos e supervisão de regiões da Itália. O cargo mais importante e trabalhoso era o questor de Óstia, o principal porto de Roma, pelo qual passava toda a importação de grãos, seguido pelo de Cales, na Campânia, que centralizava a arrecadação do sul da Itália, um em Ravena ou Ariminum (atual Rimini), que administrava a Gália Cisalpina e outro do qual não se sabe a localização. As oito posições eram sorteadas entre os questores eleitos.

A invenção da "nobreza"

Com a queda das barreiras políticas aos plebeus, um novo conceito de nobreza se formou a partir do século III a.C. Patrícios ou plebeus, os descendentes diretos de magistrados curuis (ditadores, cônsules, pretores, censores e edis curuis) adquiriram o costume de guardar em seus átrios *imagines* (máscaras mortuárias de cera) desses antepassados ilustres, que eram exibidas nas festas da família e da *gens*.

Quem tinha ao menos uma dessas *imagines* para mostrar era considerado **nobilis** ("notável"), termo do qual deriva "nobre" e todo o conceito ocidental de nobreza. Um romano eleito para uma dessas magistraturas sem ter tais antepassados era chamado **novus homo** ("homem novo") e um que não fosse uma coisa nem outra era **ignobile** ("ignóbil").

Passaram a existir, portanto, plebeus nobres, que viam os ignóbeis e mesmo os homens novos com o mesmo desprezo com que os patrícios de eras anteriores viam seus antepassados, considerando-os indignos de serem eleitos para altos cargos. Naturalmente, todos os patrícios eram também **nobiles**, pois seus antepassados haviam tido cargos públicos desde a monarquia. Nas disputas políticas do fim da República, o conflito não era mais entre patrícios e plebeus e sim entre *nobiles* (partido dos *optimates*) e os *novi homines* e *ignobiles* (partido dos *populares*).

A diferença entre patrícios e plebeus se tornou tão pouco relevante que em 59 a.C., Publius Claudius Pulcher, patrício de *gens* ilustre ligado ao partido popular, se fez adotar por uma família plebeia para poder concorrer a tribuno da plebe. Nessa época restavam 14 *gentes* patrícias e 30 famílias.

Guerras Púnicas e hegemonia no Mediterrâneo (264 a.C. – 107 a.C.)

A primeira guerra púnica (264 a.C. – 241 a.C.), deflagrada pela disputa da Sicília entre Roma e Cartago, forçou os romanos a criar uma poderosa marinha de guerra e ampliar seu exér cito numa escala sem precedentes. A segunda (218 a.C.– 201 a.C.) lhes permitiu conquistar muitas províncias longe da Itália e dominar o Mediterrâneo Ocidental, à custa de manter guarnições permanentes nessas regiões.

Durante essas guerras, Roma foi obrigada a mobilizar até dois terços de seus cidadãos em idade militar (17-45 anos), e para isso os requisitos tradicionais de propriedade para integrar o exército tiveram de ser drasticamente rebaixados. Em vez de 11 mil asses, o limite do recrutamento caiu para 4 mil e depois foi temporariamente ignorado. A necessidade de remadores para a marinha teve de ser suprida parcialmente por escravos. Além disso, os cidadãos, que antes serviam no máximo seis anos não consecutivos, tiveram de ser afastados por longos períodos de suas propriedades e muitas vezes se viram obrigados a vendê-las. Foi o começo do fim da era do soldado-cidadão e pôs o exército romano no caminho de uma profissionalização irreversível.

Do ponto de vista da organização militar, as guerras púnicas forçaram a substituição dos manípulos de 60 ou 120 homens em unidades maiores, as coortes, formadas por 400 a 600 soldados (em média 480 e dez por legião) e divididas em centúrias de 60 a 100 soldados cada uma. Cada coorte era comandada por seis centuriões, dos quais o mais experiente, *pilus prior* (primeiro pilo), tinha o comando geral, sendo seguido na hierarquia por *pilus posterior*, *princeps prior*, *princeps posterior*, *hastatus prior* e *hastatus posterior*.

Na organização civil, o crescimento dos domínios romanos e da própria cidade exigiram a criação de uma administração mais complexa e de mais magistrados. Em 244 a.C., com o crescimento do número de *peregrini* (estrangeiros sem cidadania) que viviam em Roma, foi criado um pretor adicional para julgar causas referentes a disputas entre estrangeiros ou entre cidadãos e estrangeiros, o **praetor peregrinus**, enquanto o original, que passou a julgar apenas causas entre cidadãos, passou a se chamar **praetor urbanus**. Em 227 a.C., mais dois pretores foram criados, um para administrar a Sicília, outro para a Sardenha e, em 197 a.C., mais dois, para as Hispânias Citerior e Ulterior. Como no caso dos questores, os postos eram distribuídos entre eles por sorteio, após a eleição. Foram também nomeados questores para duas regiões da Sicília e às novas conquistas para administrar a arrecadação, o pagamento dos soldados e as tarefas de administração e fiscalização urbana que em Roma eram cumpridas pelos edis curuis. Com a multiplicação dos pretores, a maioria dos senadores passou a ser constituída de ex-pretores e ex-cônsules, pois a renovação anual do Senado era de 9 a 12 cadeiras. O antigo corpo de patriarcas hereditários tornou-se uma assembleia de ex-magistrados.

Em 242 a.C., o número de tribos de Roma foi aumentado de 33 para 35. Pouco mais tarde, entre 241 a.C. e 220 a.C., houve uma reforma na organização e ordem de votação do Comício por Centúrias. As centúrias da infantaria passaram a ser organizadas por tribos, 35 juniores e 35 seniores por classe, mais as centúrias de cavaleiros e desarmadas, num total de 373. Entretanto, as 280 centúrias das segunda, terceira, quarta e quinta classes tinham só 100 votos (talvez 20, 20, 20 e 40, respectivamente), de modo a manter o total de 193. As centúrias das classes inferiores formavam grupos de dois e três que sorteavam para uma delas o direito de votar a cada escrutínio.

O primeiro voto não era mais da primeira centúria patrícia, mas de uma centúria escolhida por sorteio entre as juniores da primeira classe. Seguiam-se depois os votos das outras 34 centúrias juniores e 35 seniores da mesma classe, as 12 de cavaleiros équites, uma de artesãos e só então as seis de cavaleiros patrícios. Vinham então 100 votos das centúrias das classes inferiores, dois das centúrias de músicos, um da centúria de *accensi* ("acrescentados ao censo", aqueles com propriedade entre 4 mil e 11 mil asses) e um da centúria de proletários. O total continuava a ser de 193 votos, mas a primeira classe e os cavaleiros não mais bastavam para formar uma maioria e passou a ser necessário contar, no mínimo, os votos da segunda classe para decidir uma votação.

O aumento do número de cidadãos também exigiu que em 196 a.C., os banquetes públicos (*epula*) em honra dos deuses, antes arranjados e presididos pelos pontífices, passaram a uma nova corporação de sacerdotes, os **epulões** (*epulones*).

As cúrias tradicionais desapareceram como entidades políticas (talvez também fisicamente, com a extinção gradual de estirpes patrícias), e a partir da época das guerras púnicas o Comício por Cúrias tornou-se fictício. Os 30 litores (24 dos cônsules, 6 do pretor urbano), que antes convocavam os patrícios das 30 cúrias para o comício, simplesmente se reuniam para representá-los em presença de três áugures e empossavam os magistrados, numa figuração simbólica do comício real.

A instituição do ditador foi usada pela última vez para criar um comandante absoluto nas emergências de 217 a.C. e 216 a.C., quando Roma foi assediada por Aníbal e para celebrar eleições na ausência dos cônsules em 202 a.C. A partir de então, caiu em desuso. Também a partir das guerras púnicas deixou-se de eleger interreges.

Aos poucos, tornou-se costume que um cônsul, ao terminar seu mandato em Roma, tivesse seu mandato prorrogado como **procônsul** com a *província* (mandato) de comandar as legiões nesses territórios submetidos e administrá-los. Mais tarde o mesmo se deu com pretores, que governavam como **propretores**. Com o tempo, o sentido geográfico de território permanentemente governado por um promagistrado ou legado (*legatus*) tornou-se o mais comum da palavra. De modo geral, procônsules eram enviados às províncias com maiores possibilidades de conflitos e ações militares (províncias consulares), e propretores às mais pacíficas (províncias pretoriais). Seus mandatos podiam ser anualmente prorrogados pelo Senado, sem consulta aos comícios. Cada procônsul ou pretor partia de Roma com seus legados aprovados pelo Senado, procuradores, escribas e outros subordinados.

Nas províncias, fora da jurisdição dos tributos da plebe e da maioria das leis romanas, um procônsul ou propretor era durante seu mandato praticamente um governante absoluto. Para muitos nobres e senadores, isso se tornou uma oportunidade de enriquecer além da imaginação, ampliando o fosso entre a nova oligarquia e o povo.

Como forma de disciplinar a partilha do poder e das enormes possibilidades de pilhagem das conquistas pela nobreza, as carreiras políticas foram regulamentadas pela lei Villia de 180 a.C., que estabeleceu idades mínimas para cada magistratura e um mínimo de dez anos de serviço militar antes de concorrer ao primeiro cargo. Um político deveria progredir na seguinte ordem, o *cursus honorum* (carreira das honras):

1. **Questor:** a partir dos 27 anos (cumpridos 10 de serviço militar) era possível se candidatar a um dos 8 cargos de questor, com o qual se podia falar ao Senado e usar a toga pretexta. Nesse período, o questor ainda não se tornava senador no fim do mandato.

2. **Edil:** aos 37 anos, um ex-questor podia se candidatar a um dos 2 cargos de edil curul se fosse patrício ou 2 de edil da plebe se fosse plebeu, passo opcional, mas grande oportunidade de ganhar popularidade.

3. **Pretor:** aos 40 anos, era possível um ex-questor ou ex-edil ser eleito para um dos 6 cargos de pretor. Terminado o

mandato de um ano, tornava-se senador e podia ser enviado como propretor a uma província. Ex-pretores também podiam ser nomeados legados, comandantes militares subordinados a um cônsul, procônsul ou propretor.

4. Cônsul: aos 43 anos era possível ser eleito para um dos dois cargos de cônsul. Terminado o mandato, tornavam-se senadores (se já não o fossem) e podiam ser enviados como procônsules a uma província.

Uma alternativa possível para um *novus homo* era a seguinte:

1. Tribuno da plebe: um plebeu podia se candidatar a um dos 10 cargos de tribunos da plebe, que não tinha idade mínima. Não se tornava senador ao fim do mandato.

2. Edil da plebe: aos 37 anos, um ex-questor podia se candidatar a um dos 2 cargos de edil da plebe, passo com um pouco menos de prestígio que o de edil curul.

3. Pretor: aos 40 anos, era possível um ex-tribuno ser eleito para um dos 8 cargos de pretor. Terminado o mandato de um ano, tornava-se senador podia ser propretor ou legado.

4. Cônsul: podia ser eleito aos 43 anos. Depois se tornava senador e podia ser enviado como procônsul a uma província.

Após um mandato de cônsul e procônsul, era possível se eleger censor, cargo que não era considerado parte do *cursus honorum*, mas era visto como coroamento de uma carreira política. Uma vez exercido um dos cargos do *cursus honorum*, o indivíduo detinha para o resto da vida a dignidade a eles vinculada. Tornava-se assim um **questório, tribunício, edilício, pretório, consular** ou **censório**, títulos de nobreza (no sentido mais antigo da palavra) que elevavam seu status e o de sua família e descendentes na sociedade.

Uma reforma pequena, mas que deixou consequências até hoje, foi a antecipação da data da posse dos cônsules de 15 de março para 1º de janeiro, a partir de 153 a.C., a fim de acelerar o envio de novos cônsules para enfrentar um chefe lusitano que invadira a Hispânia romana. Daí em diante, essa data foi preferida porque dava aos cônsules tempo para organizar o exército e planejar a campanha antes do início da estação da guerra, que começava em março. Como o nome e a contagem dos anos era associada aos nomes dos cônsules, isso significou que o ano passou a começar em janeiro e não em março, como antes. Até então, setembro era o sétimo mês e janeiro e fevereiro eram os últimos.

Enquanto isso, os pequenos proprietários desapareciam, tanto pela concorrência com os latifúndios da nobreza, cultivados por escravos, quanto pela dificuldade de manter as propriedades devido aos longos períodos de serviço militar. Para possibilitar o recrutamento, o limite da fortuna para a convocação às legiões foi reduzido, em 130 a.C., para irrisórios 1.500 asses ou 375 sestércios[19]. A tensão gerada pelo crescimento das disparidades sociais levou a um novo ciclo de lutas sociais, no qual os ignóbeis foram liderados pelos irmãos Caio e Tibério Graco, filhos de um censor plebeu que, como tribunos, tentaram mobilizar a plebe para promover uma reforma agrária em 133 a.C. e 123 a.C., mas foram vencidos e assassinados. Também em 123 a.C. os ex-edis passaram a integrar automaticamente o Senado, como já era o caso de ex-pretores e ex-cônsules e cidadãos com fortuna superior a 400 mil sestércios, que passaram a se tornar équites, independentemente de julgamento de seu mérito pelos censores.

Guerras civis do fim da República (107 a.C. – 46 a.C.)

Entre 113 a.C. e 107 a.C., o exército romano acabava de sofrer uma série de derrotas. As legiões estavam comprometidas na luta contra os bárbaros cimbros que haviam invadido o norte da Itália e Gaius Marius, eleito cônsul para conduzir uma campanha na África, não tinha tropas nem tinha como recrutá-las, pois não restavam cidadãos que cumprissem os requisitos impostos pela lei, devido à expansão dos latifúndios às custas das pequenas propriedades. A solução foi abolir de vez a exigência de propriedade para o recrutamento e profissionalizar totalmente o exército. Marius ofereceu aos proletários a possibilidade de ganharem soldo e a possibilidade de

---

19 O valor do asse havia sido reduzido pela inflação, de modo que isso correspondia a 800 asses do início da República, 1/14 do limiar original. Mais ou menos o valor de uma cabana com uma horta.

pilhagens, sendo armados totalmente à custa da República, desde que se comprometessem com 16 anos de serviço militar, ao fim do qual receberiam um pedaço de terra. Além disso, cidadãos de cidades-estados aliadas ganhariam a cidadania romana ao completar o serviço.

A chamada Reforma Mariana também padronizou a organização e o equipamento dos legionários. Deixou de haver *hastati*, *principes* e *triarii* e todos os legionários foram armados de maneira semelhante aos antigos *principes*. Também desapareceu a distinção entre a legião de romanos e as alas de sócios, sendo todos integrados no mesmo corpo de legionários. A nova legião passou a ser formada de 10 coortes, cada uma formada de 6 centúrias. Duas a seis legiões podiam ser reunidas no exército de um cônsul ou procônsul, permanecendo cada legião sob o comando dos tribunos militares.

A cavalaria pesada da nobreza foi abolida, mas a legião agregava vários tipos de tropas auxiliares de mercenários não cidadãos (*auxilia*) em número comparável ao da própria legião, incluindo engenheiros, cavalaria ligeira e trabalhadores, que também ganhavam a cidadania romana ao completar o serviço militar e eram organizados em coortes de 500 homens (*quingenaria*) ou 1.000 homens (*miliaria*).

Cada coorte era liderada pelo centurião mais experiente, o *pilus prior*, como na antiga legião de manípulos, seguido por *pilus posterior*, *princeps prior*, *princeps posterior*, *hastatus prior* e *hastatus posterior*, embora os legionários fossem agora iguais.

Cada centúria era liderada por um centurião, auxiliado por um *optio* e constituída de 80 soldados e 20 não combatentes. Também havia para cada centúria um *tesserarius*, encarregado de organizar as sentinelas e distribuir senhas e um *cornicen*, ou trombeteiro. As centúrias se subdividiam em contubérnios, cada um de 8 soldados e 2 não combatentes, lideradas por um decurião.

O centurião mais experiente da legião era o *primus pilus*, militar de carreira e auxiliar do legado que comandava a legião. Também havia para cada legião um *aquilifer*, condutor da águia que era a insígnia de cada legião.

Entre 91 a.C. e 88 a.C., Roma enfrentou uma nova guerra civil, desta vez deflagrada pela rebelião dos sócios italianos, que exigiam a cidadania ou a independência. Os sócios chegaram a fundar um novo Estado com capital em Corfinium, eleger um senado próprio de 500 membros e cunhar moeda. Mesmo militarmente vitoriosos, os romanos foram obrigados a conceder a cidadania parcial aos itálicos para encerrar a guerra. Passou a haver, então, as seguintes categorias de comunidades sob domínio romano:

> Cidadania plena (*civitas optimo iure*), com todos os direitos civis e políticos tradicionais, para a cidade-estado de Roma, centrada no Lácio e Itália Central, mas com colônias e territórios descontínuos do Vale do Pó à Calábria.
>
>> A cidade de Roma propriamente dita e seus arredores, com acesso direto ao sistema político e judiciário romano.
>>
>> Colônias, comunidades autônomas fundadas por cidadãos romanos, originalmente dentro do território da cidade-estado, que elegiam uma administração e justiça local sob a lei romana, mas tinham as mesmas obrigações tributárias e militares dos moradores da capital e o direito de votar nas eleições romanas caso se deslocassem para lá.
>>
>> Municípios com sufrágio, cidades originalmente independentes anexadas pelos romanos e integradas a alguma de suas 35 tribos, com os mesmos direitos e deveres das colônias. O primeiro foi Tusculum, em 381 a.C.
>
> Municípios com *ius latinum*, ou municípios sem sufrágio, que surgiram a partir das cidades latinas vencidas sem ser anexadas em 338 a.C. e das colônias criadas pelos romanos fora do território da cidade-estado durante a conquista da Itália nos séculos seguintes. Seus cidadãos não votavam nas eleições romanas, mas tinham direitos de casamento, propriedade e migração protegidos pela lei romana. Tinham também leis municipais e adquiriam a cidadania romana após exercer alguma magistratura na sua cidade natal. Com isso, ficavam imunes à autoridade dos magistrados municipais e ganhavam o direito de se estabelecer em Roma e disputar as eleições romanas.
>
> Municípios com *ius italicum*, das cidades da Itália vencidas em

88 a.C., que tinham o direito de comprar e vender propriedades sob a proteção da lei romana e estavam isentos de imposto sobre a terra e capitação e autonomia ante o governo da província. Não votavam em Roma nem ganhavam cidadania ao exercer uma magistratura.

Cidades estrangeiras (*civitates peregrinae*), cujos cidadãos eram considerados estrangeiros, mesmo que se mudassem para Roma.

> Cidades aliadas (*civitates foederatae*) que mantinham governo e leis próprias e não tinham cidadania romana, como era o caso das cidades gregas submetidas em 146 a.C., incluindo Atenas e Esparta.

Prefeituras, cidades vencidas que perdiam o direito de eleger seus próprios magistrados (geralmente como punição) e eram governadas por um *praefectus* nomeado por Roma para administrar sua justiça segundo as leis romanas.

Nos municípios e colônias organizados segundo as leis romanas, havia um conselho de **decuriões** como equivalentes municipais dos senadores romanos, com cerca de 100 membros. O governo era dirigido por dois **duúnviros**, correspondentes aos cônsules romanos, e a administração urbana por dois **edis**.

Nos anos seguintes, Mário, como líder do partido popular e Sula, líder dos *optimates*, se enfrentaram pelo poder em Roma. Sula saiu vitorioso e, em 81 a.C., o Senado o empossou como "ditador", sem os procedimentos e a limitação de mandato tradicionais, permitindo que governasse por dois anos. Nesse período, ampliou o Senado de 300 para 600 membros incorporando novos senadores da classe dos équites e aumentou também o número de várias outras magistraturas e sacerdócios. O número de pretores foi aumentado de 6 para 8, o de questores de 8 para 20, o número de pontífices de 9 para 15, o de *viri sacrorum* de 10 para 15, o de epulões de 3 para 7.

O aumento do número de questores permitiu que houvesse pelo menos um para cada uma das províncias romanas (eram dez na época de Sula) de modo a fiscalizar a gestão financeira dos governadores (procônsules ou propretores) e servir como seus auxiliares e substitutos nas eventuais ausências. O questor eleito partia de

Roma com o governador nomeado independentemente. Em caso de morte do questor antes do fim do mandato do governador, este nomeava um **proquestor** em seu lugar.

Além disso, o *cursus honorum* tornou-se mais rígido: tornou-se pré-requisito obrigatório ter sido questor para ser eleito pretor, bem como ter sido pretor para ser eleito cônsul. Passou-se a exigir um mínimo de dois anos entre as eleições para o cargo de edil e o de pretor, bem como entre os de pretor e de cônsul, e um intervalo mínimo de dez anos entre duas eleições para o mesmo cargo. A idade mínima do questor foi fixada em 30 anos para o patrício e 32 para o plebeu, a do pretor em 39 anos e a do cônsul, em 40 anos para o patrício e 42 para o plebeu. Por outro lado, o questor passou também a ganhar automaticamente o direito a se tornar senador ao encerrar o mandato. Com isso, o Senado passou a ser renovado inteiramente por ex-magistrados e deixou de haver, na prática, a indicação de novos senadores pelos censores. A ordem da votação passou a ser determinada pelo status do senador segundo o cargo mais elevado *do cursus honorum* exercido: primeiro consulares, depois pretórios, edilícios e questórios.

Esse período também foi marcado pela difusão em Roma do culto helenizado de Ísis e Osíris (ou Serápis), popular entre as mulheres e a plebe, que se originara da cultura sincrética greco-egípcia surgida na Alexandria dos Ptolomeus.

Império Romano

Júlio César e Otaviano (46 a.C. – 27 a.C.)

O conflito interno romano foi retomado após a morte de Sula e desembocou na guerra civil entre Pompeu (pelos optimates) e César[20] (pelos populares). A vitória foi de César, que em 46 a.C. celebra seu triunfo e se faz nomear ditador por dez anos e *praefectus moribus*, censor dos costumes, o que significava a soma do poder absoluto de governar e julgar com o poder legislativo para reorganizar o Estado.

Além disso, se faz chamar **Imperador** (*Imperator*) num sentido diferente do que até então era associado à palavra, o que se faz notar por usá-lo como *praenomen* (*Imperator Gaius Julius Caesar*) e não como *agnomen* ou alcunha para recordar um triunfo, como sempre se fizera até então (*Gnaeus Pompeius Magnus Imperator*, por exemplo). Usado dessa maneira, o título exprimia um poder supremo, tanto quanto *Rex*, embora evitasse o termo desprestigiado pela história romana. Daí em diante, o título de imperador com o sentido de comandante vitorioso, usado como cognome, raramente voltaria a ser concedido a não ser ao próprio imperador e a parentes do imperador reinante.

Em seguida, César se converteu em *dictator perpetuus*, cônsul por dez anos, áugure, *pontifex maximus* e recebeu o que se chamou *tribunitia potestas* (poder tribunício), que lhe conferiu a inviolabilidade, o caráter sacrossanto e o poder de veto de um tribuno da plebe (mesmo sendo patrício) sem nenhuma de suas limitações, pois tinha caráter perpétuo e jurisdição ilimitada sem obrigação de permanecer em Roma.

César aumentou o número dos senadores de 600 para 900, o de áugures de 15 para 16, o de questores de 20 para 40 e o de pretores de 8 para 16. Criou ainda dois cargos adicionais de edil destinados a patrícios, chamados *aediles cereales*, encarregados de abastecer de cereais a plebe romana, e usou sua autoridade como *pontifex maximus*

---

20 Apesar de uma crença muito difundida, César não nasceu de cesariana e o nome da operação não deriva dele ou da família e sim do verbo latino *caedere*, "cortar". *Caesar* era um *cognomen*, (nome de família herdado dos antepassados) e não um *agnomen* (alcunha pessoal) e sua mãe era viva. Mas a origem do *cognomen* pode ter sido o *agnomen* de um antepassado de fato nascido de cesariana.

para impor a mais duradoura de suas reformas, o Calendário Juliano, pelo qual a duração dos meses e do ano e as datas das festas religiosas foram definitivamente fixadas e não ficaram mais ao sabor das decisões mensais dos pontífices, que muitas vezes os modificaram apenas para antecipar ou adiar a posse de magistrados, o que confundia datas históricas e desvinculava o calendário da sucessão das estações. Também anexou ao território da cidade-estado de Roma, antes limitado pelo rio Rubicão (perto da atual Rimini), a antiga província da Gália Cisalpina (atual norte da Itália), concedendo cidadania aos habitantes de toda a região até os Alpes (mas não aos das ilhas da Sicília, Sardenha e Córsega, que continuaram a ser províncias).

Em 44 a.C., o assassinato de César por uma conspiração da nobreza deflagrou a ira da plebe, para a qual ele era literalmente divino. Começou outra rodada de guerras civis, das quais sairia vitorioso Gaius Octavius, sobrinho-neto plebeu que César, que não tinha filhos legítimos, adotou em testamento. Pelas convenções romanas, seu novo nome foi Gaius Julius Caesar Octavianus (o nome do pai adotivo, mais um cognome derivado de seu nome anterior), mas dois anos depois, para melhor capitalizar a popularidade do tio-avô, intitulou-se Gaius Julius Caesar Divi Filius, "Gaio Júlio César, filho do divino".

Em 36 a.C., Otaviano foi aclamado pelo povo com a *tribunitia potestas* que havia sido de César. Após as vitórias contra Marco Antônio em Actium (31 a.C.) e Alexandria (30 a.C.), que resultaram na anexação do Egito, Otaviano foi eleito cônsul (e seguidamente reeleito nos sete anos seguintes), teve a *tribunitia potestas* confirmada pelo Senado e passou a se chamar *Imperator Caesar Divi Filius* ("Imperador César, filho do divino"). Em 29 a.C., o Senado lhe deu o poder de nomear novos patrícios. Daí em diante, o título de patrício perdeu a conexão com a antiga aristocracia do início da República e passou a ser distribuído a todas as famílias que o imperador quisesse distinguir.

Principado (27 a.C. – 284 d.C.)

Em 16 de janeiro de 27 a.C., data convencional do fim da República e início do Império Romano, o Senado lhe acrescentou o *agnomen* de *Augustus*, "consagrado pelos augúrios", até então um adjetivo aplicado apenas a divindades, de forma a reconhecer o status semidivino que lhe era atribuído pelas massas e o de *princeps*, "sob o qual assumiu o *imperium*", nas palavras de Tácito.

Assim como o título de imperador, o de **príncipe** (*princeps*) tomava um novo significado. Na origem, ser *princeps senatus* denotava apenas o privilégio de ser o primeiro senador a tomar a palavra. Após a ditadura de Sulla, se tornara honorífico, pois quem convocava e presidia a sessão passava a ter o direito de escolher o primeiro a falar. A partir de Otaviano Augusto, príncipe (sem necessitar da adição "do senado") era um cargo com *imperium* e supremacia sobre todas as instâncias do poder civil. Sob a paz relativa então instaurada por várias gerações, esse foi o título mais importante no novo regime, por isso conhecido como "principado". O título de imperador, que aludia ao poder militar, só passou a ser visto como principal quando as guerras civis e invasões bárbaras voltaram ao primeiro plano. O cargo de ditador foi formalmente abolido após a morte de César, mas o imperador era, na prática, um ditador vitalício.

Ao longo da existência do Império Romano, as regras de sucessão jamais foram formalizadas. Em tempos de estabilidade, como a maioria dos imperadores não teve filhos biológicos que chegassem à idade adulta, o mais comum foi adotar um parente ou colaborador de confiança como filho e sucessor, conferir-lhe ainda em vida comandos importantes para assegurar a transição e o fazer adotar um sucessor se não tivesse filhos. Para os romanos, a filiação adotiva era tão legítima quanto a biológica. O Senado dava ao imperador a aprovação formal e o título de Augusto, mas, apesar de reivindicar o poder de elegê-lo, raras vezes teve papel decisivo na sucessão, pois não controlava a guarda pretoriana e as legiões que, nas crises, tinham a última palavra.

Por adoção, o primeiro Augusto transmitiu o nome de César ao genro e enteado Tibério, este ao sobrinho Germânico (adotado por imposição de Augusto), cujo sucessor foi o filho biológico Calígula. Com o assassinato deste por uma conspiração de senadores, a Guarda Pretoriana impôs Cláudio (filho de Druso, outro enteado e filho adotivo de Otaviano Augusto), que, embora não tivesse herdado o nome de César, o adotou ao ser proclamado imperador para reforçar sua discutível legitimidade e o transmitiu ao sobrinho-neto Nero, que adotou como filho.

Após o suicídio de Nero, Titus Flavius Vespasianus, um *homo novus* do interior da Itália que comandara as legiões que haviam esmagado a rebelião judaica de 68 d.C., saiu vitorioso da guerra civil do "ano dos quatro imperadores", Galba, Oto, Vitélio e Vespasiano. Embora nenhum deles tivesse parentesco com a família de Júlio César, todos adotaram o nome de "César" ao tomarem Roma e forçarem o Senado a proclamá-los imperadores, exceto Vitélio. O vitorioso final adotou o nome de Titus Flavius Caesar Vespasianus Augustus e conferiu o nome de *Caesar* também ao filho de mesmo nome, que passou a ser Titus Flavius Caesar Vespasianus, o futuro imperador Tito.

Desde então, **César** deixou de ser um nome de família para se tornar um título do herdeiro designado pelo imperador (eventualmente mais de um). O título de **Augusto** era geralmente concedido (junto com os demais títulos do poder imperial) quando da sucessão efetiva, mas às vezes era antecipado, principalmente quando o imperador reinante queria assegurar a sucessão dividindo o poder antecipadamente. Por exemplo, Lucius Aurelius Commodus, filho do imperador Marco Aurélio, recebeu o cognome de *Caesar* aos cinco anos de idade. Aos 15 anos, proclamado coimperador, passou a ser Caesar Lucius Aurelius Commodus Augustus e reinou junto ao pai até a morte deste.

Em 23 a.C., o Augusto abriu mão do cargo de cônsul, do qual não mais necessitava para representar seu poder. Além da *tribunitia potestas*, incluindo o poder de presidir e convocar o Senado quando desejasse, fosse ou não cônsul e do título de *praefectus moribus*, que lhe dava poderes de censor, recebeu deste o *imperium proconsulare maius*, a autoridade direta sobre as províncias. Em 19 a.C., acrescentou a *consulari potestas* que incluía o direito aos doze litores, a sentar-se entre os cônsules nominais e a usar as insígnias de cônsul em público e no Senado. Em 13 a.C. recebeu o título de *pontifex maximus*, tornando-se também chefe da religião do Estado, e em 5 a.C. o de *pater patriae*, "pai da pátria", completando-se com isso o conjunto de títulos que os imperadores romanos usariam durante o principado.

O Augusto reorganizou o Senado, as magistraturas e o *Cursus Honorum*. Os senadores, que haviam chegado a ser mais de mil (os 900 de Júlio César, mais os magistrados eleitos nos anos seguintes) foram novamente reduzidos a 600 e uma fortuna de pelo menos um milhão de sestércios passou a ser um requisito. Por outro lado, eles e seus descendentes por linha masculina até a terceira geração, mais as esposas, passaram a formar a *ordo senatorius*, com vários privilégios civis e criminais, o monopólo dos cargos mais altos do Estado e o tratamento de *clarissimus*. A cada mês, o imperador selecionava 15, depois 20 senadores chamados *patricii* ("patrícios") para formar seu conselho privado, cujas decisões eram consideradas como representando todo o Senado.

O Senado passou a ser formado normalmente por filhos de ex--senadores depois de cumprir dez anos de carreira militar como tribuno e um mandato de questor. O imperador podia destituir e nomear senadores na qualidade de *praefectus moribus*, mas raramente o fazia e mantinha o número total em 600. Salvo casos excepcionais, o *cursus honorum* ficou reservado à ordem senatorial.

Os filhos e netos de senadores deixaram de ser simples équites para se tornarem **equites illustres** e foram autorizados a usar a *tunica laticlavia* (com duas faixas largas de púrpura), até então reservada aos senadores efetivos, em antecipação à futura promoção, embora tivessem de abrir mão da túnica laticlávia se desistissem da carreira política. O conjunto dos *equites illustres* formava a *militia equestris* e seu chefe, geralmente o herdeiro do imperador, tinha o título de **Princeps Iuventutis**.

Parte dos équites de Roma foram organizados numa *ordo equestris* (ordem dos cavaleiros) de 6 turmas, que mantinham o antigo privilégio do *equus publicus* (cavalo pago pelo Estado) e desfilavam em parada a cada 5 anos. Os cargos públicos reservados a équites passaram a ser concedidos apenas aos que pertenciam à *ordo equestris* por nomeação do imperador ou direito hereditário, que eram cerca de 3 mil. Cidadãos com fortuna superior a 400 mil sestércios (estimados em 25 mil por todo o Império no século II) continuavam a ser automaticamente équites, mas sem os privilégios políticos. Entretanto, todos ganharam o direito a usar a *tunica angusticlavia* (de faixas estreitas de púrpura) e o tratamento de *egregius*.

Équites eram tipicamente mercadores, coletores de impostos e funcionários da média burocracia e não chegavam a ser ricos pelos padrões imperiais. Crasso, rival de César, tinha 400 milhões de sestércios, Sêneca, ministro de Nero, 300 milhões e o poeta Virgílio, 10 milhões. Para Cícero, 100 mil sestércios anuais (correspondente a uma fortuna de 1,2 milhões) eram o necessário para uma vida decente como nobre romano e 600 mil anuais o mínimo para uma vida de luxo.

O equivalente ao *cursus honorum* para os équites passou a ser os *tres militiae* ("três postos militares"), cada um dos quais devia ser mantido por dois a quatro anos, depois de dez anos de experiência como *tribunus angusticlavius* (ler adiante) na legião:

1. *praefectus cohortis quingenariae*, comandante de uma das unidades auxiliares de aproximadamente 500 homens;

2. *praefectus cohortis miliariae*, comandante de uma das unidades de aproximadamente mil homens;

3. *praefectus alae quingenariae*, comandante de uma das unidades auxiliares de cavalaria de aproximadamente 500 homens.

Excepcionalmente, um quarto degrau poderia ser o de *praefectus alae miliariae*, comandante de uma das raras unidades de cavalaria de mil homens.

Ao completar essa carreira, o équite estava na casa dos 35 a 40 anos e era considerado qualificado para os cargos de procuradores, altos funcionários do imperador (assistentes do governo de províncias, governadores de pequenas províncias, comandantes de frotas) com direito a serem tratados por *perfectissimus* e classificados em *procuratores sexagenarii* (salário anual de 60 mil sestércios), *procuratores centenarii* (100 mil) e *procuratores ducenarii* (200 mil), que eram ao todo 136 em 192 d.C. Enquanto isso, os 73 procônsules e legados patrícios recebiam, em média, 600 mil sestércios anuais. Os cargos mais elevados para équites eram o de *praefectus annonae* ("prefeito de provisões"), encarregado do abastecimento de grãos de Roma, *praefectus Alexandreae et Aegypti* (prefeito do Egito) e *praefectus praetorio* (chefe da Guarda Pretoriana).

O número de questores foi novamente reduzido de 40 para 20 e o número de pretores de 16 para 12 (voltaria, porém, a ser aumentado para até 18 por imperadores posteriores), de modo a viabilizar a manutenção de um Senado de 600 lugares.

Os Comícios mantiveram suas funções no reinado de Augusto, mas o segundo imperador, Tibério (14 d.C. – 37 d.C.), os esvaziou de poder e transferiu as eleições de magistrados e aprovação de leis para o Senado. Este então começou a funcionar como poder legislativo e os comícios se tornaram algo parecido com os comícios modernos, pois se reduziram a cidadãos (na prática, ex-legionários) desorganizados reunidos para ouvir o anúncio de decisões do Senado e do

Imperador: Os Comícios por Centúrias ouviam as eleições de magistrados e o Comício por Tribos também as proclamações de leis, que aprovavam formalmente, pois a vontade do imperador bastava para colocá-las em vigor. Quando ao Comício por Cúrias, já esvaziado no final da República, passou a servir apenas para testemunhar e aprovar formalmente testamentos e adoções. As tribos continuaram a existir apenas como base do censo e da cobrança de tributos.

Os cargos de cônsules ficaram nas mãos do imperador, que nomeava e fazia eleger pelo Comício das Centúrias quem bem entendia, inclusive a si mesmo, se o desejasse. Podia mesmo nomear menores de idade como *consules designati*, com direito a tomar posse no ano prefixado. Embora o cargo ainda incluísse o direito de usar as insígnias tradicionais e presidir as reuniões do Comício e do Senado, tornou-se, na prática, mera honraria. Para melhor distribuí-la, tornou-se praxe que os cônsules renunciassem a cada dois meses, às vezes até com maior frequência, para que doze senadores pudessem desfrutar do título a cada ano. Ser nomeado para o primeiro par era a honraria mais valorizada, pois continuava-se a dar nome ao ano.

O pretor urbano e o pretor peregrino perderam grande parte de sua jurisdição sobre os grandes processos civis e criminais, transferidos para o *praefectus urbi* (ler adiante), e passaram a se encarregar de pequenos processos antes de responsabilidade dos edis. Dois outros pretores passaram a administrar o erário, no lugar dos antigos *quaestores urbani*. Os pretores também passaram a organizar os jogos públicos e, como não havia mais interesse em gastar dinheiro do próprio bolso para ganhar popularidade para disputar cargos públicos, passaram a receber assistência do erário para essa finalidade.

Mais tarde, na época do imperador Cláudio (41-54 d.C.), dois dos pretores passaram a se encarregar especificamente de fideicomissos (*praetor de fideicomissis*), Nerva (96-98) designou um especificamente para disputas de cidadãos com o fisco e Antonino (138-161) um especificamente para causas envolvendo tutela de menores (*praetor tutelaris*). Outros pretores foram encarregados da administração de regiões da cidade ou se limitaram a desfrutar a honraria e o título sem exercer nenhuma função real.

O cargo de tribuno da plebe perdeu a maior parte de sua importância, pois seus direitos de intercessão e veto não podiam ser exercidos contra o imperador, o poder real. Os tribunos foram encarregados, junto com os edis e pretores, da administração das 14 regiões nas quais a cidade de Roma foi dividida pelo Augusto, mas os cargos perderam a atratividade, tornando-se pouco mais que títulos vazios. Para preenchê-los, foi preciso passar a sorteá-los anualmente entre os ex-questores com menos de 40 anos.

Os edis continuaram a existir até Alexandre Severo (222-235), mas com funções reduzidas a inspeção de ruas, banhos e tavernas, censura literária e aplicação de regulamentos sanitários. Antes disputados, os cargos de edis deixaram de ser atraentes e também tiveram de ser sorteados entre ex-questores por falta de candidatos.

Os questores perderam a administração do erário de Roma para os pretores, mas dois *quaestores urbani* ou *quaestores consulis* eram designados para cada cônsul, 3 ou 4 questores continuaram a arrecadar tarifas na Itália, 11 *quaestores provinciarum* continuaram a servir como auxiliares e fiscais dos governadores das províncias e um ou dois passaram a *quaestor principis* ou *candidatus principis*, com a função de redigir e ler as comunicações do príncipe (imperador) ao Senado. Todos esses cargos serviam como porta de entrada no Senado. A partir de Cláudio, exigiu-se que cada questor oferecesse jogos de gladiadores às suas próprias custas para o povo ao tomar posse, o que restringiu essa ambição aos muito ricos. Com Alexandre Severo, o *quaestor principis* passou a ser imediatamente promovido a pretor com obrigação de financiar jogos públicos especiais.

O cargo eletivo de censor foi abolido em 22 a.C. O imperador assumiu as atribuições de regulamentar a moral pública, nomear senadores e organizar o censo sob o título de *praefectus moribus*, mas alguns imperadores se fizeram também chamar "censores".

O imperador podia também investir pessoas com *ornamenta* ou *insignia*, ou seja, o direito de usar honorariamente os trajes e símbolos das magistraturas curuis sem ter exercido o cargo. Havia *ornamenta consularia, praetoria, aedilitia* e *quaestoria*.

Em 25 a.C., o Augusto, que já em 36 a.C. deixara a administração da cidade de Roma nas mãos de um *praefectus urbi* enquanto lutava contra Marco Antônio, tornou o cargo permanente e reservado a ex-cônsules, com a atribuição de manter a tranquilidade pública e jurisdição até 100 milhas além das muralhas da cidade. Para isso, tinha o comando das *cohortes urbanae*, originalmente três (quatro depois de 69 d.C.), cada uma de 480 homens e comandada por um tribuno e seis centuriões. Mais tarde foram criadas cohortes urbanae também em outras cidades, como Cartago e Lugdunum. O *praefectus urbi* também absorveu muitas das atribuições dos antigos pretores e edis, incluindo o papel de juiz supremo, que com seu conselho de assessores decidia os recursos dos tribunais inferiores de Roma, Itália e províncias, salvo aquelas que o Imperador decidisse avocar para si e para o Senado.

Em 7 a.C., o Augusto abandonou a antiga divisão da cidade de Roma em quatro tribos administradas pelos quatro edis e redividiu a cidade em 14 regiões, cada uma delas sob a supervisão de um magistrado (pretor, tribuno ou edil). As cerimônias, cultos e santuários eram administrados em cada região por dois funcionários chamados **curadores** (*curatores urbis Romae*, mais tarde *procuratores regionum*) e 48 **vicomagistri** ou *magistri vicorum*, quatro para cada um dos 168 *vici* ou bairros (12 em cada região). Augusto também criou o cargo de **praefectus vigiles** para comandar sete coortes de *vigiles* (bombeiros, guardas noturnos e policiamento de rotina), cada uma com sete centúrias e encarregada de duas regiões.

A Itália, que agora se confundia com o Estado romano, foi dividida em 11 regiões (*regiones Italiae*), cada uma agregando várias colônias e municípios, mas não há relatos sobre como eram administradas.

O resto do império, incluindo as novas conquistas de Augusto, continuou dividido em províncias, cujo número foi modificado várias vezes ao longo do Principado. Na época de Nero, em 68 d.C., eram 36, assim classificadas:

> **Províncias Senatoriais** (*Provinciae Populi Romani*) — as 11 províncias mais antigas e pacificadas, sem necessidade de legiões e administradas pelo Senado. Cada uma delas era atribuída a um **procônsul** (escolhido por sorteio entre os ex-cônsules e ex-pretores e assim chamado mesmo sem ter sido cônsul) e um **questor** (cargo sorteado entre os eleitos anualmente) que respondia ante o erário. O procônsul podia nomear um **legado proconsular** (*legatus proconsularis pro praetore*, "legado do procônsul substituindo pretor") como assistente.

> **Províncias Imperiais** (*Provinciae Caesaris*) — as demais 25 províncias, administradas pelo imperador no uso do *imperium proconsulare maius* conferido pelo Senado, que o tornava procônsul de todas elas. Sua administração era independente das

instituições republicanas e sua arrecadação não ia para o *erário* da República e sim para o *fisco* do Imperador.

Províncias consulares, 8 províncias com mais de uma legião. Cada uma administrada por um **legado imperial** (*legatus Augusti pro praetore*, "legado do Augusto substituindo pretor") nomeado pelo imperador entre ex-cônsules e responsável pela administração, justiça e mando militar e um **procurador**, nomeado pelo imperador entre équites e respondendo diretamente a ele para administrar o fisco. Podia ter como auxiliar um *legatus juridicus*, que cuidava dos casos judiciais.

Províncias pretoriais, 7 províncias com uma só legião, cujos legados eram nomeados entre ex-pretores e comandavam diretamente sua legião. Um procurador igualmente se encarregava do fisco.

Províncias procuratoriais, 9 províncias onde não havia legiões, apenas tropas auxiliares. Eram administradas por **prefeitos** (a partir de Cláudio, **procuradores**), escolhidos entre équites. Caso, por exemplo, da Judeia, governada pelo prefeito[21] Pôncio Pilatos de 26 d.C. a 36 d.C.

O Egito, que embora fosse uma das províncias maiores e mais ricas e incluísse legiões, era governado pelo **prefeito do Egito** escolhido entre os équites. Era considerado um domínio pessoal do imperador e não de Roma, não sujeito às tradições republicanas.

Nas províncias onde havia apenas uma legião, o legado imperial a comandava diretamente. Quando havia mais de uma, elas eram comandadas por *legati legionis*, que eram nomeados pelo imperador entre ex-pretores e respondiam ao legado imperial ou ao prefeito do Egito, que, na qualidade de comandantes militares de duas ou mais legiões eram chamados *duces* (singular *dux*, "condutor"). Desse

---

21 Assim era intitulado em inscrições de sua época. Evangelhos e textos de historiadores o chamam procurador porque foram escritos quando o título desses governadores já tinha sido alterado.

título derivariam os dos duques medievais, o do doge de Veneza e o de líderes fascistas como Benito Mussolini.

As províncias se dividiam em *civitates*, municípios e colônias com direitos diferenciados, mas o *ius latinum* e *ius italicum* não eram mais restritos à Itália e foram aos poucos concedidos a cidades das províncias como se fossem simbolicamente anexadas à Itália. Ganhavam autonomia em relação aos governadores e seus cidadãos passavam a adquirir automaticamente a cidadania romana. Em meados do século I, os cidadãos eram apenas os habitantes da Itália e de umas poucas colônias romanas criadas nas províncias ou aqueles que ganhavam individualmente a cidadania servindo no Exército ou em alguma magistratura de uma cidade com *ius latinum*, e não somavam mais do que 10% da população do Império. No início do século III, eram 20% e 30%.

A estrutura das legiões continuou basicamente a mesma implantada por Marius em 107 a.C., mas o compromisso mínimo com o serviço militar profissional foi estendido de 16 para 20 anos. Após esse prazo, o legionário, recrutado entre cidadãos romanos, passava para a reserva como *evocatus* por cinco anos e gozava de certos privilégios (dispensa de trabalhos braçais) se continuasse a servir.

Além do soldo (dobrado por Júlio César para 300 asses por mês ou 900 sestércios anuais, mais bônus eventuais), recebia 12 mil sestércios ou 200 *iugera* (52,6 hectares) de terras recém-conquistadas ao fim dos 25 anos. Os auxiliares, recrutados entre não cidadãos, recebiam inicialmente 750 sestércios anuais (mas só 20% menos que os legionários a partir de Domiciano, 81-97) e a cidadania romana ao fim de 25 anos. Os cavaleiros recebiam 1.050 sestércios anuais se legionários e 900 se auxiliares. O *cornicen* (corneteiro) e o *tesserarius* recebiam 50% a mais que o legionário comum; *optio*, *signifer*, *aquilifer* e **imaginifer** (que carregava a imagem do imperador como comandante simbólico), o dobro; centuriões ordinários 15, centuriões de primeira ordem 30 e centuriões primipilares 60 vezes mais; tribunos 50 vezes; e o *legatus*, 70 vezes.

Cada legião passou a incluir um **tribunus laticlavius**, filho ou neto de um senador e imediato do *legatus* (do qual podia ser filho) e chefe dos outros cinco, jovens équites que eram **tribunus angusticlavius** e serviam como intermediário entre o *legatus* e os centuriões ou executavam tarefas especiais.

Abaixo do *legatus* e do *tribunus laticlavius*, o terceiro no comando da legião passou a ser o *praefectus castrorum*, um ex-centurião de 50 anos ou mais elevado a status de équite pelos serviços prestados.

Era o principal conselheiro e executivo do *legatus* (um político com menos experiência militar) e o responsável pela administração do acampamento e abastecimento da legião.

A legião era dividida em 10 coortes e no início cada coorte era subdividida em 6 centúrias, cada uma com 80 legionários, 5 oficiais, 2 cavaleiros (mensageiros) e cerca de 10 *immunes* (não combatentes), incluindo ferreiros, armeiros, carpinteiros e enfermeiros, além de um médico em cada coorte. A partir de 80 d.C., a primeira coorte passou a ter 5 centúrias de tamanho dobrado, em vez de 6 centúrias comuns. O número total de legionários por legião passou de 4.800 para 5.120 e o pessoal total de 5.831 para 6.219 sem contar os auxiliares, cujo número era da mesma ordem.

As coortes eram hierarquizadas, como também as centúrias dentro delas. O centurião da primeira centúria da primeira coorte era o *primus pilus* ou primipilar e era o oficial mais importante abaixo dos tribunos e do *praefectus castrorum*. Os 4 outros centuriões de sua coorte e os 9 centuriões das primeiras centúrias das demais coortes (que as comandavam) tinham o posto de *centurio primi ordinis* (centurião de primeira ordem), enquanto o posto dos outros 45 era *centurio ordinarii* (centuriões ordinários); Os centuriões eram veteranos, promovidos após 13 a 20 anos de serviço. O *primus pilus*, ao cumprir seu serviço, recebia 720 mil sestércios (600 mil a partir de Calígula) e se tornava équite, além de poder ser promovido para *praefectus castrorum*.

As tropas auxiliares eram divididas em unidades chefiadas por um *praefectus auxilii*, escolhido entre ex-tribunos angusticlávios (excepcionalmente, ex-centuriões), assim classificadas:

Cohors quingenaria, com 6 centúrias

Cohors milliaria, com 10 centúrias

Cohors equitata quingenaria, com 6 centúrias de infantaria e 4 turmas de cavalaria

Cohors equitata milliaria, com 10 centúrias de infantaria e 8 turmas de cavalaria

Ala quingenaria, com 16 turmas de cavalaria.

Ala milliaria, com 24 turmas de cavalaria.

Cada turma de cavalaria tinha 30 ou 32 cavaleiros. Centuriões e decuriões dos *auxilia* ganhavam o equivalente a 5 auxiliares de suas unidades. Cada ala ou coorte levava um *vexillum* (bandeira) como insígnia, levada por um *vexillarium* e um *custos armorum* (guardião do equipamento, na cavalaria *curator*) e cada centúria um *tesserarius* (*sesquiplicarius* na cavalaria), um *optio* (*duplicarius* na cavalaria) e um *signifer*.

O exército, que tinha chegado a somar 50 legiões durante as guerras civis, foi reduzido para 25 legiões e 250 alas e coortes auxiliares por Augusto e chegou a ser de 33 legiões e 400 alas e coortes auxiliares durante o Principado.

Na marinha, a tripulação de cada navio formava uma centúria, independentemente do seu tamanho. Tanto soldados quanto remadores eram normalmente não cidadãos, livres, mas de status mais baixo que aqueles que formavam os *auxilii* do Exército. A partir de Cláudio, passaram a ganhar a cidadania com 26 anos de serviço, depois com 28. Os oficiais a bordo eram um centurião (chefe da tropa de abordagem), um *optio*, um *beneficiarius* (chefe administrativo), um *trierarchus* (mestre de navio), um *gubernator* (piloto), um *celeusta* (chefe dos remadores), um *proreta* (vigia da proa), um *pentacontharcos* (chefe de 50) e um médico. Cada esquadrão de dez navios era comandado por um *nauarchus*, que eram promovidos entre os *trierarchus*. Frotas maiores eram comandadas por um *nauarchus archigubernes* ou *nauarchus princeps* que servia como imediato do *praefectus classis* ou *procurator*, comandante civil análogo ao *legatus legionis* mas de status mais baixo, pois era escolhido entre équites. Havia 13 frotas (*classes*, singular *classis*), das quais as duas maiores, chamadas frotas pretorianas, tinham suas bases em Portus Julius (perto de Nápoles) e Ravena.

As forças armadas eram completadas pela Guarda Pretoriana com base em Roma, comandada por dois *praefecti praetorio*, escolhidos entre équites, que gradualmente se tornaram os principais assessores militares do imperador e a partir de Cômodo (180-192) também os chefes da administração civil.

No tempo da República, nenhum exército podia permanecer na cidade e a guarda pretoriana (*cohors praetoria*) era apenas um corpo de guardas em torno do *praetorium*, a tenda do pretor ou cônsul que comandava as legiões, mas Augusto formou nove coortes pretorianas, de mil soldados cada uma, organizadas como as coortes de legionários, mais uma ala de cavalaria de 24 turmas, comandada por um *tribunum militum*, para lhe servirem de guarda na capital e acompanhá-lo quando ia à guerra em pessoa. Normalmente, três coortes patrulhavam a cidade enquanto as demais se aquartelavam inicialmente em cidades vizinhas, depois no *Castra Praetoria*, uma fortaleza do lado de fora da muralha da cidade. Recebiam 50% a mais que os legionários e 20 mil sestércios ao se aposentarem. Mais tarde, o número de coortes chegou a aumentar até 16 e o tamanho da cavalaria até 2 mil homens.

Nesse período, mais duas religiões ganharam importância entre os romanos. A primeira foi o cristianismo, difundido por Paulo, um cidadão romano de origem judaica e língua grega da Anatólia (Tarso), que uniu as tradições judaicas, a mensagem messiânica de Jesus e a filosofia platônica. Ouve-se falar dessa religião em Roma, pela primeira vez, no reinado de Nero e inicialmente atraiu escravos e as classes populares.

A segunda foi o mitraísmo, surgido aproximadamente na mesma época. Embora Mitra seja uma divindade de origem meda, cultuada na Pérsia desde os Aquemênidas, acredita-se hoje que o culto surgiu na própria Roma. Seu provável criador foi um indivíduo ou grupo de língua grega originário da Anatólia, ligado à burocracia imperial e com conhecimento dos mitos iranianos e da filosofia platônica. Esse culto de mistério reservado a homens ganhou popularidade entre funcionários imperiais, legionários e mercadores. Era comparável a sociedades secretas como a maçonaria moderna e tinha sete graus de iniciação. Em ordem ascendente eram *corax* ("corvo", associado a Mercúrio), *nymphus* ("noivo", a Vênus), *miles* ("soldado", a Marte), *leo* ("leão", Júpiter), *perses* ("persa", Lua), *heliodromus* ("corredor do Sol", Sol) e *pater* ("pai", Saturno).

Com o aumento da insegurança no final do século II, os imperadores ampliaram sua escolta imediata, o chamado *comitatus*. Septímio Severo (193-211) somou à guarda pretoriana uma legião permanentemente estacionada na Itália, perto de Roma e dobrou o tamanho de sua escolta de cavalaria, os *equites singulares Augusti*, para 2 mil, totalizando 17 mil homens. A partir de Galiano (260-268), o comandante desses cavaleiros se chamaria *dux equitum* ("chefe dos cavaleiros").

Em 212, Caracala (211-217), da dinastia dos Severos, estendeu a cidadania (então limitada a algo entre 20% e 30% da população) a todos os habitantes livres do Império, sem distinção, para ampliar a base tributária dos impostos sobre herança e alforria de escravos, cobrados apenas de cidadãos. Com isso, desapareceu o cargo de *praetor peregrinus* em Roma, visto não haver mais distinção entre romanos e estrangeiros.

Em 217, Caracala foi assassinado por seu *praefectus praetorio* Macrino. Este assumiu o poder como imperador, mas foi deposto pouco depois por uma revolta de legionários instigada pela tia materna de Caracala, que impôs como imperador seu neto Bassiano, sacerdote de 14 anos do deus *Ilah hag-Gabal* ("Deus da Montanha", *Elagabalus* para os romanos, ou *Heliogabalus* por seu caráter de deus solar) na cidade síria de Emesa. Ele adotou o nome de Marco Aurélio Antonino e tentou uma reforma radical da religião romana. Impôs como divindade suprema seu deus, assimilado ao romano *Sol Invictus* (deus latino menor, que ganhara importância no século II ao ser associado a Mitra e visto como alegoria do imperador) e reuniu no seu templo as principais relíquias sagradas de Roma (inclusive o Paládio, representando a deusa síria Astarte, esposa de Elagabalus assimilada a Minerva) e tentou convencer judeus, samaritanos e cristãos a também transferir para lá seus ritos. Foi, porém, assassinado aos 18 anos e sucedido por seu primo Alexandre Severo (222-235), quatro anos mais jovem.

O assassinato de Alexandre Severo encerrou o último período de estabilidade do Principado e iniciou meio século de caos militar, durante o qual o título de imperador foi disputado por comandantes de legiões que, na maioria, morreram assassinados após breves períodos de governo. Combinadas à epidemia de varíola que devastou o império a partir de 250, as guerras civis romperam as redes comerciais e seu financiamento provocou uma crise inflacionária. O comércio de escravos diminuiu e a escravidão começou a se tornar um luxo urbano. Várias regiões regrediram à economia de subsistência, as cidades diminuíram de tamanho e se protegeram com muralhas, os pequenos proprietários ficaram sob a dependência da proteção de latifundiários armados e foram por eles proibidos de migrar, o que os reduziu a uma situação de servidão. Começavam assim a se criar as condições que abririam caminho ao feudalismo da Idade Média.

As legiões deixaram de ser lideradas por senadores, como era a regra até o século II, para passar ao comando de équites com o título de *praefectus pro legato* ("prefeito substituindo legado") e os corpos auxiliares deixaram de ser chefiados na maioria por ex-tribunos équites para passar em 90% dos casos ao comando de ex-centuriões. Além disso, as legiões começaram a ser fracionadas pela formação de *auxilia* e *vexillationes* (destacamentos de cavalaria) independentes, visando maior mobilidade.

Se isso em tese tornava o comando mais eficiente, também o tornou mais propenso à rebelião e a aclamar seus comandantes como *imperator*. Como os imperadores passavam pouco tempo em Roma e dependiam muito mais das legiões que do Senado, o título de *princeps* tornou-se pouco relevante ante o de imperador.

Entre 258 e 274, Gália e Síria se separaram como impérios independentes. Ao derrotá-los e restaurar a unidade, Aureliano adotou o título de *Dominus et Deus* ("Senhor e Deus") e tentou reintroduzir o culto do *Sol Invictus* como religião oficial. Mas Aureliano foi assassinado por pretorianos. O Senado então elegeu imperador o senador consular Tácito, mas ele morreu em menos de um ano, seguindo-se nova turbulência militar.

Dominato (294– 629)

Em 284, Diocleciano, um comandante de cavalaria de origem modesta, foi aclamado imperador pelas legiões, se impôs, exigiu o tratamento de *Dominus et Deus* (daí "dominato") e receber as mesmas reverências prestada aos soberanos persas (todos a quem concedesse audiência deveriam beijar suas vestes e permanecer ajoelhados), iniciando uma transformação definitiva do caráter do Estado romano. Pela primeira vez, um imperador romano usou uma coroa de ouro e daí em diante foi imitado pelos sucessores (exceto Juliano), embora do ponto de vista legal o Império Romano continuasse a ser uma República até o fim de sua existência.

Ao consolidar a vitória, Diocleciano nomeou seu aliado Maximiano como César (herdeiro) e lhe deu a responsabilidade de lidar com as crises da metade ocidental do Império, enquanto ele mesmo administrava a metade oriental e negociava com os persas. Frustradas com as dificuldades, as legiões ocidentais aclamaram Maximiano como Augusto, em rebelião contra Diocleciano, mas este, em vez de enfrentá-lo, preferiu reconhecer-lhe o título e dividir o Império, reconhecendo que as dificuldades eram grandes demais para um só imperador. Assim, Maximiano tornou-se co-imperador e **Augusto**. Além disso, Diocleciano se deu o nome de *Jovius* ("jupiterino") e a Maximiano de *Heraclius* ("hercúleo") em sinal de que ambos eram divinos, mas Maximiano estava relacionado a ele como um filho ao pai.

A metade oriental, mais próspera e menos afetada pela crise do século III, ficou sob a administração de Diocleciano, com sede em Nicomédia, na Anatólia, enquanto a ocidental, mais empobrecida e perturbada, ficou sob o governo de Maximiano, que se estabeleceu em Mediolanum (atual Milão), para ficar mais perto dos focos de instabilidade e perigo. Não só as 42 províncias que existiam no fim do Principado como a própria Itália foram subdivididas, formando 96 novas províncias (depois mais de 120) agregadas em 12 dioceses (depois 15). Roma, embora continuasse teoricamente a ser a capital, tornou-se na prática um município a mais, embora o *praefectus urbis* ficasse diretamente subordinado ao imperador do Ocidente.

Cada diocese era governada por um **vigário** (*vicarius*), exceto a do Egito, cujo governador era chamado **Praefectus Augustalis**, e a do Oriente (Síria e Palestina), administrada pelo **Comes Orientis** ("conde do Oriente"). Das províncias, duas delas, África (da atual Argélia à Tripolitânia) e Ásia (Anatólia Ocidental) ficaram sob o governo de **procônsules** que respondiam diretamente a seus imperadores.

Das demais províncias, o governador da Acaia (Grécia) também tinha o título de procônsul, mas subordinado a um vigário, enquanto os governadores das demais eram chamados *consulares, correctores* e *praesides*. As duas primeiras categorias eram reservadas à ordem senatorial e a terceira à ordem dos cavaleiros.

Em 293, Diocleciano e Maximiano nomearam seus respectivos prefeitos pretorianos, Galério e Constâncio, como **Césares**, sucessores e co-imperadores de menor estatura, e o Império foi dividido em quatro partes, de modo a formar o que se chamou Tetrarquia. Diocleciano ficou com as dioceses asiáticas e o Egito; Maximiano com a Itália, a África e a Hispânia; Galério com os Bálcãs, tendo capital em Sirmium (atual Sremska Mitrovica, na Sérvia); e Constâncio com a Gália, a Vienense e Britânia, com capital em Treverus (atual Trier). Cada um dos tetrarcas delegou a administração civil e judiciária a seu prefeito pretoriano, enquanto assumia o comando militar e cada uma das quatro seções passou a se chamar prefeitura pretoriana.

As novas províncias se encarregavam apenas da administração

civil e da justiça. As principais forças militares ficaram sob o comando de cerca de 20 *duces limitis* ("comandantes de fronteira"), cujas jurisdições podiam abranger mais de uma província e que respondiam aos vigários e prefeitos pretorianos. Além disso, cada um dos quatro tetrarcas passou a contar com seu próprio *comitatus*, uma escolta reforçada equivalente a várias legiões.

Diocleciano aumentou as legiões de 39 para 63, mas as novas eram unidades menores e móveis, de mil a 1,5 mil legionários cada uma, enquanto as tradicionais haviam se tornado milícias de soldados-camponeses, permanentemente estacionadas em regiões de fronteira. Além disso, excluiu totalmente a ordem senatorial de todos os comandos militares e administrativos, exceto na Itália. Pela primeira vez desde as reformas de Marius, restaurou o alistamento obrigatório, embora limitado a filhos de soldados e veteranos, começando a transformar o Exército numa casta fechada de guerreiros.

Para fazer frente à crise monetária, o imperador instaurou um sistema de coleta de tributos em espécie. Em vez de cobrar impostos, o Estado calculava suas necessidades e as abastecia por meio de requisições, a cada *iugum* (subdivisão fiscal da província, teoricamente com capacidade produtiva uniforme). Para assegurar o fornecimento, as famílias cujos produtos eram essenciais ao abastecimento do Exército foram proibidas de deixar suas ocupações. Primeiro, os colonos a serviço de latifundiários foram legalmente vinculados a essas terras para garantir que fossem cultivadas. Depois, os padeiros, os mestres de navios de abastecimento, fabricantes de armas, trabalhadores têxteis e outros também foram legalmente obrigados a continuar nos seus ofícios para o resto de suas vidas e seus filhos a ocupar as mesmas profissões. Assim, a servidão camponesa que caracterizaria a Idade Média tomou forma legal, bem como o fechamento das corporações de comerciantes e artesãos.

No campo religioso, Diocleciano era conservador e não tentou impor novos deuses e sim revitalizar os antigos cultos romanos. Insistiu, porém, na obrigatoriedade do culto ao imperador como base da religião de Estado. Como os cristãos, já numerosos, resistissem, Diocleciano e Galério desencadearam na metade oriental do Império a chamada Grande Perseguição aos cristãos, que teria feito 10 mil a 20 mil mártires (houvera perseguições desde Nero, ou pelo menos desde o século II, mas foram locais ou de curta duração, com número total de mortos muito menor).

Em 305, após vinte anos de reinado, Diocleciano renunciou em favor de Galério e convenceu Maximiano a fazer o mesmo com seu César, procurando iniciar um sistema de sucessão novo e bem ordenado. Os novos Augustos trataram, então, de indicar seus próprios Césares. Entretanto, Constâncio, Augusto do Ocidente, morreu pouco depois e suas legiões proclamaram como sucessor a seu filho Constantino em vez do César nomeado, que se chamava Severo. Ao saber disso, Maxêncio, filho de Maximiano, reivindicou o posto juntamente com seu pai, iniciando nova guerra civil.

Segundo a lenda, Constantino venceu Maxêncio em 312, após mandar seus soldados colocarem o Cristograma (as letras gregas XP) em seus escudos, como lhe teria sido recomendado por Cristo em um sonho. O certo é que buscou o apoio dos cristãos e em 313, com o Edito de Milão, lhes deu liberdade de culto e os dispensou de cultuar o imperador. Em 324, Constantino venceu seu último rival e voltou a unificar o Império sob um único Augusto, desta vez um aliado do cristianismo.

Os imperadores romanos não mais se consideraram portadores de um gênio divino pagão, como o tinham feito desde Júlio César, mas sim os escolhidos do deus único cristão (essa é a mensagem do sonho de Constantino) para governar o mundo em seu nome, pela graça de Deus, em grego, *en kho to theon* (por causa de Deus), que igualmente os tornava "sagrados". Era a tese do "direito divino" que foi aceita pela Igreja cristã oriental, mas não pelos papas de Roma. Mesmo assim, seria retomada pelos reis absolutistas da Europa moderna após o fim do Império Bizantino.

Em 330, Constantino fundou sua nova capital, a *Nova Roma Constantinopolitana*, depois Constantinopla, no lugar da antiga cidade grega de Bizâncio. A cidade teve seu próprio *praefectus urbi*, Senado, cônsules, pretores e questores, mas não edis e tribunos, já inexistentes também em Roma. Constantinopla também não teve as *cohors urbanae*.

Assim como em Roma, o poder dos senadores, como se praticava desde Diocleciano, ficou restrito a legislar sobre a classe senatorial, jogos públicos e o julgamento de casos (principalmente de traição) que lhes fossem confiados pelo imperador. Os dois cônsules eram eleitos independentemente, um em Roma e outro em Constantinopla, e voltaram a exercer o cargo, pelo ano inteiro, com as atribuições reduzidas a presidir o Senado. A função principal de pretores e questores era administrar os jogos públicos, embora os primeiros retivessem algumas funções judiciais.

O verdadeiro poder residia na corte imperial, que séculos mais tarde serviria de modelo para as cortes europeias da Idade Média. Os cargos principais eram:

Magister officiorum, literalmente "chefe dos serviços", geralmente traduzido como "chanceler imperial", assumiu em 320 parte das funções que antes pertenciam ao prefeito pretoriano. Supervisionava o cerimonial, as audiências com o imperador, a correspondência com potências estrangeiras, o serviço de inteligência (*agentes in rebus*), os serviços militares de correio (*cursus publicus*) e a guarda imperial (*scholae palatinae*), além de quatro "gabinetes sagrados" (*sacra scrinia*), dirigidos por chefes de gabinete (***magistri scriniorum***):

> *Scrinium memoriae*, "Gabinete do Arquivo", redigia decretos e nomeações e mantinha os arquivos imperiais.
>
> *Scrinium epistolarum*, "Gabinete de Correspondência", administrava a correspondência com funcionários e oficiais imperiais e com potências estrangeiras e fazia traduções.
>
> *Scrinium libellorum*, "Gabinete dos Processos", recebia solicitações legais e apelações de tribunais inferiores.
>
> *Scrinium dispositionum*, "Gabinete das Disposições", que cuidava dos assuntos privados do imperador.

Quaestor sacri palatii, "questor do palácio sagrado", era o responsável pela administração da Justiça e o assessor jurídico do imperador.

Praepositus sacri cubiculi, "mordomo dos aposentos sagrados", mordomo-mor ou camareiro-mor, era um eunuco que administrava o dia-a-dia do palácio, as recepções e o guarda-roupa. Subordinado a ele estavam:

> *primicerius sacri cubiculi*, "primeiro dos aposentos sagrados", supervisionava os camareiros, *cubicularii*, também eunucos, divididos em equipes de dez, cada uma chefiada por um *decanus*)

comes castrenses, "conde do castelo", que servia o imperador à mesa e cuidava das cozinhas, escritórios e iluminação.

comes sacrae vestis, "conde das vestes sagradas", que administrava o guarda-roupa

chartularii cubiculi, "secretários dos aposentos", três secretários privados do imperador

decurioni silentiariorum, "decuriões do silêncio", três chefes de equipes de dez *silentiarii*, encarregados de manter o silêncio no palácio.

comus domorum per Cappadociam, "conde das casas da Capadócia", encarregado de administrar as propriedades privadas do imperador na Capadócia e coletar suas rendas.

Comes sacrarum largitionum, "conde das dádivas sagradas", supervisionava o Tesouro imperial, a coleta de impostos, os gastos públicos, a cunhagem de moeda, as empresas estatais (moinhos, minas, tecelagens) e julgava em última instância as questões tributárias. Tinha dez *scrinia* subordinados.

Comes rerum privatarum, "conde das coisas privadas", administrava as propriedades privadas do Imperador e cobrava as rendas de suas terras, com 4 *scrinia* subordinados.

Primicerius notatiorum, "primeiro secretário", que registrava nomeações de funcionários públicos e seus cargos e salários.

Esses e outros dos principais administradores civis e militares tinham o título de condes ou *comites*, "companheiros (do imperador)", que conferia automaticamente um assento no Senado. Três categorias de condes, nenhuma delas hereditária, foram distinguidas:

Vir illustris, "homem ilustre", primeira classe, em número de 27, incluíam o primeiro escalão da corte (inclusive o mordomo-mor), os prefeitos pretorianos, prefeitos de Roma e Constantinopla, os dois cônsules e os generais (*magistri militum*) de *palatini*. Formavam o *consistorium* (conselho de Estado), só podiam ser julgados pelo imperador ou seus delegados imediatos e deviam ser tratados por *excellentia, magnitudo, eminentia* etc., sob pena de multa para quem lhe recusasse tais tratamentos.

Vir spectabilis, "homem respeitável", segunda classe, em número de 62, incluindo *primicerii sacri cubiculi, comites castrenses, primicerii notatiorum, magistri scriniorum* da chancelaria, vigários, procônsules, generais de categoria inferior, duces e condes militares;

Vir clarissimus, "homem notabilíssimo", terceira classe, em número de 115, requisito básico para pertencer ao Senado, eram os *consulares, correctores* e *praesides*, ou seja, a maioria dos governadores de províncias.

Acima deles, havia os *nobilissimi*, membros da família imperial e seus maiores aliados. Abaixo, os *perfectissimi*, que incluíam *praesides* de certas províncias, os *rationales* (coletores de receitas nas províncias), os *magistri scriniorum* da Fazenda e os secretários das fazendas das províncias; e mais abaixo os *egregii*, incluindo funcionários imperiais e das províncias, sacerdotes cristãos e advogados da coroa. Foi restaurado o título de "patrício", caído em desuso durante a crise do fim do Principado, para ser concedido apenas a ministros e generais destacados e jamais a eunucos.

Constantino construiu igrejas cristãs no lugar de seus templos pagãos e encheu a cidade de novas relíquias cristãs (a Cruz Verdadeira, o cajado de Moisés etc.) em contraposição às velhas relíquias de Roma (o Paládio, a estátua de Cibele, o fogo das Vestais, os escudos dos Saliares etc.), cujos cultos pagãos continuaram a existir por mais algum tempo, mas sem ter papel político.

Para se assegurar do poder, o imperador aboliu a Guarda Pretoriana, tirou os comandos militares dos prefeitos pretorianos e vigários (embora continuassem responsáveis pelo recrutamento, pagamento e abastecimento dos exércitos) e reteve sob seu comando direto um *comitatus* muito maior – 98 mil homens em várias legiões – comandado por dois *magistri* (generais), para se assegurar contra rebeliões e ter uma grande força móvel à sua disposição. As demais tropas, milícias de soldados-camponeses de fronteiras, foram chamadas *limitanei*, com a tarefa de atrasar eventuais invasões por tempo suficiente para que as tropas profissionais pudessem chegar e intervir, formadas por *cunei* (unidades de cavalaria, menores que as antigas *alae*) e *auxilia* (unidades de infantaria).

Após a morte de Constantino, os três filhos dividiram o Império e o *comitatus* e lutaram até a morte. O sobrevivente, Constâncio II, manteve o império dividido em três regiões militares ou *comitati* (condados), cada uma com um terço do *comitatus* original: as do Oriente e Ocidente, cada uma sob o comando de um general de cavalaria (*magister equitum*) e uma central (Itália, África e Bálcãs), sob o comando de um conde (*comes*). Os *duces* das tropas de fronteira passaram também a responder a esses comandantes. O cristianismo tornou-se religião oficial e o paganismo começou a ser perseguido.

À morte de Constâncio II, o herdeiro Juliano rompeu com o cristianismo, proclamou a tolerância religiosa, apoiou o judaísmo e tentou cultivar uma nova versão do culto do *Sol Invictus*, mas foi morto em guerra com os persas em 363. A tolerância para com o paganismo continuou, porém, sob os seus sucessores até 375. As perseguições aos pagãos foram retomadas em seguida.

Durante esse período, o Império Romano sofreu a primeira invasão que não foi capaz de esmagar ou repelir. Os visigodos, refugiados das invasões hunas que haviam sido admitidos e assentados pelos romanos nos Bálcãs, na margem sul do Danúbio em 376, se revoltaram contra as autoridades romanas e derrotaram o imperador Valente em 378. Com sua morte, seu sucessor, Teodósio I, lhes concedeu território e autonomia como *foederati* (aliados) dentro das fronteiras romanas, e em 381 abriu um precedente para a partilha do Império entre os invasores bárbaros.

Em seguida, voltou-se, ao lado do coimperador Graciano, contra o paganismo. Em 382, os colégios sacerdotais pagãos de Roma deixaram de ser mantidos pelo Estado. A partir de 389, Teodósio I proibiu o culto pagão, os haruspícios e os Jogos Olímpicos, fechou os templos e colégios sacerdotais e até 395 comandou uma perseguição aos pagãos (e, em menor grau, aos judeus) mais severa do que tinha sido a de Diocleciano aos cristãos. Salvo por redutos rurais e locais distantes, o culto pagão foi varrido, embora a filosofia neoplatônica fosse tolerada em Atenas. A religião oficial do Império passou a ser o cristianismo niceno, revisado pelo Concílio de Constantinopla de 381, mas os visigodos e os bárbaros a serviço do Império Romano se apegaram ao arianismo que havia sido promovido por Constâncio II, de forma a manter sua autonomia em questões religiosas.

Após a morte de Teodósio I, o Império Romano foi definitivamente dividido em duas metades: Ocidental, com capital em Milão, e Oriental, com capital em Constantinopla, cada uma herdada por um de seus filhos, Honório e Arcádio, mas sob o comando de fato de um prefeito pretoriano, Estilicão e Rufino. Nesse ponto, a estrutura administrativa era o seguinte:

> Duas prefeituras pretorianas, com um Augusto como comandante militar teórico com dois *magistri militum praesentalis* diretamente subordinados um Prefeito Pretoriano como administrador civil (mas exercendo de fato também o comando militar).

> Dioceses, cujos comandantes militares tinham o título de *magister militum* (general) no Oriente e *comes rei militaris* (condes militares) no Egito e Ocidente, cada um no comando de um *comitatus* com 15 mil a 30 mil legionários e cujos administradores civis continuavam a ser chamados vigários.

> Províncias, cujos chefes militares tinham o título de *dux militis* (duques), cada um no comando de 4 mil a 8 mil homens, e os civis o de *corrector*.

As tropas foram reclassificadas em quatro categorias, em ordem decrescente de prestígio:

> *Scholae Palatinae*, regimento de cavalaria de elite e guardas imperiais quee desde Constantino substituíam os *equites singulares Augusti*, 3,5 mil no Oriente e 2,5 mil no Ocidente.

> *Palatini*, os *comitatus praesentales* ("condados disponíveis"), tropas legionárias de elite dos generais que acompanhavam os imperadores e prefeitos palatinos, 45,9 mil no Oriente (2 *magistri militum praesentalis*) e 62,5 mil no Ocidente (*magister utriusque militiae*, comandante supremo do Ocidente, com 28 mil, *magister equitum per Galliae*, com 11,5 mil, *comes Hispaniae*, com 10,5 mil, *comes Illyrici*, com 12,5 mil)

Comitatenses, os *comitatus*, tropas legionárias dos demais generais e condes militares, 63 mil no Oriente (3 *magistri militum*) e 38 mil no Ocidente (3 *comes*).

Limitanei, as milícias camponesas de fronteira, cerca de 105 mil no Oriente (divididos entre 13 *duces*, o *comes rei militaris Aegypti*, com 15,5 mil homens em Alexandria eo *comes Isauriae*, com mil) e 74 mil no Ocidente (12 *duces* e 2 *comes*).

A rivalidade entre Estilicão e Rufino dificultou a coordenação das duas metades na defesa do Império, que começou a ruir pelo Ocidente. À morte de Teodósio I, os visigodos romperam a aliança com Roma e invadiram a Grécia. O imperador do Oriente os apaziguou até 401 concedendo-lhes o governo da Ilíria, mas nesse ano eles novamente romperam o acordo e invadiram a Itália. Enquanto Estilicão os combatia, suevos, alanos e vândalos invadiram o Ocidente pelo Reno. Estilicão, vândalo de origem e suspeito de conspirar para se apossar do Império, foi executado por ordem de Honório, juntamente com as esposas e filhos de seus soldados bárbaros. Estes se uniram aos visigodos, que invadiram a Itália, saquearam Roma e em seguida migraram para o oeste, fundando um reino na Aquitânia, que lhes foi concedido por Honório. Eles se expandiram em seguida para a Hispânia, outros povos bárbaros se apoderaram de outras partes do Império ocidental e em 435 a África foi oficialmente cedida aos Vândalos. Em 476 o último imperador romano do Ocidente foi deposto por seu *magister militum* Odoacro, proclamado rei da Itália.

Essa é a data convencional do fim da Idade Antiga e início da Idade Média, mas pouco significou para o Império do Oriente, cujos exércitos e territórios continuaram praticamente intactos. Odoacro procurou legitimar-se ante Constantinopla e recebeu do imperador Zenão I o título de *Dux Italiae* (duque da Itália), que lhe permitiria governar a região em nome do imperador. Desentendeu-se, porém, com Zenão ao tomar a Dalmácia e em 488 o rei ostrogodo Teodorico recebeu ajuda financeira do imperador e o título de *Patricius Italiae* para eliminar Odoacro, o que foi feito em 493.

Apesar da relação tensa com Constantinopla, devido à desconfiança mútua e à aliança do imperador com os seus rivais francos, e com a Igreja, pois os godos aderiam ao arianismo, Teodorico não só governou a Itália como fez do reino vândalo um protetorado em 500, assumiu o reino visigodo como regente em 511 e venceu os burgúndios, transformando-os também em protetorado em 523. Assim, passou a controlar a maior parte do antigo Império do Ocidente. Os italianos o viram como um restaurador, pois manteve vivas as leis e instituições romanas (inclusive os jogos), embora nele os ostrogodos se mantivessem uma casta à parte, proibida de se casar com os romanos e com sua própria religião. Oficialmente era *princeps* e *Rex Italiae* (rei da Itália), nunca usou os títulos de *imperator* ou *Augustus* e sua posição era de vice-rei ou regente em nome de Constaninopla (inclusive com o poder de nomear o cônsul de Roma), mas foi visto por seus súditos como um coimperador.

Em 524, o reino vândalo se rebelou e Teodorico se preparava para invadi-lo quando morreu, em 526. Sua nora, Amalasunta, assumiu como regente em nome do neto e aliada de Constantinopla, mas foi deposta e executada por rivais na corte, o que deu pretexto ao imperador Justiniano para invadir a Itália e reanexar boa parte do antigo Império do Ocidente, incluindo o antigo reino vândalo e parte da Hispânia. Belisário, o general de Justiniano que comandou a vitória contra os vândalos em 534, foi o último romano a celebrar um triunfo à maneira tradicional, em Constantinopla.

Justiniano voltou a centralizar o Império do ponto de vista administrativo e religioso. Reorganizou a Igreja, tentou unificar seu dogma, sem conseguir, e obrigou o papa de Roma a arquivar suas pretensões de chefiá-la (até 751, quando Constantinopla perdeu definitivamente a cidade de Roma). Voltou a perseguir os pagãos nos cantos mais remotos do Império (incluindo, por exemplo, os remanescentes do culto de Ísis no Egito e de Amon no deserto da Líbia), proibiu até mesmo o culto privado e tomou posse do último reduto do paganismo culto, a Academia de Atenas, em 529.

Os cônsules foram abolidos: o último cônsul foi eleito em Roma em 536 e em Constantinopla em 541. O Senado de Roma continuou a funcionar por algum tempo, mas foi dissolvido por sucessores de Justiniano entre 603 e 630, quando sua sede foi convertida em igreja. O Senado de Constantinopla continuou a existir no Império Bizantino até 1204, quando tentou eleger Nicholas Kanabos imperador, com apoio do povo e do clero (ele não aceitou e acabou sendo linchado). O título de senador romano ainda foi usado até meados do século XIV.

Além de codificar as esparsas leis romanas promulgadas desde o tempo da República, criando o Direito Romano tal como hoje é conhecido, Justiniano fez outras reformas. Os vigários que administravam as dioceses foram suprimidos e o comando militar voltou a ser reunido ao governo civil nas províncias da Anatólia, Síria, Armênia e Egito e criou novos cargos de pretores, condes e procônsules para administrá-las e comandar suas tropas. Na capital, novos cargos de "pretores do povo" foram criados para julgar casos de roubo, adultério e homicídio e reprimir distúrbios e o cargo de *quaesitor* foi criado para identificar e expulsar provincianos que estavam na capital sem motivo válido.

Império Bizantino

O Império Bizantino é o nome convencional dado pelos historiadores ao Império Romano do Oriente a partir da reforma administrativa de 629 feita pelo imperador Heráclio (610-641), com a qual o grego substituiu o latim como língua oficial. O nome nunca foi usado pelos próprios bizantinos, que até o fim em 1453 continuaram a chamar seu Estado de Império Romano, em grego *Basileia Rhomaion*, Romania, *Rhomania* ou *Rhomais* ou ainda República Romana, *Politeia ton Rhomaion*.

Mesmo com o soberano adotando título e protocolos monárquicos, o Estado Romano ainda era teoricamente uma República, como jamais deixara legalmente de ser desde a fundação do Império Romano em 27 a.C. Do ponto de vista formal, o imperador subia ao cargo pela aclamação do Senado, do Povo e do Exército e ser o primogênito do imperador reinante não era uma condição necessária nem suficiente para subir ao trono, nem assegurava a legitimidade. Muitos imperadores considerados incompetentes foram forçados a abdicar ou assassinados.

Títulos do imperador, família imperial e assimilados

O título mais comumente usado do imperador era **Basileus**, adotado por Heráclio em 629 em substituição ao título latino de "Augusto". Originalmente significara "rei", mas há muito os gregos o usavam apenas para os imperadores romanos e persas. A imperatriz era chamada **Basilissa** e também usava os títulos de *eusebestate augousta* ("Pientíssima Augusta"), *kyria* ("senhora") ou *despoina* ("déspota"). O título completo, para os últimos imperadores bizantinos, era *en kho to theo pistos basileus kai autokrator romaion o palaiologos kai aei augoustos*, "pela graça de Deus, fiel rei e imperador dos romanos, o Paleólogo, para sempre Augusto".

Os outros soberanos cristãos europeus eram chamados em grego *regas*, "rei", até 812, quando os bizantinos reconheceram o título imperial de Carlos Magno como *basileus*. Os soberanos do Sacro Império também foram chamados *basileus* e no século X, o título também foi admitido para o tsar da Bulgária. A partir do século XII, foi usado pelos bizantinos também para outros reis europeus, inclusive os da França, Sicília e Sérvia, para soberanos muçulmanos como Tamerlão e Maomé II e para os soberanos dos pequenos "impérios" que se separaram de Constantinopla, como Trebizonda. O título também foi usado pelos reis gregos modernos, da independência em 1832 à queda da monarquia em 1974.

Symbasileus, "coimperador" ou "correi", plural **symbasileis**, era o título dado ao sucessor designado, geralmente o primogênito do imperador, a partir do século IX. Dada a falta de respaldo legal para uma sucessão hereditária no que continuava a ser teoricamente uma república, os imperadores passaram a nomear seus herdeiros coimperadores para que pudessem imediatamente assumir o poder se o pai falecesse.

Autokrator ("governante por si"), que é a tradução grega mais literal de *imperator*, ou ainda *Kaisar Autokrator*, "César Imperador", foi também um dos títulos usados por Heráclio, ao lado de *kyrios* ("senhor"). A partir do século IX, foi usado também para distinguir o imperador efetivamente reinante do *symbasileus*, alternando-se com **mega basileus** ("grande imperador").

Porfirogênito (*porphyrogennetos*), feminino **porfirogênita**, foi a partir de 846 o título dado ao filho ou filha de um imperador reinante, nascido na *Porphyra* (a "Câmara Púrpura", um pavilhão do palácio imperial destinado a esse fim e totalmente revestido de púrpura imperial) de uma imperatriz legítima, formalmente consagrada como *eusebestate augousta*. Embora não validasse legalmente a sucessão, o título pretendia dar uma aura de legitimidade aos herdeiros.

Basileopator ("pai do imperador"), dado por duas vezes a altos funcionários que eram sogros do imperador e atuaram como regentes ou imediatos.

Déspota ou ***despotes*** ("senhor"), feminino ***despoina***, foi originalmente um dos títulos usado por imperadores a partir de Justiniano I e mais tarde pelos filhos de imperadores. A partir de Manuel I Komnenos (1143-1180), foi também o título de soberanos de estados tributários de Bizâncio, como o Despotado da Moreia.

Sebastokrator ("augusto governante"), feminino **sebastokratorissa**, foi um título conferido a partir de Alexios I Komnenos (1081-1118) a parentes e a soberanos e aristocratas estrangeiros que quis distinguir.

Kaisar ("César"), feminino **kaisarissa**, havia sido, no Império Romano, um título dado a um sucessor designado ou a um coimperador subordinado, com juristição sobre parte do império, mas a partir de Manuel I, passou a ser um título inferior a déspota ou *sebastokrator*, dado a altos funcionários e comandantes militares do império.

Nobilíssimo (*nobelissimos*) foi originalmente um título dado a parentes próximos do imperador, mas a partir dos Comnenos foi dado a comandantes militares e altos funcionários, o mais importante dos quais era o *protonobelissimos* ("primeiro nobilíssimo"), depois *protonobelissimohypertatos* ("o mais alto primeiro nobilíssimo").

Kouropalates (do latim *cura palatiis*, "curador do palácio") era o administrador do palácio imperial, comparável aos mordomos do paço ou prefeitos do paço nas monarquias ocidentais. No século XI, foi dado também aos reis tributários da Armênia e Geórgia.

Sebastos ("augusto"), feminino ***sebaste***, foi um título orginalmente dado a parentes do imperador e do *sebastrokrator* e a alguns governantes estrangeiros, como o Doge de Veneza e o sultão de Icônia. Alguns deles foram distinguidos, no século XII, como *pansebastos*, *panhypersebastos*, ou *hyperprotopansebastohypertatos*.

Títulos honoríficos

A corte bizantina distinguia "dignidades por prêmio" (*brabeion axiai*), conferidas como símbolo honorífico de status e "dignidades por proclamação" (*logou axiai*), que indicavam função estatal efetiva. Alguns dos títulos eram específicos para eunucos (castrados, preferidos para muitas funções importantes por não terem pretensões dinásticas), outros para "barbados" (*barbatoi*, homens não castrados) e mulheres. Estas eram as dignidades por prêmio, em ordem decrescente (aproximada) de importância:

Zoste patrikia ("patrícia cingida") título dado a damas de honra da imperatriz, do século IX ao XI.

Proedros ("presidente"), usado do século X ao XII, inicialmente para o eunuco mais importante, que também era presidente do Senado, depois para eunucos e a partir do século XI conferido também a "barbados", sendo então criado o título de *protoproedros* ("primeiro presidente") para distinguir o mais importante.

Vestarches ("chefe dos *vestes*"), usado a partir do século X para altos funcionários eunucos, em meados do século XI também para militares e funcionários judiciários "barbados". Desapareceu no começo do século XII.

Vestes ("veste"), título honorífico dado tanto a eunucos quanto a barbados.

Anthypatos ("procônsul"), originalmente tradução do título romano de procônsul, dado ao governador de certas províncias, tornou-se título honorífico quando a reforma administrativa do século VII aboliu as províncias, substituídas por temas. Título dado apenas a barbados.

Patrikios ("patrício"), originalmente título dos nobres romanos, foi dado também a altos funcionários, tanto barbados quanto eunucos.

Praipositos ("preposto"), título para eunucos.

Protospatharios ("primeiro espadachim"), título originalmente dado ao chefe da guarda imperial, depois a ministros (*logothetai*), governadores de temas e comandantes militares de tagmas (unidades de 4 mil soldados). Conferia um assento no Senado e era dado tanto a eunucos quanto a barbados.

Primikerios ("primeiro da lista"), chefes de serviços administrativos, sempre eunucos.

Dishypatos ("duas vezes cônsul"), título usado do século IX ao XI por barbados.

Ostiarios ("porteiro"), dado a eunucos.

Spatharokandidatos, combinação dos títulos de "espadachim" e "candidato", originalmente dados a guardas palacianos, depois a dignitários barbados. Representado por uma corrente dourada em torno do peito.

Spatharokoubikoularios, combinação de títulos de "espadachim" e "camareiro", dado a eunucos.

Spatharios ("espadachim"), título de guardas imperiais, depois honorífico para barbados.

Hypatos ("supremo"), feminino ***hypatissa***, era originalmente a tradução grega do título romano de cônsul, dado aos dois dignitários supremos da República, eleitos anualmente, de Roma e depois de Constantinopla. A partir de Justiniano, foi um título honorífico dado a médios funcionários barbados, intermediário entre *spatharios* e *strator*, e do século IX ao XI, a governantes de cidades-estados italianas vassalas de Bizâncio.

Strator ("cavalariço"), título para médios funcionários barbados.

Kandidatos ("candidato"), originalmente guardas do palácio, depois médios funcionários barbados.

Koubikoularios ("camareiro"), dado a funconários eunucos.

Basilikos mandator ("mensageiro imperial"), dado a funcionários barbados.

Nipsistiarios, ("lavador de mãos"), carregava bacia de ouro para a lavagem ritual de mãos do imperador em certas cerimônias.

Vestetor ("vestidor"), funcionário do guarda-roupa imperial, barbado.

Silentiarios ("silenciário"), cortesão responsável por manter a ordem e o silêncio respeitoso no palácio.

Stratelates (tradução grega do título romano *magister militum*, "mestre dos soldados") e ***apoeparchon*** (tradução grega de *ex praefectis*, "ex-prefeito"), originalmente altos funcionários, depois títulos para funcionários menores.

Cargos palacianos

Parakoimomenos ("que dorme ao lado"), camareiro-mor e o ministro mais importante, que dormia no mesmo quarto que o imperador e geralmente era um eunuco.

Protovestiarios ("primeiro vestiário"), responsável pelo guarda-roupa do imperador, principalmente durante as campanhas militares, geralmente membro da casa imperial. Seus subordinados eram **vestiarios**. A imperatriz tinha, igualmente, uma **protovestiaria** e **vestiarias**.

Papias, zelador eunuco do palácio, responsável por abrir e fechar as portas a cada dia.

Pinkernes, originalmente copeiro encarregado de servir vinhos nos banquetes, depois um título honorífico.

Kanikleios, encarregado do tinteiro imperial e um dos altos funcionários da chancelaria. Na época dos Comnenos e Paleólogos, alguns eram de fato os principais ministros.

Epi tes trapezes, "sobre a mesa", encarregado de atender à mesa imperial nos banquetes.

Cargos militares

Exarca (*exarchos*, "chefe de fora") era o governador ou vice-rei de uma parte remota do império, como a Itália ou a África, com autoridade militar e civil.

Domestikos – na época romana eram guardas imperiais, depois assessores militares. No período bizantino foram os comandantes supremos, no lugar dos antigos prefeitos pretorianos do período romano.

Megas domestikos ("grande doméstico"), o comandante supremo do Exército.

Domestikos ton scholon ("doméstico das escolas"), comandante das *Scholai*, originalmente um grupo de unidades da guarda, depois de tagmas. No final do século IX, comandante-em--chefe do Exército. A partir de 959, o posto foi dividido em dois, um para o leste e outro para o oeste.

Domestikos tou thematos ("doméstico dos temas"), comandante e organizador dos temas militares, um para a Europa e outro para a Ásia.

Katepano – Governador de uma região incluindo dois ou mais temas, a partir do século IX.

Merarches – comandante de um *meros* (divisão) do exército, na época de Justiniano. Geralmente, cada exército de 15 mil a 25 mil soldados era dividido em dois ou três desses comandos.

Taxiarches or ***chiliarches*** – comandante de uma taxiarquia ou quiliarquia, unidade com cerca de mil soldados.

Estrátego (*strategos*, "general" ou "almirante"), do século VII em diante, comandante militar e depois também civil de um tema, que frequentemente também tinha o título de **doux** (duque) e comandava cerca de 9.600 soldados.

Topoteretes ("lugar-tenente"), imediato de um oficial em vários níveis de comando, de estrátego a *droungarios*.
Tourmarches, comandante de uma *tourma*, unidade de 2.400 soldados.
Droungarios, comandante de um *droungos*, unidade de 400 soldados.
Komes, comandante de um *bandon*, unidade de 200 soldados.
Protokentarchos ("primeiro centurião") e ***kentarchos*** ("centurião") – comandantes de centúrias (*kentarchiai*), unidades de 100 soldados.
Pentekontarches, comandante de unidades de 50 soldados.
Dekarchos, comandante de um *kontoubernion* de 10 soldados, dividido em uma vanguarda comandada por um ***pentarches*** (5 soldados) e uma retaguarda comandada pelo ***tetrarches*** (4 soldados).
Protostrator ("marechal") originalmente o mestre dos estábulos imperiais, a partir dos Comnenos, título do segundo no comando do Exército.
Stratopedarches ("mestre de campo"), oficial encarregado de abastecer o exército de alimentos e armas.
Hoplitarches ou ***archegetes*** – comandante geral da infantaria de um grande exército, a partir de meados do século X.
Kavallarios ("cavaleiro"), originalmente um soldado da cavalaria, mas no período dos Paleólogos um título honorífico menor da corte.
Etnarca (*ethnarches*), comandante de tropas estrangeiras.
Konostaulos ("condestável"), comandante de mercenários francos.
Hetaireiarches ("chefe dos aliados"), comandante de mercenários bárbaros.
Akolouthos, "acólito", chefe da Guarda Varangiana (formada por guerreiros de origem viking recrutados na Rússia) a partir dos Comnenos.
Protomanglavites, "primeiro escudado", comandante dos *manglavites* ("escudados"), guardas imperiais armados de espada e escudo.

Cargos navais

Megas doux, grão-duque ou megaduque, comandante supremo da marinha a partir dos Comnenos. No fim do império, era o chefe do governo e da burocracia.

Amirales, comandante de mercenários navais na dinastia dos Paleólogos, subordinado ao ***megas doux***.

Megas droungarios, imediato do ***megas doux*** no comando da marinha.

Droungarios, comandante da frota central de Bizâncio ou de uma das frotas dos temas.

Komes ou ***droungarokomes***, comandante de uma esquadra de *dromons*, as galeras bizantinas.

Kentarchos ou ***nauarchos***, comandante de um navio.

Cargos administrativos

Primeiro secretário (*protasekretis*), chefe da chancelaria, responsável pelos registros do imperador e chefe de funcionários com os títulos de ***asekretis*** (secretário), ***chartoularios*** (tabelião de documentos imperiais), ***kastrensios*** (camareiro no palácio), **mystikos** (secretário privado) e ***eidikos*** (funcionário do tesouro).

Logoteta (*logothetes*, "vozeiro"), administrador ou ministro de diferentes graus de importância, conforme o cargo exato:

Megas logothetes, chefe dos logotetas, responsável pelo sistema judiciário e pelo tesouro, equivalente a um chanceler ocidental.

Logothetes tou dromou, administrador da diplomacia e dos correios.

Logothetes ton oikeiakon, administrador dos domínios privados do imperador.

Logothetes tou genikou, administrador da arrecadação.

Logothetes tou stratiotikou, administrador civil do pagamento de soldos ao Exército.

Chartoularios tou vestiariou, "tabelião do guarda-roupa", na verdade o responsável pela cunhagem de moeda e pela equipagem da frota.

Eparca de Constantinopla, prefeito urbano da capital.

Questor (*quaestor*), originalmente contador ou auditor, depois juiz.

Tribuno (*tribounos*), responsável pela manutenção de estradas, monumentos e edifícios.

Sakellarios ("tesoureiro"), originalmente supervisor honorário dos logotetas, depois controlador de despesas do Império.

Pretor (*praetor*), inicialmente administrador civil de uma cidade, depois de um tema.

Kephale ("chefe"), administrador civil de um distrito, formado por uma vila e seu entorno, na dinastia dos Paleólogos.

Horeiarios, encarregado de distribuir alimentos dos celeiros imperiais.

Outros

Arconte (*archontes*) era um título dado a governadores de arcontias, províncias periféricas hierarquicamente inferiores aos temas, bem como de certas cidades, bases navais e feitorias comerciais. O termo também era usado para qualquer aristocrata poderoso.

Grande arconte (*megas archontes*) foi a partir de meados do século XIII um título do cortesão de categoria mais elevada, sem atribuições específicas.

Dynatos ("poderoso") era um membro de uma das famílias aristocráticas do Império Bizantino.

Apêndice: Insígnias, Regalias e Heráldica

Coroas

A coroa é o símbolo mais óbvio da soberania e nos quadrinhos e cinema; é quase inconcebível um rei sem coroa. Mas na vida real, mesmo na Idade Média, as coroas eram usadas apenas na cerimônia de coroação, no campo de batalha (para melhor identificar o rei como comandante supremo) e nas cerimônias de Estado mais importantes. Atualmente, o único monarca ocidental a usar fisicamente uma coroa é o soberano do Reino Unido e só o faz na coroação e na cerimônia anual de abertura do Parlamento (como também era o caso de D. Pedro II no Brasil). Os demais monarcas europeus abandonaram as cerimônias de coroação ao longo do século XX e para eles a coroa só existe hoje como peça de museu e insígnia no brasão.

A coroa real mais antiga da Europa é a chamada coroa de ferro da Lombardia, formada por um aro de ferro (supostamente forjado com um dos cravos da cruz de Cristo) que une seis placas de ouro. Segundo a lenda, teria sido feita a mando do imperador romano Constantino e presenteada aos lombardos quando se converteram ao cristianismo, mas o estilo e os documentos indicam que foi feita no início do século IX. Pode ter sido usada pela primeira vez por Carlos Magno ao ser coroada pelo papa em 800 e foi símbolo da soberania sobre a Itália durante mais de mil anos. Foi usada pela última vez pelos imperadores da Áustria, até 1866, quando foram obrigados a cedê-la pelo tratado de paz com a Itália (cujos reis não a usaram, preferindo a coroa tradicional da casa de Savoia). Na Inglaterra, o primeiro rei a usar coroa foi Alfredo, rei de Wessex de

871 a 899. A partir dessa época, o costume se generalizou entre os reis cristãos.

Os reis de Portugal não eram coroados desde a Restauração, pois D. João IV, ao receber a coroa em 1640, depositou-a aos pés de uma imagem de Nossa Senhora da Imaculada Conceição que considerou "a verdadeira Rainha de Portugal". Desde então, os reis portugueses passaram a receber a coroa na Aclamação, mas jamais a puseram na cabeça, mantendo-a a seu lado sobre uma almofada.

Soberanos podem possuir mais de uma coroa, representando diversos Estados ou títulos, ou para diferentes ocasiões. O soberano do Sacro Império, por exemplo, recebia a coroa de ferro da Lombardia ao ser coroado rei da Itália, uma coroa de prata ao ser eleito rei da Alemanha e uma de ouro ao ser coroado pelo papa como Imperador. O soberano britânico possui, além da tradicional Coroa de Santo Eduardo (tradicional e pesada, usada apenas na coroação propriamente dita), a Coroa Imperial de Estado (mais leve e prática, usada na abertura do parlamento) e a Coroa Imperial da Índia (que se usava quando o soberano era coroado na Índia, quando era colônia britânica).

Além do soberano reinante, também costumam usar coroas as rainhas (consortes ou viúvas). No Reino Unido, os príncipes de Gales recebem uma coroa ao serem investidos (usualmente na maioridade, aos 21 anos) e os nobres titulados têm o direito de usar uma coroa de menor grau na cerimônia de coroação real, mas o nome de *crown* é reservado às coroas dos soberanos, enquanto as dos príncipes e lordes são *coronets*.

Cetros

Os cetros são bastões de mando ornamentados, usados desde a mais remota Antiguidade e provavelmente derivados da maça como arma de guerra. O cetro dos imperadores romanos tinha no alto uma águia, que imperadores cristãos substituíram por uma cruz. O cetro do soberano do Sacro Império era mais semelhante a uma maça de guerra, embora a cabeça fosse de ouro, encimada por uma pedra preciosa.

Os reis ingleses (e suas rainhas consortes) usam um par de cetros. Um deles, o cetro real propriamente dito, ou cetro de São Eduardo, tem na ponta uma cruz e representa a autoridade temporal do rei "sob a cruz" e hoje inclui, logo abaixo desta, o Cullinan, maior diamante lapidado do mundo. O outro é o "cetro com a pomba" (*Sceptre with the Dove*) ou "bastão da justiça e misericórdia" (*Rod of Equity and Mercy*), que tem na ponta uma esfera e uma pomba (que representa o Espírito Santo) e representa a autoridade espiritual do soberano como chefe da Igreja Anglicana. Na cerimônia de coroação, o rei ou rainha segura o primeiro cetro com a direita e o segundo com a esquerda.

Os reis franceses também tinham dois cetros: o cetro real, com uma flor de lis na ponta e a "mão de justiça", com uma mão fazendo um gesto de bênção e que representava o poder do rei no papel de juiz.

O cetro do imperador do Brasil era encimado por uma serpe ou dragão de duas patas (*wyvern*), símbolo da Casa de Bragança, enquanto o do rei de Portugal era decorado por uma esfera armilar.

Orbes

O orbe é uma esfera, geralmente oca e de ouro, que representa o globo terrestre e era segurada pelo imperador romano como símbolo de seu poder universal. Os imperadores cristãos acrescentaram ao orbe uma cruz para representar o domínio do mundo em nome do Deus cristão, sendo a peça neste caso chamada *globus cruciger*. Por se pretenderem sucessores dos romanos, os soberanos do Sacro Império voltaram a usar esse símbolo.

A partir da Baixa Idade Média, outros reis cristãos também passaram a usá-lo para indicar sua soberania em relação ao Imperador, mesmo sem pretender um domínio universal. Nas cerimônias de coroação, o rei costuma receber, além da coroa, o cetro na mão direita e o orbe na mão esquerda.

Tronos

São chamados tronos apenas os assentos oficiais dos soberanos, do papa e dos bispos. Os de grandes senhores feudais laicos, por luxuosos que fossem, eram apenas cadeiras.

Os tronos usados pelos soberanos ocidentais são cadeiras luxuosamente decoradas com braços e espaldar alto, colocadas no alto de uma plataforma à qual se sobe por uns poucos degraus. Podem ter o acréscimo de símbolos místicos ou tradicionais, como a "Pedra do Destino" ou "Pedra da Coroação", colocada sob o assento do soberano britânico na cerimônia de coroação, mas em geral não são tão suntuosos e majestosos, nem tem um papel simbólico tão importante quanto o dos soberanos orientais, para os quais o trono é (mais que a coroa ou seus equivalentes) o principal símbolo de soberania – como era o caso do "Trono do Pavão" do xá da Pérsia, do "Trono do Dragão" do imperador da China e do "Trono do Crisântemo" do imperador do Japão. O "Trono de Ferro" da Guerra dos Tronos é um elemento de fantasia, sem paralelo no Ocidente real.

Mantos

Na Antiguidade e Idade Média, os mantos de nobres e soberanos eram tingidos de púrpura de Tiro, corante extraído de uma glândula de um molusco e que na forma mais carregada e dispendiosa ("duas vezes tingida") conferia ao tecido uma cor vermelha-violácea (cereja ou amaranto) e na forma mais comum, uma cor "de jacinto" variando entre o que hoje se chama "púrpura" e "magenta".

Os nobres romanos se distinguiam dos plebeus por usar duas faixas verticais de púrpura em suas túnicas, com 2,5 centímetros de largura para a ordem equestre (équites ou cavaleiros) e 7,5 centímetros para a ordem senatorial (patrícios). Ao se instalar o império, o imperador passou a se distinguir por capas de pura púrpura, de preferência de seda (ao menos no verão). Para o Imperador Romano do Oriente, era o símbolo por excelência do cargo: a "púrpura" era metáfora para o imperador, assim como a "coroa" para os reis ocidentais. **Porfirogênito** ou **porfirogeneta**, "nascido na púrpura" era o título especial dos filhos e filhas do imperador nascidos durante o reinado.

Os reis ocidentais, como também os prelados católicos, procuraram imitar o costume romano tingindo seus mantos com púrpura importada de Constantinopla até 1453, quando a cidade caiu nas mãos dos turcos e a produção de púrpura cessou. Daí em diante, a púrpura "duas vezes tingida" foi substituída pelo carmim extraído da cochonilha (que confere ao tecido uma cor escarlate) e a mais simples, por uma mistura de carmim e anil (a cor de púrpura moderna) usadas também, respectivamente, nas batinas não litúrgicas de cardeais e bispos (obrigatória para estes em meados do século XVII – antes mais frequentemente usavam verde). É por isso que os cardeais se chamam ainda hoje de "purpurados", embora suas vestes sejam vermelhas.

Na Idade Moderna, os reis do Ocidente usaram, nas cerimônias mais importantes, como a coroação, um manto de veludo escarlate, longo a ponto de se arrastar no chão e forrado de pele de arminho. No Reino Unido, os Lordes usam no Parlamento mantos cerimoniais decorados com faixas de arminho e brocado de ouro que revelam sua categoria:

Duque	4 faixas
Marquês	3 ½ faixas
Conde	3 faixas
Visconde	2 ½ faixas
Barão	2 faixas

Outras culturas também distinguiram reis e imperadores por mantos de cores específicas. Na China, era o amarelo que era reservado para a família imperial. Na dinastia Qing, a última, o direito de usar uma jaqueta amarela era conferido como uma honra especial ao mérito civil e militar (generais e governadores, por exemplo) e usado pelos guarda-costas quando estavam a serviço, como uma espécie de libré;

Outros símbolos físicos da realeza e aristocracia

Outros símbolos usados por reis são a Espada de Estado (que representa o poder militar e o dever de preservar a justiça e a paz) e o barrete real (*cap of maintenance*) de veludo e arminho usado pelo rei britânico ao se dirigir à coroação.

O anel de sinete é tradicionalmente usado por todos os detentores de autoridade para selar e autenticar documentos.

Uma curiosa hierarquia era a da falcoaria, um passatempo

favorito da nobreza medieval. Um rei ou nobre devia usar uma ave apropriada ao seu título: "uma águia para um imperador, um gerifalte para um rei, um falcão peregrino para um príncipe, um sacre para um cavaleiro, um esmerilhão para uma dama, um açor para um camponês, um gavião para um clérigo e um peneireiro para um valete", recomendava um poema medieval.

Um tratado medieval de falcoaria recomendava um gerifalte para um rei, um falcão nobre (nebri) para um príncipe, um falcão das rochas (bafari) para um duque, um falcão peregrino macho para um conde, um tagarote para um barão; um sacre para um cavaleiro; um lanário para um escudeiro; um esmerilhão fêmea para uma dama; um açor para um camponês; um gavião fêmea para um sacerdote; um gavião macho para um diácono e um peneireiro para valetes, criados e crianças. Outros indicavam falcões peregrinos fêmeas para príncipes, duques e condes; falcões peregrinos machos para barões e ogeas para valetes (fêmeas de falcões e gaviões são maiores e mais valiosas que os machos).

No Japão, há três objetos simbólicos associados com o imperador, que lhe são apresentados na cerimônia de entronização e só podem ser vistos por ele e por seus sacerdotes: a espada sagrada *Kusanagi*, o espelho sagrado *Yata no Kagami* e a joia sagrada *Yasakani no Magatama* que representam, respectivamente, coragem, sabedoria e benevolência.

Insígnias papais e clericais

Além da tiara papal (que desde 1963 é um mero símbolo heráldico, substituído nas cerimônias por uma mitra) e das heráldicas chaves de São Pedro (uma de ouro e outra de prata, que representam o poder sobre o Céu e a Terra), são insígnias do papado a férula papal (um cetro encimado por um crucifixo, distinto do báculo dos bispos e usado desde o século XIII), o hierofante ou cruz papal (cruz tripla, que substitui a férula em algumas cerimônias) e o pálio papal, faixa de lã branca usada em torno do pescoço, que a partir de 2005 passou a ser mais larga e ter cruzes vermelhas para se distinguir da dos metropolitas, que tem cruzes pretas. São também tradicionais o Anel do Pescador (anel com o sinete papal), o Umbráculo (guarda-sol papal, usado desde Alexandre VI) e a Cadeira Gestatória (liteira papal levada por oito criados e acompanhada por mais dois que levavam os flabelos ou abanadores, abandonada por João Paulo II).

O báculo dos bispos é uma estilização de cajado de pastor e representa sua autoridade sobre as "ovelhas" da diocese. Além disso, a forma recurva da parte superior representa a limitação de sua autoridade, razão pela qual o papa usa, em vez do báculo, a férula ou o hierofante.

Brasões

O surgimento dos brasões é um desenvolvimento da Baixa Idade Média. Os escudos, que na Alta Idade Média e até as Cruzadas raramente eram pintados, passaram nesse período a ser decorados com cores e figuras para facilitar a identificação pessoal de cavaleiros cobertos por elmos, principalmente nas justas e torneios, e gradualmente se tornaram símbolos hereditários

No início, o cavaleiro só podia pintar seu escudo após conquistar sua primeira vitória: antes disso, era chamado "cavaleiro novel". Pouco a pouco, os padrões inicialmente usados apenas nos escudos usados em justas e batalhas tornaram-se insígnias familiares e o desenho dos brasões tornou-se mais complexo e codificado. Nobres passaram a herdar os brasões usados por seus antepassados e acrescentar-lhes suas novas façanhas.

Na Idade Média, ao se casarem com mulheres de outras famílias da alta nobreza, os nobres podiam usar lado a lado as armas das duas famílias, mas na Idade Moderna passou-se a combiná-las num só brasão, as armas do marido à "direita" e da esposa à "esquerda" (entendendo-se os lados na heráldica sempre do ponto de vista do usuário teórico do escudo, não do observador). Esse costume não era obrigatório e só era seguido quando o marido desejava destacar a importância de sua aliança.

Quando o marido se casava com a herdeira (sem irmãos) de um brasão, tornando-se assim o continuador de sua linhagem e herdeiro de seu feudo ou título, o escudo da família da esposa era colocado não ao lado, mas em tamanho menor, no centro de seu próprio brasão. Na geração seguinte, o escudo era normalmente esquartelado, isto é, dividido em quatro "quartéis" para combinar as armas das duas linhagens. Com o passar das gerações e o acúmulo de alianças, alguns escudos tornaram-se exageradamente complexos, reunindo dezenas e até centenas de quartéis. Muitas famílias optam por mostrar só os mais importantes, embora tenham direito a mais.

Nas grandes casas nobres e reais, as cores e signos do brasão foram adotados também na libré dos servidores e nas bandeiras que representavam a si e seus servidores e exércitos. Conselhos de cidades, vilas e províncias também adotaram brasões e bandeiras para representar sua autonomia ou independência e, após a Revolução Francesa, também se tornaram comuns como símbolos nacionais (embora a França republicana seja uma exceção: jamais adotou um brasão).

Detalhar a complexa gramática de símbolos usados na heráldica para denotar o título, as origens familiares e as pretensões do portador seria tema para vários livros, mas cabe aqui apontar aqueles que são mais diretamente relacionados com o status do portador.

Tradicionalmente, só se usavam sete esmaltes (em inglês *tinctures*) nos brasões: jalne (amarelo) e prata (branco), chamados em inglês *or* e *argent* e denominados "metais" e sable (preto), blau (azul), gules (vermelho), sinople (verde) e púrpura (roxo), denominados "cores" e chamados em inglês *sable, azure, gules, vert* e *purpure*. As duas últimas cores eram muito raras na Idade Média, pois o sinople era associado ao Islã e a púrpura à realeza.

Os sete esmaltes foram tradicionalmente associados a sete pedras preciosas (respectivamente topázio, pérola, diamante, safira, rubi, esmeralda e ametista) e a sete astros (Sol, Lua, Saturno, Júpiter, Marte, Vênus e Mercúrio). Foi uso referir-se aos esmaltes pelos nomes de pedras na descrição de brasões de nobres titulados e pelos nomes dos astros no caso de brasões reais.

Algumas outras cores foram raramente usadas a partir do início da Idade Moderna, sem ter aceitação geral. As mais comuns na heráldica britânica são sépia (castanho-claro), morado (entre roxo e vermelho) e sanguinho (vermelho-escuro), chamadas em inglês *tenné, murrey* e *sanguine*. Na francesa, usam-se celeste (azul-claro ou *bleu celeste*), alaranjado (*orange*), carnação (*carnation* ou rosado ou, para rostos e partes do corpo humano), e cinzento (*cendrée*, para armas e armaduras de aço). Em tempos mais recentes, começou-se a usar elementos da paisagem e da natureza em "cor natural".

A tradição não permite justapor um "metal" a outro "metal", nem uma "cor" a outra "cor" (regra ainda respeitada na maioria dos brasões e bandeiras nacionais, mas violada, por exemplo, na bandeira de Portugal, que justapõe verde e vermelho), mas um e outro podem ser justapostos a uma "pele", um padrão formado por um "metal" e uma "cor". As "peles" mais comuns são prata com mosquetas de sable, chamadas "arminhos" e representam as peles de inverno desses animais, brancos com caudas negras, ou campânulas alternadas de prata e blau, chamadas "veiros", que representam peles de esquilos costuradas alternando o dorso escuro e o ventre claro.

Das partes tradicionais do brasão, a mais relevante do ponto de vista do título e estatuto do portador é a superior. Na heráldica clássica, é formada por um elmo e um timbre (enfeite sobre o elmo, originalmente usado na justa para ajudar a identificar o cavaleiro) colocados sobre o escudo. Alguns brasões alemães têm no alto mais de um elmo, o que nesse caso significa que seu portador possui mais de um feudo. No início representavam os elmos usados nas justas e batalhas, mas segundo uma convenção da Idade Moderna, quando elmos de verdade já estavam fora de uso, passaram a representar status, com convenções que variam de país para país. Na convenção continental:

Reis usam elmo de ouro voltado para frente de viseira aberta.

Príncipes e **duques** da família real usam elmo de ouro e de frente, viseira com grade baixada.

Outros **duques** e **marqueses** usam elmo de prata guarnecido de ouro, de frente, viseira com grade baixada.

Condes, **viscondes** e **barões** usam elmo como o anterior, mas em posição de três quartos para a "direita" (isto é, esquerda de quem olha).

Fidalgos não titulados usam elmo como o anterior, mas de perfil, virado à "direita".

Cavaleiros plebeus usam elmo de aço (cinzento, na heráldica), com viseira toda fechada e de perfil para a "direita".

Bastardos (filhos ilegítimos) como o anterior, mas voltados para a "esquerda".

Na convenção britânica:

Reis usam elmo de ouro voltado para frente, com grade de seis barras de ouro.

Duques e **marqueses** usam elmo de aço para frente, com cinco barras de ouro.

Condes, **viscondes** e **barões** usam elmo de prata guarnecido de ouro, em posição de três quartos, com cinco barras de aço.

Baronetes e **cavaleiros** usam elmo de aço, guarnecido de prata, de frente, com visor aberto.

Escudeiros usam elmos de aço, de perfil, com visor fechado.

Desde o século XIV, os elmos heráldicos são frequentemente envolvidos por lambrequim ou paquifes, penachos de tecido ou plumas originalmente usados para proteger do sol o cavaleiro armado nas Cruzadas, seguindo o exemplo do *keffiyeh* árabe. O lambrequim era fixado no alto do elmo por um virol (*wreath* ou *torse*, em inglês), duas cordas entrelaçadas, geralmente das cores dominantes do escudo. Nos brasões, a nobreza militar antiga usa panos estilizadamente rasgados (que representam golpes em batalha) como lambrequim, mas a burguesia nobilitada substitui por enfeites de plumas. Os clérigos que usam elmos nos brasões para assinalar origem nobre usavam panos intactos, pois não participavam de batalhas.

Tradicionalmente os nobres e cavaleiros usam escudos com uma forma militar clássica (retangular ou ogival) ou estilizada de diferentes maneiras conforme o país. Já os clérigos costumam usar escudos de forma elíptica ou "oval".

Os escudos às vezes têm "suportes", animais, plantas ou figuras humanas que originalmente fingiam manter o escudo de pé, uma de cada lado ou uma só por trás. Segundo as convenções heráldicas, estes são também um indicador de status, pois seu uso é reservado aos soberanos, nobres titulados e cavaleiros de alta categoria. Uma divisa, lema ou mote podem ser escritos numa faixa geralmente ao pé do escudo, originalmente representando o grito de guerra do guerreiro ou de sua família. No caso de soberanos, todo o conjunto pode ser envolvido por um manto de peles ao fundo. Cavaleiros podem colocar os colares da ordem de cavalaria circundando o escudo.

Usem ou não coroas físicas, reis e nobres hereditários podem usar coroas nos seus brasões para representar seu título. No Reino Unido, coroas não reais são chamadas *coronets*, reservadas aos lordes titulados e usadas abaixo do elmo, sobre o escudo, enquanto na Europa Continental foram usadas nos brasões de quase todos os nobres hereditários, normalmente sobre o elmo (cobrindo o virol). Diferentes categorias de príncipes (herdeiro, outros filhos do soberano, netos etc.) podem ser indicadas por diferentes estilos de coroas. Os Grandes de Espanha distinguem sua categoria com uma coroa especial, mais semelhante à dos príncipes que às dos demais nobres titulados. Os formatos exatos variam conforme a época e o país, mas sempre mais complexos e imponentes à medida que se sobe na hierarquia. O rei d'armas (*king of arms*), responsável pela administração das armas e brasões da nobreza do reino, também distingue o próprio por uma coroa especial.

Em alguns países (notadamente a Escócia) e épocas, usaram-se barretes (em inglês, *chapeau*) para representar os mesmos títulos de nobreza (na Inglaterra, principalmente para duques da família real). Na França napoleônica, os barretes (*toques*) eram decorados com penas de avestruz: sete para príncipes e duques, cinco para condes, três para barões, uma para cavaleiros.

Além das coroas que representam títulos de nobreza, também existem as que representam algum serviço notável ao rei ou ao país. "Coroas navais", decoradas com velas e popas de navios, eram concedidas (principalmente nos séculos XVIII e XIX) aos brasões de almirantes que se distinguiam em batalha, "coroas murais" em forma de muralha, a generais de destaque e "coroas orientais" (simples, com pontas) aos altos funcionários que se destacavam nas colônias da Índia e Oriente. Existiam ainda as "coroas celestiais" (semelhante à oriental, com estrelas nas pontas), "coroas valares" (lembrando fortificações) e "coroas castrenses" (lembrando paliçadas), que não estavam sujeitas a regras bem definidas. Coroas murais também eram usadas em brasões de vilas e cidades (tradicionalmente três torres para vilas, quatro para cidades e cinco para capitais) e às vezes também de regiões e províncias (com até dez torres).

As mulheres normalmente usavam o brasão do pai (se solteiras) ou do marido (se casadas). Se eram herdeiras órfãs (sem irmãos) ou viúvas, então usavam escudos em forma de losango, com as cores e signos de seus pais (se solteiras) ou de seus falecidos maridos (se viúvas). Esses escudos têm coroa e suportes, mas não elmo, timbre, lambrequim ou divisa, pois estes eram considerados atributos guerreiros e masculinos.

As exceções são as rainhas por direito próprio, isto é, as que não adquiriram o título pelo casamento e sim herdaram o trono dos seus pais. Outras damas que herdam títulos por direito próprio usavam as armas do marido, acrescentadas no centro de uma miniatura das armas de sua própria família (incluindo a coroa que representa seu título).

Em vez de elmos e coroas, o papa usa em suas armas tiara papal (coroa tríplice), substituída por Bento XVI por uma mitra. Os demais clérigos usam galeros, chapéus de abas largas com borlas penduradas, originalmente usados pelos cardeais. Estes deixaram de usá-los fisicamente em 1969 e outros prelados jamais os tiveram, mas nos brasões a cor do galero e o número e cor das borlas representam o grau na hierarquia eclesiástica, de acordo com uma codificação que tomou sua forma definitiva em 1905:

Cardeal: galero vermelho com 30 borlas vermelhas(15 de cada lado).

Patriarca ou **Primaz**: galero verde com 30 borlas verdes.

Arcebispo: galero verde com 20 borlas verdes.

Bispo, **Abade mitrado**, **Prelado territorial**: galero verde com 12 borlas verdes.

Prelado da Câmara Apostólica: galero roxo com 20 borlas vermelhas.

Protonotário Apostólico: galero roxo com 12 borlas vermelhas.

Prelado de Honra da Sua Santidade e **Capelão**

Conventual da Ordem dos Cavaleiros de Malta: galero roxo com 12 borlas roxas.

Capelão de Sua Santidade: galero preto com 12 borlas roxas.

Vigário Geral, Vigário Episcopal, Prior mitrado, Abade, Superior Maior de Ordem Religiosa: galero preto com 12 borlas pretas.

Cônego, Prior: galero preto com 6 borlas pretas.

Arcipreste, Deão, Vigário forâneo, Superior menor de ordem religiosa: galero preto com 4 borlas pretas.

Presbítero: galero preto com 2 borlas pretas.

Diácono: galero preto, sem borlas.

BIBLIOGRAFIA

_____, Do Tratamento – RGF, http://lojacastroalves.blogspot.com.br/2009/11/do-tratamento-rgf-i-ilustre-irmao-com.html

_____, Japan Reference, http://www.jref.com/

_____, O Rito Escocês Retificado, http://solepro.com.br/Pilulas/pm151.pdf

_____, Order of Malta, "Membership in the Order of Malta" http://www.ordendemaltacuba.com/Pages/membership.aspx

_____, Encyclopaedia Iranica.

_____, The Royal Court in Achaemenid Persia: a few thoughts… http://persianthings.wordpress.com/2013/02/07/the-royal-court-in-achaemenid-persia-a-few-thoughts/

_____, Caste System. http://www.crackexamindia.com/uploads/Caste_system.pdf

_____, Persia: The Qajar Dinasty. http://www.royalark.net/Persia/persia-titles.htm

_____, ANNEXURE-III: The Magical 52%. http://www.youthforequality.com/

_____, Hindupedia. http://www.hindupedia.com

_____, Monks' Ranks and Titles. http://www.thaibuddhism.net/ranks.htm

_____, The Catholic Encyclopedia, http://www.newadvent.org/cathen/

_____, The Sovereign Military Hospitaller Order Of Malta, http://www.chivalricorders.org/orders/smom/rhodes.htm

_____, Titles. http://murshidabad.net/glossary/glossary-do-get-word-titles.htm

_____, Banking Origin and Development, http://www.investmentsandincome.com/banks-banking/banking_origin.html

_____, Government Offices and Ranks in China. http://www.albany.edu/eas/205/ranks%20course%20handout.pdf

_____, Nobility and Titles in France, http://www.heraldica.org/topics/france/noblesse.htm

_____, Regulamento de Continências, Honras, Sinais de Respeito e Cerimonial Militar das Forças Armadas. http://www.pm.ba.gov.br/cerimonial/legis/Regulamento%20de%20Continencias%20-%20R2.pdf

_____, Tibetan feudal serfdom under theocracy and Western European serfdom in Middle Ages. http://news.xinhuanet.com/english/2008-04/17/content_7998732.htm

_____, Tibetan monks and nuns. http://zt.tibet.cn/english/zt/religion/200402004518142634.htm

_____, *1941-1945: World War II Sergeant Pilots*. http://www.nationalmuseum.af.mil/factsheets/factsheet.asp?id=1423

_____, *Air Force Rank Structure*. http://usmilitary.about.com/od/airforce/l/blafrank2.htm

_____, *Bombing Mission*, http://www.b17bomber.de/eng/allgemein/einsatzablauf3.php

_____, Cerimonial e protocolo, http://www.fabiobmed.com.br/download/m3_tc1.pdf

_____, *Federation of American Scientists: Navy Units*, http://www.fas.org/man/dod-101/navy/unit/index.html

_____, *HyperWar: Battle of Samar Island*, http://www.ibiblio.org/hyperwar/USN/rep/Leyte/TF-77-Leyte.html

_____, *Ordenança Geral para o Serviço da Armada*. Rio de Janeiro: Serviço de Documentação da Marinha, 2004

_____, Pronomes de tratamento, http://www.grupoescolar.com/pesquisa/pronomes-de-tratamento.html

_____, *The Battle of the Philippine Sea*, http://www.angelfire.com/fm/odyssey/aa.htm

_____, Wikipedia, https://de.wikipedia.org/wiki/Wikipedia:Hauptseite

_____, Wikipedia, https://en.wikipedia.org/wiki/Main_Page

_____, Wikipedia, https://es.wikipedia.org/wiki/Wikipedia:Portada

_____, Wikipédia, https://fr.wikipedia.org/wiki/Wikip%C3%A9dia:Accueil_principal

_____, Wikipedia, https://it.wikipedia.org/wiki/Pagina_principale

AMBLER, John Steward. *The French Army In Politics, 1945-1962*. Ohio State University Press, 1966

ARNOLD, Jonathan J. *Theoderic, the Goths, and the Restoration of the Roman Empire*. University of Michigan: 2008.

BEASLEY, William G. *The Meiji Restoration*, Stanford: 1972.

BEAWES, Wydham. *A civil, commercial, political, and literary history of Spain and Portugal*. Londres: R. Faulder, 1793.

BECKER, Laércio, *Heráldica no Futebol - As Cruzes nos Escudos dos Clubes* http://www.campeoesdofutebol.com.br/leitura/cruzes_times_futebol.html

BERGER, Adolf. *Encyclopedic Dictionary of Roman Law*. Philadelphia: The American Philosophical Society, 1991.

CANBAKAL, Hülia. *On the "Nobility" of provincial notables*. http://research.sabanciuniv.edu/1511/1/nobility_of_urban_notables.pdf

CAPMANY y de Montpalau, Antonio de. *Memorias históricas sobre la marina, comercio y artes de la antigua ciudad de Barcelona*. Barcelona: Cámara Oficial de Comercio y Navegación de Barcelona, 1792.

COULANGES, Fustel de. *A Cidade Antiga*. São Paulo: Hemus, 1975.

DEL PRIORE, Mary (org.) & Bassanezi, Carla (coord. de textos). *História das Mulheres no Brasil*. São Paulo: Contexto/Ed. UNESP, 1997

DONALDSON, William J. *Sharecropping in the Yemen: A Study of Islamic Theory, Custom, and Pragmatism*. Leiden: Brill, 2000.

FARIA, Maria Auxiliadora, *A Guarda Nacional em Minas, 1831-1873*. Curitiba: Universidade Federal do Paraná, 1977

FIGUEIREDO, Joaquim Gervásio. *Dicionário de Maçonaria*.

FONTES, Carlos. *História da Formação Profissional e da Educação em Portugal*, http://educar.no.sapo.pt/histFormProf22.htm

FOX-DAVIES, Arthur Charles: *A Complete Guide to Heraldry*, London: T.C. & E.C. Jack, 1909.

FRÉMY, Dominique e Frémy, Michelle: *Quid 1978*, Paris: Éditions Robert Lafont, 1977

GLOTZ, Gustave. *A Cidade Grega*. Rio de Janeiro: Bertrand Brasil, 1988.

GUIZOT, François M. *The history of civilization: from the fall of the Roman empire to the French revolution*. New York: D. Appleton & Co., 1946.

HASSIG, Ross. *Aztec Warfare*. University of Oklahoma, 1988.

HERNÁNDEZ Astete, Francisco Javier. *La Élite Incaica y la Articulación del Tahuantisuyo*. Madrid, 2009. http://eprints.ucm.es/10434/1/T31463.pdf

JANSEN, Marius B. *The Making of Modern Japan*. Harvard, 2002.

KABILSINGH, Chatsumarn. *Women in Buddhism: Questions and Answers*. Bangkok: Faculty of Liberal Arts, Thammasat University, 1998.

KAPUR-FIC, Alexandra. *Thailand: Buddhism, Society, and Women*. New Delhi: Shakti Malik, 1998.

KINDER, Hermann e Hilgemann, Werner. *Atlas histórico mundial*. Madrid: Istmo, 1983.

KINDER, Hermann e Hilgemann, Wernes: *Atlas Histórico Mundial*, Madrid: Ediciones Istmo, 1983, 11ª edição.

LOCHTEFELD, James G. *The Illustrated Encyclopedia of Hinduism*. New York: Rosen, 2002

MACCULLOUGH, Helen Craig e MacCullough, William H. *A Tale of Flowering Fortunes: Annals of Japan; Aristocratic Life in the Heian Period. 1, Volume 1*. Stanford University Press: 1980.

MARTINS, Mônica. *Entre a Cruz e o Capital: a decadência das corporações de ofícios após a chegada da família real (1808-1824)*, Palestra no Arquivo Geral da Cidade do Rio de Janeiro. http://www0.rio.rj.gov.br/arquivo/pdf/quartas_no_arquivo/2008/palestra_monica_de_souza.pdf

MELO, Hildete Pereira de e Marques, Teresa Cristina Novaes: *A partilha da riqueza na ordem patriarcal*, http://www.anpec.org.br/encontro2001/artigos/200101222.pdf

MEYER, Arno, *A Força da Tradição: a Persistência do Antigo Regime (1848-1914)*, São Paulo: Companhia das Letras, 1990.

MORENO, Manuel Aguilar. *Handbook to life in the Aztec world*. New York: Oxford, 2007.

MWALIMU, Charles. *Seeking viable grassroots representation mechanisms in African constitutions*. New York: Peter Lang, 2009.

NAKABAYASHI, Masaki. *Institutions and economic development of early modern Japan*, University of Tokyo, 2009 http://www.iss.u-tokyo.ac.jp/publishments/dpf/pdf/f-146.pdf

PAUL, Luiz Gonzaga. *Dicionário de formas de tratamento: guia para o uso das formas de tratamento*. Porto Alegre: AGE, 1998

PAYUTTO, Prayudh. *Sangha: The Ideal World Community*. http://www.buddhanet.net/cmdsg/sangha.htm

PECK, Harry Thurston. *Harpers Dictionary of Classical Antiquities (1898)*. http://www.perseus.tufts.edu/hopper/text?doc=Perseus:text:1999.04.0062&redirect=true

POLET, Sébastien. *La noblesse égyptienne de l'Ancien Empire*. http://suite101.fr/article/la-noblesse-egyptienne-de-lancien-empire-a25787

RAMSAY, William. *A Manual of Roman Antiquities: With Numerous Illustrations*. London: John J. Griffin & Co., 1851.

RATTI, Oscar, *Secrets of the Samurai; A Survey of the Martial Arts of Feudal Japan*. Boston: Tuttle, 1973

READ, Piers Paul: *Os Templários*, Rio de Janeiro: Imago, 2001

RZEPKA, Jacek. *The Units of Alexander's Army and the District Divisions of Late Argead Macedonia*. http://grbs.library.duke.edu/article/view/871

SCHEIDEL, Walter. *State revenue and expenditure in the Han and Roman empires*. Stanford University http://www.princeton.edu/~pswpc/pdfs/scheidel/041201.pdf

SCHWARCZ, Lilia Moritz. *As Barbas do Imperador: D. Pedro II, um monarca nos trópicos*. São Paulo: Companhia das Letras, 1998

SHIPLEY, Graham, *The Greek World After Alexander: 323-30 BC*. London: Routlege, 2000.

SILVA, Claudio Henrique Ribeiro da. *Direito romano arcaico* http://www.ribeirodasilva.pro.br/direitoromano.html

SILVEIRA, Luís Espinha da, *Análise Social*, vol. xxvii (116-117), 1992 (2.°-3.°), 329-353 "Revolução liberal e pariato (1834-1842)" http://analisesocial.ics.ul.pt/documentos/1223053968I7dRQ9bp7Ah99LV0.pdf

SRINIVAS, Mysore Narasimhachar. *Social Change In Modern India (Rev Edn.)*. University of California, 1995.

TAYLOR, Lily R. *Roman Voting Assemblies: From the Hannibalic War to the Dictatorship of Caesar*. The University of Michigan, 1966.

THAYER, Bill. *LacusCurtius: Into the Roman World*. http://penelope.uchicago.edu/Thayer/E/Roman/home.html

TRAXLER, Loa P. *The ancient Maya*. Stanford University Press, 1946.

ULRICH, Theobald. *Chinese History: wu jue, The Five Titles of Nobility*. http://www.chinaknowledge.de/History/Terms/wujue.html

WANYERKA, Phillip Julius. *Classic Maya Political Organization: Epigraphic Evidence Of Hierarchical Organization In The Southern Maya Mountains Region Of Belize*. http://www.famsi.org/research/wanyerka/WanyerkaDissertation2009.pdf

Este livro foi impresso em Papel Pólen Bold na
Printing Solution & Internet em Janeiro de 2017